JN233254

英語クリーシェ辞典
もんきりがた表現集
ベティ・カークパトリック著　柴田元幸監訳

THE ELEPHANT NEVER FORGETS

研究社

スチュアートとトリーナ、目の中に入れても痛くない、わが王冠の
宝石、私の誇りにして喜び、地の塩にしてわが力の塔、
またの名をわが息子と娘に。

For Stewart and Trina, the apples of my eyes, the jewels in
my crown, my pride and joy, the salt of the earth
and my towers of strength, otherwise known
as my son and daughter.

監訳者まえがき

　僕は子供のころから背が低くて、朝礼で背の順に並ばされるとたいてい前から二番目か三番目、クラスメートの大半はどんどん大きくなっていくのにこっちはいっこうに伸びず、同じようになかなか伸びない数人の連中と、「俺の方が一センチ高い」とか「これであいつを五ミリ離した」とか、どこかの国の与党総裁選なみに低レベルの競争をくり広げていた。

　ところが、久しぶりに知りあいの大人(たとえば親戚)に会ったりすると、「あらまあ、モトユキちゃん、大きくなったわねえ」などと言われるわけで、これが子供心には不思議でならない。久しぶりに見る側からすれば大きくなったように見えるのかも、なんて視点の転換が子供にできるわけもなく、ただ単に、およそ真と思えない発言がごく当たり前のようになされ、誰もそれに異を唱えたりしないという事態の奇妙さが感じられるばかりだった。いったいこの不可解な発言には、どのような深い意味がこめられているのか？

　やがて、少し大きくなって、というかロクに大きくはならないのだが歳だけは少しとって、似たような科白が現実やテレビのなかで口にされるのを何べんも聞くうちに、「そうか、要するにあれは、べつに本気でそう思って言ってるんじゃなくて、ああいう時はああ言うことになっているからとりあえずああ言ってるだけなのだ」と思いあたった。もちろん、まだクリーシェなどという言葉は知らなかったけれど、僕はその時、不完全ながらも、クリーシェという語が指し示す概念を学んだのである。

　で、今は大学教師をやっていて、学生さんたちと一緒に英語で書かれた小説などを読むわけだが、そういうなかで、特に真面目な学生が

犯しがちなのが、僕が子供のころ犯したのと似たようなあやまちである。要するに、すべての表現を作者の真摯な思念の表われと捉えてしまい、そこにいちいち作者の思想なり、登場人物の個性なりを読みとろうとする。だが言うまでもなく、小説はそんなふうに、100%リッチなクリームばかりから成り立っているのではない。もっとずっと猥雑に、オリジナルで斬新な表現も入っていれば、言い古された陳腐な表現も混じっている。そのへんを勘違いすると、大きく道を誤りかねないのだが、ではどういう言い方がオリジナルでどういう言い方が古臭いかとなると、これが案外難しい。普通の辞書を引いても、〈斬新〉〈陳腐〉なんて区別はしてくれていない。

　さて、最近は、英語を学ぶ上で身につけておくべき教養、といった話題になると、まずはその「教養」なるものが実は権力構造によって歴史的に形成されてきたものであることが強調され、「これが教養だ」という決定バージョンもなかなか打ち出しづらくなっているが、僕が学生の頃は、聖書とシェークスピアからの慣用句くらい一通り使いこなせなければ英語の教養を身につけたことにはならない、といったような科白をよく見たり聞いたりした。そういう言い方に何となく反発を覚えたのは、べつに今日のように教養というものの歴史性・権力性を鋭く見抜いていたからでは全然なく、まずは自分にそういう教養がいっこうに身についていないことのうしろめたさから来る防衛反応だったのだろうが、まったくそれだけでもなかったような気がする。その頃はそういうふうには言語化しなかったけれど、要するに、「慣用句を使いこなす」なんてひょっとするとカッコ悪いことなんじゃないか、という気もあったのだと思う。

　「そんなやり方じゃあ、木を見て森を見ずだ」
　「しかし君、神は細部に宿るだぜ」
　「そりゃそうだが、過ぎたるは及ばざるが如しだよ。まあ君としても、背に腹は替えられんところはあるだろうけど」
　「正鵠(せいこく)を射た指摘だね。面目ないが、貧すれば鈍すで、金で面(つら)を張るような輩(やから)に屈してしまった。僕としても内心忸怩(じくじ)たる思いだ」
　――なんていう会話がカッコいいか？

とはいえ、カッコ悪い言い方も、はじめからカッコ悪かったわけではあるまい。はじめからカッコ悪ければ、その言い方が——もひとつカッコ悪い言い方を使えば——人口に膾炙(かいしゃ)することもなかっただろうから。はじめはカッコよかったのだが、カッコいいと思ってみんなが寄ってたかって使っているうちに、手垢やら汗やらよだれやらがベタベタくっついて、カッコ悪くなってしまう。これが「クリーシェ」である。僕が子供のころ「独学」で学んだ、「こういう時にはこう言うことになっているからとりあえず言うだけの科白」というポイントに、「元はそれなりに目新しさなりインパクトなりがあったのが、使われすぎてそれが失われた」という要素を加えれば、ひとまずクリーシェの定義は完成する。

この辞典の著者ベティ・カークパトリックも、クリーシェを定義するのは困難であるということは今や言語学上のクリーシェになっているが、と前置きした上で、こう書いている。「クリーシェとは、軽蔑的な用語であり、当初の新鮮さを、さらにはその有効性を失った、にもかかわらず広く使われ、時には愛されてもいる表現を指す」(この「時には愛されてもいる」というあたりが、クリーシェの不思議なところでもあり、著者カークパトリックの柔軟さでもあるのだろう)。

というわけで、英語を外国語とする人間にとって、この本をはじめとする、クリーシェ辞典の基本的効用は、どういう表現は一見カッコいいように見えて実はカッコ悪いのか、そしてそれはどのようにカッコ悪く、にもかかわらず誰はカッコいいような気がして使ってしまっているのか、等々、普通の辞書ではなかなか得がたい情報が得られることである。小説などを読む上では、こういう情報が時に大きな意味を持つ。

でも、べつに小説に興味がない方にも、この辞典は、とにかく大変面白く読んでもらえると思う。英語という言語が、時に陥る硬直性(もちろんそれは日本語だって同じだが)を著者は随所でスマートに指摘していて、そこに独特のユーモアが生じている。たとえば、まさに「あらまあ××ちゃん、大きくなったわねえ」の英語版 MY, HOW YOU'VE GROWN の項では、「言われた子供にしてみれば、何と返事をしていいかわからず気まずいばかりで、何とも嫌なクリーシェであ

監訳者まえがき

る」といった具合である。パートリッジの先駆的な仕事 (Eric Partridge, *A Dictionary of Clichés*, 1940) や、新聞や雑誌から実例を集めた実践的な現代クリーシェ集 (Nigel Rees, *The Cassell Dictionary of Clichés*, 1996) など、クリーシェ辞典はほかにもいくつか出ているが、本書はこうした軽妙なユーモアと、すべて自作の、大変わかり易い実用的な文例とが大きなウリであり、この二点がこの辞典を「読める辞書」にしている。我々訳者も、訳文を作成する上で、この「読める辞書」だという点に留意したつもりである。

本書で著者カークパトリックは、クリーシェを 12 の範疇に分けていて、本訳書でもそれを各見出し語の次の《 》内に示した。以下にその説明を簡単に記す。

比喩 (simile)　厳密には「直喩」。cool as a cucumber, like two peas in a pod など、as, like といった「これは比喩だ」ということを明確に示す語が入っている比喩表現。

外来語 (foreign)　*je ne sais quoi, deus ex machina* など、ギリシャ・ラテンの古典語を含む外国語から入ってきたクリーシェ。

ことわざ (proverb)　one good turn deserves another, forewarned is forearmed など、ことわざがクリーシェ化したもの。a new broom sweeps clean が a new broom となるなど、一部を言うだけであとは省略されるようになる場合も多い。

間接的引用 (allusion)　the best-laid schemes など、聖書や文学作品の一節を部分的に引用したり、the Midas touch のように伝説や逸話を踏まえたクリーシェ。

引用 (quotation)　damn with faint praise など、文学作品を引用したクリーシェ。the unkindest cut of all など、誤引用 (正しくは the most unkindest cut of all) も含む。

二重句 (doublet)　safe and sound, the dim and distant past など、同義語を反復した、「シャム双生児」(Siamese twins) とも呼ばれるクリーシェ。

婉曲 (euphemism)　kick the bucket, economical with the truth な

ど、婉曲表現がクリーシェ化したもの。

イディオム (idiom)　light at the end of the tunnel, take the bull by the horns など、暗喩的なフレーズを中心とする熟語表現。

キャッチフレーズ (catchphrase)　a man's gotta do what a man's gotta do, you can't take it with you など、広告、映画やテレビドラマの科白などから生まれたクリーシェ。

流行語 (vogue)　the bottom line, gameplan など、しばしば何らかの専門用語が一般化して流行したクリーシェ。

場つなぎ (filler)　needless to say, believe it or not など、ほとんど意味なく使われがちなクリーシェ。

略語 (abbreviation)　著者まえがきでは明記されていないが、実際にはいくつかのフレーズにこのラベルが付いている。

紋切型 (hackneyed phrase)　the happy couple, a general exodus など、以上のどの範疇にも収まらない、最初は新鮮だったが使われすぎて陳腐になったすべてのフレーズ。いわばもっとも正統的なクリーシェ群。実際、この hackneyed phrase という言い方は、時に cliché の同義語として使われる。本訳書でも副題を「もんきりがた表現集」として、「もんきりがた」という言葉を広義に「クリーシェ全体」の意味で使っている。

　見出し語、範疇に続いて、本訳書ではまず基本的な訳語を「　」で示した。ここでは意図的に直訳に徹し、本来の、文字通りの意味を浮き上がらせるようにし、比喩的、慣用的な意味は例文訳のなかで明らかにするように努めた。

　聖書、シェークスピアを中心として、多くの出典からの引用が本書にはあるが、原著者はこのあたりなかなか大らかというかアバウトというか、おそらく博覧強記ゆえに記憶で書いているのであろう、細部に相当数の誤りがあるので、訳すにあたってはほぼすべての原典にあたり、間違っている箇所は訂正し、表記の不統一もある程度統一した。聖書の引用は the King James Version (Oxford Crown Edition) に、聖書の訳は日本聖書協会文語訳に、またシェークスピアの引用は The Riverside Edition に統一した。

監訳者まえがき　　　　　　　　　　　　　　　　　　　　　　　　viii

　本訳書は、13人の訳者がそれぞれ分担して第一稿を作り、別訳者が誤記誤訳等の摘発に努めたのち、柴田が表現の統一を図った。それでも、たとえばCならC、DならDで微妙にトーンが違っているように思えることがあるかもしれないが、これは必ずしも訳者が複数いるからではなく、原書も頭文字ごとに微妙にトーンが違っていることが主たる原因である。単なる憶測だが、おそらく著者は、集めたデータを並べ替えたりするのではなく、頭から順にこの辞書を「書いて」いったのだと思う(「書いた」からこそ「読める」辞書になっているのだと思うが)。翻訳担当は以下の通り。A, H：柴田元幸、B：石井節子、C, Q：佐々木一彦、D, U：宮本文、E, O：久保尚美、F, X, Z：中川千帆、G, I：前山佳朱彦、J, P：岡真千子、K, L：山崎暁子、M, R：田村理香、N, W：坂梨健史郎、S, V：都甲幸治、T, Y：高野吾朗。文責はすべて柴田。

　この訳書の刊行は、研究社出版編集部の金子靖さんの熱意によって実現した。訳者一同、14人目の、実は最重要訳者たる金子さんに最敬礼をお送りする。また、工学院大学教授の庭野吉弘さん、および服部滋さん、青木比登美さんのご協力によって、訳文の質が大幅に向上した。あつくお礼を申し上げる。

　きたむらさとしさんは、拙著『生半可版　英米小説演習』(研究社出版)に続いて、素晴らしいイラストによって原書よりずっと楽しい訳書を作ってくださった。どの絵も実に楽しいが、さすがはロンドン在住のきたむらさん、いくつかのフレーズは意図的に「誤読」している。そのあたりの芸も味わっていただければと思う。

　本訳書が、多くの読者にとって、楽しく英語を読むための「一助となれば幸いである」。訳には「正確を期したつもりである」が、何ぶん一同「浅学非才」の身ゆえ、「思わぬ間違いを犯している箇所もあろうかと思う」。「読者諸兄」の「忌憚なきご批判」を「切にお願いする次第である」。

2000年4月

　　　　　　　　　　　　　　　　　　　　　　　　　柴田元幸

A

absence makes the heart grow fonder 《ことわざ》「離れているほど思いは募る」

　愛しあっている二人が離ればなれになると、愛がかえって強まる場合がよくあるということ。 例 They work in different cities and are together only at weekends.　Still, absence seems to make the heart grow fonder. (二人は別々の都市で働いていて、一緒に過ごせるのは週末だけ。それでも、離れているせいで思いはかえって募ると見える。)　人だけでなく、場所や状況から離れている場合にも応用できる。 例 I am actually glad to be back at work again.　Absence makes the heart grow fonder. (職場に復帰して実のところ嬉しい。休んでいると仕事が恋しくなるものだ。)　元来は17世紀初めに出版された匿名の詩の第1行。クリーシェになったのは19世紀終わり頃で、今日も使われるが、皮肉・ユーモアを交えて使うことも多い。 例 I see you have come back to work.　Absence must have made the heart grow fonder. (休暇から帰ってきたんだね。休みの間さぞや仕事が恋しかったろう。)

accident waiting to happen, an 《紋切型》「事故が起きるのを待っているようなもの」

　一歩間違えば大惨事になりかねない、危険をはらんだ状況をいう。 例 The council should board up that old house to stop the children playing there.　It's an accident waiting to happen. (あの古家で子どもたちが遊ばないよう、町議会が板でふさいでしまうべきだ。あれでは事故が起きるのを待っているようなものだ。) 例 That rickety bridge is in dire need of repair.　It is an accident waiting to happen. (あのぐらぐらの橋はぜひとも修理しないと。あれじゃいつ事故が起きても

不思議はない。) クリーシェとして 1980, 90 年代、特にニュースや時事解説などで非常によく使われるようになった。

accidents, a chapter of ⇨ CHAPTER OF ACCIDENTS, A

accidents will happen《ことわざ》「災いは起きるもの」

　　災難を避けようとどれだけ手を尽くしても、結局起きてしまうのは避けられない、という諦念を表わす。災難に遭った人を慰める目的でしばしば口にされるが、言われた当人はその災難の後始末に忙しく、そう言われても苛立つばかりということも多い。クリーシェになったのは 19 世紀末だが、今日も使われており、特に、陳腐な言い回しを好む人や、何事についてもひとこと言わねば気の済まない人に多用される。

Achilles /əkíli:z/ **heel**《間接的引用》「アキレスのかかと」

　　その人を脆(もろ)くしてしまう弱点や欠陥。　例 He was a brilliant and brave statesman but his Achilles heel, his love of beautiful women, led to his downfall. (才気煥発、度胸満点の政治家だったが、美女に弱いのが玉にキズで、結局それが命取りになった。) 18 世紀以来、主として文学的な文章で比喩として使われてきたが、次第にクリーシェになっていった。今日でも、特にインテリの間でクリーシェとして使われる。ギリシャの伝説からで、英雄アキレスの母が、息子が無敵となるよう、かかとを握って息子の身をステュクス川 (the Styx) に浸した。かかとだけは川の保護が及ばなかったわけで、やがてアキレスはかかとに刺さった矢が元で死んだ。

acid test《イディオム》「本物の試練」

　　あるものの真偽、価値の有無を決めるような試練。　例 The footballer appears to have recovered from his injury but the training session will be the acid test of his fitness. (そのサッカー選手は負傷も癒えたようだが、本当に復帰できる体になっているかどうかは、トレーニング期間に試されることになろう。) 元来は文字通り、金(きん)を他の金属と区別するために酸 (acid) を使って行なう検査を意味した。

across the board《紋切型》「ボードの端から端まで」

　　すべての場合・範疇にわたって、ということ。　例 The unions insist that the percentage increase apply across the board, to management as well as shopfloor workers. (昇給率が経営陣のみならず工場労働者にも一括して適用されるよう組合側は要求している。) 1960年代頃から多用されるようになり、今日でも特に、賃金交渉など、金銭や経済に関してよく使われる。元来はアメリカの競馬で用いられたフレーズで、一頭の馬について、その勝ち順位をすべて(1位同様2位・3位も)賭けることをいった。

actions speak louder than words 《ことわざ》「行為は言葉より大声」

　何を言うかより、何をするかの方が大事だということ。言うは易し、行なうは難しという含みもある。　例 She is always going on about the plight of the homeless but she never gets involved in any of our fundraising for them. She should realize that actions speak louder than words. (彼女ときたら、ホームレスの人々の窮状をいつも言い立てているくせに、ホームレスのための資金調達にはちっとも参加してくれない。言葉より行為が物を言うということをわかってほしいね。)　古代ギリシャのことわざにも同様の発想が見られるが、現在の形が成立したのは19世紀。クリーシェとして今日も広く流通しており、行動より言葉を好む人々を批判する時によく使われる。

act together, get one's ⇨ GET ONE'S ACT TOGETHER

add fuel to the fire 《イディオム》「火に油を注ぐ」

　状況を煽ったり悪化させたりすること。たいていの場合、元々敵意や論争の絡んだ状況に使う。　例 Our disagreement was not serious until the other side added fuel to the fire by accusing us of hiding the truth. (我々の意見の相違は、はじめはさほど深刻ではなかったが、じきに相手側が、真実を隠していると我々を非難し火に油を注いだことで一変した。)　**add fuel to the flames** (炎に油を注ぐ) という別形もあるが、燃料を加えると炎の勢いが増すという事実を指している点は同じ。発想そのものは古代ローマから見られ、どちらのフレーズもクリーシェとして今日も広く使われる。

add insult to injury 《紋切型》「無礼に侮辱を加える」

　すでに危害を加えた相手に対し、さらに害を及ぼしたり、侮辱したりすること。　例 His car bumped into her when she was on a

after all is said and done

pedestrian crossing and then he added insult to injury by calling her careless. (彼女が横断歩道を歩いている時にその男の車がぶつかったのだが、そのうえ男は、どこを見てるんだ、気をつけろ、と言ってまさに踏んだり蹴ったりの目に遭わせた。) 発想としては古いが、クリーシェになったのは20世紀に入ってから。

after all is said and done ⇨ IN THE FINAL ANALYSIS

after due consideration 《紋切型》「慎重な検討の末」

　　ビジネスでよく使われる。改まった文書などに見られることが多く、建前としては一応、相当に熟慮した結果として決断に達したという意だが、実際には単なる儀礼的慣用句にすぎず、たいていはほとんど無意味。 例 After due consideration we regret to have to tell you that your application for employment has on this occasion been unsuccessful. (慎重に検討した結果、残念ながら貴殿の雇用は今回は見送らざるをえませんでした。) ビジネス上のクリーシェとして歴史は古いが、何事も四角張らなくなってきている今日、いささか古臭くなってきている。

after one's own heart 《間接的引用》「心にかなった」

　　ことのほか気を惹かれる人や物をいう。 例 He is a man after her own heart. He loves good food and wine. (あいつは彼女の一番好きなタイプだね。うまい食べ物やワインに目がない男だから。) 19世紀末にクリーシェになり、今も広く使われる。旧約聖書、サムエル前書 (*1 Samuel*) 13章14節から。'The Lord hath sought him a man after his own heart, and the Lord hath commanded him to be captain over his people.' (エホバ其心(そのこころ)に適(かな)ふ人を求めてエホバ之(これ)に其民(そのたみ)の長(かしら)を命じたまへり。)

against the grain, go ⇨ GO AGAINST THE GRAIN

age before beauty 《キャッチフレーズ》「美より歳が先」

　　部屋に入る際などに、年上の人間に先を譲る時に使う文句ということになっているが、本気で使うとすればかなり傲慢な表現ではあるまいか。今日ではふざけて、もしくは皮肉に使うことが多い。 例 The old man held the door open for the young women saying with a smile, 'Age before beauty!' (老人は若い女性たちのためにドアを開けて

やり、にっこり笑って「私は若いからあと!」と言った。) クリーシェになったのは19世紀末で、今日使うとかなり古臭く感じられる。

alarums and excursions (間接的引用)「喧騒と出陣」

混乱、騒動、ごった返しなどをいう。 例 It was a case of alarums and excursions in the Smith household when Mary announced that she was moving in with a married man. (既婚の男と一緒に暮らす、とメアリが宣言すると、スミス家はてんやわんやの大騒ぎとなった。) クリーシェになったのは20世紀に入ってからで、主にインテリが使った。今日もそうした人々がユーモラスに用いる。元来は、シェークスピアの歴史劇などエリザベス朝演劇のト書きで、周りで戦闘が起きている状態を漠然と表現せよ、という指示。alarumはalarmの古語。

alive and kicking (二重句)「元気でぴんぴんして」

alive も kicking も文脈上ほぼ同じ意味。 例 I thought he had died but I met him at a school reunion and he was alive and kicking. (てっきり死んだと思っていたが、同窓会で会ったら元気そのものだった。) クリーシェとしては19世紀中頃から広まっており、今日も使われるが、日常的な、くだけた状況に限られる。元来は魚屋が売り物のイキの良さを強調するのに使った。これのもう少し大人しい形が **alive and well** (元気で達者).

all and sundry (紋切型)「すべてとすべて」

全員。集合的に「グループ全体」という意味にも、個別的に「一人残らず」という意味にもなる。これはほとんど二重句と言ってもよい (sundry は文字通り all という意味ではないが、several の意ではある)。19世紀前半からクリーシェとして使われているが、発想自体はもっとずっと古い。今日では否定的な意味合いで使われることも多い。 例 We don't want all and sundry joining this club. (猫も杓子もこの倶楽部に入れられては困る。)

all chiefs and no Indians (紋切型)「酋長ばかりでインディアンなし」

指示を出す人間が多すぎ、それを実行する人間が少なすぎる状況をいう。 例 With so many additional managers this place is all chiefs and no Indians. (管理職がやたらと新設されて、これじゃ船頭多くして船

(きょ)山に登るだ。) イギリスでクリーシェになったのは19世紀中頃から。起源はアメリカで、別形に **too many chiefs and not enough Indians**(酋長多すぎインディアン不足)がある。

all ears, be《イディオム》「全身が耳」

じっくり注意を払うこと。例 If you want to talk about what's bothering you, I'm all ears. (気になってることを話したいんだったら、じっくり聞くよ。) 発想としては古くからあり、今日も日常的に、またしばしばユーモラスな形で使われる。出所はミルトン『仮面劇コーマス』(John Milton, *Comus*, 1643)とも考えられる。'I was all ear, / And took in strains that might create a soul / Under the ribs of Death.'(我全身を耳とし、死者にも命を吹き込まんと思(おぼ)しき調べに聞き惚れり。)

all Greek to me《間接的引用》「私にはまるでギリシャ語」

まったく理解不可能なものについていう。出典はシェークスピア『ジュリアス・シーザー』(*Julius Caesar*, 1599) 1幕2場で、シセロー (Cicero) の演説についてキャスカ (Casca) が 'For mine own part it was Greek to me'(私にとってはギリシャ語だった)と言う箇所。シセローは自分の言っていることを一部の人々に知られぬよう本当にギリシャ語を喋ったわけだが、その後はこれが比喩的に使われるようになった。今日も、主に文学趣味のある人が、何か技術的・専門的事柄について使うことが多い。例 They tried to explain the new computing system but it was all Greek to me. (新しいコンピュータ・システムを説明してくれようとしたんだが、私にはちんぷんかんぷんだった。)

all in a day's work《キャッチフレーズ》「すべて一日の仕事のうち」

何があろうと冷静に対処せねばならない、仕事なのだから、と、いささか諦念をこめて言っている。例 Firefighters' lives are often at risk but they know it is all in a day's work. (消防士はしばしば生命の危険にさらされるが、それも彼らには日常茶飯事と割り切っている。) クリーシェになったのは20世紀から。今日もごく普通に使われ、時にユーモラスに、もしくは皮肉に使われる。例 You always have to clear up after him, but it's all in a day's work. (いつも彼の仕事の後始

末をさせられるけれど、これも世の定めと割り切るしかないね。)

all intents and purposes, to 《二重句》「あらゆる意図と目的にとって」

重要な意味においてはほぼ全面的に、ということ。 例 He occasionally spends a night at home but to all intents and purposes he and his wife are separated. (時おり家で夜を過ごすことはあるが、妻とは事実上離婚状態にあると言っていい。) 19世紀中頃からクリーシェになっていて、今日も比較的改まった状況で多用される。

all mod cons 《紋切型》「最新設備完備」

'all modern conveniences' の略。元来は住居について使われ、バスルームなどの近代的な配管設備のことを指し、'a desirable rural cottage with all mod cons' (最新設備完備の田園豪華コテージ) といった具合に不動産業者の売り口上に用いられた。現在もこの意で使われるが、今日の住居では近代的配管はほぼ当たり前になったので、もっと広い意味でも使われるようになった。ただし、たいていはユーモアか皮肉をこめて使われる。 例 Her home office has all mod cons—word processor, fax, answering machine. (彼女の家の仕事場には最新設備が揃っている——ワープロ、ファクス、留守番電話。) 例 Talk about all mod cons. The office the agency sent me to didn't even have an electric typewriter. (最新設備完備、だなんてよく言うぜ。派遣会社に言われて行ってみたら、オフィスに電動タイプ一台ないんだからね。)

all over bar the shouting 《キャッチフレーズ》「喝采を除けばもう終わった」

結果がまだ広く知られてはいないもののほぼ確実であり、あとは公式の宣言なり、全体の反応 (拍手、懲罰等) を待つばかりの状況をいう。元来はスポーツについて使われた。 例 The team is so far ahead that no other team can win the league now. It's all over bar the shouting. (断然首位を走っていて、他チームにはもう優勝の見込みはない。リーグ戦は終わったも同然だ。) 今では意味が広がり、より広い文脈で用いられるようになった。 例 The jury are considering their verdict. It's all over bar the shouting. (陪審は評決を協議中である。もう決

まったも同然だ。）19世紀末以来よく使われており、今日でもきわめて改まった状況を除いて広く使われる。以前は **all over but the shouting** という形もあった。

all part of life's rich pattern《キャッチフレーズ》「すべて人生の豊かな模様の一部」

人生のさまざまな試練に関し、自虐・他虐的な諦念をこめて使う。 例 After work I have to go to the supermarket, collect the drycleaning and pick up my daughter from her friend's house. Ah well, it's all part of life's rich pattern! (仕事が終わったらスーパーへ買い物に行って、ドライクリーニングを取りに行って、お友達の家に遊びに行っている娘を迎えに行かなくちゃならない。まあでも、いろいろあってこそ人生よね!)　クリーシェになったのは20世紀後半。今ではあまり使われないが **all part of life's rich tapestry** (すべて人生の豊かなつづれ織りの一部) という別形もある。

all part of the service《キャッチフレーズ》「すべてサービスの一部」

元来は店員が客に対して使った。 例 Certainly we deliver free of charge. All part of the service, sir. (もちろん無料でお届けいたします。それもサービスの一環ですから。)　この意味もまだ残っているが、今では商売以外の状況でも、ユーモラスに、もしくは軽い気持ちで使われる。 例 Of course it's no trouble to run you home after dinner. All part of the service! (夕食が済んだら送っていくくらい訳ないよ。お安い御用だとも!)　クリーシェになったのは20世紀中頃で、元来は紳士洋品店オースティン・リード (Austin Reed) が1930年代に広告で使ったモットー。

all present and correct《キャッチフレーズ》「全員集合済み」

万事きちんと整っているということ。 例 I have checked that everyone is back in the bus. All present and correct! (みんなバスに戻っていることを確認した。全員集合済み!) 例 All present and correct. I've checked today's takings. (万事オーケー、今日の売上げは確認済み。)　起源は軍隊用語で、閲兵を統率する上級曹長が、担当士官のもとに出頭する際に使われた。クリーシェになったのは1930年代あたりから。今日も使われるが、使うのは、軍隊経験のある年輩

の人間か、意図的に嫌味を言っている人間に限られる。

all right for some, it's《紋切型》「それでいい人もいるだろうが」
　不満を表明したり、他人の幸運に嫉妬しているふりをふざけて装う時などに使う。　例 Look at all those people sitting in the park sunning themselves while we're working.　It's all right for some! (ごらんよ、みんな公園でひなたぼっこなんかしちゃって、こっちは仕事してるってのにさ。あちらはあれでいいだろうけどね!)　20世紀に入ってから生まれたクリーシェで、今日も日常的に使われる。

all right on the night, it'll be《キャッチフレーズ》「本番ではうまく行くさ」
　元来、芝居やショーの最終リハーサルがうまく行かなかった時の気休めに使った。19世紀後半から。1920年代あたりからより広い状況で使われるようになり、当初はうまく行かなくても機が来れば何とかなる、という楽観を意味する。　例 The football team were absolutely hopeless at their last training session before the big match. Still, it'll probably be all right on the night. (あのサッカーチーム、大試合を控えての最後のトレーニングではどうしようもなくひどかった。でも本番ではきっとやってくれるさ。)　今日も日常的な状況で使われる。

all-singing, all-dancing《紋切型》「歌や踊りが一杯」
　元来ショーに関して、客を呼ぶのにその豪華絢爛さをアピールするために使われた。　例 You just have to come and see the all-singing, all-dancing show at the Playhouse! (歌や踊りが一杯のショー、プレイハウスで上演中!　どなたさまもお見逃しなく!)　20世紀後半にクリーシェとなってからは、より広い状況で使われるようになり、特に機械やシステムについて用いられる。　例 I just want a car that gets me to work.　I don't want one of these all-singing, all-dancing expensive models. (通勤に使えれば十分なんだ。こんなごちゃごちゃ余計なものがくっついた高い車なんかご免だね。)　例 They bought an all-singing, all-dancing camera for their holiday and then they couldn't work out how to use it. (旅行用にあれこれ機能のついたカメラを買ったはいいが、いざ持って行ったら使い方がわからなかった。)

all's well that ends well《ことわざ》「終わりよければすべてよし」

結果さえよければ、そこにたどり着くまでに生じた問題や苦労も忘れることができる、という意味。 例 We had a lot of trouble setting this house to rights but it's perfect now. All's well that ends well. (この家をきちんとするにはすごく苦労したけど、もうこれで完璧だ。終わりよければすべてよし、ってところだね。) はるか昔から使われていることわざで、同様の思いを表現したことわざは他の諸言語にも見られる。今日もクリーシェとして広く使われる。

all systems go! 《キャッチフレーズ》「全システム準備完了！」
　　今すぐ行動を起こせる状態が整っていること。元来はアメリカの宇宙ロケット打ち上げで使われた。特に、1960, 70年代の月面着陸が世界中にテレビ放映された際にこのフレーズも広まり、以後、用意が整っている事態一般を指すようになった。 例 Are the children ready to take part in the swimming contest? It's all systems go here! (子供たちみんな、水泳大会の用意はできてるか？　こっちは準備完了だぞ！) ユーモラスに使われることも多い。 例 It's all systems go here! The bride is having hysterics about her taxi being late and her father has lost his speech. (こちら準備万端！　花嫁はタクシーが遅れてヒステリー起こしてるし、父親はスピーチの原稿をなくしちまった。) 最近はひと頃ほど使われないのは、宇宙計画がかつての勢いを失い、マスコミにももてはやされなくなったからか。

all things considered 《紋切型》「すべてを考えあわせれば」
　　あらゆる要素を考慮に入れ、最終的な総括を述べる時に使う。例 All things considered, I think our play was quite successful. (何だかんだ言っても、我々の上演は立派な成功だったと思う。) クリーシェになったのは19世紀末で、今も広く使われる。もう少し改まった形が AFTER DUE CONSIDERATION (⇨).

all things to all men, to be 《間接的引用》「万人に対しすべてのものとなる」
　　すべての、もしくはできるだけ多くの人に気に入られるために、自分を変えたり曲げたりすること。 例 You cannot count on his support. He keeps changing his mind. He tries to be all things to all men. (あいつの支持は当てにできないよ。しょっちゅう気が変わるん

だ。みんなに好かれたがる奴だからね。）　人気の取り方としてはたしかにいささかうさん臭いやり方であり、今日では否定的に言われるのが普通。　例 You will have to decide which side you are going to support. You cannot be all things to all men. (どっちの側を支持するのか、決めなくちゃ駄目だよ。八方美人ってわけには行かないぜ。)　新約聖書、コリント前書 (*1 Corinthians*) 9 章 22 節から。'I am made all things to all men, that I might by all means save some.'(我すべての人には凡(すべ)ての人の状(さま)に従へり、これ如何(いか)にもして幾許(いくばく)かの人を救はんためなり。)

all-time low, an《紋切型》「史上最低」

何かの度合・水準が記録的に低いこと。文字通りに使うことも、比喩的に使うこともある。　例 Temperatures have reached an all-time low for the time of year. (気温はこの時期の史上最低に達した。)　例 Morale reached an all-time low in the team as we lost match after match. (連敗が続いて、チームの士気はどうしようもなく低下した。)　逆は **an all-time high**。　例 House prices have reached an all-time high in the area. (その地域の住宅の価格は史上最高に達した。)　例 Enthusiasm for the sport has reached an all-time high. (このスポーツに対する熱狂はかつてないほど高まっている。)　クリーシェが成立したのは low, high とも 20 世紀に入ってから。

all to the good《紋切型》「すべて益に」

一見そうは思えなくても、長い目で見れば益をもたらすものについていう。　例 It's all to the good that you couldn't get a booking in Greece in August. It would have been far too hot for you. (ギリシャの予約がとれなかったのは正解だよ。8 月のギリシャなんて、とてもじゃないが暑くてやってられないぜ。)　19 世紀末からクリーシェとして使われている。元来、good は利益・価値を意味する会計用語。

and that's that!《紋切型》「それだけのことだ」

今言ったことが最終的な言葉であり、言い返しても無駄であることを強調する。　例 You are not going out before your homework is finished and that's that! (宿題が終わるまでは外に出ちゃいかん、いいな!)　クリーシェになったのは 19 世紀で、今日も広く使われ、特

に、苛ついた親が最後通牒を発する時などに多用する。これよりさらに強い形が **and that's flat!**

any port in a storm 《イディオム》「嵐の時はどんな港でも」

困っている時は、助けになりそうなものの形式などをうるさく言ったりはしないということ。 |例| He didn't want to take the job as nightwatchman but he was unemployed and it was a case of any port in a storm. (夜警の仕事は気が進まなかったが、失業の身とあっては背に腹は替えられなかった。) 18世紀にクリーシェになり、今日も広く使われている。読んで字のごとく、ひどい嵐から避難できるなら船はどんな港にでも入るということ。

anything that can go wrong will go wrong 《キャッチフレーズ》「トラブルになりうることはいずれ必ずトラブルになる」

1950年頃アメリカで生まれたフレーズ。おそらく当初は **if anything can go wrong it will** という形だった。今日もクリーシェとして使われるが、現在イギリスではむしろ **Sod's Law** (こんちくしょうの法則) として知られ、イギリスではそれほど使わないが **Murphy's Law** (マーフィーの法則) という言い方もある。 |例| Sod's Law dictates that if a piece of buttered bread falls it falls buttered side down. (こんちくしょうの法則によれば、バターを塗ったパンが床に落ちるなら、それはバターを塗った面を下にして落ちる。)

apple of one's eye, the 《間接的引用》「目の中のリンゴ」

溺愛している子供などについていう。 |例| She loves all her children but her youngest is the apple of her eye. (彼女はどの子もみな可愛がっているが、特に一番下の子は目に入れても痛くないほどだ。) 18世紀から使われ、今も普通に使われる。旧約聖書、申命記 (*Deuteronomy*) 32章10節から。'He kept him as the apple of his eye.' (エホバ眼の珠(ひとみ)のごとくにこれを護(まも)りたまへり。) かつて瞳孔はリンゴ型の球体だと考えられていたことから。

apron strings, tied to 《イディオム》「エプロンの紐に縛りつけられて」

母親や妻など、女性に支配されすぎている人物についていう。 |例| He never goes out with the people from work. His mother doesn't like them and he's tied to her apron strings. (あいつは職場の仲間と遊びに行ったためしがない。母親が連中を気に入らなくて、奴は母親の言いなりなのさ。) 今日ではやや古めかしい。

arm and a leg, cost an 《イディオム》「腕一本、脚一本とられる」

きわめて高くつくということ。 例 Houses in that area cost an arm and a leg. (あのあたりの家はべらぼうな値がついている。) アメリカ起源で、イギリスでよく使われるようになったのはおそらく1970年代から。日常的な、くだけた状況で使われる。別形に **cost the earth** (地球並の値段) がある。

armed to the teeth 《イディオム》「歯まで武装して」

過剰なまでに装備を整えること。元来は戦場の武器について使った表現で、歯まで武装するという発想は14世紀にさかのぼる。その後、イギリス人経済学者・政治家のリチャード・コブデン (Richard Cobden) が、イギリスの軍備支出が多すぎることに異を唱えた演説 (1849) で使って広まり、同時期にクリーシェとなった。

やがてもっと一般的な文脈でも使われるようになり、今日ではおおむね日常的な状況で用いられ、ユーモア、嫌味をこめる場合も多い。 例 The tourists were armed to the teeth with photographic equipment. (観光客たちはカメラやら何やらで完全武装していた。) 例 Whenever he gets home late he is armed to the teeth with excuses. (帰宅が遅れるといつも、彼はいろんな言い訳で完全武装して臨む。)

as a matter of fact《紋切型》「実際のところ」

　何か情報を足したり、説明を加えたりする際に使う。例 He certainly has not left town. As a matter of fact, I saw him last night. (あの人が町を去っただなんてとんでもない。実際、昨晩も見かけましたよ。) 使われすぎて、無意味になっていることも多い。

asking for it《紋切型》「自業自得」

　レイプされたり、その他のかたちで不快な性的接触を強いられた女性に関して、女性自身の挙動や服装に男性をそそのかすところがあって、その気があるという印象を与えてしまったのではないか、と示唆するのに用いられる。近年ようやく、レイプの被害を女性が法に訴えることが多くなったのに伴い、レイプを正当化するこうした発想に対してもやっと異が唱えられるようになってきた。が、クリーシェは依然として残っており、レイプ裁判の数が増えていることもあって、現在非常に目につく。

ask me another《キャッチフレーズ》「別のことを訊いてくれ」

　日常的な状況で、ある問いに答えられない時に使う。例 Why is he so nasty? Ask me another! (なぜあいつはあんなに下司なのかって? 僕の知ったことかね!) 19世紀末に生まれ、現在ではやや古臭い。

as well as can be expected《紋切型》「期待しうる限り最良」

　主に医者が使うクリーシェ。患者の容態について、希望を持たせるようなことをあまりはっきり言いたくないし、さりとてあまり悲観的なことを言うのも気が引ける、という場合に使われる。患者の親族としては、こう言われても何ら情報を伝えてもらった気はせず、苛立つばかりということも多い。例 She phoned to ask how her father was after his operation but all she was told was that he was as well as could be expected.(父親の手術後の容態を訊こうと電話してみたが、現状においては最良ですとしか言ってもらえなかった。) 19世紀末から。

at a loose end ⇨ LOOSE END, AT A
at daggers drawn ⇨ DAGGERS DRAWN, AT
at death's door ⇨ DEATH'S DOOR, AT
at long last《紋切型》「とうとうついに」

　　長々待たされたり、遅れがあったりした末に、という含み。 例 We waited for ages at the bus stop and at long last the right bus appeared.(バス停で果てしなく待たされた末、やっと我々の乗るバスが来た。) 16世紀には **at the long last** という形だった。現代の形は20世紀初めにクリーシェになった。

at one fell swoop《間接的引用》「恐ろしい急襲で一気に」

　　シェークスピア『マクベス』(*Macbeth*, 1606) 4幕3場から。'O hell-kite! All? / What, all my pretty chickens, and their dam, / At one fell swoop?'(ああ、地獄の禿鷹め！ みんな、か？ 何と、俺の可愛い雛鳥たちみんな、母鳥もろとも、いっぺんにさらっていたのか?) kite は猛禽を意味し、fell はここでは 'savage'(獰猛な)の意。クリーシェとなったのは19世紀で、ひと思いに、一撃のもとに、ということ。 例 He lost all his money on the stock market at one fell swoop.(株でいっぺんに全財産を失った。)

at the drop of a hat ⇨ DROP OF A HAT, AT THE
at this juncture《紋切型》「現時点では」

　　単に「今」の意。警察や政治家などが出し、マスコミが引用する類の公式報告書などに頻出する。 例 At this juncture we cannot say whether foul play is involved.(暴力行為があったかどうか、現時点では断定できません。) クリーシェになったのは20世紀に入ってから。新しい形として AT THIS MOMENT IN TIME (⇨) があり、これは使うと嘲笑を浴びがちだが、at this juncture の方はそうでもない。

at this moment in time《紋切型》「目下現時点においては」

　　単に語調を整えるクリーシェであり、要するに「今」の意。1970年代、アメリカでウォーターゲート事件に際しさんざん使われて流

行した。今日でも使われるが、使うのは、こういう言い方が立派に響くと勘違いしている人か、インタビューなどでうまい返答を考えるために時間を稼ごうとしている人くらいなもの。 例 At this moment in time we have not yet finalized our education policy.(目下現時点におきましては、私どもはまだ教育政策を最終決定したわけではございません。) 皮肉に使う場合もある。意味は同じだが、もう少しもっともらしく響くフレーズに AT THIS JUNCTURE (⇨) がある。

at your earliest convenience 《紋切型》「ご都合のつき次第」

　　公式の手紙など、主にビジネスで用いられる。 例 We should be grateful if you would reply to our letter at your earliest convenience. (ご都合つき次第、お返事いただければ幸いに存じます。) 請求書に使うことも多く、その場合実のところはすぐ金を払えと言っているわけであり、一種の婉曲表現クリーシェとも言える。

avoid like the plague 《比喩》「疫病のように避ける」

　　できる限り接触を避ける、の意。 例 Avoid him like the plague. He is such a bore.(あいつには絶対近寄るな。死ぬほど退屈な奴だから。) 例 I avoid the town centre like the plague on Saturday afternoons.(土曜午後の都心には絶対に近寄らないようにしている。) 今日も日常的に使われるが、起源はきわめて古く、聖ヒエロニムス (St Jerome, AD 345?–420) も使っているが、元来は、感染症、伝染病にかかっている人との接触を避ける必要を指した。

away from one's desk 《紋切型》「席を外している」

　　ビジネスで多用される婉曲表現。誰かが電話に出ない口実として、その人の秘書、助手、同僚などが使う。「あなたとは話す気がない」ということを遠回しに伝えている場合も多い。クリーシェとして広まったのは 1980 年代に入ってから。⇨ IN A MEETING

axe to grind, an 《イディオム》「研ぐべき斧がある」

　　個人的、利己的な動機を隠し持っているということ。 例 He is very much in favour of the proposed carpark but he has an axe to grind. He owns a shop right beside the site.(あの人、駐車場建設に熱心に賛成しているが、それもそのはず、あそこのすぐそばに店を出してるんだ。) 19 世紀中頃からよく使われている。ある少年が丸砥石の持

ち主にだまされて、持ち主が斧を研ぐあいだ砥石を回させられたという、アメリカ人政治家ベンジャミン・フランクリン (Benjamin Franklin, 1706-90) の作とされる逸話が元になっているという説も。

Armed to the Teeth

B

baby, leave someone holding the 《イディオム》「赤ん坊を抱いたまま置き去りにされる」

本来は誰かとの連帯責任であるものや、他人の責任を押しつけられること。 例 We were supposed to rent the house together but the others backed out leaving me holding the baby. (その家を共同で借りることになっていたのが、他の連中がみんな降りてしまい、一人で全部しょい込む破目になった。) 例 My brother volunteered to do our grandmother's garden and then went to the cinema leaving me holding the baby. (おばあちゃんの庭の手入れは僕がやるよとか言っておいて、弟は映

画に出かけてしまい、結局私がやらされた。)　元々は文字通り、男に捨てられた母親を指した。今日も日常的に使われるクリーシェ。

baby with the bathwater, to throw out the ⇨ THROW THE BABY OUT WITH THE BATHWATER

back number, a《イディオム》「バックナンバー」

　　もはや落ち目の人、影響力のない人などをいう。　例 He was quite a well-known singer in the seventies but is a bit of a back number now. (70年代には結構有名な歌手だったが、今はもういささか過去の人だ。)　元来は、過去の新聞(当然、最新のニュースは載っていない)を指した。20世紀初めからクリーシェとして比喩的に使われるようになった。原意からもわかるように、軽蔑的な響きがある。

backroom boys《紋切型》「裏方連中」

　　目立たない場所でこつこつ働くばかりで、賞賛や評価はもっと目立つところにいる人々に奪われてしまい、ろくに陽の目を見ない人たちのこと。第二次大戦中に使われはじめ、元々は、戦闘に大きく貢献しながら、前線で戦わなかったためにほとんど注目されなかった科学者や技術者を指した。今日でも、男性女性を問わず、なくてはならないにもかかわらずひっそり目立たない働き手をいう。　例 When the actor won an Oscar for his film appearance he acknowledged the invaluable role played by the backroom boys. (オスカーを受賞したその俳優は、製作スタッフが縁の下の力持ちになってくれたおかげだと感謝した。)　語源を覚えているような年輩の人物が使うことが多く、かなり古臭い印象を与える。

backseat driver, a《イディオム》「後部席の運転手」

　　何の関係もないのに、しかもたいていは何の知識もないのに、あれこれ口出しをする人のこと。　例 We would get this meal cooked a whole lot faster if you backseat drivers would stop telling us what to do. (あんたたちが外野からああだこうだと口出ししなきゃ、この料理ももっとずっと早く出来上がるんですけどね。)　また文字通り、時には免許すらないのに運転者に望まれざるアドバイスをする人たちのことをいう場合も。20世紀初めに生まれた表現で、元来はお抱え運転手に行き先などを指示する人のことをいった。

back to basics《紋切型》「基本に帰る」

　何かをするにあたって、単純で基本的な方法に立ち返ること。教育方法について使われてきた。　例 There are some people who believe that more children would learn to read and write if we got back to basics in the classroom. (学校でもっと基本に立ち返った教え方をすれば、読み書きをちゃんと覚える子供も増えるはずだと信じている人たちもいる。)　1990年代に入り、イギリス政府が、過去にあまねく生きていた(と彼らが説く)道徳への回帰を(政治的な下心をこめて)唱える際に使うようになった。

back to square one《イディオム》「ふり出しに戻る」

　最初の試みがうまく行かなかったのだから、はじまりに戻ること、物事をはじめからもう一度考え直すことが必要だ、と説くフレーズ。　例 This timetable isn't going to work. It's back to square one! (このスケジュールじゃ駄目だ。最初から考え直し!)　例 He's hit a snag in his research project and so it's back to square one. (彼の調査プロジェクトは暗礁に乗り上げ、結局ふり出しに逆戻りだ。)　使われ出した契機は不明だが、1930年代、それぞれ番号が記されたマス目状のサッカー場の図がプログラムに印刷されていて、ラジオのアナウンサーはその番号を使ってボールの動きを伝えながら試合の流れを解説した。元々は、スネークス・アンド・ラダーズ (snakes and ladders, さいころを振って駒を進めるすごろく遊びの一種)のような、プレーヤーがペナルティの一つとしてふり出しに戻らされるボードゲームから来たと思われるが、石けり遊びに由来するという説もある。今日も日常的に使われるクリーシェで、諦念をこめて口にされるのが普通。ほぼ同意の表現に BACK TO THE DRAWING BOARD (⇨)がある。

back to the drawing board《イディオム》「製図板に戻る」

　ある計画に関し、何かがうまく行かなくなり、最初に戻って状況を再検討しなくてはならなくなったということ。　例 The rota system for overtime is not working. I suppose it's back to the drawing board. (残業の当番制はうまく行っていない。一から考え直した方がよさそうだ。)　文字通りには、建築家やデザイナーが設計図を書き直すこ

と。第二次大戦中、『ニューヨーカー』誌 (*The New Yorker*) に載ったピーター・アルノー (Peter Arno) 作の、飛行船が地面に墜落して爆破しているかたわらで一人の設計士が丸めた設計図を抱えている姿を描いた漫画のキャプションから広まった。クリーシェとして今日も広く使われ、諦念をこめて口にされるのが普通。ほぼ同意の表現に BACK TO SQUARE ONE (⇨) がある。

back to the wall, have one's《イディオム》「壁を背にする」

　非常に困難・危険な状況に置かれ、生き延びるために最後の抵抗を試みなければならないこと。　例 During the recession a lot of small firms had their backs to the wall. (不況期、多くの零細企業が窮地に追い込まれた。)　壁を背に追い込まれれば、もはや後ろに下がることも逃げることもできない。生き残ろうと思ったら、壁をまさしく後ろ盾にして闘いを挑むほかない。16 世紀に使われはじめた表現だが、第一次大戦末期、ヘイグ (Douglas Haig) 将軍がイギリス軍に 'With our backs to the wall, and believing in the justice of our cause, each one of us must fight on to the end' (背水の陣と覚悟し、我々の正義たるを信じ、各人最後まで戦うべし) と命じたことから広く使われるようになった。クリーシェとして今日も普通に使われ、経済的に困難な状況を指すことが多い。

bag, in the《イディオム》「袋の中」

　確実なこと。　例 The export order's in the bag. (輸出の注文は決まりだ。) 例 The league cup's in the bag. No other team can catch them now. (リーグ優勝は手中に収めた。もうどのチームも追いつけっこない。)　クリーシェとしては 20 世紀から使われ出したが、語源は狩人が獲物を入れるのに使った袋と思われる。今日でも日常的な、くだけた状況で用いられる。

bag of tricks《イディオム》「手品の鞄」

　仕事に使う道具一式をいう。元来は旅まわりの奇術師が持ち歩く、奇術の道具を入れた鞄を指した。比喩として使われる時は、他人には真似できない専門的な技を持った人が使う道具というニュアンスがあり、どこか神秘的なものという含みを伴うのが普通。　例 There is something wrong with our central heating. We'd better send for Mr Jack and his bag of tricks. (セントラル・ヒーティングの調子がおかしい。便利屋ミスター・ジャックに修理に来てもらった方がいい。) 例 The child had a very sore throat but the doctor arrived with his bag of tricks and gave him an antibiotic. (その子はひどく喉を腫らしていたが、お医者さまが魔法の鞄を持ってやって来て、抗生物質を出してくれた。) 17世紀末に生まれた表現で、19世紀から普通に使われるようになった。今日も非常によく用いられる。別形に **box of tricks** がある。

balance, hang in the 《イディオム》「どちらに転ぶかわからない」

何かの結果がまだ確かでなかったり、どっちつかずの状態にあったりすること。多くの場合、予想される二つの結果がまったく正反対だという含み。 例 The condition of the accident victim is hanging in the balance. He is in intensive care. (事故の被害者は集中治療室に入っていて、安否は予断を許さない。) 例 His career is hanging in the balance. If he is found guilty of drink driving he will lose his job. (彼のキャリアは危機を迎えている。飲酒運転で有罪になれば仕事もクビだ。) しばしば、運命と関連させて使われる。 例 The fate of the workers is hanging in the balance while they are waiting for the outcome of the proposed merger. (合併提案の結果を待つ雇用者たちの運命は、はたしてどちらに転ぶか。) ここでいう balance とは天秤のこと。片方の皿に量りたい物を、もう片方に錘(おもり)を載せ、錘を増やしたり減らしたりした末に双方の釣り合いが取れればその物の重さがわかる仕組み。15世紀に生まれて以来、ずっと使われている表現。現代でもクリーシェとして広く用いられる。

bald as a coot 《比喩》「オオバンのような禿げ頭」

完璧に禿げていること。 例 He has been bald as a coot since he was quite a young man. (あいつはごく若い頃からつるっぱげだった。) 完全な禿げについて使う、最も標準的な表現。オオバン (coot) とは、羽毛が黒いのに白いくちばしが額のあたりまで伸びているせいで、禿げ頭のように見える水鳥。

ballgame, a different 《イディオム》「別の球技」

1970, 80年代に流行したクリーシェ。別のさまざまな問題を考慮

する必要のある、まったく別の状況をいう。 例 You can't compare the political situation then and now. It's a totally different ballgame. (その頃と今の政治的状況じゃ比較にならない。まるっきり別世界だよ。) アメリカで使われはじめたクリーシェ。ballgame という言葉はイギリス英語よりアメリカ英語での方がずっと一般的であり、結局イギリス英語にはいまだ根を下ろしていない。このクリーシェもイギリスでは、流行語の常として次第に人気が衰えつつあるが、そもそもはじめから、一部の人たちのみが使う通り言葉として蔑まれがちだった。

ballpark figure, a《イディオム》「野球場の数字」

1980年代にイギリスで流行したクリーシェで、だいたいの見積もり、おおざっぱな見当のこと。元はアメリカ英語で、野球に由来する (**in the ballpark** と言えば、「ある範囲内の」という意味)。主に金融やビジネスの場で使われる。こうした世界は当然きわめて国際的で、アメリカ英語も頻繁に使われるのである。イギリス英語全般に定着したことはない。

ball's in your court, the《イディオム》「ボールはそっちのコートにある」

行動を起こすべき状況において、その責任はもう一方の側にあることを匂わせるフレーズ。テニスをイメージした表現で、クリー

シェとしては20世紀中頃に使われ出し、今日も普通に使われる。日常的な会話や、くだけた状況で用いられる。

banana skin, a《イディオム》「バナナの皮」

　ばったり倒れてみっともない姿をさらす、というイメージの比喩。誰かがバナナの皮の上でつるんと滑って、居合わせたみんなが大笑いする、といった発想は昔からあって、漫画雑誌を作る人々には定番的ギャグだし、風刺漫画家もよく使う。これが1980年代イギリスのサッチャー(Margaret Thatcher)政権下、政治について盛んに使われるようになった。クリーシェの中には、しばらく使われたと思ったらまた忘れられ、やがて、その的確さをみんなが突然思い出したかのように再び使い出されるものがあるが、これもその一つと言えよう。マスコミ好みのクリーシェで、政治の世界についてよく使われるのは、いかにもこのクリーシェがふさわしい真似をやってのける政治家が跡を絶たないからか。　例 This latest scandal involving a Cabinet Minister is yet another banana skin for the Government. (閣僚の絡んだ最新のスキャンダルで、政府の面目はまたもや丸つぶれだ。)

bandwagon, jump on the ⇨ JUMP ON THE BANDWAGON

bang one's head against a brick wall《イディオム》「レンガの壁に頭をぶつける」

　何か目標を遂げようと懸命に、しかし空しく努力することや、成功の望みがほとんどないとわかっていながら努力することをいう。誰かに何かをわからせよう、あるいは何かの忠告に従わせようとしている人に関して使うことが多い。　例 You'll just be banging your head against a brick wall if you try to persuade him to stay on at school. (学校をやめるなとあの子を説得しようとしても、どうせ無駄骨、やめとけって。)　例 We tried to get her to see a doctor but we were just banging our heads against a brick wall. (医者に診てもらうよう彼女を説き伏せようとしたが、まるっきりくたびれもうけだった。)　古くに生まれた表現で、語源的にも、多くの困難(と苦痛)の末に何も収穫がないというニュアンス。クリーシェとして今日も、きわめて改まった状況を除き、さまざまな場面で用いられる。

baptism of fire《イディオム》「砲火の洗礼」

　試練になりそうな事態に、初めて引き合わされたり出会ったりすること。 例 She has finished her teacher training course and is about to face her baptism of fire in the classroom. (教員研修も終わり、いよいよ今度は教室での洗礼だ。)　元々は、戦場で初めて砲火に晒(さら)されようとしている新参兵について使った比喩。その意味のクリーシェとして19世紀から使われはじめ、やがてより一般的な意味で用いられるようになった。今日でもさまざまな状況で使われるが、ふざけて使うこともある。

barking up the wrong tree《イディオム》「間違った木に吠えて」

　努力やエネルギーを間違った方向に向けること。 例 The police have taken in him for questioning but they are barking up the wrong tree.　I know who the real culprit is. (警察が事情聴取に彼を呼んだのはとんだ見当違いだ。僕は真犯人を知っている。)　19世紀からクリーシェとして使われている表現で、今日も日常的な状況で依然よく使われる。昔アメリカで、アライグマ狩りの際、夜に猟犬がアライグマの居場所を知らせて木の前で吠えたことから。時にはさすがの犬もヘマをやらかし、まさに文字通り、間違った木の前で吠えたりした。

bark is worse than one's bite, one's《イディオム》「嚙むのは吠えるほどではない」

　外見や口ぶりは怖くて厳しそうでも、実際はそれほどでもないこと。 例 All the children are scared of the new teacher, but people say that her bark is worse than her bite and that she can be very kind to her pupils. (新しい先生に子供たちはみんな震え上がっているが、実は見かけほど恐ろしい人ではないという話で、必要とあらば生徒にはとても優しいらしい。)　17世紀中頃に生まれた表現で、今日では普通に使われるクリーシェとなっている。文字通りには、吠えたり唸ったりはしても嚙みつきはしない犬のこと。ユーモラスに、または皮肉をこめて、ひっくり返して使われることもある。 例 Watch out for the new boss.　She looks very gentle but her bite is worse than her bark. (今度のボスには要注意だぞ。優しそうに見えるけど、嚙まれたら結構痛いかも。)

barrel, have someone over a《イディオム》「誰かを樽の上に乗せる」

人を完全に自分の言いなりにしていること。例 He has the workers over a barrel. He pays them rock-bottom wages because he knows they wouldn't get other jobs. (彼は従業員を顎で使っている。他に仕事を見つけられないとわかっているものだから、給料も雀の涙しか出さない。)クリーシェになったのは20世紀に入ってからで、今日も日常的に広く用いられる。

batten down the hatches《イディオム》「ハッチを密閉する」

トラブルを予期して、できるだけ安全な状態にしておくこと。現代では、経済・金融に関して多用される。例 Small firms that cut their expenditure and batten down the hatches will stand the best chance of surviving the recession. (経費削減に努めて備えを万全にする中小企業が、不況を一番よく乗り切りそうだ。) 19世紀末から比喩として使われはじめ、今日も普通に使われる。元々は海事用語で、嵐に備えてバッテン(マストにつける当て木)を釘でとめ、スパー(帆柱・帆桁など)を固定し、ハッチを防水帆布で覆うことなどをいった。

battle royal, a《イディオム》「大乱戦」

激しい喧嘩や口論。たいていは何人か参加者がいる。例 There was a real battle royal when the landlord of the pub refused to serve one of the customers. (酒場のおやじが客の一人に、あんたに出す酒はないなんて言ったものだから、えらい喧嘩になってしまった。) 元々は17世紀に、3羽以上の鶏を戦わせた闘鶏のことをいい、18世紀から比喩として使われるようになった。今日ではかつてほど使われなくなってきている。

be-all and end-all, the《紋切型》「至上目的」

何よりも大切なもの。例 Money isn't the be-all and end-all of life, you know. (金が人生のすべてじゃないだろう。) 例 She thinks that getting married is the be-all and end-all of a woman's existence. (彼女は結婚が女の人生の至上目的だと思っている。) クリーシェとしては19世紀から広く使われてきた。今日も用いられるが、使える状況の範囲は以前より狭くなっている。文学で使われた例として最も有名

のは、シェークスピア『マクベス』(*Macbeth*, 1606) 1幕7場で、マクベスがダンカン (Duncan) 殺害に思いをめぐらし、'that but this blow / Might be the be-all and the end-all—' (この一撃がすべてであるなら、すべての片をつけてくれるなら) と独白するくだり。

be all ears ⇨ ALL EARS, BE
beat about the bush 《イディオム》「茂みをあちこち叩く」

回りくどい、石橋を叩いて渡るような用心深さで、ぐずぐずしてなかなか核心にたどりつかないこと。 例 I wish the boss would tell people directly if they're being made redundant. He keeps beating about the bush. (従業員たちが解雇されるのかどうか社長がはっきり言ってほしい。ずっともってまわったような言い方ばかりだ。) 16世紀に使われ出し、18世紀末にクリーシェになった。表現そのものも、それが文字通り指す行為も、今日でもなおおなじみである。狩りで獲物の鳥を追い立てて撃ち落とすために、鳥が隠れている茂みを叩いたことから。

beat a hasty retreat 《紋切型》「急ぎの退却の合図を叩く」

できる限り速くその場を離れたり、脇にそれたりすること。 例 The children beat a hasty retreat when they realized that they had broken a window. (窓を割ってしまったと気づくやいなや、子供たちは脱兎のごとく逃げ出した。) 元は **beat a retreat** という軍隊用語で、隊を退却させるための合図に太鼓を叩く習慣を指した。その後、軍隊用語としても単に「退却する」の意味になり、やがて比喩になった。19世紀中頃にクリーシェになったが、今日では普通 'hasty' をつけて使われる。

beaten track, off the ⇨ OFF THE BEATEN TRACK
beats cock-fighting, it 《キャッチフレーズ》「闘鶏にも勝る」

何らかの意味で優れている、望ましい、あるいは見事だということ。 例 A fortnight in the Bahamas may not be everyone's ideal holiday but it sure beats cock-fighting. (バハマで2週間というのは、万人の理想の休暇とは言わないが、なかなか大したものだよ。) 例 He's broken the record for the course again. Doesn't that beat cock-fighting? (またもコース新。すごいじゃないか!) キャッチフレーズと

しては19世紀初めに使われ出した。今日もクリーシェとして見かけるが、かなり時代遅れになりつつある。

beats me, it 《紋切型》「お手上げだ」

さっぱりわからないということ。 例 It beats me why she stays with him. He's always after other women. (なぜあんな男と別れないのか、さっぱりわからない。年中よその女を追いかけ回してるじゃないか。) イギリスでは1920年代から一般的に使われるようになり、今日でもクリーシェとして日常的に用いられる。

because it's there 《キャッチフレーズ》「そこにそれがあるから」

他人から見るとあまりにも危険・不快・退屈で、なぜそんなことをするのかわかってもらえないような行為にあえて挑もうとする時の弁明に使う。有名な登山家ジョージ・リー・マロリー (George Leigh Mallory, 1886-1924) がエベレスト (Mount Everest) 登頂に際して言った言葉。ちなみにこの登頂は失敗に終わり、マロリーは行方不明になったが、のちにやはりエベレストを目指し、登頂に成功した (1953) エドマンド・ヒラリー (Edmund Hillary) によって、このフレーズもふたたび広められた。現在も登山に関して使われることが多い。 例 So many people risk their lives on Scottish peaks in the winter but when you ask them why they do it they say, 'Because it's there.' (冬にスコットランドの山々の頂を目指す人は跡を絶たないが、なぜ？ と問うても「そこに山があるから」と答えるばかりだ。) 他のスポーツにも使われる。 例 When we asked him why he wanted to swim the channel all he could come up with was 'Because it's there'. (なぜ海峡を泳いで渡ろうと思うのか、と彼に訊いても、「そこに海峡があるから」という答えしか返ってこなかった。) 最近は、こうしたいかにもそれらしい状況以外にも使われるようになったが、たいていは冗談か皮肉半分。 例 They say they drink such a lot of whisky because it's there. (連中があんなにウイスキーをたくさん飲むのは、「そこにウイスキーがあるから」だそうだ。)

bed of roses, a 《イディオム》「バラの花床」

非常に気持ちよく、快適で、嫌なことのない状況をいう。バラの花壇は、トゲさえ考えなければとても美しい場所であることから。

否定的な文脈で使われる場合がほとんど。 例 Life on the dole isn't exactly a bed of roses. (失業手当で生きてくのは、極楽ってわけには行かない。) 例 Being a single mother is hardly a bed of roses. (シングルマザーは楽じゃない。) 比喩としては16世紀から使われており、19世紀中頃からクリーシェになった。嫌なことのない事態などますますありえなくなりつつある今日、盛んに使われている。

bee in one's bonnet, a《イディオム》「帽子のなかのハチ」

何かに対して強い執着や強迫観念を持っている人についていう。例 I should warn you before you start the job that the boss has a bee in his bonnet about punctuality. (仕事をはじめる前に言っとくけど、うちの社長は時間には異様にうるさいぜ。) クリーシェになったのは18世紀だが、発想はもっと古い。今日もごく普通に使われる。帽子の中に紛れ込んだハチがパニック状態に陥ってぶんぶん飛び回る様子と、頭の中で何かの考えがわけもなくぐるぐる回っている感じとを結びつけたもの。

beer and skittles《イディオム》「ビールとスキットルズ」

のんきで愉しい生活のこと。否定的なニュアンスで使われることが多い。例 He thinks that the life of a student is all beer and skittles. (あいつと来たら、学生生活は飲んで遊べるものとばかり思っている。) 例 Being a courier for a holiday company is not all beer and skittles. (旅行代理店のツアー添乗員も楽じゃない。) スキットルズはボウリングに似た、パブでよく行なわれるゲームで、そこからビールが連想される。クリーシェとして19世紀中頃から使われている表現で、今日も広く使われる。

bee's knees, the《イディオム》「ハチのひざ」

まさに最高、ということ。 例 She is a very poor singer but she thinks she's the bee's knees. (ろくに歌えもしないのに、自分ではとびきり上手いと思っている。) アメリカで、おそらく1920年代に生まれた表現。単に bee's と knees が韻を踏んでいるというだけの理由で広まったものと思われる。日常的な、くだけた状況で今も普通に使われる。

before you can say Jack Robinson《キャッチフレーズ》「ジャッ

ク・ロビンソンと言い終わる前に」

すごい速さで、ということ。現実を見据えているというより、楽天的にものを言うときに使われるのが普通。 例 I'll have this room decorated before you can say Jack Robinson. (この部屋の飾りつけなんか、あっという間に終わるさ。) ジャック・ロビンソンが何者かについては、多くの憶測はあるものの定説はない。活字に登場した最も古い例は、ファニー・バーニーの小説『エヴリーナ』(Fanny Burney, *Evelina*, 1778) の中の 'I'd do it as soon as say Jack Robinson.' (電光石火、またたく間に片付けてやるぜ。) John Smith などという名と同じで、名も姓もごくありふれたものだから広まったにすぎない、という説も有力。クリーシェになったのはおそらく 19 世紀で、今日も広く使われる。

beg, borrow or steal 《紋切型》「乞う、借りる、でなければ盗む」

どんな手段を使ってでも達成するということ。 例 Our car's broken down. We'll have to beg, borrow or steal transport to get to the wedding on time. (車が故障してしまった。何としてでも時間通り結婚式に行かないと。) 14 世紀、チョーサー (Geoffrey Chaucer) の時代までさかのぼる表現で、今日も、特にユーモラスな文脈で使われる。

beggars can't be choosers 《ことわざ》「乞食は選べない」

何かを切実に必要としている人は、手に入るものについてえり好みしたり文句を言ったりできる身ではないということ。 例 We are not particularly fond of the house but it was the only one in our price range and beggars can't be choosers. (その家が特に気に入ったわけでもないが、手が届くのはあれ一軒だけだったから、贅沢は言えなかった。) 例 She did not want to work in a factory but she has no qualifications and beggars can't be choosers. (工場では働きたくなかったが、彼女には何の資格もないのだから、背に腹は替えられない。) ジョン・ヘイウッド (John Heywood) のことわざ集 (1546) に収録され、以来今日までずっと、格言として親しまれている。現代におけるクリーシェとしてもきわめて一般的で、他人の不運に関していささか偉ぶった口調で口にされることが多い。

beginning of a new era, the 《紋切型》「新しい時代のはじまり」

何かまったく新しい局面や展開がはじまること。 例 In technological terms the invention of the computer was the beginning of a new era. (テクノロジーという観点から見て、コンピュータの発明はまさに新時代の黎明(れいめい)であった。) 目覚ましい新たな展開を意味するが、実のところクリーシェとしては、小さな、時にはごく些細な変化を指すのにもよく使われる。 例 The discarding of the uniform heralded the beginning of a new era for the school. (制服の廃止は、その学校にとっての新時代到来を告げていた。) 例 We believe that our current publicity campaign marks the beginning of a new era in marketing. (わが社が現在行なっている宣伝キャンペーンは、マーケティングにおける新たな時代の幕開けを記すものと信じる。) クリーシェとして19世紀末から使われ出し、今日でも、特にジャーナリストや政治家、また人前で演説する人たちの間で広く使われている。別形に **the beginning of an era** がある。

beginning of the end, the 《引用》「終わりの始まり」

ボロディノの戦い (the Battle of Borodino, 1812) について、タレーラン (Charles Maurice de Talleyrand-Périgord) が示した所感、'Voilà le commencement de la fin' (これが終わりの始まりである) に基づく。ただし、この言葉を口にしたのはタレーランが最初かどうかは不明。破滅、大惨事等々の不幸の始まりを記す状況や事件をいう。 例 They only divorced this year but it was the beginning of the end when he had an affair with his secretary a few years ago. (彼らが離婚したのはつい今年のことだが、数年前に彼が秘書と関係を持った頃からすでに終わりは始まっていた。) 例 The building of the new supermarket was the beginning of the end for many of our local shops. (新しいスーパーが建ったことは、地元の多くの小売り店にとって破滅の始まりだった。) 19世紀中頃からクリーシェとなり、今も広く使われる。しばしば、さも痛ましげな口調で言われる。

be good 《キャッチフレーズ》「いい子でね」

日常的に、ユーモラスに使われる別れの挨拶。 例 I must be off now. Have a good holiday and be good! (もう行かなくちゃ。よい休日を、じゃあね!) 性的な意味をこめて言われることも多く、現在で

も **be good and if you can't be good be careful**(浮気なんかするなよ、するにしても用心はしろよ)という形で使われることがあるが、ただしこの長い形は今日では古臭い感じがする。アメリカで20世紀初めから使われ出した表現で、B・スコット (B Scott) 作の 'If You Can't Be Good Be Careful' という曲(1907)がきっかけで広まった。似たようなフレーズに DON'T DO ANYTHING I WOULDN'T DO! (⇨) がある。

behind the scenes 《紋切型》「舞台裏で」

公衆の目の届かないところで行なわれる活動についていう。その活動が秘密の、時には後ろめたいものだという含みがある場合も。 例 The official talks received a lot of media attention but we think most of the negotiations went on behind the scenes. (マスコミの目は正式の会談に集中したが、交渉の大半は裏で行なわれたと我々は考えている。) 例 A great deal of lobbying went on behind the scenes before the new leader was elected. (新しいリーダーが選出されるまで、相当のロビー活動が行なわれた。) こういったニュアンスを伴わず、BACK-ROOM BOYS (⇨) と同じような意味合いで使われることもある。 例 She always takes the credit for the organization but most of the work is done by people slaving away behind the scenes. (組織の手柄はいつも彼女が独り占めにするが、大半の仕事は裏でこつこつ働いている人たちがやっているのだ。) 形容詞的にも使われる。 例 We think that there was a great deal of behind-the-scenes wheeling and dealing before the merger of the companies took place. (会社合併が決まるまでには裏で多くの権謀術数がめぐらされたと思われる。) 17, 18世紀の演劇(特にフランス演劇)で、殺人など暴力行為の大半は舞台上では演じられなかったことから。18世紀末頃から比喩的に使われるようになり、19世紀中頃にクリーシェになって、今日も広く用いられる。

believe it or not 《場つなぎ》「信じようが信じまいが」

びっくりするようなことを言うぞ、という警告。 例 Believe it or not, he was considered the best applicant for the job. (驚くなかれ、あれでも応募者中ベストだってみんな思ったんだぜ。) 口癖になっている人によって、ほとんど意味のないつなぎ言葉として使われたりす

る。19世紀中頃にクリーシェになったが、広まる契機となったのはおそらく、ロンドンで上演されたショー *Believe It or Not* (1939-40)。アメリカでは、風刺漫画家ロバート・リロイ・リプリー (Robert Leroy Ripley) が1918年から連載しはじめた漫画のタイトルに使ったことで広まった。クリーシェとして今日も広く日常的に用いられる。

believe one's eyes, cannot 《紋切型》「わが目が信じられない」

明らかになったことが、驚くべき異様なものだという事実を強調するのに使う。 例 I could not believe my eyes when I saw a well-dressed woman calmly take a dress off the rack and put it in her briefcase. (身なりのいい女性がラックから洋服をすっとはずして自分のブリーフケースに入れるのを見た時は、わが目を疑った。) 例 The children couldn't believe their eyes when they saw the huge Christmas tree. (巨大なクリスマス・ツリーを見て、子供たちは自分の目が信じられなかった。) おそらく17世紀に生まれた表現で、19世紀末頃にクリーシェになった。今日も日常的な状況で使われる。

be like that 《紋切型》「そのようでいなさい」

こっちが思っている通りに行動してくれない相手に向かって言う。 例 Be like that! I'll borrow someone else's book. (勝手にしなさいよ！ 本は誰か別の人から借りるわ。) 例 Be like that! We'll go to the cinema without you. (好きにしなさい！ 映画にはあんた抜きで行きますからね。) 日常的な状況で使われ、特に子供が、友達が自分に合わせてくれないことに腹を立てて言ったりする。

belle of the ball 《紋切型》「舞踏会の華」

社交の集いで、最も美しい、または最も美しく着飾った女性を指す。今日では必ずしも文字通り舞踏会やダンスパーティーである必要はない。 例 You'll be the belle of the ball in that dress. (そのドレスを着ていけば、君はきっと注目の的だよ。) 現在では、自分がその場で誰よりも美しく優雅だと思い込み、気取った態度で振る舞う女性について皮肉をこめて使ったりする。belle は美女を意味するフランス語の名詞で、17世紀初めに英語にも組み込まれた。

bells and whistles 《紋切型》「鐘と笛」

単に飾りになっているだけで機能的でも必要でもない要素を指して、たいてい軽蔑的にいう。コンピュータなど、機械や器具についてよく使われる。 例 I just want an efficient basic model. I don't want any bells and whistles. (能率のいい、基本的なモデルが欲しいんだ。あれこれ飾りのついたのは要らない。) 例 He just wants a car that will get him from A to B. He doesn't want to pay extra for a lot of bells and whistles. (彼は A から B に移動する車があればいいんだ。やたらごちゃごちゃしたものに余分な金を払う気はない。)

be mother《紋切型》「母になる」

お茶やコーヒーを注いだり、あるいはもっと全般的に女主人の役割を演じること。 例 I'll be mother. Do you take milk and sugar? (お茶をいれてあげるわ。ミルクとお砂糖は?) 今日でも使われるが、やや 'twee' (お上品) すぎる感じに受け取られることが多い。使うにしても、わざとユーモラスな口調で言ったりする。

be my guest《キャッチフレーズ》「私の客になって」

何かを借りて行ったり持って行ったりしてくれて構わない、ということ。 例 Of course you can borrow my magazine. Be my guest! (その雑誌ですか、もちろんお貸ししますとも。ご遠慮なく!) 例 Yes, you can have the last cake. Be my guest! (ええ、最後のケーキ、お取りなさいな。遠慮は要らないわ!) 1950 年代からよく使われるようになり、今日も日常的に用いられる。現在では、どう考えても自分の物なのに誰かに平然と使われたり持って行かれたりした場合に、または高飛車な調子で何かをされた場合に、皮肉をこめて使う場合も多い。 例 Actually that was my trolley but be my guest! (実はあれ、僕の台車だったんだけどね、まあいいさ!)

bend over backwards《イディオム》「後ろにそり返る」

非常な、時に過剰な努力を払うこと。 例 We bent over backwards to make her feel at home but she never really settled in. (彼女にくつろいでもらおうと私たちも一生懸命頑張ったが、どうしても打ち解けてくれなかった。) 大変な骨折りが徒労に終わったという含みがあることが多い。アメリカで 1920 年代に使われ出し、今日もクリーシェとして多用される。うしろに体を曲げるのに要する肉体的努力

を踏まえた表現。別形に **lean over backwards** がある。

benefit of the doubt, give the 《紋切型》「疑いの恩恵を与える」

　無実に疑問があったり、否定的な証拠があるにもかかわらず、誰かを無実として扱うこと。　例 We can't prove that he stole the money and so we must give him the benefit of the doubt, but he was the only person with access to it. (彼が盗んだという絶対の証拠はないのだから犯人と決めてはならないが、そのお金に近づける立場にあったのが彼一人というのもまた事実だ。)　ユーモラスな、または皮肉な形で使われることもある。　例 If you say you were ill yesterday we'll give you the benefit of the doubt but it was a scorching day and you've got a suntan. (君が昨日は具合が悪かったと言うのなら、まあ信じることにしよう。でも昨日は日差しがおそろしく強かったし、君、いい色に焼けてるぜ。)　元は法律用語として、疑問の余地なく有罪と決まるまで人は無実と見なされるということを意味した。19世紀以来比喩として使われ、20世紀に入った頃からクリーシェとなって、今日も広く使われる。

be seeing you! 《キャッチフレーズ》「またね!」

　人と別れるときの、一般的なくだけた挨拶の言葉。　例 There's my bus! I must go! Be seeing you! (僕の乗るバスが来た!　行かなくちゃ!　またね!)　1940年代中頃から広まり、今日も使われる。しばしば **see you!** と縮められる。より現代的な言い回しの SEE YOU LATER! (⇨) とは違い、普通この言葉を言った場合、本当に相手とまた会うつもりであることを意味する。

best bib and tucker 《紋切型》「最高の前掛けと襟飾り」

　その人の最高の晴れ着のこと。　例 If you're going to dinner with her parents you'd better look out your best bib and tucker. (彼女のご両親と食事に出かけるんなら、一張羅(いっちょうら)を着ていかなくちゃ。)　日常的な、くだけた状況で使われるが、もはやかなり古臭い表現。18世紀から使われ出した。文字通りには、フォーマルな行事に着た服のうち、bib は男性がシャツの胸部につけた仮胸(かりむね)やフリルのことで、tucker は女性の胸元を覆ったレースのこと。

best-laid schemes, the 《間接的引用》「最高に念入りの計画」

念には念を入れて計画を練ってみてもやっぱりうまく行かないことはある、と匂わす時に使う。 例 She had the holiday planned down to the very last detail and then there was a ferry strike. Ah, well, the best-laid schemes...（休みの計画を何から何まできっちり綿密に立てたのに、行ってみたらフェリー会社がストライキ。やっぱり、いくら念を入れて計画しても...） ロバート・バーンズの詩「ねずみへ」(Robert Burns, 'To a Mouse', 1785)から。'The best laid schemes o' Mice an' Men/Gang aft agley.'（ねずみと人間の用意周到な計画も、思うようには行かないこともある。o'=of; Gang aft agley=often go wrong）クリーシェとして、この一節がまるまる引用されることも。 例 We had booked a weekend break and then our daughter got chicken pox and we had to stay at home. It's true that the best laid schemes o' mice and men gang aft agley.（週末に休みをとって宿も予約したのに、娘が水ぼうそうにかかってそれもおじゃん。用意周到な計画もうまく行かないことが、とはよく言ったものだ。） ただしこれは短い形ほど使われない。バーンズのおかげでクリーシェとして人気が高まったことは確かだが、18世紀末から使われているので、バーンズが詩にする前からある程度広まっていたかもしれない。表現、発想ともに今日でもおなじみ。

best of British, the 《キャッチフレーズ》「イギリス最高の幸運を」

the best of British luck が短くなったもの。今日では、状況が非常に困難か、まったく望みがないことを皮肉っぽくいう時に使う。 例 Well, if you think you can get that stain off the carpet, the best of British to you.（もしそのカーペットのしみが取れると思ってるんだったら、まあ幸運を祈るよ、しっかりやりたまえ。） おそらく軍隊で第二次大戦あたりから使われ出したもので、当初から皮肉っぽい含みがあったとも考えられる。今日では日常的なくだけた状況で使われるが、やや古臭い。

best thing since sliced bread, the ⇨ GREATEST/BEST THING SINCE SLICED BREAD, THE

best things in life are free, the 《キャッチフレーズ》「人生最良のものはただ」

読んで字のごとし。ブロードウェイ・ミュージカル『グッド・ニューズ』(*Good News*, 1927) で使われた曲のタイトルであり、1956年に公開された映画の題名でもある。両者のおかげもあって、一般的なクリーシェ、キャッチフレーズとして定着した。今日では皮肉に使われることも多い。人生最良のものはただ、などと言えるのはかなりの暮らしをしている人だけなのだから。

be that as it may 《紋切型》「そうであるとしても」

場つなぎのクリーシェとしても使われる。**that may be true** と同義。 例 You say that he is basically honest. Be that as it may, we are almost certain that he took money. (あれは根は正直な男だと君は言う。そうかもしれないが、僕らは彼が金を盗んだとほぼ確信しているんだ。) 口癖になっている人によって、ほとんど無意味に使われたりする。表現としては19世紀から。今日も広く使われ、かなり改まった響きはあるものの、改まった状況に限らず、ごく普通の状況でも使われる。

better half, one's 《紋切型》「(自分の)良い方の半分」

一部の男性が自分の妻のことを言うときに使う。 例 Thanks for the invitation. I'll have to ask my better half. (お招きいただき、ありがとうございます。妻に聞いてみませんと。) 元は一つだった存在が二つに分けられて二人の人間になったのだという考え方はローマ時代にさかのぼり、ホラティウス (Horace, 65-8 BC) はこの時代、友人たちのことをこう呼んだ。one's better half という表現は16世紀から。元来はやはり親しい友人や恋人を指したが、次第に妻のことをいうようになった。冗談まじりのクリーシェとして、19世紀中頃から広く使われるようになった。今日では、うわべは敬意を表しているようでどこか見下しているような響きを感じる女性も多く、かなり古臭くなってきた。

better late than never 《紋切型》「遅くてもやらないよりまし」

時間を守らなかったことで生じた問題を最小限に見せようとする時に使う。発想としてはローマ時代からあった。この形にしても、英語の古いことわざ集のいくつかに見ることができ、**better late than never, but better never late** (遅くてもやらないよりいいが、

遅くない方がもっといい) という長い形で載っていることもある。現在クリーシェとしてごく普通に使われる。時間を守れない人が跡を絶たないことの証しであろう。このフレーズを使うのは主に、自分が時間を守らないことで他人がどれだけ迷惑しているかをまるで考えない、平気で遅れてくる人たちである。また、そうしたずぼらさの迷惑を被る人たちも、一見時に平然と、時に慇懃(いんぎん)に相手を許してこの言葉を使うが、実はこみ上げる怒りを抑えつつそう言っていることもある。

better safe than sorry 《紋切型》「後悔より安全」

　安全と用心の徳をたたえ、それらを無視することの危険性を指摘するフレーズ。　例 You'd better go back and check that you locked the back door.　Better safe than sorry. (裏の鍵を閉めたか確かめてきた方がいいよ。後悔先に立たずだぜ。)　例 Have you checked the tyres and oil?　Better safe than sorry. (タイヤとガソリンはチェックした？　転ばぬ先の杖よ。)　クリーシェになったのは20世紀になってからだが、発想そのものはかなり古くからあった。いかにも偉そうな響きのするクリーシェであり、忠告する側の人間は何でも知っているというふうに聞こえ、される側からすれば苛立たしいことこの上ない場合も多い。

between a rock and a hard place 《イディオム》「岩と硬い場所の間」

　同じくらい不快で受け入れがたい二つの選択肢から選ばねばならない状況のこと (rock も hard place もこの場合同じ意味)。　例 I'm between a rock and a hard place.　If I stay with my present company I have to move to another branch at the other end of the country.　If I leave I'll have to take a job with a firm that doesn't pay so well. (どっちを選んでも辛いよ。今の会社に残れば、この国の向こうの果てにある支社に転勤。もし辞めるとなれば、もっと給料の安い会社に移るしかない。) 20世紀初めにアメリカで生まれ、イギリス英語に登場したのはごく最近であり、今でもはっきりアメリカ英語と意識して使う人もいる。もっと古い類似のイディオムとして、**between Scylla** /sílə/ **and Charybdis** /kəríbdəs/ (魔岩スキラと渦巻カリブディスの間)、**be-**

tween the devil and the deep blue sea (悪魔と青海原の間) などがある。

between jobs 《婉曲》「仕事と仕事の間に」

　失業していること。時には本当にある仕事を辞めて、すでに話が進んでいる別の仕事に就くのを待っているという意味で使われる場合もなくはない。が、失業中であること、余剰人員と見なされたことを認めたくないがために使われることも非常に多い。　例 My husband is between jobs at the moment and so he is concentrating on the garden. (夫は目下職と職のはざまだから、庭仕事に専念しているのよ。)　イギリスで一般失業率が深刻な問題となった1970年代末あたりからクリーシェとして使われ出した。演劇界の婉曲表現に、しばらく仕事のない役者を指していう **resting** (休んでいる) があるが、between jobs の方が一般的。

between you and me 《紋切型》「あなたと私の間で」

　秘密を守る必要性を誰かに押しつけたい時に使う。実のところは、非常にきわどいゴシップを明かそうとする合図と受け取られることが多いようで、聞かされた方は即、また別の誰かに知らせに飛んでいく、などということになる。　例 They're supposed to be getting married, but between you and me I know for a fact that he is married already. (あの二人、もうじき結婚することになってるけど、ここだけの話、彼にもう奥さんがいるって私しっかり知ってるのよ。)　のちに生まれた別形に **between you, me and the gatepost** (あなたと私と門柱の間で) があるが、意味はオリジナルとほとんど同じで、これは19世紀末から使われ出した。同じ時期に **between you, me and the bedpost** (あなたと私とベッドの支柱のあいだで) も使われはじめたが、こちらはもうあまり使われない。between you and me を、文法的に正しく言っているつもりで **between you and I** と間違って言う人が非常に多い。

beyond our ken 《紋切型》「私たちの知の限界を超えて」

　自分の理解や経験が及ばないということ。人間全般の知力についていうことも多い。　例 I would never dare dabble in spiritualism. Some things are beyond our ken. (心霊術をかじってみようかなんて気は

まったく起こらない。人知では計り知れないものもあるのだ。）　今日ではもうあまり使われないが、**beyond the ken of mortal men**（死すべき人間の知の限界を超えて）という表現もある。人間一般でなく、特定の個々人について使うこともある。　例 It is beyond our ken what she sees in him but she is going to marry him. (あんな男のどこがいいのか、僕らの理解の及ぶところではないが、とにかく彼女はあいつと結婚する気でいる。)　時にユーモラスに使うことも。クリーシェとしては19世紀末から。

beyond the pale 《紋切型》「囲いの向こう側」

　道徳的、または社会的に受け入れがたいということ。　例 Her parents are very broad-minded but the conduct of her fiancé's drunken friends at the party was beyond the pale. (彼女の両親はとても心の広い人たちだが、彼女のフィアンセの酔った友人たちがパーティーでしでかした振る舞いには、さすがに堪忍袋の緒が切れた。)　クリーシェとしては19世紀末から使われ出した。今日でも広く用いられ、ユーモラスに、あるいは皮肉に使われることも多い。　例 I'm sure that we won't be invited to the wedding. It's to be a big society event and we are beyond the pale. (きっと僕らは結婚式に招待されないと思う。社交界の一大行事なんだから、僕らなんて蚊帳(か)の外さ。)　歴史的には、14世紀アイルランドのペイル（the Pale）を指す。ペイルとはイギリスの統治下にあった地域のことで、ゆえにイギリス国民には文明と優位の地と考えられ、その外に住む者ははるかに下等な存在と見なされた。pale という語自体は、最初は囲いを作る時に打ち込む杭のことをいったが、のちに意味が広がり、囲いで仕切られた地域を指すようになった。

bide one's time 《紋切型》「時節を待つ」

　しかるべき機会が訪れるまで、行動を起こさずに待つこと。　例 Now is not a good time to ask your father for a loan. You should bide your time and wait until he's in a better mood. (今お父さんに借金を申し込むのはまずい。ここはひとつ我慢して、もっと機嫌がよくなるまで待った方がいい。)　不吉な含みがこめられることも多い。　例 The landlord is being too nice. I think he's just biding his time to find a reason to throw us out. (家主は妙に愛想が良すぎる。口実を見つけて俺たちを追い出すチャンスを狙ってるんだと思うな。)　19世紀後半からクリーシェとなり、今日も広く使われる。動詞の bide はこの表現で使われる以外は廃語(ただしスコットランド英語ではまだ普通に用いられる)。

Big Brother is watching you 《引用》「ビッグ・ブラザーが君を見ている」

権力が国民に対して持つ力を警告するフレーズで、特に監視の力などについていう。　例 I know that surveillance cameras in the city centre might make the place safer but it does savour a bit of Big Brother is watching you. (市民ホールに監視カメラがあるおかげで安全なのはわかるけど、どうもビッグ・ブラザーに見られてるって感じだな。) ジョージ・オーウェルの小説『1984年』(George Orwell, *Nineteen Eighty-Four*, 1949) から。クリーシェとして一般に使われるようになったのは1960年頃からだが、それ以前もインテリの間で使われていた。オーウェルが使う前は、'big brother' といえば「優しく護ってくれる人」というニュアンスだった。

bigger they are, the harder they fall, the 《キャッチフレーズ》「大物ほど墜ちるのも派手」

重要な人物が没落する方が、地位の低い者が落ちるよりずっと劇的だということ。その転落を喜んでいる人が、肯定的に使うことが多い。例 He is in a position of power just now but after the merger there will be a management shakeup and he will be out.　The bigger they are, the harder they fall. (彼は今のところ権力の座にあるが、合併後は経営陣が大幅に入れ替えられるはずで、そうすれば外されるだろう。大物ほど転落も派手ってわけだ。)　キャッチフレーズとしては19世紀末から使われ出し、今日もクリーシェとして広く用いられる。元来はボクサーについて使った表現と思われる。大きくて体重のある選手の方が、小さくて軽い選手より倒れ方も劇的ということ。

bird in the hand, a 《間接的引用》「手中の鳥」

すでに得ている利益や利点のこと。あるいは、得られるかもしれないものより望ましいと確信できる現有の利益や利点。　例 You should stay in this job until you get another one. You know what they say about a bird in the hand.(次の仕事が見つかるまで今の仕事を続けた方がいい。明日の百より今日の五十って言うじゃないか。) **A bird in the hand is worth two in the bush**(手中の一羽はやぶの中の二羽の価値)ということわざに基づく。ことわざ通りの形もクリーシェとして用いられる。 例 We must find a flat before we give the landlord notice. A bird in the hand is worth two in the bush.(大家に知らせる前にアパートを探さなくちゃ。手中の一羽はやぶの中の二羽の値打ち、だからね。) 英語では15世紀に現われたことわざだが、ギリシャ語とラテン語ではもっと前からあった。ことわざ通りの形も短い形も、今日普通に用いられる。特に、他人に警告や忠告を与えるのが好きな人が使う。

birds of a feather《間接的引用》「同じ羽の鳥たち」

　性格、嗜好、態度などが非常によく似ている人々をいう。軽蔑的な調子で使われることが多い。 例 I'm not surprised they go everywhere together. They're birds of a feather.(あいつらどこへ行くにも一緒だけど、まあ当然って感じだね。類は友を呼ぶ、さ。) 例 The two older boys are birds of a feather and have both been in prison but the youngest one is honest and hard-working.(上二人の兄貴は似た者同士で、両方とも刑務所に入っていたこともあるが、一番下の弟は正直で働き者だ。) クリーシェとしては19世紀から使われており、今日も普通に用いられる。**birds of a feather flock together**(類は友を呼ぶ)ということわざに基づく。17世紀からよく使われていることわざだが、発想自体はもっとずっと古く、ギリシャ・ローマ時代からすでにあった。

bite off more than one can chew《イディオム》「噛める以上に食いちぎる」

　自分の手に余りかねないことを企てるという意味。 例 She is trying to save for her holiday but she has bitten off more than she can chew. She cleans offices in the morning, serves in a shop in the afternoon and babysits in the evening.(バケーションに行こうとお金を貯めようとしているけど、あれはいくら何でも無理だ。朝はオフィスの掃

除、午後は店の売り子、夜はベビーシッターだもの。) 例 I think the student has bitten off more than he can chew by taking on five subjects in his first year. (あの学生、一年目に5分野も履修するなんて無謀だと思うな。) クリーシェとして19世紀末から使われているが、自分に負担をかけすぎることへの戒め自体は中世からすでにあった。

bite the bullet《イディオム》「弾丸を嚙む」

　苦しいこと、不快なことを受け入れようと覚悟を決めるという意味。 例 I know you hate telling people that they are to be redundant but you'll just have to bite the bullet and get on with it. (彼らに解雇を通告するのが嫌なのはわかるが、覚悟を決めて言ってしまわなければ。) 例 She was dreading going to see the doctor but we finally persuaded her to bite the bullet and make an appointment. (彼女は医者に行くのをひどく嫌がっていたが、私たちに何とか言い含められ、やっと踏んぎりをつけて予約をとった。) 20世紀になってから使われ出した表現で、今日も日常的に用いられる。語源的にはおそらく、まだ麻酔がなかった時代に、戦場で負傷した兵士たちが、治療の痛みに身構えるよう鉛の弾丸を嚙まされたことから。

bite the dust《イディオム》「ほこりを嚙む」

　死ぬこと、または終わること。 例 Many of the gangsters bit the dust in the raid. (警察の手入れで大勢のギャングが死んだ。) 例 Our plans to go away for the summer have bitten the dust. We've no money. (夏に出かける計画はおじゃんになった。お金がないのだ。) 1930年代末にアメリカで広まり、その後イギリスでも多用されるようになった。今日もクリーシェとして、非常にくだけた状況でよく使われる。西部劇から出てきた言葉で、カウボーイやインディアンが年じゅう馬から撃ち落とされ、ほこりに埋もれて死んでいくことから。

blazing inferno, a《紋切型》「火炎地獄」

　火事のこと。新聞で、特に見出しに多用する。 例 Man leaps from roof in blazing inferno. (男性、焦熱地獄の中、屋根から跳び降り。) 非常に危険な大火事に用いるのが適切だろうが、実際には庭のボヤ以上の火事なら無差別に使われる。部数を伸ばすためにタブロイド

blessing in disguise, a 《紋切型》「偽装した祝福」

　不運と思われていたものが、結局は幸運だったとわかることをいう。　例 His gambling losses were a blessing in disguise. He had become addicted and decided to stop. (博打で負けたのがもっけの幸いだった。中毒みたいになっていたのが、あれで踏み切りがついてやめられたのだ。)　18世紀の詩人ジェイムズ・ハーヴィー (James Hervey) の作品にも出てくる ('E'en crosses from his sovereign hand are blessings in disguise'「君主からの重荷も実は幸いなり」)。19世紀末にクリーシェとなり、今日も盛んに使われている。

blind leading the blind, the 《間接的引用》「盲人が盲人を導く」

　他人を導く立場にいる者が、導かれる側と同じくらいものを知らない状況をいう。　例 The courier who was meant to be showing us around the area kept getting lost. Talk about the blind leading the blind. (案内してくれるはずのガイドは道に迷ってばかりだった。盲人が盲人の道案内をするとはこのことだ。)　例 They've put me down to teach geography and I know nothing about it. It's a case of the blind leading the blind. (地理を教えることにされてしまったが、地理なんか何も知らない。これじゃ盲人を導く盲人だ。)　新約聖書、マタイ伝 (Matthew) 15章14節から。'Let them alone: they be blind leaders of the blind. And if the blind lead the blind, both shall fall into the ditch.' (彼らを捨ておけ、盲人(めしい)を手引する盲人なり、盲人もし盲人を手引せば、二人とも穴に落ちん。)　この後半部分に非常によく似た発想が、ジョン・ヘイウッド (John Heywood) のことわざ集 (1546) の中に見られる。'Where the blind leadeth the blind both fall into the dike.' (盲人が盲人の道案内をすれば両方とも溝に落ちる。)

blood is thicker than water 《ことわざ》「血は水よりも濃い」

　友情の絆がどれだけ強かろうと、家族の絆はもっと強いということ。　例 My best friend's looking for a place to live, but so is my sister. I've got only one spare room and blood's thicker than water. (親友が住むところを探しているんだけど、僕の妹も探してるんだ。僕のと

ころで空いている部屋は一つ。こうなると血は水よりも濃い、だね。）　発想自体は中世からあり、この形はジョン・レイ（John Ray）のことわざ集（1670）に見られる。クリーシェとして、今もごく普通に用いられる。

blot on the landscape, a 《紋切型》「風景に汚点をつける」

　風景や環境の美観を損ねると考えられるものについていう。　例 I'm glad they've demolished those high-rise flats. They were a real blot on the landscape. （あの高層アパート群が取り壊されて嬉しいよ。景観が台無しだったからね。）　クリーシェとして19世紀末から使われ出した。今も盛んに言われるのは、景観を損ねるものが世にあふれているからか。

blow hot and cold 《イディオム》「熱いのと冷たいのとを吹く」

　何かに関して熱心になったり無関心になったり、ころころ変わること。　例 It's difficult to get a decision out of the planning committee. They seem to be blowing hot and cold on our project. （構想委員会から決定を引き出すのは難しい。我々のプロジェクトに対してもどうやら態度がころころ変わる。）　表現としては16世紀に生まれ、クリーシェになったのは18世紀。現在も普通に用いられる。イソップ物語（*Aesop's Fables*）の、人間が息を吹きかけて手を暖めているかと思えばやはり息を吹きかけてスープを冷ましているのを見たケンタウロス（centaur; 半人半馬の怪物）が、人間は同じ口から熱い息も冷たい息も出しているのだと考えたという説話から。

blue-rinse brigade, the 《紋切型》「髪を青く染めた旅団」

　地元の催し物や、政党の地方支部のなどの運営で、グループとして大きな役割を占めがちな、時間と金に余裕のある裕福な中年女性たちのこと。やたらと何にでも口を出すし、怒らせると怖いし、と煙たがられているので、この表現も軽蔑的に用いられる。　例 Local government around here is full of the blue-rinse brigade. （このあたりの地方行政ときたら、髪を青く染めたご婦人たちばっかりだ。）　例 We don't want too many of the blue-rinse brigade on the school board. （学校の役員会が青い髪のおばちゃんたちで一杯になるのは遠慮したいね。）　クリーシェとなったのは20世紀後半。白髪が増えてきたのを隠そ

うと婦人たちが時に髪を青く染めることを踏まえた表現だが、髪染めの技術が向上するにつれてこの習慣もあまり一般的ではなくなってきた。

blushing bride《紋切型》「頬を赤く染めた花嫁」

結婚式当日の女性を指していう。一部の新聞が好んで用いる。例 The blushing bride was attended by two flower-girls. (頬を赤く染めた花嫁は、二人の付き添いの少女を従えていた。) クリーシェとして20世紀に入ってから使われ出したが、今ではかなり古めかしい表現で、実際、花嫁は純粋で慎み深いものだという発想ももはや古い。

bone of contention, a《イディオム》「争いの骨」

言い争いの原因のこと。 例 The communal wall has been a bone of contention between the two neighbours for years. (その共有の壁は、もう何年も隣家同士の争いの種になっている。) クリーシェとして19世紀から使われている表現で、今日も広く用いられる。二匹の犬が一本の骨を奪いあうという発想。

bone to pick, a《イディオム》「つつくべき骨」

話し合いを要する論争点、不平の種など。 例 I have a bone to pick with you. I gather that you have been going around saying that I'm dishonest. (君に言いたいことがある。なんでも君は、僕が不正を働く男だと言いふらしているそうじゃないか。) 16世紀に生まれた表現で、一本の骨に食らいつく犬たちをイメージしていて、その意味では a BONE OF CONTENTION (⇨) と似ている。クリーシェとして、今も日常的に用いられる。ユーモラスに使うことも多い。

bottom line, the《流行語》「底の線」

元々は会計用語で、財務報告書の一番下の、利益・損失の度合を記した行のこと。ある専門領域で生まれた言葉が日常言語に入っていった一例で、20世紀中頃に比喩として使われ出し、あっという間にクリーシェとなった。1980年代に至り使用頻度はほぼ飽和点に達したが、これには例によって新聞雑誌が一役買っていたにとどまらず、公の場で活躍する人々や、ラジオ・テレビのインタビューに応えるような人々もその後押しをしたと言える。財政関連の用語ということで、1980年代という、金に憑かれていたあの10年間に

いかにもふさわしいクリーシェだったと言うべきか。実際これは、Yuppie（専門職で高い収入を得ている、享楽的に暮らしがちな若い連中）の言語上の対応物と言ってよいかもしれない。専門用語が一般化すると、その正確な意味はみんないまひとつよくわからないということになりがちだが、この the bottom line の意味も、一般化した結果だいぶ用途が広くなった。「何かの最終的結論」 例 The talks went on for days and even then the bottom line was that they agreed to differ. (話し合いは数日間つづいたが、そのあげくに一致した意見は、両者の立場は一致しない、だった。)「何かの最重要点・難題」 例 The bottom line of the discussion is who is going to provide the money. (議論の最大の難問は、誰が金を出すかということだ。)「忍耐の限界を越えるもの」 例 He always shouted at her when he came home drunk but the bottom line was when he hit her. She left him. (彼は酔って帰るといつも彼女をどなりつけていたが、彼女の忍耐がとうとう限界を越えたのは、彼に殴られた時だった。彼女は出ていった。)などの意味がある。1990年代に入ってだいぶ人気も落ちてきたが、その最大の原因は、あれだけそこらじゅうで見境なく使われてしまうとその勢いを維持するのは難しい、ということに尽きるだろう。が、今後もひょっこり顔を出しつづけるに違いない、きわめてうっとうしいクリーシェであることは疑いない。

box of tricks ⇨ BAG OF TRICKS

breath of fresh air, like a 《比喩》「ひとすじのさわやかな空気のような」

　新鮮ですがすがしい人物や物をいう。 例 The young members who have just joined the club have been like a breath of fresh air. It was getting so fuddy-duddy. (クラブに入ったばかりの若いメンバーたちが新風を吹き込んでくれてありがたい。だいぶカビ臭い雰囲気になってきていたから。) 例 The ideas which the new members have brought to the committee are like a breath of fresh air. (新しい委員たちが持ち込んでくれたアイデアは、そよ風のように新鮮だ。) 19世紀中頃に使われるようになり、今日も広く用いられる。これより古い形に **like a breath of heaven** や **like a breath of spring** がある。

bright-eyed and bushy-tailed 《イディオム》「輝く瞳とふさふさのしっぽ」

溌剌(はつ)と元気なこと。日常的な状況で、しばしばユーモラスに使われる。 例 How can you look so bright-eyed and bushy-tailed this morning when we've all got a hangover? (なぜ君はそんなに元気一杯なんだ？ 僕たちみんな二日酔いだっていうのに。) リスのすばしっこさとふさふさした尻尾を踏まえた表現で、おそらくアメリカからイギリスに入ってきた。アメリカでは1930年代から使われ出した。

brother's keeper, I am not my ⇨ KEEPER, I AM NOT MY BROTHER'S

brownie points 《イディオム》「ブラウニーの点数」

何か正しいこと、よいことをして得た評価。 例 I'll get brownie points from my mother if I clean my room without being asked. (言われなくても自分の部屋を掃除すれば、お母さんにほめられる。) ユーモラスに、または皮肉に使われることも多く、そうやって点数を稼ぐのは要するに自分の利益を考えているだけだという含みがしばしばある。例 He gets a lot of brownie points from the boss for doing unpaid overtime. (彼はサービス残業をして上司の点数を大いに稼いでいる。) クリーシェになったのは20世紀後半。起源については諸説がある。まず誰でも思いつくのが、ブラウニー・ガイド (the Brownie guides; ガールスカウトの幼年団員)である。たしかにブラウニー・ガイドは行ないに応じて賞やバッジをもらったが、ただしそれは、さまざまな分野における熟達・技術に対してであることが多く、善行については、報酬などなくても進んで行なうことが期待された。他に、アメリカの鉄道会社が採用していた従業員の勤務評定システムから来ているとする説もある。さらには、目上の人間にゴマをするという意味の **brown-nosing** (**arse-licking** の同義語) と同じ語源という説も。

buck stops here, the ⇨ PASS THE BUCK

bury the hatchet 《イディオム》「斧を埋める」

和解して、言い争いや議論に終止符を打つこと。 例 He and his brother quarrelled and hadn't spoken to each other for years, but they buried the hatchet when their mother died. (兄弟で言い争いになって、おたがい何年も口をきかなかったが、母親が亡くなったことを機にようやく矛(ほこ)を収めて和解した。)　クリーシェとしては20世紀初めから使われ出し、今日も日常的に用いられる。いくつかの北米インディアン部族が、和平を宣言する際に斧を埋めた慣習から。

business, do the 《紋切型》「きちっと仕事をする」

　何かをしかるべくなしとげるということ。クリーシェとして20世紀後半から使われ出し、今も日常的によく使われる。特にスポーツに関して使われ、なかでもサッカーの解説者が、ゴールをあげたり勝利を収めたりすることを言い表わす時によく使う。　例 They can still win if their striker can do the business in the second half. (ストライカーが後半きちっと仕事をすれば、まだ勝機はあります。)

business is business 《キャッチフレーズ》「商売は商売」

　利益を上げるという目的は他のあらゆる要素に優先するということ。　例 He says that he would like to rent his cousin one of his holiday cottages free of charge but business is business. (経営している別荘の一つをいとこにただで貸してやりたいが商売は商売だからね、と彼は言っている。)　クリーシェになったのは20世紀になってから。今日ではこの表現そのものより、この表現の背後にある発想の方がもっとおなじみと言うべきか。

buy a pig in a poke 《イディオム》「小袋に入った豚を買う」

　質を吟味せずに買ったり受け入れたりすること。一見安い買い物と思われるものには穴がある、という含み。　例 He bought a pig in a poke with that car.　It was cheap but it kept breaking down. (あの車は安物買いの銭失いだったね。安かったけど故障ばかりだった。)　クリーシェとしては19世紀から使われているが、発想はもっとずっと古い。今も普通に使われる。由来はおそらく、昔の市(いち)などで、商人が子豚を poke (袋) に入れて売り、客が金を払うまでその小ささを悟られないようにしたこと。したがって起源的には LET THE CAT OUT OF THE BAG (⇨) と通じる。

by fits and starts ⇨ FITS AND STARTS, BY

by the same token 《紋切型》「同じしるしによって」

単に場つなぎのフレーズとして使われることも多い。紋切型としては、同じように、同じ理由で、関連した理由で、の意。 例 Conditions are so bad that many of the staff are leaving and by the same token those who remain are demoralized. (雇用条件がひどく悪いため、社員が次々に辞めていくし、残っている者もやる気をなくしている。) ある人たちが常習的に、何も考えず、ほとんど意味なく使うフレーズ。クリーシェになったのは18世紀末。

C

call a spade a spade《紋切型》「鋤(すき)を鋤と呼ぶ」
　はっきりあけすけにものを言うこと。[例] They call it giving me early retirement. I call it sacking me. I prefer to call a spade a spade.(向こうは早期退職させてやるなどと言うけれど、私に言わせればクビってことだ。どうせならありのままに言う方がいい。) 婉曲な言い方を避けて率直にものを言うのは大いに結構だが、この表現を好む人の中には、自分でははっきり言うことを誇りに思っていても、実は単に無礼・ぶしつけになっているだけの人も多い。[例] They say he has learning disabilities but I prefer to say that he is mentally handicapped. I call a spade a spade.(彼は学習能力に問題がある、とみんな言うけれど、要するに精神薄弱だ。ずばり言った方がいいんだよ。) 英語では16世紀から使われてきたが、クリーシェになったのは19世紀になってから。発想自体は、そしておそらくは「鋤」という言葉を使うのも、ギリシャ・ローマ時代までさかのぼる。単にはっきり言うだけでは気の済まない人は **call a spade a bloody shovel** (鋤を血まみれのシャベルと呼ぶ)などとかつては言い換えたが、こうした言い換えの背後にある発想はともかく、この言い方自体は今日あまり一般的ではない。

call it a day《紋切型》「一日と呼ぶ」
　仕事を終わりにしたり、何かをしばらく、もしくは永久にやめること。[例] We've run out of paint and so we might as well call it a day.(ペンキもなくなったし、これで切り上げてもいいだろう。) [例] After forty years as caretaker he has decided to call it a day.(管理人として40年やってきて、そろそろ引退しようと決めた。) クリーシェになったの

は20世紀に入ってからで、現在でも日常的な状況でごく普通に使われる。元の発想は、ある特定の時刻を、それが何時何分であれ労働時間の終わりとみなすということ。仕事の終わりである必要は必ずしもなく、広くさまざまな状況に応用される。 例 They have not been getting on well for years, so they've decided to call it a day and get a divorce. (何年もうまく行っていなかったので、これでけりということにして離婚に踏み切った。)

call me old-fashioned《紋切型》「時代遅れな奴と呼んでくれ」

はやらなくなった考え方や態度を表明する前置きとして使う。例 Call me old-fashioned but I don't like the idea of men and women being together in the same hospital ward. (古い奴だと思うだろうが、男女が同じ病棟にいるというのは、やはり私には賛成しかねる。) うっとうしいくらい習慣的に使う人もいて、その場合はほとんど無意味。ふざけて使うこともある。

calm before the storm, the《イディオム》「嵐の前の静けさ」

暴力、抗議、口論などが見舞う前の静かなひとときのこと。これは何か突発的な出来事が起きそうだぞ、と経験上勘が働いた時に使う。 例 I haven't heard from my mother since I wrote and said I was giving up my job and travelling round the world. This is just the calm before the storm. (仕事を辞めて世界旅行すると手紙で知らせて以来、母親から何の連絡もない。これはあくまで嵐の前の静けさだ。) 1938年から39年にかけて、第二次大戦勃発前夜の時期を指して政治家が盛んに用い、その後いろいろな文脈で使われるようになった。19世紀末からクリーシェとして使われており、文字通りにはまさしく嵐の前にしばしば訪れる奇妙に静かなひとときを指す。

cannot believe one's eyes ⇨ BELIEVE ONE'S EYES, CANNOT
cannot hold a candle to ⇨ FIT TO HOLD A CANDLE TO, NOT
cannot see the wood for the trees ⇨ SEE THE WOOD FOR THE TREES, CANNOT
can of worms, a《イディオム》「虫の缶」

非常に扱いが難しく、その全体像も把握しかねる、問題の多い込み入った状況のこと。 例 I wish that I'd never got involved in this project. It's a real can of worms. All the other organizers are quarrelling with each other and most of them are related. (こんなプロジェクトにかかわるんじゃなかった。ややこしいったらありゃしない。私以外の委員はみんなたがいに言い争ってるし、そのほとんどが親戚ときてる。) 元々は釣りの餌用に容器に入れた、くねくね身をくねらせている虫のこと。虫たちの体がもつれ合い、引き離しようがないことから。open を伴って使われることが多い。 例 If you try to sort out the quarrel between your neighbours you'll really be opening a can of worms. (あの隣人同士の争いを仲裁しようと思ってるんだったらやめとけ、ものすごく面倒なことになるぜ。) アメリカで生まれ、イギリスでは 20 世紀後半から使われている。日常的な、くだけた状況で用いられる。

cards on the table, lay one's ⇨ LAY ONE'S CARDS ON THE TABLE
carry coals to Newcastle ⇨ COALS TO NEWCASTLE
carry the can 《イディオム》「缶を運ぶ」

誰か他人が負うべき、もしくは誰か他人が共有すべき責任や咎(とが)を負うこと。 例 He can't complain about having to carry the can for his department's mistake. That's part of the manager's job. (自分の部署のミスの責任を負わされても文句は言えないよな。それも管理職の仕事のうちなんだから。) 例 The rest of the robbers ran away and left the get-away driver to carry the can. (泥棒たちはみな逃げてしまい、逃走車の運転手が置き去りにされ一人で罪を背負う破目になった。) ク

リーシェになったのは20世紀後半で、現在も日常的なくだけた状況でよく使われる。元はおそらく軍隊用語で、みんなの缶ビールを持ってきたり、空缶を戻しに行ったりする役に選ばれた人について使った。

cart before the horse, put the 《イディオム》「馬の前に荷車を置く」

正しい順序・通常の順番をひっくり返して物事を行なうこと。例 He has painted the walls before the ceiling. Trust him to put the cart before the horse.(あいつ、天井より先に壁を塗りやがった。順序ってものが全然わかってないんだよ。) クリーシェになったのは18世紀だが、表現としてはもっとずっと前からあった。発想自体はさらに古く、ギリシャ・ローマ時代にまでさかのぼる。今日も普通に使われる。

castles in the air 《紋切型》「空中の城」

将来の幸福や富をめぐる、叶いそうもない非現実的な夢をいう。例 She talks of buying a house in the south of France but it's just castles in the air.(南フランスに家を買うなんて言っているけど、そんなのただの絵空事だよ。) **build castles in the air**(空中に城を建てる＝空想にふける)という表現は、かなり前からなかばことわざのように使われている。castles in the air は19世紀に成立したクリーシェで、今日も普通に使われる。類似表現に **castles in Spain**(スペインの城)があるが、こちらは現在ではまれ。

catch one's death 《紋切型》「死を招く」

凍えたり、濡れたりする危険を誇張する表現。例 Surely you're not going out without a coat in that rain. You'll catch your death.(こんな雨の中、コートも着ずに出かけちゃ駄目だよ。凍え死ぬぜ。) 19世紀末からよく使われ、今日でも見られるが、使うのはたいてい年輩の人々で、くだけた状況において、もしくは方言として用いられる。

catch someone redhanded 《イディオム》「手に血のついているところを捕まえる」

誰かが犯罪や悪事をはたらいている現場を押さえること。例 He was taking the money from the till when the boss came in and caught him redhanded. (引き出しから金を取り出しているところに上司が入ってきて、現場を取り押さえられた。) 元来は殺人について使われ、手を血だらけにした殺人犯が捕まるということ。のちに殺人以外の犯罪にも用いられるようになった。19世紀以来広まり、今日もよく使われている表現で、ふざけて使うことも多い。 例 Ah, caught you redhanded eating chocolates. I thought you were supposed to be on a diet. (あ、見つけたぞ、チョコレート食べてる。ダイエット中のはずじゃなかったっけ?)

Catch 22 《間接的引用》「キャッチ22」

どうやっても勝ち目のない状況をいう。 例 It's a Catch 22 situation for young people today. They cannot get jobs without experience but they cannot gain experience without jobs. (今は若者たちにとってはキャッチ22的状況だな。職歴がないと職につけないし、職がなければ職歴は積めない。) ジョーゼフ・ヘラーの小説『キャッチ22』(Joseph Heller, *Catch-22*, 1961) から来ている。「キャッチ」とはアメリカ人爆撃手ヨッサリアン大尉 (Captain Yossarian) の置かれた窮状を指す。死ぬのは嫌だから何とかこれ以上爆撃任務に加わらずに済むようになりたいと考えたヨッサリアンは、そのためには狂気と宣告されるのが一番だと判断し、狂人と認められるよう努める。しかし、自分の命を守るために本国帰還を望むのは明らかに正気の証拠とみなされ、狂気と宣告してはもらえない。イギリスでは1970年代にクリシェとなり、今日もよく使われる。

cat got your tongue? ⇨ HAS THE CAT GOT YOUR TONGUE?

catch someone napping 《イディオム》「うたたねしているところを襲う」

不意を突くこと、無防備な状態を襲うこと。 例 The first snow of winter caught the roads department napping. They had not enough grit. (道路交通局は初雪に不意を襲われ、十分な砂の用意がなかった。) 20世紀に入ってから生まれたクリシェで、くだけた状況で現在もよく使われる。シェークスピア『じゃじゃ馬馴らし』(*The Taming of the Shrew*, 1592) 4幕2場では 'Nay, I have ta'en you napping, gentle love' (いえ、思いがけず仲睦(なかむつ)まじいお姿を見せつけ

られまして)というふうに使われている。元々は人が昼寝したり仮眠したりしているところに行きあたることをいう。**caught napping**（うたたね中を襲われる）と、受動態でも使う。

caught with one's trousers down《イディオム》「ズボンを下ろしたところを見つかって」

気まずい場面、信用を失いかねない状況を人に見られてしまうこと。 例 He was really caught with his trousers down. He was sitting in the boss's office with his feet up on his desk and smoking a cigar when the boss walked in. (あいつ、ほんとにまずいところを見つかったよ。上司の部屋で机に両足を載せて葉巻をくゆらしてたら、その上司が入ってきたんだからね。) 20世紀に入ってから生まれたクリーシェで、今日でもよく使われる。アメリカでは **caught with one's pants down** という。起源には二説あって、一つは、男性が不倫の現場を相手の夫に見つかってしまうというもの。もう一つは、野外で用を足しているところを——おそらくは兵士が敵に——見つかってしまうというもの。**catch someone with one's trousers down**（ズボンを下ろしたところを見つける）と、能動形でも使う。

cause célèbre /kɔ́ːz səlébrə/《外来語》「有名な事件」

非常に注目を集めている裁判や事件を指す、'famous case' の意のフランス語。 例 The trial of Ruth Ellis was a cause célèbre because she was the last woman in Britain to be hanged. (ルース・エリスの裁判は、イギリスで絞首刑にされる最後の女性ということで大変話題になった。) 19世紀中頃からのクリーシェ。現在は以前ほど一般的ではないが、新聞などでは依然使われ、実は取るに足らない事件について使うことも多い。

chain reaction《紋切型/流行語》「連鎖反応」

いくつもの出来事が関係しあい、それぞれの出来事が別の出来事を引き起こすような状況をいう。 例 When Jack refused to go to school it started a chain reaction among the children in the district. Jim wouldn't go if Jack wasn't going and Jim's sister wouldn't go if Jim wasn't going. (ジャックが登校拒否をすると、その地区の子供たちの間で連鎖反応が始まった。ジャックが行かないのならジムも行かない、ジ

ムが行かないのならジムの妹も行かない、と。) 科学用語に起源を持つクリーシェ。本来は1930年代に化学・核物理学の分野で用いられた用語で、生成されたエネルギーもしくは生成物が、外部からそれ以上エネルギーを供給されなくても更なる反応を起こしていくことをいう。やがて一般的な意味で用いられるようになり、1970年代に広まった。今日でもクリーシェとして広く使われており、科学との結びつきは専門家以外にはほとんど忘れられている。変化が連鎖するという点も無視されて、単なる一つの変化のことをいう場合も非常に多く、取るに足らぬ変化について用いられることもしばしば。

chalk and cheese ⇨ DIFFERENT AS CHALK AND CHEESE

chalk it up to experience 《イディオム》「経験につけておく」

物事がうまく行かなかったり、不運な目に遭ったりした時に、何も打つ手がないこと。19世紀頃からのクリーシェで、今日では主にくだけた状況で使う。 例 It's annoying that they promised you the job and then turned you down but there's nothing you can do about it. You might as well chalk it up to experience. (雇うと約束しておいて断るだなんてひどい話だね。でもどうしようもないよ。これもいい経験と思うことだね。) **chalk it up** はパブなどでつけを黒板にチョークで記しておく習慣をいう。のちにゲームの得点なども同様に記されるようになった。

champing at the bit 《イディオム》「轡(くつわ)を噛んで」

非常にじれったがっている様子をあらわにすること。 例 I wish my husband would hurry up with the car. The children are champing at the bit to go to the seaside. (夫がさっさと車を出してくれないかしら。子供たちは早く海に行きたくてうずうずしている。) 比喩としては20世紀初めから使われている。今でも日常的な状況でよく使われる。元来は、今か今かと出走を待つ競走馬が轡を噛むことをいう。

change of scene, a 《紋切型》「場面の転換」

別の場所や状況へ移ること。何らかの意味で有益とみなされる一時的な移動をいう場合が多い。 例 She was ill and has gone to spend a few days by the sea for a change of scene. (彼女は具合が悪かっ

たので、気分転換にと二、三日海辺で過ごしに出かけている。) 例 He thinks that he's been in the computing industry too long and he's looking for a change of scene. (コンピュータ業界にはもう十分長くいた気分なので、新しい居場所を求めている。) 19世紀末にクリーシェになり、非常に改まった状況を除いて現在もごく普通に使われる。元来は演劇用語で、場面が変わることを指す。

chapter of accidents, a 《紋切型》「一連の災難」

次々に起こる不運。例 Don't mention our holiday. It was a chapter of accidents from beginning to end. (休暇のことは聞かないでくれ。最初から最後まで災難続きだったよ。) 例 The car got a flat tyre, I broke the heel of my shoe and I got caught in a thunderstorm. Talk about a chapter of accidents! (タイヤはパンクするし、ハイヒールはかかとが折れるし、雷雨には遭うし。泣きっつらに蜂とはこのことよ!)

charmed life, lead a 《紋切型》「魔法のかかった人生を生きる」

極端に運がいいこと、危険な状況に巻き込まれながらいつも無傷で済んでしまうこと。例 The mountaineer has taken part in many dangerous expeditions but he's never even had a minor injury. He leads a charmed life. (危険な遠征に何度も参加しているのに、小さなけが一つしたことがない。不死身の登山家だ。) 例 He's been involved in a great many shady deals but the police never catch up with him. He seems to lead a charmed life. (無数のいかがわしい取引に関わっているのに、一度も警察に尻尾を押さえられたことがない。相当悪運が強いようだ。) シェークスピア『マクベス』(*Macbeth*, 1606) 5幕8場に、マクベスがこう言う場面がある。'I bear a charmed life, which must not yield / To one of woman born.' (俺の命にはまじないがかかっている。女に産み落とされた奴に屈することなどない命だ。) 19世紀中頃にクリーシェになり、現在でも普通に使われる。文字通りには、何らかの魔法に守られて生きているという意味。

cheap and cheerful 《キャッチフレーズ》「安くて快い」

家具や衣類に関して、それ以上高価なものを求める必要はないという含みを持たせて使う。服について This old thing! (これ、大したことないんだけどさ!) などと言うのと同じように、いかにも弁解が

ましく使うこともある。[例] Oh do you like it? We just wanted something cheap and cheerful for the children's rooms. (あら、気に入ってくれた？ 子供部屋に何か安くていいものをと思っただけなんだけど。) また、他人の好みを、さりげなくとは言いがたい調子で、時にはひどく辛辣に批判している場合もある。[例] That's a nice dress you're wearing—something cheap and cheerful for the summer. (あら、素敵なワンピース着てるじゃない。夏向けのお買い得な服って感じよね。) 1960年代あたりから使われているクリーシェ。

cheek by jowl《二重句》「頬と顎」

cheek（頬）と jowl（顎付近の肉）はほとんど同じ場所を指す語。きわめて近いという意味。度を超えて近い、不快・不適切なほど近いというニュアンスで使う場合が多い。[例] He is such a snob that he objects to going on buses and standing cheek by jowl with what he calls the rabble. (ひどい紳士気取りの男で、バスに乗って彼言うところの烏合の衆と隣り合わせるのはごめんだそうだ。) [例] In that part of town historic old buildings stand cheek by jowl with ghastly concrete office blocks. (その地区には、歴史的建造物が醜いコンクリートのオフィスビルと軒を並べて建っている。) 16世紀から流通している表現で、18世紀中頃からクリーシェとなった。現在も広く使われる。

cheque is in the post, the《紋切型》「小切手はすでに投函しました」

ビジネス上の決まり文句。実際には、'It is our intention to put the cheque in the post as soon as we can spare the money but we do not wish to admit that' (資金の準備ができ次第、小切手を送るつもりでいるが、まだ送っていないことは認めたくない) ということを婉曲に伝える表現として使われることが多い。時には、相手のしつこい催促を封じようとして支払う側がつく真っ赤な嘘だったりもする。月末に給与が自動振り込みされる人には愉快なクリーシェだが、フリーランスで働く人にとってはあまりに身近で気の滅入る響きを持つ表現と言えよう。20世紀に入ってからクリーシェとなり、今日でも大変よく使われる。

chiefs and no Indians, all ⇨ ALL CHIEFS AND NO INDIANS

children of all ages 《紋切型》「あらゆる年齢の子供たち」
　商品や余暇ビジネスを売り込む際に、かなり押しの強い調子で使われる。 例 This board game is suitable for children of all ages. (このボードゲームは、あらゆる年齢のお子さまにお楽しみいただけます。) 例 Children of all ages will enjoy a day out in the theme park. (このテーマパークは、何歳のお子さまでもまる一日お楽しみいただけることでしょう。) 実際の子供だけでなく、気が若く楽しいことが好きな大人にも楽しめるほど魅力的だ、という含みがある。20世紀に入ってからのクリーシェで、今日でも使われる。ほぼ間違いなく、聞く人をうんざりさせる。

chip off the old block, a 《紋切型》「古い塊から取れたかけら」
　態度、才能、性格、外見などが親にそっくりな人のこと。父親似の息子のことをいう場合が多い。 例 He is a very talented writer. He's a chip off the old block and no mistake. (実に才能豊かな作家だ。間違いなく父親譲りだ。) 例 He is a real chip off the old block. He's just as mean as his father was and never gives a penny to charity. (カエルの子はカエルだよ。父親に負けず劣らずケチで、チャリティーには一銭も出さない。) 17世紀あたりからある表現で、元は **a chip of the old block** という形だった。クリーシェになったのは18世紀。

chop and change 《二重句》「変えてはまた変え」
　はてしなく変え続けること。 例 I thought that she had finished writing the novel but she keeps chopping and changing it. (もう小説は書き上げたものと思っていたが、まだ書き直しを続けている。) 16世紀中頃から見られる表現で、クリーシェになったのは18世紀。今日でも普通に使われる。文字通りには、物々交換するという意味。

circumstances beyond our control 《紋切型》「我々には抑えようのない事情」
　物事がうまく行かなかった時に、公的な弁解として使われる表現。本当に抑えようがなかったか否かには関係なく用いられる。例えば、注文した商品がまだ届かないという苦情への返信に使う。 例 We are sorry that you have not received the goods which you ordered. This is due to circumstances beyond our control and we

have contacted the manufacturer.(ご注文の商品がお手元に届いていないとのこと、誠に申し訳ございません。これは私どもにはいかんともしがたい事情によるものでございまして、メーカーにはすでに連絡いたしました。) かつて交通機関の遅れや運行停止などの理由を説明する際に好んで使われていたが、実際のところ、何の説明にもなっていない。20世紀に入ってから生まれたクリーシェで、今日でも使われてはいるが、以前ほどではないと思われる。人々がより独創的な言い訳を考えるようになったためか、それとも、あたりさわりのない言い訳では大衆が納得しなくなったためか、あるいは礼儀作法が衰えて手紙に返事を書いたりわざわざ釈明したりすることが少なくなったためか。現在使われる場合には、かなり改まった状況でか、もしくは冗談として。

clear the air 《イディオム》「空気を入れ換える」

　混乱や誤解を取り払ったり、緊張した雰囲気をほぐしたりすること。 例 There is such an atmosphere in the office since things started going missing.　I wish the police would find the culprit and clear the air.(オフィスから物が次々なくなりはじめてからというもの、おかしな雰囲気になっている。警察が早く犯人を見つけて嫌な空気を一掃してほしい。) 例 She thinks he is trying to get her job.　It's time she had it out with him and cleared the air.(彼が自分のポストを狙っていると彼女は思っている。ここはひとつ、彼ときちんと話し合ってすっきりすべきだろう。) 19世紀末からよく使われるようになり、今日でも非常に改まった状況を除いて頻繁に使われる。嵐の前の暑苦しい空気が、雨が降り出すとともに追いやられるイメージ。

clear the decks 《イディオム》「甲板を片づける」

　行動を起こす準備をすること。邪魔になっている障害物などを取り除くべきだ、という含みを伴う場合も。 例 Right then, let's clear the decks for the party!(それじゃ、パーティーの準備にかかりましょうか!) 例 We'd better clear the decks for the delivery of new stock.(新しい在庫が納品されるから、ちょっと片付けておいた方がいいな。) 18世紀から比喩になり、19世紀末からクリーシェとして使われ出し、ある程度くだけた状況で現在もよく使われる。戦闘に備

えて船の甲板を片付けたことから。

close shave, a《イディオム》「深剃り」

間一髪、多くの場合幸運にも危機を脱すること。 例 That was a close shave. I nearly bumped into my teacher and I'm supposed to be off sick.(危ない危ない。病気で欠席ってことになってるんだけど、もうちょっとで先生と鉢合わせになるところだったよ。) 19世紀からある表現で、あまり深く髭を剃ると(特に昔ながらのオープン型剃刀の場合には)ひどい傷を負いかねない、という発想。クリーシェとして現在も日常的によく使われる。**a close thing** とも。

close your eyes and think of England《キャッチフレーズ》「目を閉じてイングランドのことを考えなさい」

元はおそらく、過酷な環境に、もしくは好みに合わない異国の地にいる人物への助言として使われていたと思われるが、次第に、夫と性的関係を持ちたくはないが我慢しなくてはと思っている女性への助言に使われる方が多くなった。19世紀末から使われ、今日ではクリーシェとしてユーモアや皮肉を交えて用いられる。 別形に **lie back and think of England** がある。 例 Her new husband is very rich but he is old and ugly. I don't know how she can bear to be with him but I suppose she must just lie back and think of England. (彼女の新しい夫は大金持ちだが年寄りだし醜い。どうしてあんな男と一緒にいられるのかわからないけど、きっとただ横になってイングランドのことを考えているんだろうね。)

coals to Newcastle《イディオム》「ニューカースルへの石炭」

余計なこと、不必要なことという意味。 例 It's a kind thought but please don't buy a cake for my mother. It'll be coals to Newcastle. She spends half her time baking.(ご親切はありがたいけど、うちの母にケーキを買ってきてくださるには及びません。屋上屋(おくじょうおく)を架すようなものです。何せ一日の半分はケーキを焼いてるような人ですから。) 例 I wouldn't move there to find a job. It would be coals to Newcastle. They have enough unemployed there already.(職探しにあの町へ引っ越す気はしないね。ニューカースルに石炭を持っていってもねえ。ただでさえ失業者があふれてるところなんだから。) **carry coals to**

Newcastle（ニューカースルに石炭を運ぶ）という形もある。17世紀から比喩として使われ、今日も普通に使われるクリーシェ。ニューカースル・アポン・タイン（Newcastle-Upon-Tyne）はかつて炭鉱業の中心地だった。

coast is clear, the《イディオム》「岸に邪魔者なし」

誰も見ていないから、捕まる恐れなく逃げたり先へ進んだりできるということ。例 The reporters are waiting to interview her. She has asked us to tell her when they've gone and the coast is clear.（リポーターたちがインタビューしようと待ちかまえている。連中がいなくなって逃げる隙ができたら知らせてちょうだい、と彼女に頼まれた。）例 He stole the money from the old man's house while his sister kept watch to make sure that the coast was clear.（誰か来ないか妹に見張らせて、彼は老人の家から金を盗み出した。） 18世紀からよく使われてきた表現で、現在でも日常的に広く使われる。元々は密輸業者が、岸に警備がいないことをいうのに使った言葉か。

cold blood, in《紋切型》「冷血に」

計算づくで冷酷な行動をいう。例 She did not kill her husband in a fit of passion. She poisoned him in cold blood.（彼女は衝動的に夫を殺したのではない。計算づくの毒殺だったのだ。） 殺人と結びつくことが非常に多いクリーシェで、今日普通に使われている。興奮している時の血は非常に熱く平静な時は冷たい、という古い通念に基づく。

cold feet, get《イディオム》「足が冷たくなる」

恐怖に囚われ、思いきってやろうとしていた行動ができなくなってしまうこと。例 He was going to ask her to marry him but at the last minute he got cold feet.（彼女にプロポーズするつもりだったが、土壇場になって怖じ気づいてしまった。）例 She was going to throw in her job and work her way round the world but she got cold feet.（職を捨て、行く先々で仕事しながら世界を回るつもりだったが、いざとなると二の足を踏んでしまった。） 19世紀からある表現で、今日でも広く使われているクリーシェ。実際、このような状況を表わす表現は他に思いあたらない。起源は不明だが、寒さで兵士の足が凍傷にかかっ

て、戦場から退却する事態に由来するとも。

cold light of day, in the《紋切型》「昼間の冷たい光の中で見ると」
　落ち着いて慎重に考える時間をいう。　例 It seemed like a good idea to give up our jobs and go to Greece when we had had a few drinks, but next morning in the cold light of day it seemed a mad scheme.（若干酒が入っていたときには、仕事を辞めてギリシャへ行くというのも名案に思えたが、翌朝しらふになってみるとめちゃくちゃな計画としか思えなかった。）　かつては **in the cold light of reason**（理性の冷たい光の中で見ると）という形もあった。この形は今でも見られるが、あまり使われない。現在の形は19世紀からあり、今日も広く使われる。熱狂した気分に対して現実が及ぼす効果を的確に表現している。

cold shoulder, give the《イディオム》「冷たい肩を与える」
　冷遇、排斥すること。　例 Her fellow workers all gave her the cold shoulder when they discovered that she had beaten her children.（子供たちに暴力をふるっていたと知ると、同僚たちは彼女を白い目で見るようになった。）　19世紀からある表現で、ウォルター・スコット（Walter Scott）の著作にも見られる。嫌な客に温かい上等の肉を出す代わりに羊の冷たい肩肉を出すことから来ていると思われる。そうやって相手に、歓迎されざる客であることを見せつけるというわけ。

cold water on, pour《イディオム》「〜に冷や水を浴びせる」
　やる気や熱意をそぐこと。　例 The children wanted to sleep in a tent in the garden overnight but their parents poured cold water on the idea.（子供たちは庭のテントで夜を明かしたがったが、両親が水を差した。）　発想自体はローマ時代までさかのぼり、プラウトゥス（Plautus）によって使われた。クリーシェになったのは19世紀からで、今でも広く使われている。

come back, all is forgiven《キャッチフレーズ》「帰っておいで、すべて許す」
　職、組織などを去った人、もしくはそこから追い出された人について、ユーモアや皮肉を交えて使う。　例 None of us can figure out

the filing system.　Come back Mary, all is forgiven.（ファイル整理のやり方が誰もわからない。メアリー、帰っておいで、すべて許すから。）　おそらく19世紀末に生まれた表現で、キャッチフレーズとして軍隊でよく用いられていた。クリーシェになったのは20世紀後半。

come full circle《紋切型》「一巡する」

　　物事が自然な経過をたどった結果、元の状態に戻ること。 例 His greatgrandfather had to sell the manor house in the nineteenth century but he made a fortune in oil and has bought it back again. Things have come full circle.（曾祖父は19世紀に田舎の邸宅を手離す破目になったが、彼が石油で富を築いてまた買い戻した。すべて元の鞘に収まったわけだ。）　一つの周期が完了したというイメージ。**the wheel has come full circle**（車輪が一回転した）という形で使われることも多く、これはシェークスピア『リア王』(*King Lear*, 1605) 5幕3場の 'The wheel is come full circle'（運命の車輪はひと巡りした）が起源と思われる。

come home to roost《イディオム》「ねぐらに帰ってくる」

　　誤りや悪事がわが身に跳ね返ってくること。 例 He was really horrible to Jim when he was a department manager and Jim was a trainee, but his nastiness has come home to roost since Jim was made managing director. (彼が部長でジムが研修生だった頃はジムにずいぶん辛くあたっていたものだが、ジムが取締役になってからそのツケが回ってきた。) **chickens come home to roost**(鶏たちがねぐらに帰ってくる)と、より完全な形で用いられることも多い。 例 She had been embezzling small amounts of money for years but her chickens only came home to roost when the company was taken over. (彼女は何年も少しずつ会社の金を使い込んでいたが、会社が乗っ取られて長年の悪事がいっぺんにバレた。) ロバート・サウジーの『キーハマ王の呪い』(Robert Southey, *The Curse of Kehama*, 1810) には、この発想が 'Curses are like young chickens, they always come home to roost' (呪いとはひよこのようなものだ。必ずねぐらに戻ってくる) と言い表わされている。完全な形の方は19世紀中頃からのクリーシェ。短い形・完全な形とも、今日も広く使われる。元々は鶏が一日の終わりに鶏小屋に戻ってくることを指す。もちろん、鶏たちにそうした自由を許さない現代の養鶏システムができる前の発想。

come into the body of the kirk 《紋切型》「会衆の中に入りなさい」

たがいにもっと近寄るよう人々に促すのに使う。特に、集会の場で散り散りにではなく一緒に集まって座るよう促す時によく使う。例 You latecomers needn't sit at the back. Come into the body of the kirk. (あとから来た人、そんな後ろにいないで、みんなの仲間に入りなさい。) 教会の中心部分に人々が座ることをイメージした表現 (kirk とはスコットランド語で教会の意)。今日使われると相当陳腐に響きがちなクリーシェだが、一部の、特に年輩の人々にとっては口癖のようになっており、聞き手にはうっとうしいことも少なくない。

come out of the closet 《イディオム》「クローゼットから出てくる」

それまでは秘密にしていた、他人が眉をひそめかねない趣味にふけっていることを公に認めること。さまざまな趣味に関して用いられ、ふざけて使う場合も多い。 例 We all thought that she was such an intellectual but she came out of the closet and told us that she reads romantic novels. (彼女は相当のインテリだとみんな思っていたが、何と先

日、恋愛小説を読んでいると告白した。） 例 He is a gourmet chef but he came out of the closet and admits to using tomato ketchup on his own food. (彼は高級レストランのシェフだが、自分の食べる物にはトマトケチャップをかけると白状した。） 元々は同性愛者であることを公表するという意味に限られていたが、現在この意味には **come out** と短い形が使われるのが普通。closet はアメリカ英語で、食器棚 (cupboard) または洋服だんす (wardrobe) のこと。come out of the closet が一般的な意味で使われるようになったのは 1970 年代中頃で、今日も日常的に使われる。

come to grief 《紋切型》「悲しみに至る」

さんざんな結果に終わったり、失敗したりすること。 例 Our plans for expansion came to grief when the recession started. (不況のあおりで、我々の拡張計画も頓挫した。） 19 世紀中頃からよく使われている表現。現在でもクリーシェとして、きわめて改まった状況を除いて普通に使われる。grief は悲しみや不幸を意味するやや古風な語。

come to the same thing 《紋切型》「同じことに行き着く」

ある物や状況が、別の何かと基本的に同じであり、両者の間に本質的に違いがないこと。 例 It comes to the same thing whether you say he was declared redundant or whether you say he was sacked. (余剰労働力と宣告されたと言おうが、クビになったと言おうが、しょせん同じことだ。） より長い形として **come to the same thing in the end** (結局は同じことに行き着く) がある。19 世紀末からのクリーシェで、現在でも広く使われる。

come up and see my etchings 《キャッチフレーズ》「僕のエッチングを見においでよ」

絵画のコレクションを見せると称して、実は性的関係を目当てに自分のアパートに誘う時に使う。元は女性を誘う男性だけが使ったが、昨今の進んだ世の中では、両性とも用いるようになっている。起源は不明だが、20 世紀初め頃に生まれたフレーズと思われる。今日この表現を使う人は、ユーモラスな効果を狙って、古いメロドラマを皮肉るような感じでわざと古風に言う。同じような発想とし

て、メイ・ウェスト (Mae West) が映画『わたしは別よ』(*She Done Him Wrong*, 1933) で使った **come up some time and see me** (そのうち会いに来て) がある。

come up to scratch ⇨ UP TO SCRATCH

commanding lead, a 《紋切型》「圧倒的優勢」

　競技などで、確実に勝てそうなだけの差をつけていることをいう。幅広い文脈で用いられ、スポーツでは、例 Last year's champion has a commanding lead in the marathon event. (そのマラソン大会では去年の優勝者が圧倒的にリードしている。) 例 The favourite had a commanding lead but fell at the last fence. (本命馬は他を大きく引き離していたが、最後の障害で転倒してしまった。) というように、また選挙や世論調査では 例 In the last published opinion poll the opposition had a commanding lead over the government. (最新の世論調査によれば、政府与党に対し野党が圧倒的に優勢だった。) というように使う。マスコミで多用されるクリーシェで、実際にはそれほど優勢でない場合に使うことも多い。

comme il faut /kɔmilfo/ 《外来語》「そうあるべき」

　'as it should be' の意のフランス語で、エチケットや慣例にかなっていることを表わす。 例 It used not to be comme il faut for a woman to enter a church without wearing a hat. (かつて、女性が帽子をかぶらずに教会に入るのは不作法とされた。) 例 Until fairly recently it was considered comme il faut for men to stand up when a woman came into a room. (かなり最近までは、女性が部屋に入ってきたら男性は立ち上がるのが礼儀だった。) 19世紀初めから英語に導入され、今日でも見られる表現だが、やや尊大な感じを与えることが多い。ユーモアや皮肉を交えて使われることも。

common or garden 《紋切型》「よくあるありきたりの」

　ごく普通で、ありふれていること。 例 I'm looking for a pair of common or garden sandals. I don't want to spend a fortune on them. (ごく普通のサンダルを探してるんだ。高い金を払うつもりはない。) 例 We're looking for a common or garden radio for our daughter. We don't want anything hi-tech. (娘が使うごく当たり前のラジオを探してる

んだ。ハイテクみたいなのは要らないよ。）　元々は、どこの庭にもあるありふれた植物を意味した。19世紀終わりからよく用いられるようになり、今日でもいろいろな場面で使われる。

conspicuous by one's absence《紋切型》「いないせいで目立つ」
　　誰かがいなかったり何かがなかったりすることで、かえって目立ったり注目されたりすること。　例 The politician was conspicuous by his absence from the dinner. The press are saying that he is going to resign.（その政治家は晩餐会に出席しなかったことで逆に注目を集めた。辞職も近いとマスコミは言っている。）　例 Any mention of tenants' right is conspicuous by its absence from this agreement.（この契約書は居住者の権利にまったく触れていない点が気になる。）　発想自体はローマ時代までさかのぼり、歴史家タキトゥス（Tacitus）によって使われた。英語ではジョン・ラッセル卿（Lord John Russell）が1859年の選挙演説でこの表現を用い、その後まもなく一般にもよく使われるようになった。今日もクリーシェとして使われ、やや気取った感じを与えるが、ユーモアや皮肉を交えた使い方もされる。
例 Isn't it odd that Jack is always conspicuous by his absence whenever there is any work to be done?（ねえ、仕事がある時に限って、ジャックがいないことに気づく気がしない?）

cool as a cucumber《比喩》「キュウリのように冷静」
　　きわめて平静で落ち着いていること。　例 Everyone else was in a panic when the house went on fire but mother was cool as a cucumber.（家が火事になってみんなパニックに陥ってしまったが、母だけは冷静そのものだった。）　キュウリの内部がサラダの常連となるほど冷たいという事実のみならず、頭韻を踏んでいることもこのフレーズの人気の秘密か。冷たさとキュウリの結びつきは、イングランドの劇作家ボーモントとフレッチャーの『キューピッドの復讐』（Francis Beaumont and John Fletcher, *Cupid's Revenge*, 1615）に見られ、'young maids'（若き乙女たち）が 'as cold as cowcumbers'（cowcumbers は18世紀まで使われていた綴り）だと言い表わされている。今日でもよく使われるクリーシェ。落ち着きぶりを強調する表現としては、他に **cool, calm and collected**（冷静沈着）がある。

corridors of power《紋切型》「権力の回廊」
　政府閣僚や高官が持っている権力についていう。イングランドの小説家 C・P・スノーが『帰郷』(C P Snow, *Homecomings*, 1956) で初めて用い、のちに同じくスノーが小説のタイトルにも使った (1964)。現在は、国民の生活を支配するような意思決定を行なう人々を集合的に指すクリーシェ。本来責任を持つべき問題よりも個人的権力や内部抗争に熱心な人々が想定されている場合が多い。 例 What do those in the corridors of power care about the plight of old age pensioners? (権力の回廊にいる連中が、年金生活をしている年寄りの苦労のことなんか考えているもんか。)　今日では政治記者がやたらと使いたがる。

cost an arm and a leg ⇨ ARM AND A LEG, COST AN
cost the earth ⇨ ARM AND A LEG, COST AN
coup de grâce /ku də grɑːs/《外来語》「とどめの一撃」
　'blow of mercy' (恵みの一撃) の意のフランス語。 例 The firm had been struggling for several years and the start of the recession delivered the coup de grâce. (その会社は数年にわたって経営不振に苦しんでいたが、不景気がそれにとどめを刺した。)　文字通りには「恩寵の一打」であるわけだから、それによって苦境にケリがつけられ、全体としては良いことであるかのような含みがあってしかるべき。が、このような含みは必ずしも残っておらず、現代のクリーシェとしては単に、人や物事に終わりが訪れたことを意味する場合が多い。英語の中で広く使われるようになったのは19世紀で、今日でも特にインテリの間で使われる。

cover a multitude of sins《引用》「様々な罪に及ぶ」
　さまざまな物事、とりわけ望ましくない物事に幅広く当てはまるという意味。 例 He says that he sells antiques but the term antiques can cover a multitude of sins. (アンティークを商っていると言ってるけど、アンティークといってもいろいろあるからねえ。)　新約聖書、ペテロ前書 (*1 Peter*) 4章8節、'For charity shall cover the multitude of sins' (愛は多くの罪を掩(おほ)へばなり) を意図的に誤用したもの。

crazy like a fox《比喩》「キツネのように狂っている」

ひどく愚かに見えるが、実は大変ずる賢いということ。 例 People say that he was crazy to marry a much older woman but he was crazy like a fox.　She is very wealthy and he has expensive tastes. (あんな年増の女と結婚するなんて変な奴だとみんな言ってるけど、ちゃんと狙いはあるのさ。彼女はすごく金持ちで、あいつは浪費家なんだよ。)　アメリカのユーモア作家 S・J・ペレルマン (S J Perelman) 1945 年の著作のタイトルでもあったが、アメリカではおそらく 1930 年代から存在していたフレーズ。1984 年にアメリカで連続テレビ番組のタイトルとなって以来、いっそう多用されるようになった。イギリスでクリーシェになったのはそれよりあとで、おそらく 1980 年代後半から。キツネは古来ずる賢い動物とされていて、そのキツネが狂ったように見えるのには何か隠れた理由があるはずだという含み。

crème de la crème /krɛm də la krɛm/ 《外来語》「クリーム中のクリーム」

'cream of the cream' (まさに最高のもの) の意のフランス語。19 世紀初めには英語でもよく使われるようになっていた。現代のクリーシェとしては、インテリが使うか (この場合、さも知識をひけらかしているように聞こえがち)、ユーモアや皮肉を交えて使われるかのどちらか。ミュリエル・スパークの小説『ミス・ジーン・ブロディの青春』(Muriel Spark, *The Prime of Miss Jean Brodie*, 1961)、および好評を博したその映画版『ミス・ブロディの青春』(1969) によって再生したと言えるが、冗談まじりの使われ方が大半。

cross that bridge when one comes to it 《イディオム》「橋まで来てから渡れ」

決断や行動はどうしても必要な時まで延ばし、取り越し苦労はするなということ。 例 We have enough problems organizing the concert without worrying about the artists not turning up.　We'll just have to cross that bridge when we come to it. (演奏者が来ないんじゃないかなんて心配する以外にも、コンサートを運営する上での問題はたくさんあるんだ。取り越し苦労はよそう。)　起源は不明だが、ヘンリー・ウォッズワース・ロングフェローの『黄金伝説』(Henry Wadsworth Longfellow, *The Golden Legend*, 1851) の中で古いことわざとして挙げられている、**don't cross the bridge until you come to it** (橋に来るまでは渡るな) に基づいていることは確か。今日も広く使われるが、あらゆる不測の事態をあらかじめ封じたがる人にはひどく嫌われるクリーシェ。

cross the Rubicon《イディオム》「ルビコン川を渡る」

 もはやあとには引けないような行動に乗り出すこと。 例 He has left his job and they won't take him back.　The Rubicon is crossed. (彼は仕事を辞めてしまい、戻ってきたところでもう一度雇ってはもらえない。あとには引けないのだ。) 18 世紀以来よく使われている表現で、イタリアとガリアキ・サルピナ (Cisalpine Gaul) とを隔てるルビコン川をカエサル (Caesar) が紀元前 49 年に渡ったことを指す。これはイタリア侵攻を目的とする、ポンペイウス (Pompey) と元老院に挑む行動だった。今日では、インテリによって、真面目な文脈でもユーモラスな文脈でも用いられるクリーシェ。⇨ DIE IS CAST, THE

cross to bear, have a《間接的引用》「負うべき十字架」

 ある種の負担や苦痛に耐えねばならないということ。カルヴァリ (Calvary) でキリストを磔(はりつけ)にするための十字架を、クレネ人(びと)シモン (Simon the Cyrene) が運ばされたという聖書の記述への言及。十字架はキリストの苦難のみならず、人類全体の苦しみを象徴している。今日では、比較的些細なことについて、あまり深刻でない感じに、もしくは皮肉を交えて使う。 例 Our neighbours have dogs and we don't like dogs.　Still they are pleasant people and all of us have a cross to bear. (隣人は犬を飼っているが、私たちは犬が好きではない。でも感じのいい人たちだし、それぐらいは我慢しなくちゃなるまい。) 例 The new job comes with a company car and an expense allowance.　Ah well, all of us have a cross to bear. (新しい仕事には社用車と経費の手当が付く。ま、そういう重荷にも耐えなくっちゃね。)

cry all the way to the bank ⇨ LAUGH ALL THE WAY TO THE BANK

cry over spilt/spilled milk《ことわざ》「こぼれたミルクに泣く」

 やってしまって取り返しのつかないことを悔やんで過ごすのは愚かだという意味。 例 You threw your money away when you bought that car but there is no use crying over spilled milk. (あの車を買ったことで金をドブに捨てたようなものだけど、まあ覆水(ᵩ)盆に返らずだからね。) 発想自体は17世紀からあるが、クリーシェとなったのは19世紀末あたり。聞く人を慰めたり勇気づけたりするよりは、むしろ苛立たせてしまうような励ましの言葉。人はみなみずからの不幸にしばし酔うのを好むものであり、このクリーシェはその楽しみを奪おうとしているのである。起源は読んで字のごとし。こぼしてしまった牛乳は、元通り飲めるようにはならない。

cry wolf《イディオム》「狼だと叫ぶ」

偽りの警告をあまりに何度も与えたために、誰もまともに取り合ってくれなくなる事態についていう。 例 She kept claiming to be ill to attract sympathy. When she collapsed, they thought she was crying wolf and ignored her.（みんなの同情を引こうと、彼女はいつも、具合が悪いと言っていた。それで本当に倒れた時も、周囲はまたかと無視した。） 19世紀からのクリーシェで、現在もよく使われる。丘で羊の番をしていた少年の説話が起源。寂しく不安だった少年は、人々が助けにきて話し相手になってくれるよう「狼だ！」と叫ぶ。人々は何度か彼の叫びに応えて行ってみたが、何事もなかったので、本当に狼が羊たちを襲った時には、彼の叫びを無視した。

cup that cheers, the《間接的引用》「気分を良くさせるカップ」

お茶のこと。ウィリアム・クーパーの『課題』(William Cowper, *The Task*, 1785) に 'the cups / That cheer but not inebriate'（気分を良くさせるが酔わせはしない飲み物）とある。元々はお茶と酒類を区別するための表現。今日では時代遅れなクリーシェであり、ふざけて使う場合が大半。気どった表現と感じる人も多い。

cut a long story short《紋切型》「長い話を短くする」

約束通りに行くとは限らないフレーズ。一見、込み入った話をえんえんやり出すのではなく、かいつまんで話すことを保証しているように思えるが、無意味に使われることもあり、こう言ったあと、とうとうと完全版を語る人も少なくない。19世紀末にクリーシェになり、癖になっている人を中心に今でもよく使われる。

cut and dried《紋切型》「切って乾かした」

何かが確定され、定まっていること。 例 We had hoped to put the idea to the vote but the plans were all cut and dried before we got to the meeting.（そのアイデアを多数決にかけたいと思っていたのに、私たちが会議の席に着く前に計画はすっかり決まってしまっていた。） 18世紀初めからある表現で、今日でも広く使われる。元来はたぶん、材木を使う前に切って乾かすことをいった。

cut both ways《紋切型》「両方に切れる」

問題の両面に影響を与えるということ。関係者双方にとって、好都合な点と不都合な点があるということ。 例 Having a long term of notice on your contract cuts both ways. It means that if they declare you redundant you will have a lot of time to find another job, but if you are offered something better by another company they might not hold the job open that long. (解雇・退職の通知期間が長いというのは諸刃の剣だね。もし会社から余剰人員と宣告された場合、別の仕事をゆっくり探す時間ができる。でも他の会社でいい仕事に誘われた場合、その会社がそれほど長いこと待ってくれるとは限らないからね。)

cut no ice《イディオム》「何の氷も切らない」

何ら印象も影響も与えないこと。 例 She usually sweet-talks people into doing what she wants but her flattery cut no ice with the headmaster. (いつもみんなにうまいことを言って意のままに操っている彼女だが、そのお世辞も校長にはまったく効き目がなかった。) 元はアメリカで生まれた表現で、19世紀末から使われている。起源は不明だが、砕氷船が大きな流氷を砕けないというイメージか。

cut one's coat according to one's cloth《イディオム》「布地に合わせて上着を裁断する」

収入に応じたお金の使い方をすること。 例 He is always going to be in debt until he learns to cut his coat according to his cloth. (収入に見合った暮らしというものが身に付くまでは、彼の借金はなくなるまい。) 19世紀にクリーシェになり、他人に忠告するのを好む人々によって、今日もよく使われる。独善的な響きを持つため、言われた人間を苛立たせるのが関の山。服の仕立てから生まれたフレーズ。

cutting edge, at the《イディオム／流行語》「刃先にいる」

方法・技術、システム、設備などが最新であること。流行語にはよくあるが、これも専門用語を起源とするクリーシェ。元は科学・技術分野の用語で、最先端の研究を指した。やがて一般的な言葉として用途が広がり、幅広く用いられるようになった。 例 He is a competent enough modern artist but no one could say that he was at the cutting edge. (現代の芸術家として十分優秀ではあるが、最先端にいるとはとても言えない。) 例 As a musician he tends to play traditional pieces. His programme never contains any material at the cutting edge. (彼は主として伝統的な曲を演奏する。前衛的な作品をプログラムに入れることは絶対ない。)

cynosure /sáinəʃùər/ **of all eyes**《間接的引用》「万人の注目の的」

明らかに皆の注目を集めている人物。 例 When she entered the

room in that dress she was the cynosure of all eyes. (そのドレスを着て彼女が部屋に入ってくると、みんなの目がいっせいにそっちを向いた。) 19世紀にクリーシェとなり、今日では改まった状況で用いられることがほとんど。ミルトンの『快活なる人』(John Milton, *L'Allegro*, 1632) の一節 'the cynosure of neighb'ring eyes' (周囲の注目の的) から。

D

daddy of them all, the《紋切型》「みんなのお父さん」

日常的な状況で用いられ、一番素晴らしい、偉い、極端な、などの意。肯定的にも否定的にも使う。 例 He's caught big fish before, but that's the daddy of them all. (彼は前にも大きな魚を釣ったが、あれはその中でも最大だね。) 例 They've had rows before but this one's the daddy of them all. (あの二人、今までにもけんかはしたけど、今度のが一番すごいね。)

daggers drawn, at《イディオム》「短刀を抜きあって」

おたがい非常に敵意を持っている者同士をいう。 例 It is difficult working in a firm where the two partners are at daggers drawn. (共同経営者同士が犬猿の仲の会社は働きづらい。) 敵同士が刀を抜いてにらみ合っているイメージ。

damage, what's the ⇨ WHAT'S THE DAMAGE?

damn by/with faint praise《引用》「気のないほめ言葉でけなす」

まるで気持ちをこめずにほめるせいで、ほめたはずが逆効果になってしまい、よくても気乗りしない賛意か、時には反対意見をほのめかしてしまうこと。 例 When the music critic said that her playing was an interesting interpretation of the piece, the pianist felt that she had been damned by faint praise. (あの作品に対する興味深い解釈である、と音楽評論家に評されて、これは暗にけなされているのだとピアニストは思った。) 長く使われてきたクリーシェで、元来アレグザンダー・ポープ『アーバスノット博士への書簡』(Alexander Pope, *Epistle to Dr Arbuthnot*, 1735) からの引用。'Damn with faint praise, assent with civil leer, / And, without sneering, teach the

[77]

rest to sneer.'（気のないほめ言葉で腐(くさ)せ、礼儀正しく薄ら笑いして頷け、そしてみずからはあざ笑うことなく他の者たちにあざ笑うことを教えよ。）

damned clever, these Chinese《キャッチフレーズ》「賢いなあ、中国人て」

　　BBCのラジオコメディ『グーンショウ』(*The Goon Show*; ピーター・セラーズ (Peter Sellers)、ハリー・シーカム (Harry Secombe)、スパイク・ミリガン (Spike Milligan) 出演。1952年～1960年に放送) で使われた言葉。『グーンショウ』はカルト的人気を誇った番組で、当時からのファンは今なおこのフレーズを口にするし、再放送で知った若い世代にも使われている。中国人は知恵に長けて狡猾だと考えられていたことに由来するが、フレーズとしては、中国人に関係あるなしにかかわらず、非常に巧妙な、または気のきいたものを指して使われる。便利な電気・電子製品などについて使うことも。

damp squib, a《イディオム》「湿った花火」

　　完全な失敗に終わること。特に、大成功や素晴らしい結果が予想されていた場合に使われる。　例　The protest meeting about the new road was a damp squib. Hardly anyone turned up. (新道路建設に対する抗議集会は不発に終わった。ほとんど誰も来なかったのだ。)　たいてい日常的な状況で用いられる。文字通りは、湿っていて火が点かない小さな花火のこと。

dance attendance on《紋切型》「～にべったり付き添う」

　　誰かの望みや気まぐれにすべて従うこと。16世紀から使われている。最初は、君主や貴族といった権力者に謁見を賜るべく待つ、という意味だった。現代のクリーシェとしては、侮蔑的な意味をこめて使われる。　例　Her lazy husband expects her to dance attendance on him all weekend. (ぐうたら亭主は、妻が週末ずっとかいがいしく世話してくれると思っている。)　昔、花嫁が結婚式で客全員と踊らされた習慣から。

dancing in the streets tonight ⇨ THERE'LL BE DANCING IN THE STREETS TONIGHT

Daniel come to judgement, a《引用》「裁きに訪れたダニエル＝

名裁判官のご到来」
　シェークスピア『ベニスの商人』(*The Merchant of Venice*, 1596) 4幕1場から。裁判官に扮したポーシャ (Portia) をシャイロック (Shylock) が評して、真っ先に口にする言葉。ポーシャの発言を、旧約聖書の預言者ダニエルのように年齢を超えた知恵を示すものとしてたたえている。改まった状況で、もしくは皮肉まじりにインテリが使う。決定を下す役目にある人の判断を賞讃するのに使われるが、そうやって賞讃するのはたいてい、自分の判断と一致するからにすぎない。

Darby and Joan 《引用》「ダービーとジョーン」
　長年幸福な結婚生活を送ってきた年輩夫婦のこと。　例 All their friends seem to be divorced but Mr and Mrs Jones are a real Darby and Joan. (友達はみんな離婚したみたいだけれど、ジョーンズさんのところはまさにおしどり夫婦だ。)　元来、ヘンリー・ウッドフォール (Henry Woodfall) が、雇い主のジョン・ダービー氏 (John Darby) とその妻ジョーンの長年にわたる麗しい関係について書いたバラッドで用いた。現代では、幸福か否かに関わらず年輩のカップル全般を指し、あるいは皮肉まじりに若いカップルを指したりする。　例 They've been going out for six months now—a real Darby and Joan. (二人の仲は6か月続いている。まさに長年連れ添った仲だ。)

darken someone's door 《紋切型》「～の戸に影を落とす」
　常に否定形で用いられ、金輪際帰ってくるなという含み。　例 The delinquent son was told never to darken his father's door again. (父の家の敷居を二度とまたぐな、と不良息子は言われた。)　例 'Get out and don't dare darken my door again,' he shouted in fury. (「出ていけ! 帰ってきたらぶっ殺してやるからな」と彼は怒り狂って叫んだ。)　現在では、文学的もしくは改まった文章で、そして若い人よりは年輩の人に用いられる。19世紀からクリーシェとなった。訪れた人の影で戸口が暗くなることから。

darkest hour is just before the dawn, the 《紋切型》「一番暗いのは夜明け前」
　20世紀に入ってからクリーシェとなった。事態はじき良くなる

さ、と人を励ます時に用いられる、言われた方は苛つくだけの決まり文句。 例 I know that things are going badly for you but the darkest hour is just before the dawn. (君にとって物事がうまく行ってないのはわかるけど、冬来(きた)りなば春遠からじだよ。)　⇨ IT'S ALWAYS DARKEST BEFORE THE DAWN

dark horse, a 《イディオム》「ダークホース」

　思いがけない素質や能力を持っているかもしれないが、それを隠している人のこと。 例 The shy new girl turned out to be a bit of a dark horse and was the life and soul of the office party. (その内気な新人の娘は実はちょっとしたダークホースで、社内パーティーになったらまさにパーティーの華だった。) 例 In training he didn't look very good but he proved to be rather a dark horse and won the race. (あの男、練習ではあまり良くなかったが、実はダークホースだったようで、レースでは一位だった。)　19世紀からクリーシェとなった。元は競馬用語で、それまでの記録があまり知られていない馬を指した。今日でも広く使われる。

dawn on 《紋切型》「〜に夜が明ける」

　19世紀から使われている。何かが突然わかってくる、ということ。 例 It suddenly dawned on him that he had been made a fool of. (突然、彼は自分がからかわれていたことに気づいた。) 夜明けが訪れて明るくなることをイメージした比喩。きわめて広く使われるので、特にクリーシェと意識せずに使っている人も多い。

day in, day out 《紋切型》「明けても暮れても」

　ずっと、えんえんと。救いがなくひたすら単調に何かが続く感じ。 例 It rained day in, day out, throughout the whole holiday. (休暇中ずっと、明けても暮れても雨だった。) 例 Day in, day out, we had to listen to her complaints. (年がら年中、私たちは彼女の愚痴を聞かされた。)

day of reckoning 《紋切型》「裁きの日」

　自分の行動の弁明を求められ、その行動が招いた結果に直面しなくてはならない時。 例 The student had a good time going to many parties but he knew the day of reckoning would come in exam week.

(その学生はパーティーを渡り歩いて楽しくやっていたが、試験期間に裁きが下されることは覚悟していた。) 元は聖書にある表現で、神がすべての人に裁きを下す、最後の審判の日 (the Day of Judgement) を指す。

days are numbered 《紋切型》「日にちが指折り数えられる」

人の命やキャリア、物の有効性などが終わりかけていること。寿命が今にも尽きつつあり、日単位で数えることができる、という含み。 例 We better all look for other jobs. The company's days are numbered. (みんな他の仕事を探した方がいい。この会社はもう風前の灯だ。) 例 This machine's days are numbered. It's too expensive to run. (この機械もそろそろお払い箱だ。動かすのに金がかかりすぎる。) 19世紀にクリーシェとなった。たいてい日常的な状況で用いられる。

D-day 《紋切型》「D デー」

何か重要なことが行なわれる予定の日。 例 The children have been preparing for the exams all term. Tomorrow is D-day. (子供たちは学期中ずっと試験勉強をしていた。いよいよ明日だ。) 歴史的には、第二次大戦中、連合軍がドイツ軍の進攻を阻止するために北フランスへ上陸を開始した、1944年6月6日のこと。'D' とは day のことであり、軍の習慣として単に強調のために添えたものだが、designated (指定された) の意に誤解されることも多い。今日クリーシェとしては、戦争を経験した年輩の世代によく使われる。

dead and gone 《二重句》「死んで去った」

人が死んだり何かが消滅したりしたことを強調する言い方。 例 They did not appreciate his genius until he was dead and gone. (死んでいなくなって初めて、彼の才能は認められた。) 例 Most of the old village customs are dead and gone. (村の古い習慣はほとんどが廃れてしまった。)

dead as a dodo 《比喩》「ドードー鳥のように死んでいる」

何かが絶滅したか、もはや時代遅れだということを強調する言い方。習慣、考え、態度、計画などについて使うが、人物にはあまり使わない。 例 The tennis club has no active members anymore. It's dead as a dodo. (テニス部にはもう活動しているメンバーはいない。廃

部したも同然だ。） 例 All the old country traditions are dead as a dodo in the villages near the city. (都市近郊の村では、田舎の古い伝統はすっかり失われてしまっている。)　ドードー鳥は17世紀初めにインド洋南西部モーリシャス島 (the island of Mauritius) で発見された飛べない鳥で、容易に捕獲できたこともあって、17世紀末には絶滅してしまった。鳥自体ははるか昔にいなくなったわけだが、クリーシェの方は今なお広く使われている。

dead body, over my ⇨ OVER MY DEAD BODY
dead but won't lie down《キャッチフレーズ》「死んでいるのに横になろうとしない」

　　成功の見込みはないのにそれを認めようとせず、観念しないこと。 例 He's standing again for president of the club, although he's failed three times already.　He's dead but won't lie down. (あいつ、またクラブの会長に立候補している。もう3回も落選してるっていうのに。まったく往生際の悪い奴だ。)

dead duck, a《イディオム》「死んだアヒル」

　　成功や生き残りの見込みがないこと。たいていは日常的な状況で用いられる。 例 His plan to expand the restaurant is a dead duck without planning permission. (レストラン拡張案も建築許可なしではお手上げだ。) 例 If the farmer catches the girl trespassing, she's a dead duck. (不法侵入している現場を農場主につかまったらただでは済まない。)

dead from the neck up《イディオム》「首から上は死んでいる」

日常的な、くだけた状況で使う。脳みそがまるでないのではと思えるくらい、極端に愚かな人のことをいう。 [例] Don't expect him to come up with any ideas. He's dead from the neck up. (あいつがアイデアを出してくれるなんて思うなよ。頭の中はまるっきり空っぽなんだから。)

dead horse, flog a ⇨ FLOG A DEAD HORSE

dead in the water 《イディオム》「水の中で死んでいる」

成功の見込みがまるでないこと。 [例] During the recession any plans for expansion are dead in the water. (不況の間は拡張計画なんて夢の夢だ。) ビジネスの俗語としても頻繁に使われ、その場合は、もはや成長が止まり単に生きながらえているだけで、乗っ取りに絶好な会社を指す。20世紀からクリーシェになった。元来は死んだ魚を指す表現。

dead loss, a 《紋切型》「まる損」

まったく役立たずで無能な物や人のこと。日常的な状況で用いられる。 [例] She's very clever but she's a dead loss as a teacher. (頭はいいけど教師としてはまったく無能だ。) [例] This holiday resort was a dead loss for young people. There was nothing to do. (このリゾート地は若者には無用の長物だ。何もすることがないんだもの。)

dead men's shoes 《イディオム》「死人の靴」

死んでしまったか、巡りあわせが悪かったかで職を離れねばならなかった人の仕事やポジションのこと。 [例] There are few opportunities for promotion in the firm. It's a case of waiting for dead men's shoes. (会社では昇進の機会はほとんどない。誰かがいなくなるのを待つしかない。) 19世紀からクリーシェになった。元々は、靴をはじめ何か持ち物をいただこうと誰かが死ぬのを待つことについて使った。

dead of night 《紋切型》「真夜中」

dead は名詞。かなり文学的な、あるいは改まった文章で用いられる場合がほとんど。 [例] The children were found wandering at dead of night in the forest. (子供たちは真夜中に森の中を歩き回っているところを発見された。) 夜の最も静かで最も暗い時間を、死の静寂と闇にたとえた表現。

dead to the world《紋切型》「世界に対して死んでいる」

　ぐっすりと、まるで死んでいるみたいに、周囲のことに全然気づかず熟睡していること。例 We tiptoed so as not to wake the children but they were dead to the world. (子供たちを起こさないようそろそろと忍び足で歩いたけれど、みんな死んだようにぐっすり眠っていた。)　20世紀にクリーシェとなった。

dead, wouldn't be seen《紋切型》「死んでいるのを見られたくない」

　何かするのがまったく気乗りしない、絶対嫌だということ。例 I wouldn't be seen dead wearing that school uniform. (あんな制服を着るなんて死んでも嫌だ。)　例 She wouldn't be seen dead going out with him. (彼とつき合うくらいなら死んだ方がましだ、と彼女は思っている。) 日常的な、くだけた状況で使われるのが常。

deaf as a post《比喩》「柱のように耳が遠い」

　極度に耳が遠いこと。16世紀から使われている。現在は軽蔑的に用いられることが多い。いくら言っても相手に聞いてもらえないことに苛立って使ったりする。例 There's no point in asking that old man for directions. He's deaf as a post. (あのお爺さんに道を訊いても無駄だよ。何しろえらく耳が遠いんだ。)

Dear John letter, a《紋切型》「ジョン宛の手紙」

　妻やガールフレンドからの、受け取り主との関係を終わりにすることを通告する手紙やメッセージ。例 The prospective bridegroom received a Dear John letter on the eve of the wedding. (未来の花婿は、結婚式の前日に別れの手紙を受け取った。) アメリカで生まれた表現で、第二次大戦中、妻や恋人と長いあいだ離ればなれに暮らしたせいで多くの軍人がこのような手紙を受け取ったことから。

dear life, for《紋切型》「死に物狂いで」

　精一杯速く、精一杯頑張ってというように、力の限りを尽くすこと。例 We'll have to run for dear life to catch that bus. (あのバスに追いつくには必死で走らないと。)　まるでそれに命がかかっているかのように、というニュアンス。たいていは日常的な状況で使われる。

death by a thousand cuts《キャッチフレーズ》「千の切り傷による死」

強力な一撃によってではなく、細かい打撃が積み重なって倒れること。 例 The company gradually went bankrupt as many of their small customers failed to reorder. It was death by a thousand cuts. (小口の客の多くが再注文してくれなかったせいで、その会社は徐々に破綻へ向かった。一寸刻み五分試しでやられたわけだ。)『毛沢東語録』(Mao Tse-tung, *The Little Red Book*, 1964) の英訳に出てくるフレーズ 'He who is not afraid of death by a thousand cuts dares to unhorse the emperor' (八つ裂きの死を恐れぬ者は皇帝を倒す) からとられたもの。

death, catch one's ⇨ CATCH ONE'S DEATH

deathless prose《紋切型》「不滅の散文」

今日では、文字通りの忘れがたい名文のことではなく、おそろしく下手くそでおよそ才能が感じられない駄文、あるいは取るに足らない文章を皮肉っていう。 例 'Fourth form essays,' sighed the teacher, 'another lot of deathless prose.' (「四年生の作文はまたもや駄文の山」と先生はため息をついた。)

death's door, at《イディオム》「死の扉で」

病気が非常に重い、あるいは末期的なこと。 例 The old man has recovered although they thought he was at death's door. (棺桶に片足をつっ込んでいると思われていたが、老人は何と回復してしまった。) 死というものを、旅立った魂が向かう場として捉えていたことに由来する。16 世紀から使われはじめ、19 世紀になってクリーシェと見られるようになった。今日なお広く用いられる。

death trap, a《紋切型》「死の落とし穴」

危険なもの。 例 They should do something about the fire precautions in these old buildings. They are real death traps. (このへんの古いビルは何らかの火災予防措置をすべきだ。今のままじゃ、火事にしてくれと頼んでるようなものだ。) どちらかといえば安全ではないかもしれない程度のものを誇張して言うのによく用いられ、マスコミが頻繁に使う。

death warmed up, like ⇨ LIKE DEATH WARMED UP
delicate condition, a 《婉曲》「デリケートな状態」
　妊娠していること。今日では妊娠のことを昔よりは率直に言いがちだが、それに馴染めない年輩の女性が好んで使う表現。 例 You should not carry heavy bags in your delicate condition.(大切な時期に重い鞄なんて持っちゃだめよ。) 年輩でない女性が皮肉をこめて使うことも。
deliver an ultimatum 《紋切型》「最後通牒を突き付ける」
　マスコミを中心に広く用いられる表現で、何らかの最終的警告を伝えること。 例 The terrorists delivered an ultimatum that they would shoot the hostages if their demands were not met immediately. (要求が直ちに受け入れられねば人質を射殺する、とテロリストたちは最後通牒を突き付けた。) マスコミ用語の常として、実際の出来事に較べて大げさすぎる言い方では、と評されることも。
de rigueur 《外来語》/də rigə́ː/「絶対必要な」
　'of strictness' の意のフランス語で、エチケット、決まり事、流儀からして必要な、ということ。 例 School uniform is absolutely de rigueur on official outings. (公式の外出の際には必ず制服着用のこと。) 英語では、かなり改まった文章で、しばしば気取った感じに使われる。
desert a sinking ship 《イディオム》「沈みかけた船を見捨てる」
　今にも破滅・破産しそうな組織や人間を人は露骨に見捨てる傾向があるという事実を踏まえた表現。 例 Most of the firm's employees are looking for new jobs. They are like rats deserting a sinking ship. (社員のほとんどが新しい職を探しはじめた。沈みゆく船から逃げていくネズミのようだ。) 船が沈没しそうだったり座礁しそうだったりする時、ネズミは船を見捨てて逃げ出す、という言い伝えによる。
des res 《紋切型》/dèz réz/「理想的な住宅」
　20世紀の不動産業者が使った通り言葉から来ていて、'desirable residence' を縮めた表現。からかい気味に、皮肉っぽく用いられることが多い。 例 Now that they are married they have moved into a des res on the new estate. (今や彼らは結婚し、新しい団地の豪邸にお引っ

越しなされた。)

deus ex machina 《外来語》[déiəs eks mǽkənə]「機械仕掛けの神」

ラテン語で「からくりから登場する神」(god out of a machine) の意。現在では、文学的でもったいぶった文章でしか使わない。困難で危機的な状況において、予期せぬ偶然の助けをもたらしてくれる人物や出来事のこと。 例 The theatre company thought that they would have to disperse but salvation came in the form of a deus ex machina, John Richards, a wealthy industrialist, who wanted to invest money in the arts. (劇団を解散せざるをえまいと思っていたら、土壇場で救いの主が現われた。ジョン・リチャーズという裕福な資本家が、芸術に投資したいと言ってくれたのだ。) 古代ギリシャ演劇で、話をまとめるためにからくりの中から神が出てきたことに由来する。

dice with death 《イディオム》「死を相手にサイを振る」

非常にリスクの大きい、危険を伴うことをするという意味。 例 That young man is dicing with death driving at that speed. (あんなスピードで運転してたら、命がいくらあっても足りやしない。) さいころを振る運まかせのゲームを踏まえたフレーズ。

didn't he do well? 《キャッチフレーズ》「立派にやりましたよね?」

1974年に始まったテレビ番組『ジェネレーション・ゲーム』(*The Generation Game*) の司会者ブルース・フォーサイス (Bruce Forsyth) が、番組最後の、そこまで勝ち進んだ出場者がベルトコンベアーで流れてくる品をできるだけ多く覚えるゲームの締めくくりにいつも言っていた文句。クリーシェとして、へまをしでかした人について皮肉に使ったりする。 例 She just lost us the match. Didn't she do well? (あの娘のせいで私たちは試合に負けた。立派にやってくれたよね!)

die in harness 《イディオム》「馬具をつけたまま死ぬ」

まだ元気に働いている最中に死んでしまうこと。 例 The old man was forced to retire although he wanted to die in harness. (職場で死ねれば本望だと思っていたのに、老人は無理矢理退職させられた。) 荷馬が仕事にいそしんでいたさなかに馬具をつけたまま死んでしまったというイメージ。早期退職という発想が広まり、仕事に就いたまま死

ぬなどという事態は珍しくなっているが、表現自体は今なお広く用いられる。

die is cast, the《イディオム》「サイは投げられた」

もはやあと戻りのきかない一歩を踏み出すこと。 例 The die is cast. I've sold the house and now I'll have to move. (サイは投げられた。家を売り払ってしまったから、もう引っ越すしかない。) ラテン語の *alea jacta est* の英訳。ユリウス・カエサル (Julius Caesar) が紀元前49年に軍隊を率いてイタリアのルビコン川 (the Rubicon) を渡り、ローマの元老院に対し事実上宣戦布告した時に口にした言葉、と言われてきた。響きはとてもドラマティックだが、ごく普通の状況でも用いられる使用頻度の高いクリーシェ。⇨ CROSS THE RUBICON

die the death《紋切型》「処刑される」

全然うまく行かない、効果が挙がらない、ということ。芝居の演目や役者についてよく使う。 例 The new comedy act died the death in the local club. (その新しい喜劇は地元のクラブで全然受けなかった。) より一般的に、新聞やテレビなどでも使われる。 例 The politician's speech on education died the death in a hall full of teachers. (その政治家が教育について行なった演説は、会場を埋めた教師たちを白けさせた。)

different as chalk and cheese《比喩》「チョークとチーズほど違う」

まったく似ていないこと。チョークとチーズは外見・味ともに明らかに違うわけで、それと同じようにまるで似ていない人たちを指して使う場合が大半。 例 You wouldn't believe that they're twins. They're like chalk and cheese. (嘘みたいだけど、あの人たち双子なのよ。全然似てないのにね。)

different ballgame, a ⇨ BALLGAME, A DIFFERENT

dig one's own grave《イディオム》「墓穴を掘る」

誰かが自らの失墜を引き起こすさなかにあること。 例 The employees dug their own grave when they conspired to get rid of their manager. The new manager sacked them all. (従業員たちは共謀して経

営者を追い出したが、どうやら墓穴を掘ってしまったようだ。新しい経営者にみんなクビにされてしまった。) より現代的でくだけた形として、**dig a hole for oneself** がある。

dim and distant past, the 《紋切型/二重句》「おぼろげな遠い過去」
　この場合 dim と distant はほぼ同義。元々ははるか昔を指す表現だったが、クリーシェとしては、むしろかなり現在に近い過去をユーモラスに指すことが多い。 例 I knew him in the dim and distant past when I was at school. (彼とははるか昔、数年前学生時代に知りあいだった。) 19 世紀末にクリーシェとなった。よりくだけた状況で使われる形として、**the dim and distant** がある。

dinners, more...than you've etc. had hot ⇒ MORE... THAN YOU'VE ETC. HAD HOT DINNERS, I'VE ETC. HAD

dirty old man, a 《紋切型》「スケベ親爺」
　若い女性やポルノなどに性的な関心を示す、中年以上の好色な男性のこと。 例 There were a lot of dirty old men watching a blue movie. (助平親爺が集まってポルノ映画を見ていた。) **DOM** と略すとも。dirty old man はレインコートを着ているのが典型とされる。

dirty tricks campaign, a 《紋切型》「中傷工作」
　人や組織の評判を落とすためになされる、内密の企て。元は主として政治に関わる事柄に使われた。 例 The articles on MPs' private lives were thought to be a dirty tricks campaign to bring down the government. (国会議員たちの私生活を暴いた一連の記事は、政府転覆を図る中傷工作だと考えられた。) 今日ではもっと一般的に使われており、マスコミが好んで用いる。

dirty work at the crossroads 《イディオム》「四つ辻での悪行」
　悪辣、陰険な行動のこと。 例 Some valuable documents have disappeared. We suspect there's been some dirty work at the crossroads. (大切な文書が失われてしまった。何か不正があったのではないか。) 起源については、罪人や自殺者など、キリスト教徒として教会墓地に埋葬される資格がない人の死体を十字路に埋めていた風習によるという説があるが、これは疑わしい。

does your mother know you're out? 《キャッチフレーズ》「君が

出かけてること、お母さんは知ってるの?」

　お前はまだ未熟で世慣れていない、大人に見せようとしているがまだ子供じゃないか、といったことを匂わせるべく、蔑むような口調で使う。例 When the young man asked her to dance she said, 'Does your mother know you're out?' (その青年がダンスを申し込んだ時、彼女は「あんたが外で遊んでること、ママは知ってるの?」と言った。) 常に侮辱を含んだ言い方。

dog eat dog《イディオム》「犬が犬を食う」

　きわめて冷酷な競争のこと。例 The young candidates are all good friends but when it comes to getting a job these days it's a case of dog eat dog. (若い応募者たちはみんな仲のいい友達同士だが、近頃は就職のこととなると、友情も何もあったものではない。) 唯一生き残れる道となれば、犬が仲間を食べてしまうことから。実際、同じ状況に追い込まれた人間が仲間を食べた例も知られている。広く用いられ、使われ過ぎの傾向もあるが、わずかな言葉で状況を的確に言い表わせるので、今なお便利な表現でありつづけている。

dog in the manger, a《イディオム》「かいば桶の中にいる犬」

　本当に持っていたいからではなく、単なる独占欲や悪意から、他人が欲しがるものを独り占めしている人。例 The child has outgrown all those toys but he's too much of a dog in the manger to lend them to his young cousin. (もうあのおもちゃは全部卒業したのに、あの子ときたらとにかく意地悪で、年下のいとこに貸してあげない。) 自分は干し草など欲しくないのに、他の動物が食べようとして近づくと邪魔をした犬の寓話から。19世紀中頃にクリーシェとなった。

dog's life, a《イディオム》「犬の生活」

　悲惨な暮らしぶりのこと。例 He leads a dog's life with that nagging wife of his. (あんなガミガミ屋のかみさんと一緒じゃ、惨めな暮らしもいいところだ。) 犬の生活は惨めだという認識は16世紀からあった。が、少なくともイギリスの犬は、たいていきわめて快適な生活を送っており、今では皮肉に使われることも多い。例 'Ah, it's a dog's life,' he said, smoking a cigar and putting his feet up on the coffee table. (「ああ、犬の生活さ」彼は葉巻をふかし、両足をコーヒー

テーブルの上に載せて言った。) 表現自体は 16 世紀から存在し、19 世紀中頃にクリーシェとなった。

dolce vita, la 《外来語》/la dóultʃei víːtɑː/「甘い生活」

'the sweet life' の意のイタリア語。豪勢で道楽三昧の生活のこと。[例] The tired mother sometimes envied la dolce vita of her highly paid single friends. (疲れはてた母親は、高給取りで独身の友人たちの優雅な暮らしを時おりうらやましく思った。) **the dolce vita** とも。

DOM ⇨ DIRTY OLD MAN, A

donkey's years 《イディオム》「ロバの歳月」

ものすごく長い時間。しかし、実際にはほとんどの場合、誇張して使われる。[例] I haven't seen him in donkey's years. (彼とは長い歳月会っていない。) と言っても、おそらくは先々週以来会っていない程度のこと。起源は不明だが、ロバが比較的長生きの動物だという事実からか。あるいは、ロバの耳 (donkey's *ears*) がとても長いことにひっかけた洒落だという説も。また、**donkey's ages** という言い方もよく使われる。19 世紀末に生まれた表現で、今も日常的な状況でよく用いられる。

don't call us, we'll call you 《キャッチフレーズ》「そっちから電話しなくていい、我々の方からかけるから」

20 世紀アメリカのショービジネス界で生まれた表現。元来は、オーディションで不合格になった役者の卵に対して言う。クリーシェとしてはもっと一般的に、遠回しの拒絶の意味で使われる。[例] I got an interview for the job but I think it's a case of 'Don't call us, we'll call you.' (就職の面接を受けたけど、「お電話がない場合はご縁がなかったものと思ってください」って感じね。) [例] He said he would phone her but I think he meant 'Don't call us, we'll call you.' (自分の方から電話するってあいつ言ったけど、実は「お待ちください、追ってご連絡いたします」ってやつじゃないかな。) ⇨ WE'LL LET YOU KNOW

don't count your chickens before they're hatched 《ことわざ》「卵からかえる前にニワトリを数えるな」

まだ手にしていないものに対して確信を抱くな、という警告の言葉。今も非常によく使われる。[例] You'd better not leave your job until you receive an official offer for the other one.　Don't count your chickens before they're hatched. (もう一方の仕事が正式に決まるまで辞めない方がいいよ。まだ手の中にないものを当てにしちゃ駄目だよ。)　いろいろ違う言い方があるが、いずれも何らかの否定を含む。　例 It would be unwise to count your chickens before they are hatched. (取らぬ狸の皮算用はよくない。)

don't do anything I wouldn't do!《キャッチフレーズ》「私がしないようなことはするな」

20世紀に生まれたキャッチフレーズ。社交の場や、休暇などに出かける人に向かって言う科白。性的な含みがこめられることも多い。　例 Enjoy the date with your new girlfriend and don't do anything I wouldn't do. (新しい彼女とデートを楽しんでこいよ。破目をはずしすぎるなよ。)　⇨ BE GOOD

don't just stand there《紋切型》「つっ立ってるだけじゃ駄目だ」

人を行動へ駆り立てようとする時の文句。　例 Don't just stand there!　We have to finish this work today. (ぼさっとしてるだけじゃ駄目だぞ！　この仕事は今日終わらせなくちゃいけないんだ。)　**don't just stand there, do something** (手をこまねいてないで何とかしろ)とか、あるいは少しふざけて **don't just stand there growing in the carpet** (ぼさっとつっ立ってカーペットに根を生やしてちゃ駄目だぞ)といった長めの表現もある。

don't tell anyone, but . . .《場つなぎ》「誰にも言わないでほしいんだけど . . .」

内密にしてくれと釘を刺しているものの、実際には、黙っているには忍びないおいしいゴシップであることを告げる表現。例 Don't tell anyone, but I saw our neighbour with another woman last night. (ここだけの話だけど、昨日の夜ね、お隣さんがよその女性と一緒にいるのを見ちゃったの。)

do one's own thing《紋切型》「自分のことをする」

状況にかかわらず自分のしたいことをすべきだという意味。そのような姿勢がヒッピー文化の一環をなしていた1960年代に生まれたフレーズ。この時期の俗語の多くはすでに廃れてしまったが、こ

の表現はクリーシェとして生き延びている。 例 I don't like joining clubs. I like to do my own thing. (クラブに入るのは嫌だ。自分の好きなようにしたい。) が、今日では皮肉っぽく使われることも多い。

do someone proud《紋切型》「～をいたく満足させる」

誰かをことのほか篤(あつ)く扱うこと。親切なもてなしについてよく使う。 例 The bride's parents certainly did us proud at the wedding reception. (花嫁のご両親は披露宴で、私たちをそれは親切にもてなしてくれた。)

do the business ⇨ BUSINESS, DO THE

do the honours《紋切型》「しかるべくもてなす」

人を招いた時、お茶を注ぐ・ケーキを切る・ワインを開ける・肉を切り分けるなど、主人役として振る舞うこと。ある一定の集団、特に年輩で裕福な人たちの間で今もよく使われる。冗談まじりに使う場合は別として、若い世代は気取った言い方と受け取る。⇨ BE MOTHER

dot, on the ⇨ ON THE DOT

dot the i's and cross the t's《イディオム》「iに点を打ちtに横棒を引く」

最後の仕上げをすること、あるいは細部に入念に手を加えること。 例 I have more or less finished the proposal but I want to dot the i's and cross the t's before presenting it to the committee. (計画書はほぼ仕上がったが、委員会に提出する前に最後の仕上げをしたい。) この表現を使う人はしばしば、細かいことを気にしすぎるせいで、自分よりいい加減な人たちに嘲笑される傾向がある。几帳面な書き手はきちんとiに点を打ちtに横棒を引くことから。たしかに、急いで書いたりぞんざいに書いたりすると、よく忘れてしまうもの。

doubting Thomas《間接的引用》「疑い深いトマス」

キリストの12使徒の一人、聖トマス(St Thomas)への言及。聖トマスはキリストが死からよみがえったことを頑として信じなかった人物。今では不信感を示す人について使われる、ごく普通の表現。 例 It is possible that your friend is a changed character. Don't be such a doubting Thomas. (君の友達、心を入れ替えたのかもしれない

よ。トマスみたいに疑うのはやめなよ。)

down-and-out《紋切型》「ノックアウトされて」

　20世紀に生まれたフレーズ。まったくの極貧・窮乏状態のこと。形容詞として 例 down-and-out people without homes（家のない貧しい人たち）、名詞として 例 the part of the city where the down-and-outs hang out（うらぶれた連中がうろつく界隈）というように使われる。常にではないが、軽蔑的な意味合いをこめて使われることが多い。ボクシングから生まれた表現で、ダウンしたボクサーが10カウントまでリングに倒れているとノックアウトと判定されることから。

down the hatch《紋切型》「ハッチに流し込め＝乾杯」

　20世紀に入ってから生まれたクリーシェだが、今やかなり時代遅れ。船荷や人がハッチ（開口部）を通って船の下の方へ降りるというイメージで、その部分が人の喉を思わせるために生まれた表現。

do you come here often?《キャッチフレーズ》「ここにはよく来るの？」

　20世紀に入ってから生まれたキャッチフレーズ。元来はダンスパーティーで会話を切り出す言葉だった。ディスコを除けばダンスパーティーが社会生活の主要な部分ではなくなった今日、クリーシェとしては冗談まじりに使われることの方が多い。たとえば、職業安定所でいつも顔を合わす人に言ったりする。

draw a blank《イディオム》「空くじを引く」

　不成功に終わったり、ちっともはかどらなかったりすること。例 The police thought they had a new lead in the murder hunt but they drew a blank.（殺人事件捜査で新しい手がかりをつかんだかと思いきや、結局何の進展もなかった。）　何も書いていないはずれくじを引いてしまうというイメージ。

draw in one's horns《イディオム》「ツノを引っ込める」

　支出を切りつめること。例 Now that I am working only part time I have to draw in my horns.（もうフルタイムの仕事じゃないんだから、倹約に努めないと。）　以前から広く使われていたが、1980年代末から90年代の不況時に流行（は）り言葉となった。カタツムリが身の危険を感じると、ツノのように突き出た柔らかい部分を殻の中に引っ込

めることから。14世紀あたりから使われ出したが、クリーシェと認識されるようになったのは19世紀から。今なお広く用いられる。

draw the line at《イディオム》「〜で線を引く」

度を過ぎたことをしてしまわぬよう、行動に制限を設けること。[例] The tradesman is not completely honest but he draws the line at breaking the law. (その商人は100%正直とは言い切れないが、法に触れることはしないだけの節度はある。) 19世紀にクリーシェとなり、今も広く用いられる。ゲームなどで陣地に線を引くことから。

dressed to kill《紋切型》「殺すための服装をしている」

最高に人目を引く服を着ていること。[例] The two girls were dressed to kill as they left for the party. (二人の女の子はバッチリ悩殺的なドレスで決めてパーティーに乗り込んだ。) アメリカで19世紀に生まれた表現。敵と一戦交える前に戦士が顔や身体に色彩やかな塗料を塗ったことから来ているという説も。

dribs and drabs《二重句》「少量と少量」

非常に少ないこと。[例] They expected crowds of people at the opening of the store but the customers came in dribs and drabs. (開店には客が殺到すると期待したが、ぽつりぽつりとしか来なかった。) 日常的な状況で用いられる。

drink like a fish《比喩》「魚のように飲む」

比喩として特に適切とも言えないが、年中アルコールを飲み過ぎている人のことをいうお決まりのクリーシェ。[例] You'll find him in the pub every night. He drinks like a fish. (あいつなら毎晩パブにい

るよ。いつも浴びるように飲んでるからね。)　魚はたいてい口を開けているから、しじゅう水を飲んでいる印象を与えるということか。17世紀から使われている。

drive a hard bargain《紋切型》「しっかり値切る」

　できるだけ有利な取引きになるよう押しまくること。　例 We sold the house but the buyers drove a hard bargain and we got less than we hoped. (私たちは家を売ったが、買い手にしぶとく値切られて思ったほどの値はつかなかった。)　drive (駆り立てる) と bargain (取引き) の結びつきはかなり古くからあって、イングランドの詩人サー・フィリップ・シドニーは、『アルカディア』(Sir Philip Sidney, *Arcadia*, 1590) の中で 'There never was a better bargain driven' (これほど得な取引きはかつてなかった) と書いている。

drop dead《流行語》「死ぬほど」

　きわめて、の意。1990年代に生まれた表現。流行を追う若者がよく使う口語。必ずほめ言葉を伴う。　例 Did you see her new boyfriend?　He's drop dead gorgeous. (あの娘の新しいカレシ見た？　超イケてるね。)

drop in the bucket, a《イディオム》「バケツの中の一滴」

　必要な量に較べてほんのわずかということ。　例 Dad's lending me some money but it's a drop in the bucket compared with what I need for a deposit on the house. (親爺がいくらか貸してくれるんだけど、家の頭金に必要な額に較べたら雀の涙さ。)　もっと改まった形に、**a drop in the ocean** (大海の中の一滴) がある。また、ごく古い例で、言い方もやや異なるものが、旧約聖書、イザヤ書 (*Isaiah*) 40章15節に見られる。'Behold, the nations are as a drop of a bucket, and are counted as the small dust of the balance.' (視(み)よもろもろの国民(たみ)は桶のひとしづくのごとく　権衡(はかり)のちりのごとくに思いたまふ。)

drop of a hat, at the《紋切型》「帽子を落としただけで」

　すぐに、さしてせかされたりもせずに、言い訳もせず迅速に、ということ。　例 His ex-wife made him very unhappy but he would have her back at the drop of a hat. (前妻にひどい目に遭わされた彼だが、向こうが少しでもその気を示せば、たちまちよりを戻したことだろう。)

20世紀に入ってからクリーシェとなった。競走のスタートの合図に、かつてよく帽子を振り下ろしたことから。

drown one's sorrows《イディオム》「悲しみを溺れさせる」

20世紀に入ってから生まれた表現。悩みを忘れるために酒を浴びるほど飲むこと。 例 When his marriage was in difficulties he used to go to the pub every night to drown his sorrows. (結婚生活が行き詰まった時期、彼は毎晩パブへ行って酒で悲しみを紛らわせた。)

dry as a bone《比喩》「骨のように乾いている」

極度に乾燥していること。たいていは土についていう。 例 No wonder these plants are dying. The garden is as dry as a bone. (植物がみんな枯れてしまうのも無理はない。庭土がカラカラに干からびているんだから。) 生物の死骸の乾いた骨のイメージ。

dry as dust《比喩》「塵(ちり)のように乾いている」

非常に単調、退屈ということ。 例 We stopped going to the lectures because they were dry as dust. (死ぬほどつまらないので、私たちはその講義へ行くのをやめた。) 18世紀にクリーシェとなり、今もよく用いられる。

ducking and diving《紋切型／二重句》「屈(かが)んで潜って」

曖昧な物言いではぐらかそうとしている人についていう。 例 You'll never get him to give a straight answer. He's one of those politicians who's always ducking and diving. (あの男からはっきりした答えを引き出そうとしても無駄だ。政治家によくいるだろ、いつものらりくらりなのさ。) 20世紀後半にクリーシェとなった。今日では日常的な状況で非常によく用いられる。他人に姿を見られまいといつも身を屈めたり頭を下げたりしている人、という発想。

Dutch courage《紋切型》「オランダ人の勇気」

しらふでは怖くて行動できない時に、酒を飲んで引き出す勇気。 例 We'd better go to the pub. We'll need a bit of Dutch courage if we're going to ask the boss for a rise. (パブに行こう。社長に賃上げを要求しに行くんなら、一杯引っかけて度胸をつけた方がいい。) 起源については二説ある。オランダ人は大酒呑みという定評があったからという説と、ジンを17世紀にイングランドにもたらしたのがオランダ

生まれの英国王ウィリアム3世（William Ⅲ）の家来だったからという説。

dyed-in-the-wool《紋切型》「紡ぐ前に染めた」

　非常にこり固まった意見を持つ人を評して、軽蔑をこめて使う。
例 It was the usual contest between dyed-in-the-wool Tories and dyed-in-the-wool Socialists.（根っからの保守党員と根っからの社会党員の間のお決まりの論争だった。）20世紀にクリーシェになった。かつて dyed-in-the-wool といえば紡ぐ前に染めた織り糸を指したことによる。したがって、dyed-in-the-wool な意見や態度といえば、ごく若いうちに身についたものという含みがある。

E

each and everyone of us 《場つなぎ》「我々誰もがみな」
　19世紀に生まれた表現で、私たちみな、を気取って言ったもの。例 Each and everyone of us must contribute to this worthy cause. (わたくしたち誰もがみな、この意義ある目的に貢献しなくてはなりません。) それなりの強調が加わるといった程度で、意味なくしつこいだけのことも多い。

eager beaver 《紋切型》「はりきりビーバー」
　work like a beaver（ビーバーのように働く）という比喩から。ビーバーは昔から働き者と考えられていて、この表現も、ずば抜けて熱心な人や勤勉な人について用いる。非難がましく使われることも多い。 例 He always wants to go on working when we are ready to go home.　He's such an eager beaver! (私たちがさあ帰ろうと思うと、あの人はいつも仕事を続けたがる。ほんとにはりきり屋なんだから!) クリーシェになったのは20世紀。

eager for the fray《引用》「闘いを待つばかり」

コリー・シバー (Colley Cibber) 編によるシェークスピア『リチャード三世』(*Richard III*, 1592) 5幕3場の 'My Soul's in Arms and eager for the Fray' (わが魂はすでに武装し、闘いを待つばかり) というフレーズから。すっかり戦う気になっている状態を指し、クリーシェとしては、難題が待ち受けていようとも早く先へ進みたいという気持ちを表わす。 例 At the start of every new term one of their teaching colleagues always says, 'Well, are you eager for the fray?'(新学期が始まるたびに、教師仲間の誰かが必ず「さて君たち、いざ闘いの準備はよろしいか?」と言う。) 19世紀にできたクリーシェで、今日でも使われるが、皮肉っぽく用いられることもしばしば。さらに一般的な別形として **ready for the fray** がある。

eagle eye《紋切型》「ワシの目」

他の猛禽類同様、ワシがとても鋭い目をしていることを踏まえた比喩で、鋭い観察眼の意。19世紀中頃にクリーシェとなった。 例 The pupil smuggled her friend a note but she was spotted by the eagle eye of the headmistress. (女生徒は友達にこっそりメモを渡したが、校長先生の鋭い目は見逃さなかった。) 警戒という行為一般を表わすことも。 例 The crime rate is quite low here. The area is under the eagle eye of Chief Superintendent Robinson. (この地区は犯罪率が非常に低い。ロビンソン警視正がにらみをきかせているおかげだ。)

early bird catches the worm, the《ことわざ》「早起き鳥は虫をつかまえる」

早く到着することを推める、あるいは正当化する表現。 例 Get there when the jumble sale opens if you want the best bargains. The early bird catches the worm. (バザーで掘り出し物を見つけたければ、開始時刻に着くようにしなさい。早起きは三文の得だよ。) 一部のみを使うことも多い。 例 I thought I would be first to arrive. You are an early bird. (私が一番乗りだと思ってたのに。あなた早起き鳥ねえ。) 17世紀初めに生まれたことわざ。

early days, it's《紋切型》「時期尚早」

20世紀に生まれた表現で、結果や結論を出すには早すぎるとい

うこと。 例 The patient doesn't seem to be responding to treatment but it's early days. (治療の効果はまだ現われていないようだが、判断を下すにはまだ早い。) 何かがはかどらないことの言い訳によく使われる。

early to bed and early to rise (makes a man healthy, wealthy and wise)《ことわざ》「早寝早起き(は人を健康で裕福で賢明にする)」

前半だけ使うのが一般的。 例 I want to be in bed before midnight. You know what they say about early to bed, early to rise. (12時前には床につきたいですね。ほら、早寝早起きは何とやらって言うでしょ。) かなり気取った文章で使われるか、あるいは冗談ぽく口にされる場合が大半。

earnest consideration《紋切型》「前向きな対処」

ビジネスのクリーシェとしてよく用いられる。19世紀末に生まれ、今日では主に改まった状況で使われる。 例 We are in receipt of your complaint and will give the matter our earnest consideration. (そちら様の御苦情は確かに承っておりまして、わたくしどもといたしましても、その件に関しまして前向きに対処させていただく所存でございます。) ほとんど意味のない言葉。前向きに対処するなどといっても、たぶんどうせ他の件と同じおざなりの扱いで、一応こう言って相手をなだめているだけの話であろう。

earnest desire《紋切型》「切なる願い」

何かをぜひしたいと格別に望んでいるということ。が、何か良いことをしようという気持ちを誇張するために使われることも多い。下手をすると、実はそんなことをする気はまるでないのに、あると言っておいた方が得だから、口先だけそう言っておくこともある。 例 The barrister said that his client expressed an earnest desire to lead an honest life in the future. (依頼人は今後まっとうな人生を送りたいと切に願っております、と弁護士は言った。)

earth moved, the《キャッチフレーズ》「大地が動いた」

20世紀に生まれた表現。**Did the earth move for you?** という疑問形で用いられることが多い。性的快感の強さを表わし、喜劇な

どでユーモアを交えて使われることが多い。'Did thee feel the earth move?'（大地が動いたのを感じたかい?）という表現が、アメリカの小説家ヘミングウェイの『誰(た)が為に鐘は鳴る』(Ernest Hemingway, *For Whom the Bell Tolls*, 1940) の中で使われた。

ear to the ground, an 《イディオム》「地につけた耳」

情報収集能力についていう。19世紀末にできた表現で、たいてい **keep one's ear to the ground** といった形で使われ、周りで何が起こっているのか、しっかり情報が入ってくるよう努めるということ。 例 I hear that there are going to be some changes in the company. Keep your ear to the ground. (社内で何か異動があるようだ。今後の動きに目を光らせているといい。) アメリカ・インディアンが地面に耳をつけ、馬が駆けてくる音など遠くの音を聞き取ると言われたことから。

easier said than done 《紋切型》「するよりも言う方が簡単」

何かをすることについて口にする方が実行するより簡単だ、というわかりきった事実を指摘するフレーズ。 例 'If you aren't happy in your job,' she said, 'you should look for another one.' 'Given the high rate of unemployment, that's easier said than done,' he replied. (「今の仕事に不満なんだったら別の仕事を探すべきよ」と彼女は言った。「この失業率じゃ、それって言うは易し、行なうは難しだぜ」と彼は答えた。) 15世紀に生まれた表現で、今もクリーシェとして広く使われる。

easy come, easy go 《紋切型》「楽に得たものは失いやすい」

努力なしで得られたもの(たいていお金)はそれゆえ無頓着に使われてあっという間になくなってしまう、ということ。 例 He won £300 on a horse and lost it at cards. Easy come, easy go. (彼は競馬で300ポンド儲けたが、ポーカーでそっくり持っていかれた。悪銭身につかず、だよ。) 例 She has had three husbands in the course of seven years. Easy come, easy go. (彼女は7年で2度も亭主を替えた。得やすいものは失いやすいってわけか。) 発想自体はきわめて古いが、今のような形のクリーシェになったのは19世紀。日常的な状況で用いられる。

easy, easy《紋切型》「簡単、簡単」

勝利を祈るスローガンがクリーシェ化したという珍しいケース。サッカーのサポーターたちが叫ぶスローガンとしておなじみ。クリーシェとしてはもっと広い範囲で使われており、たとえば政治など、競争・勝負の要素を含む分野で用いられる。 例 We've got the best candidate. It will be easy, easy. (わが党は最高の候補者を得ています。楽勝の一言でしょう。) スローガンとしてもクリーシェとしても、ともに20世紀に入ってから聞かれるようになった。どちらの場合も残念ながら期待通りに行くとは限らず、単に虚勢を張っただけに終わることも少なくない。

eat, drink and be merry, for tomorrow we die《間接的引用》「飲み、食べ、愉快にやろう、明日は死ぬわが身だから」

旧約聖書、イザヤ書 (*Isaiah*) 22章13節から。'Let us eat and drink; for to morrow we shall die.' (我儕(われら)くらひ且(かつ)のむべし明日(あす)はしぬべければなりと。) 『ブリュアー英語故事・来歴成語辞典』(*Brewer's Dictionary of Phrase and Fable*) の解説によれば、元はエジプト人が使ったことわざで、彼らは宴会の席に骸骨を置き、客たちに人生の短さを思い起こさせたという。現代のクリーシェとしては、嫌な出来事が差し迫るなか、その直前に楽しい事態が生じた際に景気づけの言葉としてふっと漏らされるのが普通。 例 Last night out before the final exams, lads! Eat drink and be merry, for tomorrow we die! (みんな、期末試験を前にして出かけられるのは今夜が最後だ! 飲み、食べ、愉快にやろう、我ら明日をも知れぬ身だ!)

eat humble pie《イディオム》「臓物パイを食べる」

19世紀末にクリーシェとなった。自分に完全に非があることを屈辱的な形で認めること。 例 She was so adamant that she was right and then she had to eat humble pie in front of everyone when she was proved wrong. (自分が正しいと頑固に言い張っていたものだから、間違っていると判明すると、彼女はみんなの前で詫びねばならず、とんだ赤恥だった。) humble pie は 'umble pie' がくだけた形で、これは鹿の臓物 (umble) から作った料理。主(あるじ)や客人が肉の良いところを食べた残り物として、使用人たちに与えられた。

eat like a horse《比喩》「馬のように食べる」

18世紀に生まれた表現。大飯食らいの人を指していう。 例 He must be ill, eating so little.　He usually eats like a horse.（あれしか食べないなんてきっと病気だ。いつもは馬みたいにバクバク食う奴なんだから。）　食べすぎを否定的にいうのに使うのが普通。逆の表現は **eat like a bird** で、こちらは20世紀に入ってから。

eat one's hat《紋切型》「帽子を食べる」

何かが起こらないと確信している時に使う。 例 I'll eat my hat if he gets here in time.（彼が遅れずに来たら、首をやってもいいよ。）　初出はチャールズ・ディケンズ『ピクウィック・ペイパーズ』(Charles Dickens, *Pickwick Papers*, 1836)。'Well, if I knew as little of life as that, I'd eat my hat and swallow the buckle whole.'（もし私が人生についてそれしか知らないんだったら、帽子を食べて、ベルトの留め金だってまるごと飲み込んでやる。）

eat someone out of house and home 《紋切型》「家も家庭も食いつぶす」

誰かがあまりにもたくさん食べるため、家の主(あるじ)など食べ物の提供者が食費を払いきれなくなること。 例 Her children always ask their friends home for meals and they are eating her out of house and home. (彼女の子供たちは友達を食事に誘ってしょっちゅう家に連れてくるので、家計は相当圧迫されている。) シェークスピア『ヘンリー四世』2巻 (*Henry IV*, Part 2, 1597) 2幕1場で、女将(おかみ)クイックリー (Mistress Quickly) がフォールスタフ (Falstaff) について口にする科白。'He hath eaten me out of house and home.' (あたしの家も家庭も食いつぶしちまって。) 冗談で使われることも多い。

eat your heart out! 《キャッチフレーズ》「自分の心を食べちまえ!」

現在では、これまでは他人に妬(ねた)まれる立場にはなかった人物が、ようやくそうなったことを表わす。 例 Now that he has a beautiful girlfriend of his own he can say 'Eat your heart out!' to all those Romeos who used to tease him for being womanless. (今や彼にも素敵なガールフレンドができて、これでやっと、彼女がいないと言って馬鹿にしてきた伊達男連中に「ざまあみろ!」と言ってやれる。) 以前はショービジネスの世界でよく使われ、何かを立派に成し遂げた人物が、その道の有名人に対して用いた。たとえば無名の歌手が、 例 Frank Sinatra, eat your heart out! (フランク・シナトラ、覚悟しろよ!) と言ったりした。慣用句 **eat one's heart out** は、ひどく心配したり切望したりするあまり、みずからの心を食いつくしているような状態に陥ること。 例 Ever since her fiancé went to war she's been eating her heart out for him. (婚約者が出征してからというもの、彼女は心配のあまりすっかりやつれてしまった。)

economical with the truth 《婉曲》「真実を節約して」

嘘をつくこと、あるいは完全に正直ではないこと。 例 He hesitated to be absolutely forthright and call his boss a liar, but he certainly suggested that she was being economical with the truth. (上司をあからさまに嘘つき呼ばわりすることはためらったが、彼女が真実を十分に話していないことは明らかにほのめかした。) 1980年代の中頃、

英閣内相サー・ロバート・アームストロング (Sir Robert Armstrong) がニューサウスウェールズ (New South Wales) の最高裁判所で、ピーター・ライト著『スパイキャッチャー』(Peter Wright, *Spycatcher*, 1987) の出版差し止めを図るイギリス政府を代表した際にこの言葉を用いてから、よく使われるようになった。以来、役人や政治家がすべてを明らかにしようとしない姿勢を象徴する表現となった。しかし実は、この表現を初めて使ったのはアームストロングでも役人でもない。アメリカの小説家マーク・トウェイン (Mark Twain, 1835-1910) は次のように言ったとされる。'Truth is a valuable commodity, we need to be economical with it.'（真実とは貴重な品であり、節約して使わねばならない。）また、イギリスの政治家エドマンド・バーク (Edmund Burke, 1729-97) はこう述べたと言われる。'We practice economy of truth, that we may live to tell it longer.'（真実を語る人生をより長く送れるよう、我々は真実の節約を心がける。）

egg on one's face, have/be left with《イディオム》「顔に卵をくっつけたまま」

ひどく間が抜けて見えること。20世紀末にイギリスでよく使われるようになった。 例 Our neighbour is always telling us about how efficient and organized she is, but she was left with egg on her face when her car ran out of petrol just after she left home. （お隣の女性は、自分のことをすごくまめで几帳面な人間だといつも言っているけど、車で家を出たとたんガス欠になるようでは面目丸つぶれだ。） このクリーシェには二つの起源が考えられる。一つは誰でも思いつくように、食べている間に顔についた卵のかすを拭(ぬぐ)い忘れた人を指しているという説。もう一つは、役者や講演者に不満を感じた聴衆たちが投げつけた生卵を指すという説。

elbow grease《紋切型》「肘(ひじ)の油」

肉体的に力が要ることについて使う。 例 You don't need an expensive polish to bring a shine to that table. You just need elbow grease. （そのテーブルをピカピカにするのに高価な磨き粉は要らない。とにかく力を使えばいいんだ。） 17世紀までさかのぼる古いフレーズが

元になっているが、今もよく使われる。

elementary, my dear Watson 《紋切型》「初歩的なことだよ、ワトソン君」

アーサー・コナン・ドイル (Arthur Conan Doyle) の探偵小説に登場する、シャーロック・ホームズ (Sherlock Holmes) の友人で助力者のワトソン医師に言及した言葉で、きわめて単純で明白だという意味。実はコナン・ドイル自身はこの表現を使っていないが、ドイルの息子のエイドリアン (Adrian) が書いた続編「赤い寡婦の事件」('The Adventure of the Red Widow') の中で使われており、映画版やテレビドラマ版でもよく使われる。クリーシェとしては、たいていは冗談ぽく使われる。 例 Of course I found out the name of her new boyfriend. It was elementary, my dear Watson. (彼女の新しい恋人の名前？ もちろんわかったさ。初歩的なことだよ、ワトソン君。)

elephant never forgets, the 《ことわざ》「象は絶対忘れない」

非常に記憶力が良く、何かを忘れそうもないということ。 例 Don't expect the headmistress to forget about your punishment exercise. The elephant never forgets. (校長先生が懲罰の宿題を忘れてくれればなんて思うなよ。記憶力抜群なんだから。) たいていは楽天的に、もしくはふざけた感じで使われる。象の記憶力を推し量るのは困難だが、象は飼育係や自分に親切にしてくれた人をずっと覚えているとされており、そこから生まれた表現と思われる。

eleventh hour, the 《紋切型》「11 時間目」

　まだなんとか間に合う、ぎりぎりの時間のこと。　例 When the band called off we thought that we would have to cancel the dance, but we found a replacement at the eleventh hour. (そのバンドが断ってきた時にはダンスパーティーは中止するしかないかと思ったが、土壇場になって代わりのバンドが見つかった。)　新約聖書、マタイ伝 (*Matthew*) 20 章 9 節に見られる労働者たちの寓話を踏まえているという説がある。'And when they came that were hired about the eleventh hour, they received every man a penny.' (かくて五時ごろに雇はれしもの来(きた)りて、おのおの一デナリを受く)——すなわち、12 時間労働の 11 時間目になって雇われた労働者たちが、まるまる 12 時間働いた者たちと同じ賃金を手にしたという話。もしこれが起源だとすれば間接的引用と見るべきだが、クリーシェ研究の先駆パートリッジ (Eric Partridge) はこれを否定する。たしかに、使われている言葉が共通している以外、聖書との明確な関連は見出せない。

embarras de richesses /ɑ̃bara də riʃɛs/ 《外来語》「あり余る豊かさ」

　'embarrassment of riches' (あまりの量の富) の意のフランス語。何かが過剰に豊かなこと。改まった状況で用いられる。　例 It was felt by the people that for the king to have ten palaces was an embarras de richesses. (王が十もの宮殿を所有しているというのは、贅沢が過ぎると民衆には感じられた。)　あるいは、教養をひけらかそうとして気取って使ったりする。また、改まったフレーズの常として、ふざけて使われることも多い。　例 We knew they wanted children but six seems to be an embarras de richesses. (あの人たちが子供を欲しがっていたのは知ってたけど、6 人ていうのはちょっと多すぎるんじゃないかしら。)　英語に訳された形で使われることも。　例 I do not mind the odd visitor but five is an embarrassment of riches. (不意の来客は嫌ではないが、5 人は多すぎる。)

empty nest 《紋切型》「空っぽの巣」

　20 世紀に生まれた表現。子供たちがみんな家を離れ、母親のみ、または両親二人だけが寂しく残っている世帯のこと。**the empty**

nest syndrome という形でよく用いられる。　例 She should get a job to get her out of the house. She's depressed because she's suffering from the empty nest syndrome. (彼女は仕事を見つけて外に出るべきだ。空(から)の巣症候群で参っているから。)　元はひながすべて巣立ったあとの鳥の巣のことをいった。

end of an era, the 《紋切型》「一つの時代の終わり」

　ある局面や段階の終わり。何か重大なことが終わったという印象を与える。　例 When the last steam train was taken out of regular service it was the end of an era. (最後の蒸気機関車が正規運行から外され、一つの時代が終わった。)　実際にはかなり些細なことについて使う場合も少なくない。　例 It was the end of an era when they left the street. (彼らが街を去ったとき、一つの時代が終わりを告げた。)　19世紀末に生まれた表現で、今日もマスコミ、政治家、公の場でスピーチをする人などが多用する。

end of one's tether, the 《イディオム》「つなぎ縄ぎりぎりまで行って」

　耐えられる限界や、これ以上は打つ手がない状態をいう。　例 I am worried that she may have a nervous breakdown. She is at the end of her tether looking after the children and her elderly parents. (彼女の神経が参ってしまうのではないかと心配だ。子供たちと年老いた両親の世話で、もう限界に来ているんだ。)　19世紀にクリーシェとなった。動物をつなぐ鎖や縄から生まれた表現で、それらが伸びる範囲で動物が動いて草を食べたことに基づく。このクリーシェの示す状況同様、クリーシェ自体も今日なお頻繁にお目にかかる。

end of the road, the 《イディオム》「旅路の果て」

　仕事、キャリア、人生などの終わりのこと。　例 The recession was the end of the road for a lot of small businesses. (不況で多くの中小企業は廃業に追い込まれた。)　起源は読んで字のごとく、道の行き止まり、旅の終わり。

ends of the earth, the 《間接的引用》「地の果て」

　世界の最果て。旧約聖書、詩篇 (*Psalms*) 第98篇3節から。'All the ends of the earth have seen the salvation of our God.' (地の極(はて))

もことごとくわが神のすくひを見たり。)地球が平らだと考えられていた頃は、大地にも「果て」があると言えた。クリーシェになったのは19世紀末で、最近では強調のための誇張表現として用いることも多い。 例 He would go to the ends of the earth to find something that would make her happy. (彼女が喜んでくれるものを探し出すためなら、あいつは地の果てまでも行くだろう。)

enfant terrible /ãfã tɛribl/ 《外来語》「恐るべき子供」

'terrible child' の意のフランス語。新しくて型破りな発想や、驚くような考えを持っていて、その振る舞い、発言、態度などによって年輩者や保守的な人たちをまごつかせる人物のことで、多くの場合若者を指す。 例 The managing director is now captain of the golf club and an elder of the church but I remember him when he was the enfant terrible of the firm and shocked all the older employees. (社長は今でこそゴルフクラブの代表と教会の長老を務めておられるが、若い頃は社でもそれは型破りな方で、先輩たちの度肝を抜いたものだよ。) この言い回しにぴったりあてはまる英語の表現がなかなか見つからないこともあって、フランス語のまま大変広く使われる。

English as she is spoke 《紋切型》「ワタシハナシマス英語」

わざと文法的に間違った形をとっており、英語をあまり流暢に話せない人や、文法的に間違っている人の言い方を真似たもの。無教養なネイティブ・スピーカーを指すこともあれば、英語を外国語として話す人についていう場合もある。イギリス人の外国語下手はつとに有名だが、にもかかわらず、外国人の話す英語を嘲笑するのを彼らはいっこうにやめようとしない。 例 Oxford Street is full of tourists. Talk about English as she is spoke. (オックスフォード通りは観光客で一杯だ。まったく奴らのワタシハナシマス英語ときたら。)

English disease, the 《キャッチフレーズ》「英国病」

労働組合が大きな力を持っていた1960年代から70年代初めのイギリスでよく行なわれた産業ストライキのこと。他の社会問題、たとえば階級間衝突や不景気などをいう時にも用いられる。さらには、気管支炎や梅毒などの肉体的な病気、あるいは鞭打ちなど、SM的な性行為を意味することも。現在は労働争議を指して使われ

るのが普通だが、この言い回しが指す現象そのものが盛んでなくなってきたのに伴い、以前ほど使われなくなってきた。

enjoy! 《流行語》「さあどうぞ!」

　20世紀にできた表現。元々は人に試食を勧めたり、食事を楽しんでもらおうという時に用いられた。 例 Mum has cooked us one of her special casseroles. Enjoy! (ママがお得意のキャセロールを作ってくれたんだ。食べてごらん!) その後、本などを勧める時にも使われるようになった。元来はイディッシュ語にあった表現で、アメリカからイギリスへ渡ってきた。

enough is enough 《紋切型》「たくさんはたくさん」

　もういい加減終わりにすべき頃だということ。 例 'All right children,' said the teacher, 'enough is enough. You've all had a good laugh and now it's time to get back to work.' (「さあみなさん」先生は言った。「もういいでしょ。さんざん笑ったし、勉強に戻る時間よ。」) もうこれ以上許容できない、という厳しい警告として多用される。ジョン・ヘイウッド (John Heywood) のことわざ集 (1546) に見られる表現。

enough said 《紋切型》「十分言った」

　ある話題について、もうそれ以上話す必要がないということ。少なくとも事情に通じている人には、その先はもはや自明で、容易に予測できるという含み。 例 I saw him coming out of her flat this morning. Enough said! (今朝あの男が彼女のアパートから出てくるのを見たよ。あとは言うまでもない!) ガートルード・スタインに「もう十分」(Gertrude Stein, 'Enough Said', 1935) という、このフレーズをただ5回繰り返しただけの詩がある。ユーモラスに縮めた形として **nuff said** があり、コミックや一コマ漫画に使われる。

envy of the world, the 《紋切型》「世界の羨望の的」

　ある国の社会の一面が、きわめて高い水準にあると思われていること。イギリスのさまざまな生活状況を指して使われることがよくあるが、いささか眉唾ものだったり、単なる願望表現だったりすることも多い。 例 I can safely say that our education system is the envy of the world. (わが国の教育制度は世界の羨望の的だと言って差し支

えありますまい。) クリーシェになったのは 20 世紀に入ってから。今日では、主にマスコミや時代錯誤の楽天家たちが用いる。

'er indoors《キャッチフレーズ》「家内」

妻のこと。'er は her. いつも家の中にいるように見えてあまり目立たない妻という存在が、実はかなりの影響力を持っているという含み。1979 年に始まったテレビドラマ『マインダー』(*Minder*) で有名になった。ジョージ・コール (George Cole) の演じる主人公アーサー・デイリー (Arthur Daley) が、自分の妻をこのように呼んだ。⇨ one's BETTER HALF

err on the side of《紋切型》「あえて~に失しておく」

反対の、さらに重大なあやまちだけは避けようと、一見間違いと思える方向をあえて選びとること。 例 They decided to err on the side of caution and not buy a house when the market was so uncertain. (何しろ市場が不安定だから、慎重に慎重を重ねて、家の購入は見送った。)

esprit de corps /esprí: də kɔ́:/《外来語》「団結心」

'team spirit' の意のフランス語。ある団体における一致団結の心や、共通の目的意識のこと。文学的な、あるいは改まった文章で、team spirit という言葉より響きが良いという理由で使われる。 例 In his retirement speech the chairman spoke of the esprit de corps that had always existed among his board members. (会長は退任スピーチにおいて、役員の間に常にあった一致団結の心意気について語った。) 英語圏でもかなり古くから使われている。ジェーン・オースティンも『マンスフィールド・パーク』(Jane Austen, *Mansfield Park*, 1814) でこの表現を使っているが、ただし esprit du corps と誤記している。

eternal triangle, the《イディオム》「永遠の三角形」

男女の三角関係のこと。3 人がみなその関係に気づいていることもあれば、1 人しか気づいていないこともある。すでに結婚しているか、決まった相手がいるかする友人が別の人間と恋愛していることを知った時などによく使う。 例 Ah, a case of the eternal triangle. (あ、三角関係ね。) 気取った感じに、あるいは皮肉っぽく用いられる。1907 年、『ロンドン・デイリー・クロニクル』(*The London Daily Chronicle*) の書評欄で初めて使われた造語で、今も大変広

く使われている。

et tu Brute /et túː brúːtei/ 《引用》「ブルータス、お前もか」
　'and you Brutus' の意のラテン語。シェークスピア『ジュリアス・シーザー』(*Julius Caesar*, 1599) からの引用で、暗殺者の仲間に友人ブルータスが入っていることに気づいてシーザーが言った言葉。クリーシェとしては、何らかの反逆的行為によって期待を裏切った友人を指していう。たとえば、閣僚が首相の不信任案に揃って賛成した場合、その首相が、特に自分に忠実だと思っていた閣僚に向かって 'Et tu Brute!' と言ったりする。今日ではふざけて使うことも。

eureka! /juəríːkə/ 《引用》「わかったぞ！」
　'I have found it' の意のギリシャ語。何かを発見したり、何かがわかった時の喜びの表現。　例 Eureka!　I've just discovered how to work the video machine. (ユリイカ！　やっとビデオの使い方がわかったぞ。)　今日ではふざけて使われることも多い。アルキメデス (Archimedes) が最初に使ったとされる感嘆表現で、湯を一杯に張った浴槽に体を沈めると同体積の水があふれることに気づいた時に言ったという。

even his/her etc best friends won't tell him/her etc. 《キャッチフレーズ》「親友でさえ言ってくれない」
　元々、不快な体臭やひどい口臭など、身体の清潔さに関して使った。今日では、周りの人は気づいているにもかかわらず、やはり本人にはなかなか言えない欠点や癖についても使われる。清潔用品に関する広告から生まれたと思われる。

every cloud has a silver lining 《イディオム》「どんな雲にも銀色の裏地がついている」
　たとえ最悪の状況でも、それを埋め合わせるような良い面があるということ。　例 At least now you don't have a job you'll have more time to spend with your family.　Every cloud has a silver lining. (仕事がなくなって、とにかく家族と過ごす時間はできるじゃないか。人間万事塞翁(さいおう)が馬さ。)　言われた方としては苛つくばかりで、何てつまらないことを言う奴だと思わずにはいられない。20世紀初めにク

リーシェとなった。1930年代、ノエル・カワード (Noel Coward) は自作の曲の中でこれをひっくり返し、every silver lining has a cloud (どんな銀色の裏地にも雲はある) と歌った。

every dog has/will have his day《ことわざ》「どんな犬にも晴れの日がある」

　誰にでも、人生のある段階において、成功や幸せを手にする時期があるということ。辛い目に遭っている人を慰めたり、楽観を吹き込もうとしたりする時に用いる。　例 It's too bad you didn't get that job, but I'm sure you'll get one soon. Every dog has his day. (あの仕事が決まらなくて残念だけど、きっとじき何か出てくるさ。誰だっていずれ運が巡ってくるものだよ。)　一部だけで用いることもある。　例 He's going through a bad patch just now, but you know what they say about every dog. (あいつも今は憂き目を見ているが、どんな犬にもって言うからね。)　言われる方はうるさいと思ったり、時には見下されている気がしたりすることも少なくない。

every effort is being made《紋切型》「あらゆる手を尽くしております」

　20世紀に生まれた表現。ろくに対策がなされていないのではと疑っている人々や、努力の成果がほとんど見えない気がしている人々をなだめるのに使う。公式見解などの中で使われる。　例 A police spokesman said that every effort is being made to trace anyone who may have witnessed the attack. (警察庁のスポークスマンは、暴行を目撃した可能性のある人物を探し出すべく八方手を尽くしていると語った。)

every inch a/the《紋切型》「一インチたがわず」

　何かの完璧な見本・典型であること。　例 She would not swear. She is every inch a lady. (あの人は汚い言葉を口にしたりしないよ。頭のてっぺんからつま先までレディだから。)　ほめ言葉の中に見られることが多く、年輩でしきたりを重んじる、このフレーズと並んでよく出てくるもろもろの特質 (この例でいえば「レディ」) を尊ぶ人たちが使う。**every other inch** という形もあるが、こちらは、誰かが何かの完璧な見本になっていない、およそ何かの好例とは言いがたい、

といった場合に使う。女優ビアトリス・リリーの自伝のタイトルは『完璧じゃないレディ』(Beatrice Lillie, *Every Other Inch a Lady*, 1973)。

every little helps《ことわざ》「どんなわずかなものも助けになる」

全体とは往々にして多くの部分の集まりなのだから、募金、目標、課題などにはわずかな貢献でも価値があるということ。チャリティ募金を集めている人たちが、少額の寄付も歓迎する意を表してよく口にする。この手の決まり文句の常として、あまりに紋切型化しているせいで、言われた方は苛立つばかりという可能性も大。古いことわざが元になっている。'"Everything helps," quoth the wren, when she pissed in the sea.'(「尿(ゆばり)もたまれば大洋に」と海に小便をしたミソサザイが言いました。)

every man jack《紋切型》「誰も彼も」

一人残らず全員ということ。 例 I shall see to it that the boys are punished, every man jack of them. (私が責任を持って、あの子たち全員を処罰させます。) ディケンズの小説『バーナビー・ラッジ』(Charles Dickens, *Barnaby Rudge*, 1841) で使われ、19世紀末にクリーシェとなった。

every other inch ⇨ EVERY INCH A/THE

everything but the kitchen sink《紋切型》「台所の流し以外すべて」

大量の荷物を指して使われる。 例 When we go on motoring holidays we seem to take everything but the kitchen sink. (自動車で旅行に出かけると、とかく何でもかんでも持っていこうとしがちだ。) 荷物の大半は不要・不適当だという含み。20世紀に入って生まれ、よく使われるようになったのは第二次大戦中。

everything in the garden's lovely《キャッチフレーズ》「庭の何もかもが素敵」

すべてが順調で、これ以上良くなりようがないこと。 例 Their marriage hit a bad patch last year but now everything in the garden's lovely. (彼らの結婚生活は去年はひどかったが、今は順風満帆だ。) 1922年没のミュージック・ホール歌手マリー・ロイド (Marie Lloyd) の

ヒット曲 (1898) のタイトルから。時に、郊外住宅の手入れの行き届いた庭を思わせるような、自己満足に浸った味気ない生き方だというニュアンスがある。

everything you always wanted to know about (something) but were afraid to ask 《引用》「いつも知りたくてもなかなか聞けなかった〜のすべて」

今はキャッチフレーズ化している。デイヴィッド・ルーベンの『いつも知りたくてもなかなか聞けなかったセックスについてのすべて』(David Reuben, *Everything You Always Wanted to Know about Sex But Were Afraid to Ask*, 1970) から。広く知られるようになったのは、ウッディ・アレン (Woody Allen) がこれを 1972 年公開の映画のタイトルに使ってから (邦題『ウッディ・アレンの誰でも知りたがっているくせにちょっと聞きにくい SEX のすべてについて教えましょう』)。同じような題の書物がいくつも出ており、また日常会話においては、大量の資料や情報を指すことが多い。 例 There you are! A whole section on photography. All you ever wanted to know about cameras but were afraid to ask! (さあどうぞ! まるまる写真のセクションです。これまで恥ずかしくてなかなか聞けなかったカメラのすべてがわかりますよ!) 否定形で、退屈な情報が多すぎることをユーモラスに示す場合もある。 例 I thought the speaker would never shut up. Her talk was everything you never wanted to know about feminism and were afraid to ask. (あの講演、永久に終わらないんじゃないかと思ったよ。あれってまるっきり、フェミニズムについていつも知りたくもなくて聞かなかったすべてっていう感じだ。)

explore every avenue 《紋切型》「すべての道を探索する」

最良の方法を見出そうと、きわめて丹念かつ徹底的に調べること。一応やっているとは言っているが、実のところほとんど何もやっていないことをいかにも持って回った言い方で言っていると受け取られるのが普通。苦情の手紙に対する型通りの返事や、政治家や役人の公約の中によく見受ける。 例 You may be assured that we shall explore every avenue to find a plan for the town centre that is acceptable to everyone.（すべての方にご満足いただけるようなタウンセンターを作るため、あらゆる可能性を徹底的に検討することをお約束いたします。）

express our appreciation《紋切型》「賞讃の意を表わす」

講演者や演奏者に拍手喝采を送ること、または、何か貢献を果たした人物への財政援助に加わること。改まった表現であり、気取った感じに聞こえることもしばしば。**express our appreciation in the usual way** という長い形でもよく使われる。　例 Now ladies and gentlemen, after that excellent talk, I am sure that you will wish to express your appreciation in the usual way by putting your hands together.（さてみなさん、この素晴らしい講演をお聞きになられた今、盛大な拍手で賞讃のお気持ちを表わしていただけることと思います。）

Every Dog Has His Day

F

face that launched a thousand ships, the 《間接的引用》「千もの船を出帆させた顔」

その美しさゆえにギリシア艦隊をトロイへ向かわせることになった、トロイのヘレネー (Helen of Troy) の物語に由来する。トロイ王の息子パリス (Paris) にさらわれたヘレネーを奪還すべく、ヘレネーの夫でスパルタ王のメネラーオス (Menelaus) は艦隊をトロイへ向けて出港させ、こうしてトロイ攻囲が始まった。このフレーズ自体は、クリストファー・マーロウの戯曲『フォースタス博士』(Christopher Marlowe, *The Tragical History of Doctor Faustus*, c. 1588) からの引用。現代では、非常に美しいものではなく、非常に醜いものを意味するクリーシェとして使われることが多い。 例 He's very handsome but have you seen his wife? Talk about the face that launched a thousand ships! (彼はすごくハンサムだけど、奥さん見たことある？ まさに絶世の醜女ってところよ。)

face the facts 《紋切型》「事実を直視する」

事実を頭の隅に追いやったり非現実的な見方をしたりするのではなく、潔く受け止め、対処するということ。 例 I know you think that a baby won't change your lifestyle, but you have to face the facts. Someone will have to look after it. (赤ちゃんで生活が変わりはしないとあなたは思ってるみたいだけど、現実を直視しなきゃ駄目よ。誰かが世話をしなくちゃならないんだから。) 類似表現に FACE THE MUSIC (⇨) がある。

face the music 《イディオム》「音楽に向かいあう」

困難な状況に堂々と潔く立ち向かうこと。また、自分の行動の結

果を敢然と受け入れること。 例 The boys played truant yesterday and had fun at the seaside. Now they'll have to face the music in the headmaster's study. (少年たちは昨日学校をサボって海辺で遊んでいた。だから、これから校長室でその報いを受けなくてはならない。) 起源については意見が分かれており、少なくとも3つの説がある。まず、オペラやミュージカルで歌手がオーケストラに顔を向ける必要があることから来たとする説。そして、舞台俳優が観衆のみならずオーケストラピットの楽団員にも向かいあうことに由来するという説。が、罰を受けるという要素を考えると、兵士が罰として除隊される際、太鼓を鳴らしたり、軍楽隊が放逐曲 (The Rogue's March) を演奏したりした習慣から来ているという説が最も妥当に思える。

fact of the matter, the 《場つなぎ》「ことの事実」
事実・真実ということを不必要に長く述べただけの表現。 例 I am sorry to pull out of the trip at the last minute, but the fact of the matter is that I simply can't afford the fare. (土壇場になって旅行を断ってごめんなさい。でも事実としてとにかく旅費が払えないの。)

factor 《流行語》「要素」
1980年代にイギリスで多用されるようになった。ある問題、出来事などに影響を与えるもののこと。たとえば Falklands factor とは、フォークランド紛争が当時の政府の人気に与えた影響を指す。さまざまな状況で使われ、特にマスコミが多用する。最近の例としては the FEEL-GOOD FACTOR (⇨) がある。

fair and square 《二重句》「公平でまっとうな」
square は fair と同じ意味。17世紀初めにすでに使われており、現在でも広く用いられる。 例 I am sorry that I lost the election but I was beaten fair and square by an excellent candidate. (落選は悔しいが、優れた候補者と公明正大に戦って敗れたのだから仕方ない。)

fair game 《イディオム》「格好の獲物」
攻撃や批判、嘲笑を浴びせて構わないと思える物や人。 例 The film star objects to intrusions into her private life, but journalists regard everybody famous as being fair game in their investigations. (その映画スターは私生活に立ち入られることに抗議しているが、記者連中に

言わせれば有名人なら誰でも追いかけ回されて当然なのだ。)

fair sex, the 《紋切型》「麗しい性」

女性のこと。古臭い表現だが、特に年輩の男性によっていまだに使われる。女性で重要なのは外見だけだという含みを持ち、見下したような印象を与えるので、反感を感じる女性も多い。 例 The fair sex, bless them. Where would we be without them? (麗しき性に神のご加護あれ。彼女たちがいなかったら、我々はどうなってしまうだろう?)

fair-weather friend 《紋切型》「晴天の友」

状況がよい時にはつき合うが、悪くなるといなくなってしまう人。 例 Jane always seemed very popular but when she was dismissed very few of her colleagues stood by her. They were just fair-weather friends. (ジェーンは誰にも好かれているように見えたが、クビになったら味方してくれた同僚はわずかしかいなかった。みんなうわべだけの友だったのだ。)

fait accompli /fɛtakɔ̃pli/ 《外来語》「既成事実」

'accomplished fact' の意のフランス語。すでに実行されてしまったことをいう。 例 They would have tried to stop their daughter's marriage but it was a fait accompli by the time they found out about it. (わかっていたら娘の結婚を止めようとしただろうが、彼らが知ったときにはもう手遅れだった。) 主として改まった状況に限られるが、同様の意味で使える一般的な英語のフレーズがないこともあり、よく使われる。

fall between two stools 《イディオム》「二つの椅子のはざまに落ちる」

二つの行動やカテゴリーなどが両立できないのに、どちらがいいか決められずに、または両方をやろうとして、結局失敗すること。 例 He tried to make the same product fit the domestic and the export market but it fell between two stools and didn't do well in either. (同じ製品で国内用、輸出用両方のニーズに合わせようとしたが、虻蜂(あぶはち)とらずに終わった。) あるカテゴリーにうまく収まらないものについていう時の標準的なフレーズ。どちらの椅子に座るか決められず悩ん

でいるうちに二つの間に落ちてしまうという発想。

fall by the wayside 《間接的引用》「道端に落ちる」

新約聖書、ルカ伝 (*Luke*) 8章5節の、種を蒔(ま)く人のたとえ話から。蒔いている間に道に落ちた種は、鳥に食べられてしまい、育つことはない。種は神の言葉を指し、道端に落ちた種は神の言葉を聞きながらも悪魔の誘惑によって道を踏み外した人を指す。クリシェとしては、最後までやり遂げられない、先を見通すことができないという意。 例 A large number of runners started the marathon but several fell by the wayside. (多くの人がマラソンに参加したが、何人かは途中で脱落した。) 例 She keeps beginning new diets but she always falls by the wayside. (彼女は年中新しいダイエットに挑戦しているが、いつも途中で挫折してしまう。) 表現自体はやや文学臭が強いが、クリシェとして今も広く用いられる。

fall on deaf ears 《紋切型》「聾の耳に伝わる」

完全に無視されること、顧みられないこと。クリシェとしては、自分に向かって言われていることを相手が聞きたがっていないという含みがある。 例 Her parents tried to warn her that he was a rogue but their warnings fell on deaf ears. (あの男はろくでなしだと両親は忠告したが、娘は聞く耳を持たなかった。) 表現自体は15世紀からあり、19世紀にクリシェになった。

fall/land on one's feet 《紋切型》「自分の足で降り立つ」

大惨事となったかもしれない状況からうまく抜け出すこと。特に、ふだんからそういうことをよくやっている人について使う。 例 People thought that Jack had made a terrible mistake buying that old house, but he sold it to a developer at a profit. He always falls on his feet. (ジャックがあの古い家を買った時は、何て馬鹿な真似をとみんな思ったが、開発業者に売ってしっかり利益を得た。いつもうまくやってのける奴だ。) 猫が高いところから飛び降りたり、落ちたり投げられたりしても、ちゃんと足から着地することから。

famous last words 《紋切型》「臨終名言」

顰蹙(ひんしゅく)を買いそうな言葉や、不適当と思われる科白を言った人についていう。 例 'At least I got rid of him easily,' said Mary as she closed the door on the double-glazing salesman. 'Famous last words,' said Joan. 'He's just coming up the path again. He must have been at his car collecting leaflets.'（「まあとにかくあっさり追っ払ったわよね」と、複層ガラスのセールスマンを追い返してドアを閉めながらメアリーは言った。「どうかしらね」ジョーンは言った。「またこっちへ戻ってくるわよ。車の中からパンフレットを取ってきたんじゃない。」）第二次大戦中によく使われるようになったと思われる。元来は、後世に伝えるべく書き残された著名人の臨終の言葉を集めたものを指す表現。

far and away《二重句》「はるか先を行って」

他のものや人に大きく優っていること。 例 She is far and away the best candidate for the post.（そのポストの候補者として彼女は群を抜いている。） 例 This car is far and away the most reliable we've had.（この車は今まで使った中でもずば抜けて信頼できる。） ほめ言葉として使うのが普通だが、時に批判や非難にも用いられる。 例 This is far and away the worst food I've ever eaten.（こりゃまずい――今まで食べた中でダントツで最悪だ。） 19世紀にクリーシェとなった。

far and wide《二重句》「遠く広く」

広範に、ということ。何かが非常に遠大・徹底的であることを強調する。 例 We searched far and wide before we found a cottage we liked.（あちこちさんざん探しまわって、やっと気に入ったコテージが見つかった。） はるか昔から使われている決まり文句。

far be it from me《紋切型》「～する気は毛頭ありませんが」

話し手が謙虚さや慎み深さを示すために言うが、結局のところ言いたいことを言うことに変わりはない。 例 Far be it from me to tell you how to run your life, but I really don't think that you should marry him.（あなたの人生について口を出すなんておこがましいけど、やっぱり彼と結婚するのはよくないと思うわ。） 14世紀末から使われているが、多用されるようになったのは18世紀末から。今でも他人事に干渉するのが好きな人や、癖として意味なく口にする人などに愛用される。

far cry, a《紋切型》「遠い叫び」

まったく違っていること。かつては文字通りにも比喩的にも使われていたが、現代では比喩としてしか使わない。 [例] Her present lifestyle is a far cry from the one she used to enjoy. (彼女の今の暮らしぶりは、昔の華やかな頃とは雲泥の差だ。) 敵の叫び声を元に、敵がどれだけ離れているかを割り出そうとしたことに由来すると思われる。

far from the madding crowd《引用》「狂乱の俗世をはるか離れて」

トマス・グレイの詩「墓畔の哀歌」(Thomas Gray, 'Elegy Written in a Country Churchyard', 1751) からの引用。トマス・ハーディ (Thomas Hardy) の小説 (1874) のタイトルにもなっている。騒々しい人々の群れを指し、彼らから離れたいという願望を表わすのが常。 [例] They love walking in the hills, far from the madding crowd. (せわしない街から遠く離れて丘を散策するのが彼らは好きだ。) madding という語はこの表現以外ではもはや使わない。

fast and furious《二重句》「めまぐるしくにぎやかに」

大変盛り上がっていること。遊び、ゲームやスポーツについて使うのが普通。 [例] The fun was fast and furious at the children's Christmas party. (子供たちのクリスマスパーティーは大盛況だった。) 今日、日常的な英語ではあまり使わないが、地方新聞が社会行事を報じる際などによく用いられる。楽しみと結びついて使われるようになったのは、ロバート・バーンズの詩「シャンタのタム」(Robert Burns, 'Tam o' Shanter', 1793) の 'The mirth and fun grew fast and furious' (歓楽の高まることしきり) という一節から。

fast lane, the《流行語》「追い越し車線」

あわただしくせわしない仕事や生活を指す。イギリスでは1970年代によく使われるようになった。 [例] He couldn't take life in the fast lane any more. He's left the city and gone to the country to write books. (あわただしい生活に耐えられなくなって、彼は本を書くために街を離れて田舎へ引っ越した。) [例] She loves being in the fast lane. She got bored looking after the children. (彼女は刺激の多い毎日を喜んでいる。子育ては飽きてしまったのだ。) 高速道路の外側の追い越し車線

から。

fat chance《紋切型》「大した可能性」
　可能性が少ないことを強調して使う。　例 You want tickets for tonight's performance?　Fat chance.　They've been sold out for weeks.（今夜の舞台のチケットが欲しいって？　まあ無理だね。何週間も前に売りきれたよ。）　アメリカで生まれたが、今はイギリスでも日常的な状況で広く用いられる。

fate is sealed, his/her《紋切型》「彼/彼女の運命は封印された」
　何か(通常何か悪いこと)が起こるのは避けられないという意味。例 We don't know the result of Peter's trial yet but his fate is sealed. The jury have just returned to their seats.（ピーターの判決はまだわからないが、彼の運命はもう決した。陪審員たちが席に戻ってきたから。）　今日では冗談まじりにふざけて使うことの方が多い。　例 Ah well, John's fate is sealed.　Anne has started going out with him and she's looking for a husband.（やあ、これでジョンの運命は決まったね。結婚相手を探しているアンとつき合いはじめたんだから。）　君主が発する絞首刑などの勅令に、王家の封印が捺(お)されていたことから。

fate worse than death, a《紋切型》「死より恐ろしい運命」
　レイプ、性的誘惑のこと。かつては処女を失うことが若い女性にとって何よりの屈辱であり、結婚できる可能性が大きく減じられたため。現代のクリーシェとしては、喜ばしい性的出会いをおどけていう場合に使われたりもする。　例 He's asked you to stay the night at last.　Oh, a fate worse than death.（とうとう彼に泊まっていけって言われたんでしょ。処女喪失ね。）　また、ふざけて、もしくは皮肉っぽく用いることも。　例 To have to listen to her talking all day would be a fate worse than death.（彼女の話を一日じゅう聞かされるなんて、死よりひどい災難だね。）

feather in one's cap, a《イディオム》「帽子の中の羽根」
　自慢してしかるべき、特別な業績や名誉。　例 Getting a representative into the national team is a real feather in the cap of our local athletics club.（全国チームに選手を輩出するのはわがスポーツクラブにとって大きな名誉だ。）　例 It's a feather in her cap to get such a famous

writer to speak to the women's group.(そんな有名な作家に女性団体の会合で講演してもらえるように漕ぎつけたんだから、彼女もさぞ鼻が高いでしょうね。) 18世紀にはクリーシェになっていて、今日も広く用いられる。北米インディアンの戦士が、殺した敵の数だけ羽根を頭飾りや帽子につけた風習から。

feather one's (own) nest《イディオム》「自分の巣に羽根を敷く」

個人的利益を得るべきでない活動において、そうしてしまうこと。 例 The local organizer has been accused of feathering her own nest at the expense of the charity and has been dismissed.(地区委員は募金を着服したことが発覚し、解任された。) 例 The sales manager has been feathering his own nest for years by overclaiming on his expenses.(販売部長は長年、経費を水増し報告して私腹を肥やしていた。) 今でもよく使われる表現で、鳥が卵をかえすために巣を柔らかく快適にする習性から。18世紀にクリーシェになった。

feel a different person《紋切型》「別人になった気がする」

健康に関し、または生活全般に関し、非常に良くなったと感じること。 例 Since he started taking those pills he has felt a different person.(その薬を飲むようになってから、彼は生まれ変わったような気がしている。) 例 She feels a different person since she's been able to get out a bit more.(前よりもう少し外出できるようになってから、彼女は世界が変わったように感じている。) 日常的な状況で用いる場合が大半。

feel-good factor, a《流行語》「幸福ファクター」

1980, 90年代によく使われるようになった。自分の境遇に満足している人によって引き起こされる影響をいう。特に、人々が富を手にした際、世論調査や選挙、消費パターンに生じる変化について使われる。 例 The government hopes that the fall in interest rates will create a feel-good factor among the electorate.(利率が下がって、有権者が気をよくし消費が促進されることを政府は期待している。) 例 The department stores think that their increase in sales is due to a feel-good factor in the country.(売上げの増加は全国的にゆとり感が広がっている結果、とデパート業界は考えている。)

feel it in one's bones《イディオム》「骨で感じる」

feel one's age

何かが事実だと直感すること、または予感がすること。良いことの場合にも悪いことの場合にも用いられる。 例 I feel it in my bones that he is going to get the job. (彼は採用されると思うね。第六感でわかるよ。) 例 I feel it in my bones that there is something not right with the firm. (どうもあの会社は何か怪しい気がする。) 元はおそらく、リュウマチや関節炎を患っている人が、骨や関節の痛みで雨降りが予知できると言ったりすることから。

feel one's age 《紋切型》「トシを感じる」

歳をとった影響に気がつくこと。例 Old Jack is still working at the age of 70 but he's talking of retiring. He says he's feeling his age. (ジャック爺さんは70歳にしてまだ働いているが、そろそろ隠居するかと言い出した。歳を感じるって言うんだ。) ふざけて使われることも。例 I was going to do so many things when the twins started school but I don't have the energy. I think I'm feeling my age! (双子の子供たちが学校へ上がったらいろんなことをしようと思ってたんだけど、そんな元気はないわ。もうトシね!) 19世紀末にクリーシェとなった。

feet of clay, have 《間接的引用》「粘土の足を持っている」

尊敬されている人が、実は思いがけない欠点や弱点を持っていること。 例 She used to regard her father as some kind of god but she realized that he had feet of clay when she discovered that he mistreated his employees. (父親を神のように崇めていた彼女だったが、社員にひどい扱いをしていることを知って幻滅した。) 例 After her death he discovered that his adored wife had feet of clay. She had been having an affair with a neighbour for years. (最愛の妻の死後、妻が思いがけない秘密を持っていたことを夫は知った。長年隣人と浮気していたのだ。) 旧約聖書、ダニエル書 (*Daniel*) 2章32–33節に出てくる偶像の描写から。偶像の体は純金、銀、青銅でできており、すねは鉄、足は鉄と陶土でできている。近年は文学的な文章のみならず、ごく日常的な状況でも用いられる。

festive occasion 《紋切型》「ハレの席」

おめでたい時や、特別な社交の場のこと。 例 We like to dress up at Christmas and on other festive occasions. (クリスマスとか、晴れ

やかな場にはおしゃれしていきたい。) 19世紀末にクリーシェになったが、他の表現がなかなか思いつかないこともあって、今なお広く用いられる。

few and far between 《二重句》「珍かつ稀」

何かがめったに生じないことを強調するフレーズ。喜ばしいもの、喜ばしくないものの両方に使える。 例 Since the baby was born our nights out have been few and far between. (赤ちゃんが生まれてから、夜に外出することはめったになくなった。) 例 Fortunately his asthmatic attacks are few and far between now. (幸い喘息の発作はもうほとんど起こらない。) 詩人トマス・キャンベルが『希望の喜び』(Thomas Campbell, *The Pleasures of Hope*, 1799) で使った。'What though my winged hours of bliss have been, / Like angel-visits, few and far between.' (わが翼ある至福の時間が天使の訪れのごとく稀だとて、それが何であろう。)

fiddle while Rome burns 《間接的引用》「ローマが燃えているさなかにバイオリンを弾く」

重大事に急いで対応しなくてはならない時に、些細な事柄にかかずらわったり、どうでもよい営みにふけったりすること。 例 When the men walked out on strike in the middle of a rush export order, the production manager went out to lunch. Is that not fiddling while Rome burns? (緊急の輸出注文の真っ最中に労働者たちがストライキに入ったというのに、生産責任者は何と昼食に出かけた。これこそ大事をよそに安逸を貪るというやつではないか。) ローマ皇帝ネロ (Nero) の伝説に由来する表現。起源64年、ネロはローマが火に包まれている時、塔で竪琴を弾きながら火を眺めていたという。19世紀にクリーシェとなり、今も広く用いられる。

field day, a 《イディオム》「野外演習日」

存分に活動できる機会、もしくは大成功の意。 例 The press will have a field day when they find out that the politician has left his wife for a young girl. (あの政治家が妻を捨てて若い女に走ったなんて知ったら、マスコミはそれっとばかりに飛びつくだろう。) 元来は、軍事演習や訓練のために割かれた特別な日のこと。のちに学校の遠足な

ど、軍隊以外の楽しい行事も指すようになったが、今日では逆に、他人の不幸について使うのが普通。 例 The local gossips had a field day when the bailiffs arrived at his house. (執行吏が彼の家にやって来た時、地元の噂好きの連中はさんざん盛り上がった。)

fighting chance, a 《紋切型》「努力次第の勝ち目」

精一杯頑張れば成功の見込みがあるということ。 例 He didn't run very well today but he still has a fighting chance of getting into the team if he trains hard. (今日の走りはあまり良くなかったが、懸命に練習すればチームに入れる可能性もなくはない。) さまざまな状況で使われる、きわめて一般的な表現。特に、望みの残っている重病患者についてよく使う。格闘技などで、死力を尽くせば勝ち目があるというイメージ。

fighting fit 《紋切型》「臨戦態勢の」

非常に状態が良く、元気なこと。 例 Her father was very ill for a while but he is fighting fit now. (彼女の父親は一時重い病を患ったが、今は元気一杯だ。) 試合前のボクサーが体調を万全に整えることから。

fight tooth and nail 《紋切型》「歯と爪で戦う」

力や知恵を振り絞って戦うこと。 例 They fought tooth and nail to stop the new road being built but they lost. (彼らは新道路建設に総力を挙げて反対したが、敗北した。) 元々は、動物や人間が大きな危険にさらされると、それこそ歯や爪など、持てるすべての肉体的武器で戦うことから。16世紀から使われているが、クリーシェになったのは19世紀中頃と思われる。今でも意志の表明などに広く使われる。'We shall fight tooth and nail to prevent the closure of the school,' declared the chairman of the protest group. (「閉校を阻止すべく、我々は断固戦う」と抗議グループの代表は宣言した。)

figment of one's imagination, a 《紋切型》「想像の産物」

ありもしない、人が妄想したもののこと。 例 She said that she saw a man in the garden but I'm sure that it was just a figment of her imagination. (庭に男の姿が見えたと言っているが、彼女が幻を見ただけだと思う。) figment という言葉自体、空想的な概念や作り事を指すわけだから、この表現は同語反復的。シャーロット・ブロンテの

『ジェーン・エア』(Charlotte Brontë, *Jane Eyre*, 1847) で使われている。'The long dishevelled hair, the swelled black face, the exaggerated stature, were figments of imagination.' (振り乱した長い髪、腫れぼったい黒い顔、やたらと大きな背丈は想像の産物だったのだよ。)

fill the bill 《イディオム》「ポスターに収まる」

求められた条件を正確に満たすこと。適切であること。 例 I couldn't decide what to wear to the wedding but this dress will fill the bill. (結婚式に何を着ていったらいいか、なかなか決められなかったけど、このドレスならバッチリだと思う。) アメリカで使われ出し、現在はイギリス英語でもよく用いられるが、改まった状況では使わない。劇場の広告ポスターにまず主役級の俳優たちの名を書き、そのあと脇役や端役の名前で紙面を埋めたことから。

filthy lucre 《間接的引用》「汚い銭」

金銭のこと。 例 I detest the man but I wish I had his filthy lucre. (あんな奴は大嫌いだが、あれくらい金があればいいのにとは思う。) 日常的な、くだけた状況で用いられ、批判や非難の気持ちをこめて使うことが多い。 例 All she cares about is filthy lucre. (金のことしか頭にない女だ。) かつては不正な手段で得た金銭のことを意味し、それよりさらに前は卑しむべき利益を指した。新約聖書、テモテ前書 (*1 Timothy*) 3章3節に見られる表現。'Not given to wine, no striker, not greedy of filthy lucre; but patient, not a brawler, not covetous.' (酒を嗜(たし)まず、人を打たず、寛容にし、争はず、金を貪らず。)

find one's feet 《紋切型》「自分の足を見つける」

どこに足を置いたらいいかわかるようになったかのように、新しい状況に対処できるようになること。日常的な状況で用いられる。 例 It's too soon to tell how good the new receptionist is. She's still finding her feet. (新しい受付係に評価を下すのはまだ早い。仕事に慣れかけているところだから。)

fine tooth comb ⇨ GO THROUGH WITH A FINE TOOTH COMB

finger in every pie, a 《イディオム》「全部のパイに指を突っ込んで」

同時に多くの活動に関わること。 例 I don't know how he keeps track of his business interests. He has a finger in every pie.(あんなにいくつもビジネスに手を出して、どうやって一つひとつの動向を追えるんだろう。) 例 If you want to know anything about village life, ask the vicar's wife. She's got a finger in every pie.(村の生活について知りたいことがあったら、教区牧師の奥さんに訊きなさい。どんなことにも首を突っ込んでいる人だから。) ほめ言葉ではなく、何か漠然と不正なことが絡んでいる、または人の邪魔をしているという含みがあるのが普通。元々は、台所でいくつものパイをつまみ食いしている人のたとえ。

finishing touches《紋切型》「最後の仕上げ」

何かを完成するための、最後の細かな作業。さまざまな状況で用いられる。 例 I have iced the birthday cake. It just needs a few finishing touches.(誕生日ケーキにアイシングで飾りつけをした。あとはもう、細かい仕上げをするだけだ。) 例 My brother is just putting the finishing touches to the speech he is giving to tomorrow's conference.(兄は明日の会議でするスピーチに最後の手を加えている。) 元来は画家が絵を仕上げる時に入れる最後の数筆のこと。

fire away!《イディオム》「どんどん撃て!」

遠慮せず言いたいことを言えという意味の、くだけた間投句。 例 OK, I've found a pen, fire away and I'll try to get all the message down.(オーケー、ペンがあったから、どんどん言ってくれ。全部書き取るから。) 例 I don't mind answering the questions on your questionnaire. Fire away!(アンケートに答えてもいいよ。ジャンジャン訊いてくれ!) 発砲せよという命令から。

firing on all cylinders《イディオム》「すべてのシリンダーで発火している」

車などのエンジンが、効率よく最大限動いているイメージ。クリーシェとしては、否定形で、人や物が最大限に働いていない、十分に努力していないという意味で使うことが多い。 例 You'll have to excuse me. I have a cold and I'm just not firing on all cylinders today.(今日は勘弁してください。風邪をひいていて、万全の体調ではない

ものを。）　肯定形で使うこともある。　例 The factory will have to be firing on all cylinders to get these orders out on time. (注文を期限内にこなすために、工場をフル稼動させる必要があるだろう。)

first and foremost《二重句》「第一で最重要に」

非常に重要であること。first と foremost はほぼ同義。　例 We need many things for the new house, but first and foremost we need a new bed. (新居にはいろんなものが必要だが、なかんずく新しいベッドだ。) 例 He had many good qualities but first and foremost he was a good friend. (いくつも長所がある男だったが、何よりも大きいのは良き友だったということだ。)　さまざまな状況で使われる。19世紀中頃にクリーシェになった。

first blow is half the battle, the ⇨ HALF THE BATTLE

first come, first served《紋切型》「来た者順」

数に限りがあって、最初に来た者が手に入れられ、あとから来た者は得られないということ。　例 You can't book tickets. They are on sale on the night of the performance and it will be a case of first come, first served. (チケットの予約はできません。公演当日の晩に売り出され、早い者勝ちです。)　非常に改まった状況を除き、大変広く用いられる。16世紀中頃からすでに使われていた。

first see (the) light of day《イディオム》「初めて光を見る」

生まれる、発明される、初演される、初めて人目に触れる等々の意。　例 The team have spent years researching a new drug but I don't think it will ever see the light of day. (チームで新薬研究に何年も取り組んでいるが、日の目を見るとは思えない。) 例 His new opera first saw the light of day in Milan. (彼の新作オペラはミラノで初演された。) 19世紀中頃にクリーシェとなった。今では人より物についてよく使う。

first thing《紋切型》「いの一番に」

一日の最初に。　例 The teacher says that she wants all the essays on her desk first thing. (全員朝一番に作文を教卓の上に出しておくよう先生は言っている。) 例 She can never eat anything first thing. (彼女は起き抜けには何も食べられない。)　あまりにも使いよいクリーシェなの

で、別表現を考え出すのは難しそうだが、一日が始まる時間は人それぞれであり、不正確な表現とも言える。

first things first 《紋切型》「大事なことを真っ先に」

一番重要なことは最初にすべきだと強調するフレーズ。あえて言うまでもないことを言っている場合もよくあり、苛々させられる時も多い。 例 The homeless family have a lot of problems, but first things first. We must find them somewhere to live. (あのホームレスの家族はいろいろ問題を抱えているが、何よりまず、住むところを見つけてあげなくちゃ。) ふざけて、あるいは皮肉っぽく使うことも。 例 We have a lot to get through at the meeting this morning but first things first. Let's have a cup of tea. (今朝のミーティングは議題がたくさんあるけど、重要なことから片付けないと。まずはお茶だ。) 19世紀に生まれた表現。

first water, of the 《イディオム》「第一級の」

徹底して悪いこと。 例 He is a villain of the first water. (あれは極めつきの悪党だ。) 例 She is married to a bastard of the first water. (彼女の亭主は最低のごろつきだ。) 元来はほめ言葉に使われていた。 例 He is an artist of the first water. (彼は第一級の芸術家だ。) が、現在では非難をこめて使われる方が多い。元々は、ダイアモンドを色や光沢によって分類する際、その光沢を水の清澄さや輝きにたとえて3等級 (three waters) に分けたことから。

the first . . . years are the worst 《紋切型》「最初の...年間は最悪」

何事も始めたばかりの頃はうまく行かないものだが、それに耐えられればあとは我慢できるということ。「...年間」の数は、比較的小さく5ぐらいから、誇張して100ぐらいまでさまざま。 例 So you're just married. Never mind, the first ten years are the worst. (そうか、新婚なの。くよくよしなさんな、最初の10年を過ぎればあとは楽よ。) 例 Welcome to the workforce. You'll find the first hundred years are the worst. (わが班にようこそ。覚悟しとけよ、最初の100年はきついからな。) ユーモア、あるいは皮肉を交えて使われるのが常。第二次大戦中の軍隊での決まり文句が起源だと思われる。'Cheer up, the first seven years are the worst.'(「さあ、元気出せ。最初の7年をしのげばあとは楽さ。」) 7年間は標準的な兵役期間。

fish out of water, a《イディオム》「水から出た魚」

自分の本領を離れている人、あるいは状況になじめない、合わない気がしている人。 例 The young man is very shy and is a fish out of water at parties. (何しろ内気な若者で、パーティーでも借りてきた猫だ。) **like a fish out of water** と、直喩の形でも使われる。 例 As an older woman she feels like a fish out of water in an office full of young people. (若い人ばかりの職場で、年輩の彼女は陸(おか)に上がった河童の気分だ。) さまざまな状況で用いられる。読んで字のごとく、魚が長いあいだ水から出ていると死んでしまうことから。19世紀中頃にクリーシェとなったが、フレーズとしてはもっと古くからあった。

fit as a fiddle《比喩》「バイオリンのように健康」

非常に健康で体調万全なこと。 例 My mother has been ill but she is fit as a fiddle after her holiday. (母は病気だったが、休みを取ったら元気一杯になった。) 起源は不明。fit/fiddle の頭韻以外、バイオリンが健康の代名詞になる理由があるとも思えない。

fit for a king《紋切型》「王様向き」

ひときわ上等な。 例 That was a meal fit for a king. (もう最高の食事だった。) 起源は明らかで、王室には最高級の物だけが供されたことから。18世紀にクリーシェとなり、今日では食べ物について

fits and starts, by《二重句》「切れぎれに」

不定期間隔で、突発的に、ということ。fits と starts はこの場合ほぼ同義。 例 The students are meant to be working hard for their exams but they tend to work by fits and starts. (学生たちは試験勉強の真っ最中ということになっているが、どうも身の入らない勉強ぶりだ。) 17世紀初めから使われており、今日もクリーシェとして定着していて、類似表現で言い換えてもいまひとつしっくり来ない。

fit to hold a candle to, not《イディオム》「〜にろうそくを掲げるにも不適任な」

完全に劣っていて、較べようもないこと。 例 Not only is he less qualified than his predecessor but he is not fit to hold a candle to him. (彼は前任者より資格面で劣るのみならず、全体としてまるで較べものにならない。) **cannot/can't hold a candle to** という形でも使われるが、こちらはもっと日常的な状況で使うことが多い。 例 Most of the modern pop stars couldn't hold a candle to Elvis. (最近のポップスターのほとんどはエルヴィスの足元にも及ばない。) 元来は召使いの仕事を指したもので、主人が何か用を足す際に召使いがろうそくを掲げたことから。フレーズとしては17世紀中頃から使われており、19世紀にクリーシェとなった。ジョン・バイロムは「ヘンデルとボノンチーニの確執について」(John Byrom, 'On the Feuds between Handel and Bononcini', 1733) で類似の表現を使っている。'Others aver that he to Handel/Is scarcely fit to hold a candle.' (彼はヘンデルの足元にも及ばぬと人は言う。) 常に否定形で用いる。

flash in the pan, a《イディオム》「火皿の火花」

長続きしない、つかの間の意外な成功。 例 The student did brilliantly in his first exam, but it proved to be a flash in the pan. (その生徒は最初のテストで素晴らしい点数をとったが、結局竜頭蛇尾に終わった。) 17世紀に使われた火打ち石式マスケット銃から生まれた表現。火打ち石によって生じた火花は点火用火皿の火薬に火をつけ、それが銃身の装薬へ伝えられる。装薬が発火しなければ、火皿に火花が散るだけとなる。元々は実りなく終わった努力を指したが、

1920年代からこの意味で使われている。

flash through one's mind《紋切型》「心にぱっとよぎる」
　突然思い浮かぶことの意で、つかの間、というニュアンスが加わることも。 例 It flashed through my mind that he was lying.(彼が嘘をついていることに私ははっと気づいた。) 稲妻の閃光をイメージしていて、19世紀末にクリーシェとなった。

flat as a pancake《比喩》「パンケーキのように平べったい」
　完全に平らな。 例 When he got to his car one of the tyres was flat as a pancake.(車に戻ってみると、タイヤが一つぺちゃんこになっていた。) 比喩としては16世紀から使われていたが、クリーシェになったのはだいぶあと。今日では、タイヤや地形について使う場合がほとんど。 例 He misses the hills. The land around here is flat as a pancake.(彼は丘の起伏を恋しがっている。このあたりは真っ平らだから。) 豊かとは言いがたい女性の胸について使われることもあるが、その場合はたいてい軽蔑的。

flat denial《紋切型》「完全否定」
　にべもなく、絶対的に打ち消すこと。 例 The politician has issued a flat denial that he has in any way been involved in the fraud.(その政治家は例の不正への関与を全面的に否定した。) 主にマスコミが使う。しばしば意図された意味と正反対の響きを生み、完全否定はすなわち罪を認めているしるしと受け取られることも多い。18世紀初めから使われている。

flat out《紋切型》「全力で」
　精一杯頑張って、速く、精力的に等々の意。 例 The staff are working flat out to get the orders out on time.(期限内に注文をこなそうとみんな必死に働いている。) 例 I can't go any faster. The car's going flat out as it is.(これ以上速くは無理だ。もうこの車にしては精一杯のスピードで走ってるんだから。)

flattery will get you nowhere《紋切型》「お世辞は役に立たない」
　20世紀中頃から使われている表現。自分に有利になるようお世辞を言っても無駄だということ。 例 You can stop paying me compliments. Flattery will get you nowhere and I'm still not going out

flavour of the month

with you.（お世辞を言っても意味ないわよ。そんな甘いこと言ったってどうにもならないのよ。あなたとはつき合わないわ。）　この表現をひっくり返して、**flattery will get you everywhere**（お世辞を言えばうまく行く）と逆の意に使う場合もある。こちらはふざけて使うのが常。例 Well I could try and get you a ticket for tonight's performance. Flattery will get you everywhere.（そうだな、今夜の公演のチケットをとってあげてもいいけどね。御愛想(おあいそ)が効くこともあるんだよ。）

flavour of the month《イディオム》「今月のフレイバー」

　非常に短期間、大変な人気を博する人や物のこと。　例 You're flavour of the month. Why don't you ask the boss if we can leave early?（君、目下ボスのお気に入りだから、早引けしていいかどうか訊いてみてよ。）　例 This week the headmaster is backing more freedom for the pupils, but that's just the flavour of the month. By the end of the month he'll be back to expelling everyone for the least thing.（あの校長、今週は生徒にもっと自由を与えるとか言ってるけど、あんなの一時の気まぐれさ。月末にはまた元に戻って、些細な理由で次々退学を言い渡してるだろうよ。）　20世紀後半にクリーシェとなった。アメリカのアイスクリーム店が、毎月違うフレイバーを客に試してもらおうと始めた試みから。

flesh and blood《二重句》「血と肉」

　クリーシェとして二つの意味がある。一つは、家族や親戚のこと。　例 My brother hardly ever visits us. He seems to prefer his friends to his own flesh and blood.（弟はめったに訪ねてこない。血縁より友達の方が大事らしい。）　この意味では19世紀にクリーシェになったが、表現としてはそれよりずっと前からあった。たとえばシェークスピア『ベニスの商人』(*The Merchant of Venice*, 1596) 2幕2場にこの表現が見られる。'If thou be Launcelot, thou art mine own flesh and blood.'（もしお前がランスロットなら、わしの血肉を分けた倅(せがれ)だ。）今日では、感傷的な物言いの中で使われることが多い。もう一つの意味は「人間性」であり、特に性の問題がかかわる時などに、人間とはもろいものだということを強調する。　例 He said that seeing his wife in another man's arms was more than flesh and blood could stand. (妻が他の男の腕に抱かれているのを見るのは、生身の人間には耐えがたいことだったと彼は言った。) 例 You can't blame young people for wanting to live together. They're only flesh and blood. (若者たちが一緒に住みたがるのも無理はない。彼らだって血の通った人間なんだから。)

flog a dead horse《イディオム》「死に馬に鞭打つ」

不毛な目標を追求すること。特に、すでに議論し尽くされて興味も惹かず話題性もなくなった問題や、うまく行かないとわかっている事柄などを蒸し返すこと。 例 He's flogging a dead horse trying to get money for his new business. He's already tried all the banks. (彼は新事業の資金集めに空しい努力を続けている。すでに銀行は全部あたってみたというのに。) 1860年代にイギリスの首相ジョン・ラッセル卿 (Lord John Russell) が、すでに議員たちが興味を失っている選挙法改正法案を国会に提出しようとしたことを指して使われた。起源としてまず誰にでも思いつくのは、死んでいる馬を働かせようと、あるいはレースで走らせようと、空しく鞭を打ちおろしている人のたとえということ。

flotsam and jetsam《二重句》「浮き荷と投げ荷」

ほとんど価値のないがらくた。 例 It's not really an antique shop. It's full of flotsam and jetsam. (あれは骨董店とは言えないね。がらくたしか置いてないんだから。) 落ちぶれた人々を蔑んでいうことも。 例 It's the area of town where the flotsam and jetsam hang out. (あのへんは落ちぶれた連中のたむろする地域だ。) 19世紀にクリーシェになった。flotsam と jetsam は、関連はあるものの元来は同義語ではない。どちらも海に浮かぶ残骸をいうが、flotsam は、float (浮かぶ) の意味の古フランス語 floter から派生した、「海に浮かんでいたもの」を指す語であり、jetsam は、船にトラブルが生じたとき積荷を軽くするために海に捨てる投げ荷のことで、jettison (投げ荷) の縮まったもの。

flying colours, with《イディオム》「旗を翻らせて」

大成功で。 例 She thought she might have failed the exam but she passed with flying colours. (彼女はその試験に落ちたかもしれないと思っ

ていたが、上々の成績で合格した。) さまざまな状況で用いられる。戦争に勝利を収めた船が、色とりどりの旗を高く掲げたことから。

fly in the face of danger《イディオム》「危険を物ともせず飛び出す」

危険なことに、一見無謀なやり方で対抗・挑戦すること。例 We advised him not to compete in the race when he was unused to the car, but he insisted on flying in the face of danger. (その車に慣れていないのだからレースに出るのはやめておけとみんな言ったのに、彼は無謀にも出場すると言い張った。) 例 She wanted to tell the headmaster that he had made a mistake but she decided not to fly in the face of danger. (彼女は校長のあやまちを本人に指摘したかったが、危ない橋は渡らないことにした。) 元来はおそらく、怯えた、または怒っためんどりが犬などの敵に向かって飛びかかることのたとえ。危険なこと以外にも使う。**fly in the face of providence**(神意に逆らって飛び出す)という表現もよく使われる。 例 I told him to check his fuel supply but he would fly in the face of providence and ignored my advice. (ガソリンの量を確かめるよう言ったのに、彼は向こう見ずにも私のアドバイスを無視した。) また **fly in the face of public opinion**(世論に逆らって飛び出す)という言い方もある。 例 The government might have been re-elected but it flew in the face of public opinion and did nothing about unemployment. (内閣は再選のチャンスもあったのに、世論を無視して失業問題に何の手も打たず墓穴を掘った。) 非常に広く使われ、書き言葉にも話し言葉にも用いられる。

fly in the ointment, the《間接的引用》「軟膏の中の蠅」

旧約聖書、伝道之書(*Ecclesiastes*) 10 章 1 節から。'Dead flies cause the ointment of the apothecary to send forth a stinking savour: so doth a little folly him that is in reputation for wisdom and honour.' (死(し)し蠅(はひ)は和香者(かをるもの)の膏(あぶら)を臭(くさ)くしこれを腐らす少許(すこし)の愚癡(おろか)は智慧(ちゑ)と尊栄(ほまれ)よりも重し。) 楽しさや魅力を減ずるものをいう。 例 It's a wonderful holiday spot. The fly in the ointment is the time it takes to get there. (そこは休暇にはもってこいの場所だ。行くのに時間がかかるのが玉にキズだけどね。) 特に改まった

状況を除き、大変広く用いられる。

fly off the handle《イディオム》「柄からすっぽ抜ける」

カッとなる。アメリカ起源で、元々は、斧や金槌で何かを打った時に先がすっぽ抜けて飛んでいってしまうことをいった。広く使われるが、ある程度日常的な状況に限られる。 例 I tried to tell her that I didn't break the window but she flew off the handle before I could explain. (窓を割ったのは私でないと説明しようとしたが、彼女はその前に怒り出してしまった。)

follow in one's footsteps《イディオム》「～の足跡をたどる」

誰かのあとを継ぐこと。 例 The professor is looking for a young man of talent to follow in his footsteps. (教授は自分の後継者となれる才能ある若者を探している。) または、より一般的に、誰かと同様の仕事をすること、あるいは同様の人生を歩むこと。 例 I think he's going to follow in his father's footsteps and be a doctor. (あいつは父親のあとを継いで医者になると思うよ。) 例 We're worried that he may be a good-for-nothing and follow in his father's footsteps. (父親の二の舞を踏んで、息子までろくでなしになるんじゃないかと心配だ。) 案内人の足跡をたどる人のたとえから。

follow suit《イディオム》「組を合わせる」

先例にならうこと。起源はホイストやブリッジなどのトランプ遊び。文字通りには、前の人が出した札と同じ組 (suit) の札を出すこと。クリーシェとしては、他の人がやった通りのことをするという意味。 例 When the shop steward walked out of the meeting the rest of the workers followed suit. (職場代表が交渉の場から出ていくと、他の労働者もそれにならった。) 広く使われているが、比較的改まった状況で用いられるのが普通。比喩として使われ出したのは19世紀中頃から。

follow that cab/taxi/car《キャッチフレーズ》「あのタクシー／車を追ってくれ」

グループが2, 3台のタクシーやマイカーに分かれて移動する時などに、ふざけて使う。 例 Follow that car. We don't know where the restaurant is. (あの車を追ってくれ。レストランがどこか知らないん

だ。) 元は映画でよく使われる科白で、カーチェイスなどで用いる。はっきりした出典はない。

food for thought《紋切型》「思考の糧(*かて*)」

考えるに値すること。 例 That was an interesting speech. I am sure that it has given us all food for thought. (興味深い演説だった。我々みんな、何かしら考えさせられるところがあったと思う。) 19世紀初めから用いられており、今日でもよく使われる。

fool's paradise, a《紋切型》「愚者の楽園」

幻想から生じた大きな幸福感についていう。 例 She's so much in love with him that she's living in a fool's paradise. He's married and still living with his wife. (彼女はあの男にべたぼれで、空しい幸せに酔っていることに気づいていない。相手は結婚していて、まだ奥さんと一緒に暮らしているというのに。) 19世紀にクリーシェになったが、表現としては15世紀からある。

fools rush in《間接的引用》「愚者は突入する」

fools rush in where angels fear to tread(天使も踏むを恐れるところへ愚者は急ぐ)ということわざから。このことわざ自体もクリーシェとして使われる。どちらも、自分の言動から生じる結果を顧みない、衝動的あるいは鈍感な人のことをいう。 例 Trust Mary to ask Jane where her engagement ring is. Talk about fools rushing in. Jim and Mary have just split up. (まったくメアリーらしいわよね。ジェーンに向かって、あなた婚約指輪は、なんて訊くんだもの。愚者はことを急ぐっていうでしょ。ジムと別れたばかりで、頭に血がのぼってるのかしらね。) 19世紀からよく使われている。愚者は今日依然かような行動を取りつづけ、このクリーシェも依然広く用いられる。

foot in it, put one's ⇨ PUT ONE'S FOOT IN IT

footloose and fancy free《紋切型》「自由で気まま」

何物にも縛られないこと。目下恋愛に縛られていない人についてよく使う。 例 There's nothing to stop you working abroad. You're footloose and fancy free. (君が外国で働くことを止めるものは何もない。誰にも縛られていない身だからね。) 例 She would like to marry some day but just now she's footloose and fancy free. (彼女はいずれ結婚したいと思っているが、今のところは一人で自由気ままに暮らしている。) footloose は、好きなところへ自由に行けるという意味。恋愛にかかわっていないという意味の fancy free は、シェークスピア『夏の夜の夢』(*A Midsummer Night's Dream*, 1596) 2 幕 1 場の科白から。'The imperial vot'ress passed on, / In maiden meditation, fancy-free.' (処女王は立ち去った。乙女の想いに包まれ、恋の煩いも知らずに。)

for better or worse 《引用》「良い時も悪い時も」

英国国教会祈禱書の中に見られる結婚式の誓いの言が、わずかに誤って引用されたもの。正しくは、花嫁と花婿が 'for better for worse, for richer for poorer, in sickness and in health' (良い時も悪い時も、富める時も貧しい時も、病める時も健やかなる時も) と誓いあう。現在ではより一般的に、良い悪いにかかわらずあらゆる状況において、という意味で使う。 例 Well, I made the decision to emigrate and I'll have to go through with it, for better or worse. (とにかく移住を決めたんだ、どうなろうと頑張るしかない。)

forbidden fruit 《間接的引用》「禁断の果実」

旧約聖書、創世記 (*Genesis*) のイヴ (Eve) の物語から。イヴが知恵の木の禁じられた実を食べたため、神はアダム (Adam) とイヴをエデンの園 (the Garden of Eden) から追放した。現在では、禁じられた楽しみ全般を指す。 例 They're under age but they try to get into the nightclub because it's forbidden fruit (彼らは未成年だが、禁じられているからこそナイトクラブに入りたがる。) 例 He knows she's engaged but he's asked her out. You know what he's like with forbidden fruit. (彼女が婚約しているのを知ってるのに、あいつと来たらデートに誘ったんだよ。禁断の果実に目がない男だからね。)

for dear life ⇨ DEAR LIFE, FOR

foregone conclusion, a 《引用》「わかりきった結末」

シェークスピア『オセロー』(*Othello*, 1604) 3 幕 3 場より。'But this denoted a foregone conclusion.' (だがそれは前に経験済みだということを物語っているではないか。) クリーシェとしては、すでにわかっている、または完全に予測可能であるために、自明と考えてよ

い結果のこと。 例 There's very little point in their bothering to play the match. Peter's so much the stronger player that it's a foregone conclusion. (わざわざ試合する必要なんかないんじゃないの。ピーターの方がずっと上なんだから、勝負は見えてるわよ。) 現代ではさまざまな状況で用いられる。

forewarned is forearmed 《ことわざ》「警戒は警備なり」

差し迫った出来事を前もって知っていれば、それに対して準備できるということ。さまざまな状況で使われる。 例 I'm glad you told me that she is going to ask me for a loan. Forewarned is forearmed. (彼女が私に借金を申し込むつもりだってことを知らせてくれてありがとう。心構えができるよ。) 例 Thanks for telling me that they're planning a surprise visit. That gives me time to get ready. Forewarned is forearmed. (ありがとう、彼らがいきなりやって来る気でいることを教えてくれて。これで準備ができる。) ラテン語のことわざ *praemonitus, praemunitus* の英訳。

forgive and forget ⇨ LET BYGONES BE BYGONES

forlorn hope, a 《紋切型》「はかない望み」

ほとんど成功の見込みのない企てをいう。 例 They've applied for time to pay back the loan but it's a forlorn hope. (彼らはローンの返済期限延長を申請したが、見込みはまずない。) 企てに限らず、希望がほとんどないという意味にも。 例 We are praying that they're still alive but it's a forlorn hope. The coastguards have found an empty boat. (彼らの生存を祈っているが、望みはわずかだ。沿岸警備隊が無人のボートを発見したのだ。) オランダ語 *verloren hoop* (失われた部隊) の誤訳。*hoop* (部隊) が hope (希望) と誤って訳された。

for this relief much thanks 《引用》「救援に感謝」

シェークスピア『ハムレット』(*Hamlet*, 1601) 1幕1場から。元来は兵士の交代について使ったが、クリーシェとしてはふざけて用いられる。 例 You've come to take over the babysitting? For this relief much thanks! (ベビーシッターを引きつぎに来てくれたの？ ありがたや!) 文学好きの人がよく使う。

forty winks 《紋切型》「四十回のまばたき」

短い睡眠のこと。 例 Father always has forty winks after lunch. (お父さんはいつも昼食のあとで軽い昼寝をする。) 広く日常的な状況で用いられるが、起源は不明。19世紀初めから使われている。

free, gratis and for nothing 《紋切型》「ただで、無料で、ロハで」

単に無料でということ。free, gratis, for nothing はすべて同義であり、強調のために並んでいるだけ。日常的な状況で、しばしばふざけた形で使われる。 例 You don't need a ticket for the match. You'll get it free, gratis and for nothing. (その試合にチケットなんて要らないよ。お金なんてまるっきり一銭も払わないでいいんだ。)

-free zone 《紋切型》「無...地帯」

特定のものがない場所、状況をいう。 例 Please put your cigarette out. This is smoke-free zone. (タバコは消してください。ここは禁煙です。) ふざけて、または嫌味をこめていう場合も多い。 悪趣味な例としては 例 Thank goodness this department is still a woman-free zone. (ありがたいことにこの部署はまだ女人禁制だ。) クリーシェになったのは20世紀に入ってからで、おそらく war-free zone (不戦地帯) から来ている。今日も非常によく使われる。

fresh fields and pastures new 《引用》「みずみずしい野原と新しい牧草地」

新しい活動の場のこと。ミルトン『リシダス』(John Milton, *Lycidas*, 1637) からの誤った引用。正しくは 'fresh woods, and pastures new' (みずみずしい森と、新しい牧場)。文学から生まれた表現だが、改まった状況でも日常的な状況でも広く用いられる。 例 I've been in this job for several years. I think it's time for fresh fields and pastures new. (この仕事について何年にもなる。もうそろそろ新しい畑を探してもいいな。)

from the cradle to the grave 《紋切型》「ゆりかごから墓場まで」

人の一生すべて。その人生の全段階。 例 They expect the state to provide for them from the cradle to the grave. (彼らは一生ずっと国に面倒を見てもらえると思っている。) 非常に古くから使われてきた表現で、1706年には随筆家リチャード・スティール (Richard Steele) が次のように使っている。'From the cradle to the grave he never had a day's illness.'(彼は生涯一日たりとも病に臥(ふ)せる日はなかった。)19世紀にクリーシェになった。イギリスの首相チャーチル (Winston Churchill) は、1943年のラジオ放送で、'National compulsory insurance for all classes for all purposes from the cradle to the grave'(すべての階級の国民に対し、ゆりかごから墓場まであらゆる目的に向けた全国民加入制の国民保険を)と呼びかけた。

from the sublime to the ridiculous《紋切型》「崇高から滑稽へ」
規模、重要性、品質などが著しく低下したこと。例 We've really gone from the sublime to the ridiculous. A minute ago we were talking about the reduction in the defence budget. Now we're talking about cake recipes. (私たち、がくっとレベルが落ちたわね。ついさっきまで国防費削減について話してたのに、今度はケーキのレシピの話をしてるんだから。) ナポレオン (Napoléon Bonaparte) がモスクワからの撤退についてフランス語で言ったものとされるが、発想としてはトマス・ペインの『理性の時代』(Thomas Paine, *The Age of Reason*, 1794) に端を発していると思われる。'One step above the sublime makes the ridiculous, and one step above the ridiculous makes the sublime again.'(崇高から一段上がれば滑稽となり、また一段上がればふたたび崇高となる。)

from the word go《紋切型》「スタートの瞬間から」
一番最初から。日常的な状況で用いられることが多い。 例 That pupil has been nothing but trouble from the word go. (あの生徒は最初から問題児以外の何ものでもなかった。) 例 The holiday was a disaster from the word go. (休日はしょっぱなから悲惨だった。) レースなどのスタートの合図から。

from time immemorial《紋切型》「記録にないほど昔から」
誰も思い出せないはるか昔より、ということ。 例 There has been a standing stone there since time immemorial. (そこには太古より立石がそびえている。) 非常に長い時間を指して、日常的な状況でふざけて使ったりする。 例 Those curtains have been up in her front room since time immemorial. (あのカーテンは神代(かみよ)の昔からあの家の居間に掛かっている。) 一説には元来イギリスの法律用語で、法律の

記録がない時代、すなわちリチャード一世 (Richard I) の治世 (1189-1199) 以前の時代を意味したとも。

fullness of time, in the《間接的引用》「時が満ちたとき」

新約聖書、ガラテヤ書 (*Galatians*) 4章4節から。'But when the fulness of the time was come, God sent forth his Son.' (然(さ)れど時(とき)満(み)つるに及びては、神その御子(みこ)を遣(つかわ)し。) クリーシェとしては、改まった状況で用いられ、気取って聞こえることも多い。せっかちと思える人をやんわりとがめるのによく使う。 例 We shall consider your request in the fullness of time, but we have a large number of applications to deal with. (順番が回ってきましたらそちらのご要望も検討させていただきますが、しかし何分、たくさんお申し込みを頂いておりますので。)

full steam ahead《イディオム》「エンジン全開で」

できる限り速く、の意。例 Now that we have the go-ahead for the order it will be full steam ahead to get it done on time. (注文にオーケーが出たからには、期限に間に合うよう全力でやらないと。) 機関車や船に使われた蒸気機関から来ていて、'full steam' とは最高速度を出すためにボイラーの圧力を最大にすること。比喩として多用されるようになったのは19世紀末。

funny ha ha《紋切型》「面白おかしい」

愉快だ、笑えるということ。日常的な状況で使われる。 例 When she said that her father was funny I thought she meant funny ha ha. (彼女がお父さんはおかしいと言った時、面白い人という意味だと私は思った〔が、実は様子がおかしいという意味だった〕。) これと対の **funny peculiar** (おかしな、変な) という表現と合わせて用いられることも多い。 例 His stories are funny peculiar, rather than funny ha ha. (彼の話は、面白いというより不気味だ。)

F-word, the《紋切型》「F言葉」

'fuck' の代用として使われる一連の言葉を指すから、婉曲語とも言える。fuck はいまだにタブー語とされ、新聞、ラジオ、テレビなどでは用いられていないが、通常の会話や現代小説、戯曲などにはきわめて頻繁に使われる。the F-word という言い方が使われ

るのも fuck がタブーになっているからだが、こんな言い換えはいかにも馬鹿げて聞こえるし、ある意味で fuck 以上に醜悪とも言える。それを皮肉って、money の代わりに M-word, sex の代わりに S-word というように、タブーでも何でもない言葉から同じような表現を作って茶化す人も多い。もちろん、たとえば cunt から C-word というように、他のタブー語からも同様の表現が作られている。

G

gainful employment《紋切型》「有給の職」
　給料がしかるべく支払われる仕事のこと。今日では改まった状況や、気取った物言いの中などで用いられる。例 The judge asked if the accused was in gainful employment.（被告は有給の職に就いているかと判事は訊ねた。）ユーモアや皮肉を交えて使われることもある。

game is not worth the candle, the《ことわざ》「ろうそく代も出ない」
　企画・計画などが、その利益の割には実行困難だったり、厄介だったりすること。例 I gave up having a weekend job. I was paying so much tax that the game wasn't worth the candle.（週末に別の仕事をするのはやめたよ。あんなに税金をとられるんじゃ間尺(ましゃく)に合わない。）フランス語の *le jeu n'en vaut la chandelle* を訳したもので、文字通りには、こんなに賭け金が低くちゃ場を照らすろうそく代も出ない、ということ。英訳はジョン・レイ（John Ray）のことわざ集(1670)に現われ、今もよく使われる。

game of two halves, a《紋切型》「二ハーフのゲーム」
　アナウンサーなど、スポーツ関係者に多用される。サッカーなどのスポーツが、前半と後半に分かれているというわかりきった事実をあらためて指摘する言い方。特に、戦術を変更すれば後半に試合の流れは一転しうる、ということを示すために使われる。ほとんど無意味に使われることも少なくない。言うべきことが何もない時にも何か喋らなくてはならないのがアナウンサーの宿命である。

gameplan《流行語》「戦略」
　1980年代からよく使われるようになったクリーシェで、目的を

達成すべく立てられた一連の作戦をいう。[例] She says that taking a shorthand and typing course is just part of her gameplan to become a journalist. (速記とタイプの講座をとったのもジャーナリストになるための戦略の一部だと彼女は言う。) 基本的には単に「計画」の意味だが、より壮大な響きを持たせようとして使われる。元来はアメフト用語。

gather ye /ji/ **rosebuds while ye may**《引用》「バラのつぼみは摘めるうちに摘め」

人生における好機や最良の時期をできる限り活用せよ、おそらく長くは続かないのだから、という忠告。[例] Gather ye rosebuds while ye may. You're not getting any younger. (若いうちに楽しみなさい。歳はとっていくだけなんだから。) [例] I have a feeling that the future for the industry's not too good. Gather ye rosebuds while ye may. (この業種は先行き良くない気がする。今のうちに儲けておいた方がいい。) 文学好きの人が使う。イギリスの詩人ロバート・ヘリックの「時を愛(め)おしめ乙女たちよ」(Robert Herrick, 'To the Virgins, to Make Much of Time', 1648) からの引用。

gay Lothario, a《間接的引用》「陽気なロサリオ」

ニコラス・ロウの戯曲『美しい悔悟者』(Nicholas Rowe, *The Fair Penitent*, 1703) の登場人物。'Is this that haughty, gallant, gay Lothario?' (これがあの思い上がりの色男、陽気なロサリオか?) 転じて、常習的な女たらしを指す。[例] He's always chatting up the women in the hotel bar. He's a real gay Lothario. (あいつはいつもホテルのバーで女に声をかけている。根っからの女たらしだな。) 現代のクリーシェとしては、主に年輩者や文学好きに使われる。今日、gay は「陽気」ではなく「ホモセクシュアル」の意味で使われる方がずっと多く、この表現も誤解を招く可能性がある。それとは無関係に、gay を省略することも多い。[例] He's quite a Lothario. (大した漁色家だ。)

general exodus, a《紋切型》「大移動」

部屋、建物、地域などから人々が大挙して出ていくこと。[例] At lunchtime there is a general exodus of office workers from the tower block.（昼食時には、高層ビルから会社員がどっと出てくる。） 例 There is a general exodus of the inhabitants from the city during August.（8月中は、住民がこぞって町から脱出する。） 19世紀末にクリーシェとなった。

generation gap, the《流行語》「ジェネレーション・ギャップ」
　世代間、特に親たちの世代と、その子供である若者たちの世代との間に存する、考え方や社会的価値観、生活様式などの違いのこと。 例 Their plans for Christmas night say it all about the generation gap. The parents want a quiet family night in playing Scrabble. The teenage children want to go to an all-night disco.（クリスマスの晩をどう過ごそうとするかを見れば、世代間の違いがよくわかる。親たちはスクラブルをしながら家族揃って静かな夜を過ごしたがる。十代の子供たちはディスコで一夜を明かしたがる。） こうした現象は昔からあったが、20世紀後半になって若者が自分たちのアイデンティティを主張しはじめ、以前よりも大きな自由を獲得した結果、世代間の違いはいっそう顕著となり、このような言葉ができるまでになった。

gentleman's agreement, a《紋切型》「紳士協定」
　二人の紳士が握手で確認するといった、文書の形では表わさない協約のこと。 例 We had a gentleman's agreement about the division of our relative's property but my brother broke his word.（親戚の財産をどう分配するかで紳士協定を交わしたのに、兄が約束を破った。） 今日では、この手の取り決めを結ぶ立場にある女性についても使う。A・J・P・テイラー『イギリス現代史 1914–45』(A J P Taylor, *English History 1914–45*, 1965) に、'much used hereafter for an agreement with anyone who was obviously not a gentleman and who would obviously not keep his agreement'（この後は、明らかに紳士でない、明らかに協定を守らない人と取り交わす協定を表わすのに多用されることになる）とある。生き馬の目を抜くような商取引きが交わされる現代にあっては、テイラー同様に、紳士協定を皮肉な目で見る人も多い。

get a life!《紋切型》「いい加減にしな！」
　広く使われる罵倒の文句。 例 Of course I'm going to get there on

time. Get a life! (もちろん時間通りに行くさ。お前とは違うよ!) 20世紀後半に生まれたフレーズで、若者が多用し、ほかの多くの罵倒句に取って代わりつつある。この言葉を向けられた人はひどく情けない人物であり、語るに値しない人生しか送っていない、という含み。

get a result《紋切型》「結果を出す」

アナウンサーをはじめスポーツ関係者が使う。結果というものは必ず出るのだから、考えてみれば奇妙な表現である。20世紀後半にクリーシェとなったが、サッカーの試合で、勝つことや得点を挙げることが大切だと説く際に用いる。

get away from it all《紋切型》「何もかもから逃げる」

20世紀後半から使われているフレーズ。日常生活から、たいていは休暇を取ることで、逃げ出すこと。旅行代理店や旅行ジャーナリストが多用する。 例 So if you fancy getting away from it all on a winter break, this could be the place for you. (冬休みをゆっくり過ごそうとお考えなら、ここなどはいかがでしょう。)

get cold feet ⇨ COLD FEET, GET

get down to brass tacks《イディオム》「真鍮鋲に取りかかる」

根本的な原則や問題に取り組みはじめること。 例 We shall allow some time for initial pleasantries and then get down to brass tacks. (少しお喋りして、それから本題に入りましょう。) 例 During the meeting on the economy it was almost impossible to get the politician to get down to brass tacks and stop talking about theories. (経済問題に関する会合で、その政治家ときたら理論を振り回すばかりで、現実問題を語らせようとしてもほとんど不可能だった。) 19世紀末に生まれた表現で、生地の寸法を測ったりするために、店のカウンターに真鍮製の鋲が一ヤード間隔で打ちつけられていたことから来ているといわれる。したがって、文字通りには、正確に測定することを意味した。今日では、かなり改まった場を除き、あらゆる状況で用いられる。

get in on the act《イディオム》「舞台に上がり込む」

ある仕事に、たいていの場合求められていないにもかかわらず、入り込むこと。 例 We had enough people on the committee but Mrs

Jones just had to get in on the act. (委員は十分足りていたんだが、ジョーンズ夫人がとにかく入りたがってね。) 元来は劇場の出し物を踏まえた表現で、他人の舞台に紛れ込んで、まんまと自分も喝采を受けることをいう。おそらくミュージックホール(寄席)が盛んだった時代に使われ出したと思われ、アメリカのコメディアン、ジミー・ドゥランテ (Jimmy Durante) が 1930 年代に広めた。今日では、主に日常的な状況で用いられる。

get into trouble 《婉曲》「厄介事になる」

未婚で妊娠すること。例 In those days girls who got into trouble were automatically expelled from school. (当時、身重になった少女は無条件で退学処分になった。) 未婚の妊娠は社会的に不名誉だとする風潮は概してもはや過去のものであり、今日ではむしろ不適当な言い方。が、当今の考え方に馴染めない年輩者によって、今でも広く用いられる。

get more than one bargained for 《紋切型》「予想以上のものを得る」

思っていたより困難な問題などに直面すること。例 The boxer thought that he would defeat the local champion easily but he got more than he bargained for. (そのボクサーは、地元チャンピオンくらいわけなく倒せると思っていたが、そうは問屋が卸さなかった。) 19 世紀末にクリーシェになった。

get off one's chest 《紋切型》「胸から下ろす」

日常的な状況で広く使われるフレーズで、悩みや戸惑い、苛立ちなどを打ちあけること。例 If I've said something to annoy you I wish you'd get it off your chest. (僕が何か不愉快なことを言ってしまったんだったら、どうか教えてほしい。) 胸や心から重荷を下ろすという発想。1902 年の『ロンドン・デイリー・クロニクル』(*The London Daily Chronicle*) は、この表現を 'the horrid, vulgar phrase' (例の下司で低俗な言いまわし) としている。

get one's act together 《紋切型》「出し物をまとめる」

20 世紀後半から使われているフレーズで、腰を上げ、しかるべき行動に取りかかること。例 If you don't get your act together and

start applying for university places you'll be too late. (ふらふらするのはやめて大学の出願手続きをしなくちゃ、ほんとに手遅れになってしまうぞ。) 日常的な、くだけた状況で用いられる。

get one's finger out ⇨ PULL ONE'S FINGER OUT

get one's money's worth 《紋切型》「金に見合うものを得る」

十分な見返りを得ること。主に日常的な状況で用いられる。 例 We certainly got our money's worth at the concert. There were three encores. (このコンサートは間違いなく元がとれた。3回もアンコールがあったんだから。) 'money's worth' という言い方は、シェークスピア『恋の骨折り損』(*Love's Labour's Lost*, 1595) 2幕1場に見られる。'One part of Aquitaine is bound to us, / Although not valued to the money's worth.' (アキテーヌの一部は我らのものとなっておりますが、それだけの額に価するものではございません。) 今日のような言い方になったのは19世紀から。

get one's teeth into 《イディオム》「喰らいつく」

断固として取り組むこと。 例 He's bored. He needs a job that he can get his teeth into. (彼は退屈している。没頭できる仕事が必要だ。) 何かがっしりしたものに歯を食い込ませる、という発想。20世紀初めにクリーシェとなり、今日でも日常的な状況で広く用いられる。

get out of bed on the wrong side 《イディオム》「反対側からベッドを降りる」

朝、起きた時に不機嫌なこと。 例 What a mood the boss is in this morning! He certainly must have got out of bed on the wrong side. (今朝の社長はご機嫌斜めだなあ。きっと寝覚めが悪かったんだ。) 左足を先に降ろすのは縁起が悪い、という古い迷信が発想の元になっている。めったにないようなひどい一日だったのは、いつもと逆からベッドを降りたせい、などとかつては言われた。19世紀に入る頃には、「縁起の悪さ」から「不機嫌」に発想が変わっていた。今日では主に日常的な状況で用いられる。

get out while the going is good 《紋切型》「道がいいうちに出る」

事態が悪化しないうちに手を引くこと。 例 Mother hasn't found

out about your school report yet. I would get out while the going is good.(母さんはまだお前の通知表を見てない。今のうちに姿を消すのが身のためだぜ。) 20世紀初めにクリーシェとなった。主に日常的な状況で、しばしばふざけて使われる。元来 going は馬場の状態を指したという説がある。

get the message《紋切型》「メッセージを受け取る」

理解すること。とりわけ、以前は見逃していた重要性を悟ること。 例 It wasn't until she put in ear plugs that he got the message and realized how loudly he was snoring.(彼女が耳栓を詰めるのを見て初めて、彼は自分のいびきの大きさに気づいた。) もっぱら日常的な、くだけた状況で用いる。

getting on《紋切型》「進んでいる」

歳をとること。 例 No wonder her memory's getting bad. She's getting on you know.(物忘れがひどくなるのも無理ないよ。もう歳なんだから。) **getting on a bit**(いくらか進んでいる)と柔らかい言い方をすることも多い。また getting on で「(時間が)だいぶ遅くなってきた」という意味にもなる。 例 I think we'd better start dinner without him. It's getting on.(彼を待たずに夕食を始めた方がいい。もう遅いから。) どちらの意味でも、日常的な状況で用いられる。

gift of the gab, the《紋切型》「口の才能」

流暢かつ雄弁に喋る能力のこと。 例 He should get a job as a salesman. He's really got the gift of the gab.(あいつはセールスマンになるべきだ。ほんとに口から生まれてきたような男だから。) ここでの gab は口の意味で、スラングの gob (唾、塊) と同語源。たいていは軽い非難や、渋々の賞讃などに使われ、日常的な状況で用いられる。18世紀に広まった。

gild the lily《間接的引用》「ユリの花に金メッキする」

正確に一致はしないが、シェークスピア『ジョン王』(*King John*, 1591) 4幕2場が出所。'To gild refined gold, to paint the lily, / To throw a perfume on the violet... / Is wasteful and ridiculous excess.'(純金に鍍金(ときん)を施し、百合の花に彩色し、菫(すみれ)に香水をふりかける...不毛で笑止千万な行き過ぎです。) 必要のない飾りや装いを加え

ること。[例] I don't know why she wears so much makeup. She's so pretty that it's gilding the lily. (どうしてあの娘はあんなにきついメークをするんだ。元々美人なんだから余計だよ。) 誇張するという意味にもなる。[例] He won't have told her the truth about his holiday cottage. He'll have gilded the lily a bit. (あいつのことだ、別荘のことを彼女にその通りに話しちゃいないだろうな。結構尾ひれをつけたに違いない。)

gird up one's loins《間接的引用》「腰帯を締める」

行動を起こす準備をすること。[例] We have guests coming for dinner. We'd better gird up our loins and start cooking. (晩にお客さんが来る。そろそろ気を入れて料理に取りかかった方がいい。) 聖書にいくつか見られる表現で、旧約聖書、列王紀略上 (*1 Kings*) 18 章 46 節にはこうある。'He girded up his loins, and ran.' (彼(かれ)其(そ)の腰を束帯(そくたい)び、趣(はし)りゆけり。) 聖書の時代、ユダヤ人はだぶだぶの衣服を着ていて、仕事に出かける時や何か大きな行動にかかる時に限って帯を締めたことから。使徒ペテロはこの表現を比喩として使っている。新約聖書、ペテロ前書 (*1 Peter*) 1 章 13 節。'Gird up the loins of your mind.' (なんぢら心(こころ)の腰に帯(おび)し。) クリーシェになったのは 19 世紀。今日ではたいていユーモアや皮肉を交えて使われる。

girl Friday《紋切型》「女フライデー」

女性の個人秘書のこと。[例] The boss has advertised for a girl Friday to do his secretarial work. (社長は個人秘書を募集する広告を出した。) MAN FRIDAY (⇨) と発想は同じだが、girl Friday の方は性差別的表現とみなされる。デフォーの小説『ロビンソン・クルーソー』(Daniel Defoe, *Robinson Crusoe*, 1719) の主人公クルーソーの忠僕フライデーから。

give a dog a bad name《間接的引用》「犬に悪名を与える」

古いことわざ **give a dog an ill name and hang him** (犬に悪い名前を与えて縛り首にする＝悪名を取ったら最後) から。他人の悪口を言って、その人の評判を落とすこと。[例] It just takes a few dissatisfied customers to affect business. Give a dog a bad name, as they say. (不満を持った客が一握りいるだけで、商売に影響が出てしまう。悪い噂を流されるから。) 19 世紀初めにクリーシェとなった。

give and take《紋切型》「持ちつ持たれつ」

たがいに譲歩すること。相手に何かを与えたり認めたりすることで、自分も相手から何かを認めてもらおうとすること。例 In marriage there has to be some give and take.（結婚生活にはおたがい多少の歩み寄りが必要だ。）　例 If there is going to be a new wages agreement there will have to be some give and take between the management and the union.（新しい賃金協約が結ばれるには、経営陣と組合側がたがいにある程度妥協する必要があるだろう。）　動詞としても使われる。　例 It's difficult to fit into a new school. You have to learn to give and take.（新しい学校に馴染むのは大変だ。協調しながらやっていくすべを学ばねばならないから。）　18世紀からあるフレーズだが、クリーシェになったのは19世紀中頃。

give an inch《イディオム》「一インチ譲る」

give someone an inch and he/she will take a mile（こちらが一インチ譲れば、向こうは一マイル取る）を略したもの。譲歩するのは得策ではない、相手はそれにつけ込んでもっと多くのものを得ようとするから、ということ。　例 If you let her start work late one morning she'll try to do it every morning.　Give her an inch and she'll take a mile.（一度遅い出勤を許してしまえば、彼女は毎朝遅く出てこようとするだろう。甘い顔を見せたら図に乗るぞ。）　古くは **give him an inch and he will take an ell**（'ell' は長さの古い単位で、45インチ＝約114cm）といい、ジョン・ヘイウッド（John Heywood）のことわ

ざ集(1546)に出ている。

give a wide berth to《イディオム》「〜に広く操船余地を与える」
　　敬遠すること。例 If I were you I'd give your father a wide berth. He's furious with you for damaging the car.(僕だったら、君のお父さんには近づかないようにするね。君が車に傷をつけたってカンカンに怒ってるよ。)　文字通りには、船が安全に操行できるよう広く場所を空けてやること。19世紀後半にクリーシェとなった。

give it a miss《紋切型》「回避する」
　　出席しないこと。　例 We usually go to the village fête every year but this year we'll be away and so we'll have to give it a miss. (毎年村のお祭りに行っているけど、今年はよそに出かける予定なので、あきらめざるをえない。)　日常的な、くだけた状況で用いられる。

give one's back teeth《イディオム》「奥歯を与える」
　　欲しくて仕方がなく、どんな手段を使ってでも手に入れたいということ。　例 I would give my back teeth to live in a house like that. (あんな家に住めるんだったら何だってするね。)　以前は **give one's eye teeth**（犬歯を与える）と言った。eye teeth とは上顎の犬歯のことで、目の下にあることからそう呼ばれる。さらに前には **give one's eyes** と言った。アントニー・トロロプ『バーチェスター・タワーズ』(Anthony Trollope, *Barchester Towers*, 1857) から。'Bertie would give his eyes to go with you.' (あなたと一緒に行くためなら、バーティは何だってするでしょうよ。)　今日では日常的なくだけた状況で用いられる。

give the benefit of the doubt ⇨ BENEFIT OF THE DOUBT, GIVE THE

give the cold shoulder ⇨ COLD SHOULDER, GIVE THE

give the old heave-ho to《紋切型》「〜に例の掛け声をかける」
　　人を追い払うこと、あるいは立ち去るよう求めること。　例 She was so inefficient that the boss gave her the old heave-ho after a week. (彼女はあまりに役立たずだったので、一週間でお払い箱になった。)　もっぱら日常的な、くだけた状況で用いる。

give up the ghost《紋切型》「魂をあきらめる」

元来は、死ぬことをいう。旧約聖書、ヨブ記 (*Job*) 14 章 10 節に見られる表現。'Man dieth, and wasteth away: yea, man giveth up the ghost.' (人は死(し)ねば消(き)うす人(ひと)気(き)絶(た)えなば安(いづ)くに在(あ)らんや。) ここでいう ghost とは魂のことであり、死ねばその肉体から離脱すると考えられている。今日では、あきらめる、試みを放棄するという意味で使う。 例 He has been turned down for so many jobs that he's given up the ghost. (どこに行っても仕事を断られたので、とうとうあきらめてしまった。) 機械などが故障した時にも使われる。 例 This car won't get us any farther. It's given up the ghost. (この車、もうこれ以上は動かない。もはやおだぶつだ。) 日常的な状況で使われる。

glutton for punishment, a 《紋切型》「罰に目がない人」
　面白くない仕事や厄介な課題を、自分から探し求めたり、積極的に楽しんだりしているように見える人のこと。 例 The new teacher has actually volunteered to take his third year class on a weekend trip. He must be a glutton for punishment. (あの新任の先生、3年生の週末旅行の引率を自分から買って出た。よっぽど人の嫌がることが好きなのかな。) たいてい、ユーモアや皮肉を交えて使われる。かつては **a glutton for work** (仕事に目がない人)と言い、これは 19 世紀後半に生まれた。

go against the grain 《イディオム》「木目に逆らう」
　個人の信条や感情、願望などに反するということ。 例 It goes against the grain for her to have to ask her father for money. She's so independent. (父親に金を無心するのは彼女の性に合わない。すごく独立心が強い人なんだ。) 木を切ったり、かんなをかけたりする際、木目に逆らったり木目と直角にやるよりも、木目に沿ってやった方が楽なことから。

go by the board 《イディオム》「船縁から落ちる」
　放棄されること。 例 Her resolution to diet went by the board when she was given a box of chocolates. (ダイエットの決意は、チョコレートを一箱もらってあえなく挫折した。) board とは船の舷のことで、元来は船外に落ちて行方不明になることを意味したフレーズ。

今日では日常的な状況で用いられ、19世紀末にはすでに広まっていた。

God's gift《紋切型》「天の賜物」

大変素晴らしい、美しい、あるいはなくてはならない、まるで天から遣(つか)わされてきたかのような人物のこと。今日ではもっぱら、自信過剰な人のことを皮肉って使う。 [例] He thinks he's God's gift to women but all the girls in the office laugh at him. (女性はみんな自分にぞっこんと彼は思っているが、実は社内の女性全員の笑いものだ。)

goes without saying, it/that《場つなぎ》「言うまでもない」

広く知られていたり、認められていることであり、わざわざ言うには及ばないという意味。 [例] It goes without saying that pupils are expected to arrive on time. (言うまでもなく、学生には時間厳守が求められる。) この表現のあとには、往々にしてまさに言うまでもないことが言われるわけであり、このフレーズを言う意味がほとんどない場合もしばしば。が、時にはあとに続く内容が、少しも明らかではなかったり、一般に認められてもいなかったり、下手をすれば真実ですらないかもしれない場合もある。 [例] It goes without saying that we have the best education system in the world. (わが国の教育制度が世界最良のものであることは言を俟(ま)たない。) フランス語の *cela va sans dire* を訳したもので、19世紀末に使われ出したと言われている。

go from strength to strength《間接的引用》「力から力へと進む」

旧約聖書、詩篇(*Psalms*)第84篇7節から。'They go from strength to strength, every one of them in Zion appeareth before God.' (かれらは力より力にすゝみ遂(つい)におのおのシオンにいたりて神にまみゆ。) 著しく進歩・向上することをいう。 [例] Setting up the business took a long time but it's going from strength to strength now. (事業を始めるのは時間がかかったが、今では急成長している。) 19世紀中頃にクリーシェとなった。

go haywire《紋切型》「めちゃくちゃにもつれる」

無茶苦茶になること。きわめて不安定な振る舞いや挙動を見せること。 [例] Our computing system has gone completely haywire. (コン

ピュータ・システムが完全に狂ってしまった。) アメリカで生まれた表現で、起源は不明だが、干し草を束ねるのに使う、輪になった針金 (haywire) がもつれやすいことから生じたものか。

go in one ear and out the other 《紋切型》「耳から耳へ筒抜け」
聞き手に何の影響も及ぼさないこと。 例 His mother kept telling him to clean his teeth after meals but her advice went in one ear and out the other. (食後は歯を磨きなさい、と母親は息子に言いつづけたが、いくら言っても馬耳東風だった。) 日常的な状況や、冗談めかした物言いの中で広く使われる。

golden boy/girl 《紋切型》「黄金の少年 / 少女」
並外れた才能や人気などがある若い男女をいう。 例 She is the golden girl of British athletics. (彼女はイギリス陸上界の星だ。) 特にスポーツ関係のニュースで多用される。

golden opportunity, a 《紋切型》「黄金の機会」
めったにない好機や望ましいチャンスのこと。 例 Being invited to give a talk at the conference is a golden opportunity to get your name known in the profession. (コンファレンスで講演を頼まれるなんて、業界で君の名前を知ってもらう絶好のチャンスじゃないか。) 19世紀中頃からクリーシェとして広く使われている。

golden rule, the 《紋切型》「黄金律」
ある状況において最も重要な原理・原則のこと。 例 When dealing with customers the golden rule is always to be polite. (客商売で一番大切なのは、とにかくいつも礼儀正しく応対すること。) 独断的、もしくは横柄な物言いの中で使われることが多い。元来は、自分がしてほしいと思うことを人にもしてあげるよう心がけよ、という聖書の教えを指した。

gone for a burton/Burton 《紋切型》「バートンをやりに行った」
失われた、破滅した、死んだ等々の意。日常的な、くだけた状況で用いられる。 例 I thought I might get my stolen car back but it seems to have gone for a burton. (盗まれた車が戻ってくるかもしれないとも思ったけど、どうやら無理そうだな。) 元来、第二次大戦中のRAF (英国空軍) で使われた表現で、行方不明、死亡と思われる、

溺死と見られる、などの意味。起源は不明だが、一説によれば Burton は Burton ale (バートン゠オン゠トレント [Burton-on-Trent] で製造されたビール) を縮めたものであり、したがって go for a burton は go for a drink (酒を飲みにいく) を意味し、drink には俗語で「海」の意味もあるから、これが to be in the drink (海に沈む) の意味に転じたという。

good as gold《比喩》「黄金のように良い」

振る舞い、とくに子供の振る舞いがきわめて良いこと。[例] The baby was good as gold when her parents were out. (その赤ん坊は両親がいない時もすごくいい子にしていた。) 19世紀にクリーシェとなった。

good clean fun《紋切型》「健全で清潔な楽しみ」

あたりさわりのない、無害な催しや活動。[例] The school party may usually be just good clean fun but the staff are worried about drink and drugs being brought in. (学校で開かれるパーティーは、いつもなら毒にも薬にもならぬ楽しみといったところだが、酒やドラッグが持ち込まれるんじゃないかと教師陣は心配している。) クリーシェになったのは1930年代で、今は年輩者が使うか、あるいは皮肉っぽく使われたりする。

good in parts《間接的引用》「ところどころは良い」

見るべき点や長所がいくつかあるという意味だが、一般には、ほめるよりもけなしている感じが伝わることが多い。[例] The play was good in parts but it needs a lot of rewriting. (その戯曲にはいいところもいくつかあるが、かなり書き直す必要がある。) 元来は **good in parts, like the curate's egg** (牧師補が食べた卵のように、ところどころは良い) という成句で、これは1895年、挿絵入り風刺週刊誌『パンチ』(*Punch*) に載った話から生まれたフレーズ。挿絵には主教に朝食に招かれた一人の若い牧師補が描かれ、卵は美味いか、と主教から訊かれた牧師補は、まずいとはとても言えず、苦しまぎれに 'Parts of it are excellent!' (ところどころは素晴らしいです!) と答える。クリーシェになったのは20世紀に入ってからで、今では年輩者や文学好きが使うのがほとんど。

good old days, the《紋切型》「古き良き日々」

過去のこと。特に、その過去を思い出している人が郷愁をこめてふり返っている感じ。 例 In the good old days we could have got there by train but they closed the line. (あの頃はあそこまで列車で行ったものだが、今はそれも廃線になってしまった。) クリーシェになったのは20世紀で、皮肉っぽく使われることもある。こうした感傷自体はむろん大昔からある。

goods and chattels 《紋切型》「家財道具」

goods も chattels もほぼ同義(家財、動産)で、全財産のこと。 例 She left her husband and appeared on our doorstep with all her goods and chattels. (夫を捨てて家を出た彼女は、一切合財を抱えてわが家の玄関に立っていた。) ふざけて、あるいは皮肉っぽい形で、広く使われる。元来は法律用語で、個人の全動産のこと。16世紀に生まれた表現だが、クリーシェとなったのは18世紀。

go off at half-cock 《イディオム》「銃が早発する」

行動を始めるタイミングが早すぎたり、準備不足だったりして、失敗すること。 例 The council's new traffic scheme has gone off at half-cock. It needed more research. (委員会が提案した新たな交通計画は時期尚早だった。もっと調査が必要だったのだ。) 元来は、マスケット銃の撃鉄を半分だけ引いた状態を踏まえた表現。これは安全な状態ということになっているが、撃鉄が滑って動いてしまうと、銃は暴発し、当然銃弾も無駄になってしまう。ニュースなどで多用される表現。

go overboard 《イディオム》「船から落ちる」

人や物に対して多大な熱狂を示すこと。度が過ぎるという含みがある場合が多い。 例 She's certainly gone overboard for that shade of green. She wears it all the time. (あの緑の色合い、えらく気に入ったみたいだなあ。彼女ときたら、いつ見てもあの色の服じゃないか。) 船から飛び降りる、という極端な行動がイメージされていて、日常的な状況で用いられる。クリーシェとして20世紀前半からよく使われるようになった。

go round in circles 《イディオム》「円を描いて進む」

進展が見られないこと。多くの場合、多大な努力を費やしたにも

かかわらず、という含みがある。 例 We've discussed ways to deal with the company's financial problems all day and we're just going round in circles. (会社の財政難にどう対処するか一日中議論してきたが、話は堂々巡りするばかりだ。) 元々は、道に迷った人が同じところをぐるぐる回っているだけで目的地に着けないことをいった。**run round in circles** ともいう。

gory details, the《紋切型》「血まみれの細部」

不愉快な詳細のこと。流れ出て固まった血を意味する gore からできたフレーズ。クリーシェとしても、血との連想が残っている場合もある。 例 I'm sorry you had to have an operation but I don't want to know the gory details. (手術を受けさせられたのは気の毒だけど、血生臭い話は勘弁してほしいね。) が、より一般的な意味に使われることの方が多い。 例 She's bound to tell me about her marriage break-up. I hope she spares me the gory details. (きっと結婚が破綻した話を聞かされるだろうなあ。生々しいところまで踏み込まないでくれるといいが。)

go the extra mile《流行語》「もう一マイル行く」

20世紀末にクリーシェになった表現で、何かを成し遂げるために、さらにもう少し労力や金銭をつぎ込むこと。 例 Management and unions are very close now but neither of them will go the extra mile to achieve an agreement. (経営陣と組合との距離はかなり狭まってきたが、合意に至るためのあと一歩の歩み寄りはどちらもしそうにない。) 政治家やジャーナリストの間でよく使われる。新約聖書、マタイ伝 (*Matthew*) 5章41節を踏まえたもの。'And whosoever shall compel thee to go a mile, go with him twain.' (人もし汝(なんじ)に一里ゆくことを強(し)ひなば、共に二里ゆけ。)

go the whole hog《紋切型》「とことんやる」

徹底的かつ一心に何かをすること。とりわけ、それに労力や金銭を費やすこと。 例 I was going to buy a new dress but I decided to go the whole hog and buy shoes and a bag as well. (新しいワンピースを買うつもりだったんだけど、どうせなら靴とバッグも買うことにしたの。) 日常的な状況で用いられる。アメリカで生まれ、19世紀にクリー

シェとなった。そもそもの起源は不明だが、hog がかつて shilling (イギリスの旧通貨単位、1 ポンドの 20 分の 1) や dime (10 セント) の俗語だったことに関連している可能性も。

go through with a fine tooth comb《イディオム》「細かい歯の櫛(くし)を通す」

きわめて詳細かつ丹念に調査・吟味すること。 例 You should always go through legal documents with a fine tooth comb. (法律文書は常にじっくり注意深く目を通しなさい。)　ニュースで、たとえば警察の捜査を報じる時などによく用いる。髪の毛からシラミを取り除くのによく使われた櫛からできた表現。

go to rack and ruin《二重句》「荒廃に帰する」

rack は wreck (破滅) の古い別形であり、ruin とほぼ同義。打ち捨てられ、衰退、無秩序といった状態に陥ること。 例 He says he's emigrating because this country's going to rack and ruin. (よそへ移住するよ、この国はどんどん腐っていくから、と彼は言っている。)　18 世紀末にクリーシェとなったが、表現自体は 16 世紀末からあった。

go to the dogs《紋切型》「犬に堕す」

没落すること。施設などについて使われる。 例 That used to be a very good restaurant but recently it's gone to the dogs. (昔はすごくいいレストランだったのに、最近は見る影もない。)　人についても使える。 例 After he got into university he went to the dogs and failed all his exams. (大学に入ってからはすっかり堕落して、試験も全部落ちてしまった。)　人について使われる時は、道徳上の没落であることが多く、たいていはみずから堕落を招いたという含みがある。19 世紀末にクリーシェとなったが、表現としてはそれ以前からあった。クリーシェとしては、主に日常的な状況で使われる。犬は下等な動物だと思われがちだったことから生まれたフレーズ。

go to the other extreme《紋切型》「対極に走る」

以前とは正反対の行動、思想、態度をとること。 例 When the child was scolded for being late she went to the other extreme and now arrives at school half-an-hour early. (遅刻して叱られてからというもの、その女の子はころっと変わって、始業 30 分前に登校するようになった。)

19世紀末にクリーシェとなった。

go to town《紋切型》「町に行く」

　徹底的に、熱心に、あるいは多大な費用をかけて何かをすること。 例 She's really gone to town on redecorating the house. She's practically rebuilding it.（ずいぶん派手な改装をしたものだ。建て直したと言ってもいいくらいだ。）　主として日常的な状況で使われる。アメリカ起源で、19世紀に生まれた。かつて、田舎の人々が町へ行くのは特別な場合に限られたことから。

grand old man, the《紋切型》「大御所」

　ある特定の分野において卓越し、長く従事している人物のこと。 例 Nelson Mandela is now regarded by many as the grand old man of South African politics.（ネルソン・マンデラは今や多くの人々から南アフリカ政治の柱とみなされている。）　かつて首相ウィリアム・グラッドストン（William Gladstone）は the grand old man of British politics（イギリス政治の父）と呼ばれた。今のところまだフェミニズムによる修正は及んでいないと見え、grand old woman という言い方にはあまりお目にかからない。19世紀末に生まれた表現。

grasp the nettle《イディオム》「イラクサをつかむ」

　大胆に、かつ断固として問題に取り組むこと。 例 If you think that she stole the brooch you must grasp the nettle and accuse her.（彼女がブローチを盗んだと思うんだったら、思いきって本人を問い詰めるべきだ。）　19世紀末にクリーシェとなり、忠告好きの人に多用される。イラクサはしっかりつかんだ方が棘も刺さりにくいという俗信から。

grass grow under one's feet, not to let the ⇨ NOT TO LET THE GRASS GROW UNDER ONE'S FEET

grass is always greener, the《間接的引用》「芝生は常により青い」

　ことわざ **the grass is always greener on the other side of the fence**（隣の芝生はうちの芝生より決まって青く見える）から派生したクリーシェ。このことわざ自体もクリーシェとして使われる。どちらの表現も、他人の運命や状況が、事実であれ思い過ごしであれ、しばしば自分のものより好ましく見えることをいう。 例 I think you would be better staying in your present job. You know nothing about the other firm. You know what they say about the grass being always greener. (今の仕事に留まっていた方がいいと思うよ。転職先のことは何も知らないんだろう。隣の芝は青く見えるって言うじゃないか。) 19世紀にクリーシェになったが、語られている事態同様、このフレーズも今日なおいたるところで目につく。

greatest/best thing since sliced bread, the 《紋切型》「スライス食パン以来のすぐれもの」

きわめて素晴らしい人や物のこと。 例 To her the new car's the best thing since sliced bread. (彼女にとって、この世で今度の新しい車ほど素晴らしいものはない。) 人についても使う。 例 You'd better not disagree with the new manager. He thinks he's the best thing since sliced bread. (今度のボスには逆らわない方がいい。この世に自分ほど偉い人間はいないと思ってるんだ。) 常に日常的な状況で用いられ、皮肉や軽蔑がこめられることも多い。20世紀中頃、スライス食パンが初めて売り出され、手間のかからない重宝な食品としてもてはやされたことから。

great unwashed, the 《紋切型》「あまたの不潔な連中」

庶民のこと。クリーシェとしては19世紀中頃からよく使われるようになったが、今ではかなり古臭く聞こえる。が、年齢を問わず、自分が他人より偉いと思い込んでいる俗物によって今でも使われる。 例 I don't think I'll go to the hunt ball this year. They've started letting in the great unwashed. (今年の狩姿舞踏会には行かないつもりさ。この頃は有象無象(うぞうむぞう)の輩(やから)まで入れてるじゃないか。) 皮肉をこめて使うことも多い。 例 You won't find her at university dances. She's scared of mixing with the great unwashed. (彼女は大学のダンスパーティーには来ないよ。下々の者どもと同じ空気を吸うのがお嫌なんだとさ。)

Greek, all ⇨ ALL GREEK TO ME

green-eyed monster, the 《間接的引用》「緑色の目の怪物」

嫉妬のこと。シェークスピア『オセロー』(*Othello*, 1604) 3幕3場で、イアーゴー (Iago) がオセローに向かって言う科白から。'O, beware, my lord, of jealousy! / It is the green-ey'd monster which doth mock / The meat it feeds on.'（将軍、嫉妬にお気をつけなさい。それは緑色の目をした怪物で、人の魂を貪り、弄(もてあそ)ぶのです。）19世紀にクリーシェとなり、今もさまざまな状況で非常によく使われる。 例 Bob thinks he fancies his brother's new girlfriend but it's just a case of the green-eyed monster.（ボブは弟の新しいガールフレンドを好きになってしまった気でいるが、あれはただの嫉妬だ。） 羨望や強欲についてもいう。 例 She's just being nasty to you because she wants a car like yours. It's the green-eyed monster.（彼女が君に意地悪してるのは、君のような車が欲しいからさ。妬んでるんだよ。）

green light, the 《イディオム》「青信号」

進行許可のこと。 例 As soon as we get the green light from the planning department, we'll start on the extension.（企画部からゴーサインをもらい次第、増築にかかるつもりだ。） ニュースで多用され、新聞の見出しなどで頻繁に使う。19世紀中頃にクリーシェとなった。鉄道で使われた、「進め」を意味する緑の信号から。

grim death, like 《紋切型》「厳めしい死のように」

非常に堅固に、断固として。 例 The child was so scared of traffic that she clung to my hand like grim death.（その子は車の往来をひどく怖がって、私の手をぎゅっと握りしめて離さなかった。） 19世紀中頃にクリーシェとなった。死が人間を捕らえて離さないその容赦なさから。

grim reaper, the 《イディオム》「容赦ない刈り手」

死のこと。死というものが、大鎌を持った老人にたとえられたことから。今日クリーシェとして使うのはインテリに限られ、皮肉やユーモアを交えて使うことも多い。 例 I think I'll retire soon. I want to do some travelling before the grim reaper catches up with me.（そろそろ退職しようと思うんだ。死神がお迎えに来る前に少しは旅行もしたいしね。）

grin and bear it 《紋切型》「笑って耐える」

不平も言わずに不愉快な事態を我慢すること。 例 I know you don't like studying when your friends are out playing, but your exam's tomorrow. You'll just have to grin and bear it.(友達が外で遊んでる時に自分だけ勉強したくないのはわかるわ。でも明日は試験なのよ。我慢するしかないでしょ。) 19世紀末にクリーシェとなった。

grind to a halt《イディオム》「ぎしぎし言って止まる」

じわじわ動きが遅まり、止まってしまうこと。 例 Work on our new house has always been slow but now it has ground to a halt completely.(わが家の新築作業は遅々として進まず、ついには完全にストップしてしまった。) エンジンの機能が次第に低下してやがては停止することから。ニュースで広く使われ、新聞の見出しなどに多用される。20世紀に生まれた表現。

grin like a Cheshire cat《紋切型》「チェシャ猫のように笑う」

口元を広げてニヤッと笑うこと。 例 He stood there grinning like a Cheshire cat while we tried to push the car.(私たちが車を押そうとしているというのに、彼はそこに立ってニタニタ笑っていた。) 偉そうなニヤニヤ笑い、独りよがりのほくそ笑みなどに苛立った話し手が、敵意を込めて使う場合が多い。起源は不明だが、一説には、笑っている猫の顔をかたどったチェシャチーズがかつて売られていたことに由来するとも。ルイス・キャロル『不思議の国のアリス』(Lewis Carroll, *Alice's Adventures in Wonderland*, 1865) 以来広く使われるようになったが、表現としては18世紀からあった。

grist to the mill《イディオム》「粉ひきの穀物」

利益や有利をもたらすもの。 例 Collect as much stuff as possible for the church jumble sale. All is grist to the mill.(教会のバザーにできるだけたくさん品物を集めてください。ちりも積もれば山となりますから。) クリーシェになったのは19世紀だが、比喩としては16世紀から使われていた。grist とは製粉用の穀物のことで、これが粉ひきの作業によって利益の元となる。

guiding light《紋切型》「導きの光」

人生やキャリアを形成する助けになってくれた人や物。 例 The headmaster of his primary school was the famous scientist's guiding light.(小学校の時の校長が、その大科学者の恩師だった。) 例 Her mother's stand against sexism was the guiding light of the girl's early life.（母が性差別に反対していたことが、幼かった少女のお手本となった。）19世紀中頃にクリーシェになった。暗闇で足元を照らすランタンなどの光を踏まえた表現。

H

hair of the dog, a《紋切型》「犬の毛」
　二日酔いを治すために飲む酒のこと。が、ますます二日酔いが延びる可能性も大。 例 How about a hair of the dog? You look absolutely terrible. (迎え酒でもどうだい？　君、見られたもんじゃないぜ。) 今日も広く使われ、歴史も古く、ジョン・ヘイウッド (John Heywood) のことわざ集 (1546) に見られる。昔、犬に噛まれた時に犬の毛を燃やして患部に当てたことから。

halcyon /hǽlsiən/ **days**《イディオム》「アルキュオーンの日々」
　幸福・完璧だった日々として、郷愁をこめて回想される時代をいう。 例 The old women were looking at old photographs and talking about the halcyon days of their childhood. (老女たちは昔の写真を見て、幼かった古き良き時代のことを話していた。) 16世紀末に使われ出した表現で、クリーシェになったのは19世紀中頃から。カワセミ（ギリシャ語で halcyon）が冬至前後の、天候の穏やかな二週間に海で卵を産むと信じられていたことから。

hale and hearty《二重句》「元気で達者」
　hale は healthy の古形、hearty もここではほぼ同義。健康ぶりを強調するのに使う。 例 The old man is well over eighty but he is remarkably hale and hearty. (あの爺さん、もう80を過ぎてるのにすこぶる壮健だ。) クリーシェになったのは19世紀中頃で、今日もよく使われる。

half a loaf is better than none《ことわざ》「パン半斤でもないよりまし」
　もっと多くを求めたり欲しがったりせずに、今あるもので満足し

た方がよいと勧める言葉。ジョン・ヘイウッド (John Heywood) のことわざ集 (1546) に見られる古いことわざで、今日も広く使われる。 例 Don't be too disappointed about not passing all of your exams. You passed quite a few and half a loaf is better than none. (試験に全部パスしなかったからって、そうがっかりするなよ。ずいぶんたくさんパスしたんだし。それでよしとしなくちゃ。) 偉そうな、独善的な響きのあるクリーシェであり、言われた側はムッとくることの方が多い。

half the battle《紋切型》「半分勝ったも同然」

出だしが大変うまく行って、これならおしまいまで楽にやれそうだ、といった状況をいう。例 It is going to be difficult getting funding for the new project, but if we get a government grant, that will be half the battle. (新しいプロジェクトの資金を確保するのは大変そうだが、政府の助成金をもらえたら半分成功したようなものだ。) 19世紀後半にクリーシェになり、今も広く使われる。元来はもう少し長く **the first blow is half the battle** (最初の攻撃を決めれば半分勝ったようなもの) と言い、これは18世紀から。

hand in glove with《イディオム》「～とは手と手袋の仲」

親密・ねんごろな仲をいい、不正行為を示唆することも多い。例 He was not involved in the corruption investigation, but people think he was hand in glove with the people who were found guilty of bribery. (汚職の取り調べにこそ引っかからなかったが、あの男も収賄罪で有罪になった連中とつるんでいたと人々は思っている。) クリーシェになったのは19世紀末で、今も広く使われる。元来は **hand and glove** という、ジョン・レイ (John Rey) のことわざ集 (1670) にも収められた表現から来ていて、手袋と手がぴったり接していることから。

handle with kid gloves《イディオム》「仔ヤギの革手袋で扱う」

非常に注意深く、ていねいに扱うこと。 例 You had better handle that customer with kid gloves. He has good grounds for complaint and he is absolutely furious. (あの客は慎重に扱えよ。こっちは文句を言われても仕方ない立場だし、カンカンに怒ってるから。) 例 The situation between the two countries is at a very delicate point and must be handled with kid gloves.(二国間の状況はきわめて微妙な状態にあり、対応には慎重を要する。) クリーシェになったのは19世紀末。仔ヤギの革手袋は非常に上等で華奢だという事実から。

hand over fist《イディオム》「手を交互にたぐって」
　非常にすばやいこと、大量であることを指し、通常、金儲けについて使う。 例 They have been making money hand over fist with their food delivery service.(彼らは食品の配達業で大儲けしている。) 19世紀以来クリーシェ。**hand over hand** という、船乗りがロープをよじのぼる動作を指す海員用語から。

hands are tied, one's《イディオム》「手を縛られている」
　行動しようにもできない事態をいう。何もしない口実として、官僚が好んで使う逃げ口上。法律や規則にがんじがらめに縛られて、みなさんのお望みになる行動がとれないのです、という論理。 例 If it were left to me I would give you permission to have a street collection for your charity but my hands are tied.(私一人で決められるものなら、街頭募金を許可してさしあげるのですが、規則上そうも行かないのです。) 比喩としては17世紀から見られる。類似表現として **bound hand and foot** または **tied hand and foot**(手足を縛られて)がある。こちらは20世紀初めまでクリーシェだったが、現在ではあまり使われない。

hands down, win ⇨ WIN HANDS DOWN
handwriting is on the wall ⇨ WRITING IS ON THE WALL, THE
hanged for a sheep as a lamb, might as well be(ことわざ)
「どうせ縛り首なら仔羊を盗んでも親羊を盗んでも同じ」
　罰の度合が同じなら、ちゃちな罪を犯すより大きな罪や悪事を働いた方がましということ。何事も中途半端にやるべきではない、という意味にもなる。17世紀から使われていることわざで、今日もクリーシェとして広く使われるが、現在ではふざけて使うことも多い。 例 I've broken my diet and had an ice cream and so I might as well be hanged for a sheep as a lamb and have a box of chocolates.(どうせもうダイエットを破ってアイスクリームを食べちゃったんだし、こう

なったらチョコレートも一箱行っちゃおう。毒を食らわば皿までだよね。）かつては親羊でも仔羊でも、盗めば等しく死刑になったことから。

hang in the balance ⇨ BALANCE, HANG IN THE

happily ever after, live《紋切型》「いつまでも幸せに暮らす」
　新婚カップルに関し、その将来の幸福を指して使うことが多い。18世紀以来クリーシェとして使われ、おとぎばなしの典型的な結びの文句でもある。　例 The frog was turned back into a handsome prince. He then married the beautiful princess and they lived happily ever after.（蛙はハンサムな王子さまに戻って、美しいお姫さまと結婚し、二人はいつまでも幸せに暮らしました。）　今日でも広く使われるが、結婚の崩壊率が高くなった今、皮肉、ユーモアをこめて用いられることも多い。　例 Mary and Jim got married five years ago and lived happily ever after until last year when they got divorced.（メアリとジムは5年前に結婚し、昨年離婚するまでいつまでも幸せに暮らしましたとさ。）　皮肉やユーモアを伴う場合、結婚以外の状況にも使われる。　例 What have the kids to look forward to? They leave school and live happily ever after on the dole.（子供たちにどんな夢がある？　学校を卒業したって、失業手当でいつまでも幸せに暮らすだけじゃないか。）

happy couple, the《紋切型》「お幸せな二人」
　式を挙げている最中の、もしくはじき挙げようとしている、あるいは挙げたばかりのカップルをいう。19世紀中頃からよく使われ、今日もニュースなどで多用される。　例 The happy couple posed for the cameras after the ceremony.（挙式のあと、幸せ一杯のお二人はカメラの前でポーズをとりました。）　今日では冗談ぽく使われることも多い。時に、結婚直前直後以外のカップルにも使う。　例 Here is a picture of the happy couple celebrating their golden wedding.（金婚式を祝っておられる幸せなお二人の写真です。）　別形に **the happy pair** がある。

happy event, a《婉曲》「おめでた」
　出産のこと。今も使われるが、現代では妊娠しても、概して昔ほど遠回しの表現に頼らなくなっているので、使うのは年輩の、なかでも近年の直接的な物言いに染まっていない女性が主。　例 I hear

that your granddaughter is looking forward to a happy event. (お孫さん、おめでたですってね。) ニュースで使ったり、年輩以外の人がふざけて用いたりすることも。

happy hunting ground《紋切型》「絶好の狩り場」
　よく行く場所、特に、いろいろ欲しい物を手に入れるために行く場所のこと。例 The local market used to be a happy hunting ground for antique dealers but nowadays it just sells rubbish. (地元の市(いち)は骨董業者には絶好の穴場だったが、今ではガラクタしか売っていない。) 20世紀に生まれたクリーシェで、今日も広く使われる。人は死んだら獲物がたっぷりいる極楽に行くという、アメリカ・インディアンの信仰から。

happy pair, the ⇨ HAPPY COUPLE, THE

hard act to follow, a《紋切型》「なかなか真似できない技」
　人や行ないが非常に優れていて、見習おうにも難しいということ。例 Our chairman has unfortunately retired and we shall have to replace him.　It's a pity; he's a hard act to follow. (議長があいにく引退してしまい、後任を探さねばならない。残念だ。あれだけの人はそうざらにいない。) 例 Last year's village fête was such a success that it will be a hard act to follow. (去年の村祭りは大成功だったから、またあれだけ上手くやるのは大変だ。) 元はアメリカの寄席用語で、人気のある芸 (act) の代わりを探すのは大変だという意味。イギリスでクリーシェになったのは20世紀後半からで、日常的な状況で使われる。別形に **a tough act to follow** がある。

hard and fast rule《紋切型》「厳格なルール」
　状況にかかわらず、変えたり無視したりできないルールのこと。例 The pupils can choose whether or not to wear school uniform. There are no hard and fast rules on the subject. (制服を着るか着ないかは生徒次第です。これについて絶対の規則はありません。) 当初は **hard and fast line** (厳格な一線) という形で、19世紀末、政治について使われた。hard and fast rule がクリーシェになったのは20世紀に入ってから。座礁した船を指す、**hard and fast** (まったく動かない) という海員用語から。

hard facts《紋切型》「厳然たる事実」

　要するに事実のことであり、hard はその事実が否定できないものであることを強調しているだけ。　例　I am sorry that they are having to leave the flat but the hard facts are that they cannot afford the rent.（アパートを出る破目になったのは気の毒だが、彼らには不相応な家賃であることも厳然たる事実だ。）　簡単な言葉に何らかの限定を付さずにはいられない人々が、まったく無意味に使うこともしばしば。19世紀中頃からクリーシェ。

has the cat got your tongue?《キャッチフレーズ》「猫に舌をとられたの？」

　何か答えてしかるべきなのに黙っている人に向かって言う。子供に向かって言うことが多いが、大人が彼らによく言うもろもろのクリーシェに対し、子供の方が何の答えも持たないのも無理からぬ話である。　例　What are you going to do when you grow up?　Has the cat got your tongue?（ねえボク、大人になったら何になるの？　どうしたの、ボクずいぶん大人しいのねえ。）　起源は不明。19世紀中頃から広く使われているが、最近はやや古臭くなってきた。子供は相変わらずこのフレーズに迷惑させられていて、使うのは年輩の人々が主。

have..., will travel《キャッチフレーズ》「...あり、即参上」

20世紀初めに登場した時点では、**have gun will travel**（当方銃あり、即参上）というキャッチフレーズだった。『タイムズ』紙（*The Times*）に載ったある個人広告で広まったといわれる。1960年代に、このタイトルを冠した連続テレビ西部劇が放映されてさらに広まり、その後は銃以外の品にもふざけて使われるようになった。 例 I'm looking for a job anywhere. It's a case of have laptop, will travel.（どこでもいいから仕事を探してるんだ。ノートパソコンあり、勤務地不問ってとこだね。） 例 The lease on my flat is up. Have bed, will travel.（アパートの契約が切れちゃってね。当方ベッドあり、どこでも伺います、だよ。）

have a bone to pick ⇨ BONE TO PICK, A
have a finger in every pie ⇨ FINGER IN EVERY PIE, HAVE A
have a lot on one's plate《イディオム》「皿にたくさん載っている」

やるべきことが山ほどあるという意味。たいていは仕事に関し、日常的な状況で非常によく使われる。 例 I'm sorry that I didn't return your call but I've got a lot on my plate just now.（折り返し電話しなくてごめん。今ちょっと仕事がたまっていてね。） 多すぎるほどたくさん料理を盛った、食べるのに時間がかかりそうな皿のイメージ。

have a nice day《キャッチフレーズ》「いい一日を」

標準的な挨拶。アメリカではトラックの運転手たちがCB無線で広め、非常によく使われる。イギリスではアメリカほどではないが、それでも、耳障りなくらいの頻度で使われることは間違いない。店員をはじめ、こっちが本当にいい日を過ごそうが過ごすまいがどうでもいいと思っている人が使うことが多いが、ひどく無礼な人物や、嫌なことをされた人物に対し、皮肉をこめて使うことも。 例 Oh, you've given me a parking ticket? Have a nice day!（えー、これで駐車違反なんですか？ どうもご親切に！） さらに不愉快な別形に **have a nice one** がある。

have gun will travel ⇨ HAVE..., WILL TRAVEL
have I got news for you?《紋切型》「ニュースがあるかって？」

これからすごいことを言うぞという予告。その情報が聞き手に

とって驚くべきものか、あるいは歓迎されざるものだというニュアンス。例 You thought he was the best candidate for the job? Well, have I got news for you? We've discovered that his qualifications are phoney! (あの男が第一候補だって言ってたよな？ それがさ、聞いて驚くなよ。あいつの履歴書、嘘八百だったんだ！) 例 Were you planning a weekend away? Well, have I got news for you? The boss says that we have to work overtime this weekend to finish the order. (週末は出かけるつもりだったかい？ それがさ、聞いてびっくり、社長がね、週末も出勤して注文を仕上げろってさ。) アメリカで生まれ、20世紀後半にイギリスでもよく使われるようになった。使うのはおおむね、悪い知らせを伝えるのを好むタイプの人間に限られる。

have it in for《紋切型》「根に持つ」

誰かに恨みを持っていたり、敵意を抱いていたりすること。 例 He's had it in for his neighbour ever since she complained about his dog. (犬のことで隣人に苦情を言われたことを、彼はずっと根に持っている。) 20世紀前半にクリーシェとして広まり、今日でもさまざまな場面で使われる。

have one's hands full《イディオム》「手一杯だ」

すべきことがたくさんあること。 例 With two young children to look after she has her hands full. (彼女は二人の子供の世話で手一杯だ。) 起源は15世紀にさかのぼり、今日でも大変よく使われる。

have someone over a barrel ⇨ BARREL, HAVE SOMEONE OVER A

have something up one's sleeve ⇨ UP ONE'S SLEEVE, HAVE SOMETHING

have the other half《紋切型》「もう半分行く」

もう一杯飲むこと。元々は、すでにビールを半パイント飲んだあとにもう半パイント飲むことをいったが、やがて他の酒にも使われるようになった。 例 You've finished your whisky? Will you have the other half? (ウイスキー、飲んじゃったかい？ もう一杯やるかね？)

have what it takes《紋切型》「それだけのものを持っている」

目指していることを成し遂げるのに十分な才能・勤勉さなどがあるということ。 例 She wants to be a professional singer but the

competition is so great and she really doesn't have what it takes. (プロ
の歌手になりたがってるんだけど、競争はすごく厳しいし、彼女にそこま
での才能はないね。) 20世紀に入って生まれたクリーシェで、今日
でも大変広く使われる。他人の能力を評価する立場からものを言う
わけであり、見下したような響きがある。

have you heard the latest? 《キャッチフレーズ》「最新のを聞い
た？」
　　聞き立てのゴシップを言いたくてうずうずしている時に使う。例
Have you heard the latest?　Mary and Jim have split up! (ねえねえ聞
いた？ メアリーとジム、別れちゃったんだってさ！) 20世紀に生まれ
たクリーシェで、今日もよく使われる。

head and shoulders above 《イディオム》「頭も肩も上で」
　　他人よりはるかに優れている人についていう。 例 She is bound
to do well in the exams.　She is head and shoulders above the other
pupils. (彼女はきっと試験でいい点をとるよ。抜群に優秀な子だから。)
19世紀中頃にクリーシェになり、今も大変広く使われる。文字通
りには、図抜けて背が高く、仲間に較べて頭も肩も上にある人とい
うイメージ。

head over heels 《紋切型》「足の上に頭が」
　　完全に、すっかり。恋愛に関して使われるクリーシェになったの
は19世紀で、現代でもよく使われる。 例 He has fallen head over
heels in love with his best friend's fiancée. (親友のフィアンセにぞっこん
惚れ込んでしまった。) 激しい恋に体がひっくり返ってしまいそう、
という発想だが、特に適切な比喩とも思えない。もう少し適切な
heels over head (頭の上に足が) という形は、14世紀から見られ
る。

heads will roll 《キャッチフレーズ》「首が転がるぜ」
　　厄介なことになるぞ、何らかの罰を受けるぞと脅かすフレーズ。
例 If the boss finds out that the office door was left unlocked over-
night, heads will roll! (一晩じゅう玄関の鍵がかかってなかったのが社長
にバレたら、ただじゃ済まないぜ！) 20世紀中頃に広まり、今日でも
広く使われる。フランスで処刑に使われたギロチンで首が転がった

ことから。

heart in mouth, with《イディオム》「心臓が口まで上がってきて」

恐怖、驚きの大きさを強調する。　例 With heart in mouth I watched the child balancing on the parapet of the bridge. (その子が橋の欄干を綱渡りのように渡るのを、私ははらはらして見守った。)　16世紀から使われている表現で、クリーシェになったのは18世紀。**one's heart is in one's mouth** という形もある。　例 Our hearts were in our mouths as we watched the police trying to get the man down from the roof. (警察がその男を屋根から下ろそうとするのを、私たちは手に汗にぎり見守った。)　突然恐怖やパニックに襲われた時に生じる、心臓が口まで飛び出してきたような息詰まる感覚を踏まえた表現。

heart is in the right place, one's《イディオム》「心が正しい場所にある」

善意の人間についていう。19世紀後半にクリーシェとなり、今日もよく使われる。その善意が、何か他の欠点を補なっているという含みがあることが多い。　例 He did the wrong thing by taking the child in, but his heart was in the right place. (その子を自宅に住ませたのはよくないが、善かれと思ってしたのだ。)　例 The headmistress seems very stern but her heart is in the right place.　She is very understanding if the children have real problems. (あの校長、えらく怖そうに見えるけど、根はいい人なんだ。子供が本当に困ったことになったら、ちゃんとわかってくれる女性さ。)　かつて、もろもろの感情が心臓に存すると信じられていたことから。

heart-to-heart《紋切型》「心臓から心臓＝腹蔵ない会話」

たがいの心臓があたかもすぐ近くにあるような、親密な内輪の会話ということ。20世紀初めにクリーシェになった **heart-to-heart talk** が短くなったもの。今日でもよく使われ、普通、感情を包み隠さず打ちあけあっているというニュアンスが伴う。

helping hand, a《紋切型》「救いの手」

単に help または assistance と言えば済むところを、やや重複的に言うフレーズ。起源は15世紀までさかのぼり、クリーシェになったのは18世紀。今日でも日常的な状況で広く使われる。　例

We are moving house tomorrow.　Could you give us a helping hand?（明日引っ越しなんだ。手を貸してもらえないかな？）

helping the police with their inquiries《紋切型》「警察の捜査に協力して」

　　警察に何か証言することだが、時に婉曲表現として、何らかの犯罪に関連して拘留されることを指す。例 A local man is helping the police with their inquiries into the disappearance of the child.（子供が行方不明になった件に関し、地元の男性が一人、警察に協力中である。）ニュースで多用されるのは、今後の裁判に影響を与えるのを恐れる警察の慎重な発言を引用しているためか。このフレーズが広まったのは犯罪小説・ドラマの影響が大。

here we go!《紋切型》「またはじまった！」

　　通常、もうすでに飽き飽きしていることがまたくり返されているというニュアンス。20世紀に生まれたクリーシェ。例 Here we go! She's going to tell us about her struggle to get to the top again.（やれやれ！　トップにのぼりつめるまでの苦労話がまたはじまったぜ。）もっと字義通りに、「そろそろはじめるぞ」の意味でも使う。**here we go!, here we go!, here we go!** と三度くり返すと、有名サッカーチームのサポーターのスローガン。

hide one's light under a bushel《引用》「明かりを升(ます)の下に隠す」

　　内気で控えめなせいで才能を明かさないこと。　例 I didn't know you could sing like that.　You must have been hiding your light under a bushel.（君がこんなに歌が上手いとは知らなかった。隠れた才能だねえ。）例 She is actually a very accomplished pianist but she rarely plays in public.　She prefers to hide her light under a bushel.（実はすごくピアノが上手いんだが、人前ではめったに弾かない。能ある鷹は爪を隠す、だね。）　新約聖書、マタイ伝(*Matthew*) 5章15-16節から。'Neither do men light a candle, and put it under a bushel, but on a candlestick . . . Let your light so shine before men, that they may see your good works . . .'（また人は燈火(ともしび)をともして升の下におかず、燈台の上におく。(...)斯(か)のごとく汝(なん)らの光を人の前にかがや

かせ。これ人の汝らが善き行為(おこない)を見て...。) bushel（升）とは重さの単位でもあり、1ブッシェルは約27キロ。19世紀中頃にクリーシェになった。

high and dry《イディオム》「岸に乗り上げて」

ひどく厄介な状況に取り残されたこと。 例 We thought that he was giving us a lift back to town. We were left high and dry when he drove off without us.（町まで乗せてくれると思ったのに、さっさと一人で帰ってしまうんだからね。こっちは途方に暮れたよ。） 19世紀末からクリーシェになっており、たいていは日常的な状況で、今も広く使われる。元来は海員用語で、座礁した船について使った。

hit it off《キャッチフレーズ》「そりが合う」

出会った人と意気投合すること。 例 I wasn't looking forward to meeting her since we have very little in common, but in fact we hit it off very well.（彼女とは共通点もろくにないので、別に期待していなかったんだが、会ってみたら実にうまが合った。） 18世紀末に生まれた表現で、今でも、きわめて改まった文脈を除き広く使われる。

hit or miss《紋切型》「当てずっぽう」

無計画、出たとこ勝負。 例 I've made something for the child to eat but I don't know what she likes and so it's a bit hit or miss.（あの子の食べる物を作ってあげたんだけど、好みがわからないから、とりあえず勘でやってみたの。） クリーシェになったのは20世紀に入ってからだが、発想としては16世紀にすでに見られる。標的に当たるか、外れるか、というのが元の発想。

hit the nail on the head《イディオム》「釘の頭を打つ」

きわめて正確であること、正しいことを言ったりやったりすること。 例 I think you hit the nail on the head when you said that she was naive.（彼女はまだ未熟だという君の発言、的を射ていると思うね。） 例 You hit the nail on the head when you diagnosed that the child had measles.（はしかだという診断、ずばり的中でしたね。） 16世紀初めから見られる発想で、クリーシェになったのは19世紀。文字通りには、金槌で釘の頭をしっかり打つということ。

hive of industry, a《イディオム》「活気満点」

さまざまな行動が活発になされている場をいう。 例 We were all sewing like mad to get her wedding dress finished in time. The room was a hive of industry. (式に間に合うようにとみんな必死で彼女のウェディングドレスを縫い、部屋じゅう活気に満ちていた。) 19世紀末にクリーシェとなり、今日もよく使われる。巣に住む昆虫たちはいつもあわただしく働いているように見えることから。別形に **a hive of activity** がある。 例 All the children were busy writing a story. The classroom was a real hive of activity. (子供たち全員がせっせとおはなしを書いていて、教室は活気にあふれていた。)

holding the baby ⇨ BABY, LEAVE SOMEONE HOLDING THE

hold one's own 《紋切型》「持ちこたえる」

競争や攻撃に耐え、自分の位置を守り通すこと。 例 She was much the less experienced tennis player but she held her own against the defending champion. (テニスの経験ははるかに劣ったが、チャンピオンを相手に彼女は堂々善戦した。) 16世紀から使われている表現で、19世紀にはクリーシェになっていた。医学上のクリーシェとしても使われ、患者について用いた場合、容態が悪化してはおらず、生き延びようと頑張っているという意味。 例 He was very badly injured in the accident but at the moment he is holding his own. (事故で大けがをしたが、今のところどうにか持ちこたえている。)

hold the fort 《イディオム》「とりでを守る」

誰かがいない間、もしくは誰かが着くまで、何かの世話をしていること。ビジネスで多用される。 例 I have to go to the dentist this morning. Do you think you could hold the fort to save me closing the shop for the morning? (今朝ちょっと歯医者に行かなくちゃならないんだ。そのあいだ君、一人でやってくれるかな？ そうすると午前中、店を閉めずに済むんだが。) 南北戦争期(1861-65)にアメリカで生まれた。クリーシェになったのは20世紀になってからで、今日もよく使われる。

hold your horses 《イディオム》「馬たちを抑えろ」

おおむね命令形で使われ、早まるな、ちょっと待てということ。 例 Hold your horses! You can't book the holiday yet. We haven't all agreed on where we're going. (先走らないでよ！　まだ休暇の予約しちゃ駄目よ。どこに行くか、まだみんなの意見がまとまってないんだから。)

home James!《キャッチフレーズ》「いざ帰途に、ジェームズ！」

車やバスの運転手に、出発してくれということ。　例 Right! Everyone is back in the bus. Home James! (よーし、みんな戻ってきたな。では出発進行！)　例 The children are settled in the back seat. Home James! (子供たちはみんなうしろに乗ったし、これでよし。帰りなん、いざ！)　19世紀末から使われはじめ、今日でも冗談まじりに使われることはあるが、やや古臭い。文字通りには、家まで大急ぎで行くよう御者に告げる科白。

honest truth, the《紋切型》「掛け値なしの真実」

何かが真実であることを強調する。　例 I had nothing to do with it and that's the honest truth. (僕はいっさい関係していません、誓って真実です。)　19世紀末に生まれ、今もクリーシェとして広く使われる。実は嘘を言っているのを隠すために使われることも少なくない。

hope against hope《間接的引用》「一縷(いちる)の望みをかける」

叶う見込みがほとんどないのに希望を持ち続けること。　例 The children were hoping against hope that it would snow on Christmas Day, although they were having a very mild spell of weather. (ひどく穏やかな天気が続いていたのに、クリスマスに雪が降れば、と子供たちは空しく望んでいた。)　19世紀末からクリーシェとして使われ、今日も広く使われている。新約聖書、ロマ書 (*Romans*) 4章18節より。'Who against hope believed in hope, that he might become the father of many nations.' (彼は望むべくもあらぬ時になほ望みて信じたり(...)是(これ)多くの国人(くにびと)の父とならん為なりき。)

horns of a dilemma, on the《イディオム》「どうしようもない板ばさみ」

どちらも等しく望ましくない二つの選択肢を抱え込んだ事態をいう。　例 She was on the horns of a dilemma. She could not decide whether to accept a lift home from him and be bored out of her mind or to wait for the bus and get soaking wet. (究極の選択とはまさにこのことだった。彼の誘いを受けて車に乗せてもらったら発狂するほど退屈だろうし、バスを待てばびしょ濡れになるだろうし。) 中世の修辞法で dilemma (両刀論法) とは、相手の主張にとっていずれも不利な二つの陳述を取り上げ、そのどちらかが真だと説く論法を意味した。これが角(つの)が二つある動物にたとえられた。そして、相手はどちらを真と認めても自分に不利を招くわけであり、そこから、どちらかの「角」にわが身を刺してしまう姿が思い描かれた。現代のクリーシェとしては、主としてインテリや、改まった英語を使いたがる人が用いる。

horses for courses 《キャッチフレーズ》「コースの向き不向きは馬それぞれ」

ある人や物にとって適切・妥当なものが、他の人や物にもそうだとは限らないということ。 例 We like to try to provide a wide range of hobbies for our members to choose from. We know there are horses for courses. (会員の皆さまがお好みに応じてお選びになれるよう、多種多様な娯楽を揃えるよう努めております。好みは十人十色ですから。) 例 This drug worked for your mother but it might not work for you. There are horses for courses in the medical world. (この薬、お母さまには効きましたが、あなたには効かないかもしれません。薬にも向き不向きがありますから。) 20世紀後半に一般的なクリーシェとなった。あるコースはある馬に向き、別のコースは別の馬に向くという事実から。

hot dinners, more...than you've etc. had ⇨ MORE... THAN YOU'VE ETC. HAD HOT DINNERS, I'VE ETC. HAD

how long is a piece of string? 《キャッチフレーズ》「糸の長さは?」

どう答えていいのか、まるで思いつかない質問への返答に使われる。 例 How long will it take to finish this? How long is a piece of string? (終わるのにどれくらいかかるかって? 見当もつかないね。) 必ずしも長さに関する質問である必要はない。 例 How much would it cost to renovate that old house? How long is a piece of string? (あの古家を直すのにいくらかかるかって? そんなこと訊かれてもねえ。)

1920年代あたりから落とし穴的な質問として使われるようになり、やがて今日のような用法になった。

how time flies 《イディオム》「時間は本当に飛ぶ」

時の経つのは早いものだ、という思いを強調していう。 例 Is it midnight already? How time flies! (もう午前零時? あっという間ねえ!) 時間が「飛ぶ」という発想はきわめて古く、ローマにも *tempus fugit* (時は飛ぶ・逃げる) ということわざがあった。現在の形のクリーシェは20世紀に入ってから。今日も広く使われるが、皮肉っぽく用いられることもあり、特に **how time flies when you're having fun** (楽しい時は時間の経つのが本当に早い) という長い形で使われる場合は皮肉であることが多い。 例 This lecture seems to have been going on for hours. How time flies when you're having fun! (この講義、もう何時間もやってる気がするよ。楽しいと時間がまたたく間に過ぎるねえ!)

how to win friends and influence people 《キャッチフレーズ》「いかにして友を作り人を動かすか」

現在では皮肉に使われることがほとんど。 例 You have just upset the whole office with your tactless remark. How to win friends and influence people! (君があんな不用意なこと言うもんだから、会社じゅうみんなカッカしちゃったじゃないか! まったく君、友を作り人を動かすのが上手いな!) 例 He really knows how to win friends and influence people. He just poured a glass of red wine down the boss's wife's dress. (あんな世渡り上手はいないぜ。たった今、社長の奥さんのドレスに赤ワインをぶちまけたところさ。) デイル・カーネギーの著書の書名としてアメリカで広まった (Dale Carnegie, *How to Win Friends and Influence People*, 1936; 邦題『人を動かす』)。イギリスでは1940年代末から、当初は皮肉抜きで使われた。

how was it for you? 《紋切型》「君はどうだった?」

20世紀後半に生まれた、セックスのあとで相手に満足度を訊ねる決まり文句。あまりに使い古されているので、今ではコメディなどでユーモラス・皮肉に使われるのが普通。

hue and cry 《紋切型》「非難囂々(ごうごう)」

hue and cry

抗議・苦情の声が公に上がることをいう。 例 There was a real hue and cry when they threatened to close our local post office. (地元の郵便局を閉鎖するという話が出ると、いっせいに抗議の声が上がった。) 19世紀中頃からクリーシェ。元来は、アングロノルマン語の法律用語 *hu et cri* で、犯罪を犯した人物の捜索に加わるよう人々に対してなされた呼びかけのこと。叫んだり、その他何らかの形で音を立てることが法律によって求められた。

Hold Your Horses

I

I am not my brother's keeper ⇨ KEEPER, I AM NOT MY BROTHER'S

if it ain't broke don't fix it ⇨ LEAVE WELL ALONE

if the cap fits, wear it 《ことわざ》「帽子が合うなら被りなさい」

思いあたる節があれば、事実として認め、受け入れるべきだということ。 例 I don't know if she's right when she calls you a womanizer but if the cap fits, wear it. (君のことを女たらしだと言う彼女の言葉が正しいかどうか知らないが、自分でも思いあたる節があるなら、気をつけた方がいい。) 後半は言わなくてもわかるということで、**if the cap fits** とだけ言うことも多い。 例 No one has accused him of getting the job dishonestly, but if the cap fits. (汚いやり方であの職に就いたとは誰も責めていないが、彼にも思いあたるところはあるでしょう。) ここでいう帽子とは、宮廷仕えの道化が被っていた帽子を指すと思われる。

if the mountain will not come to Mohammed /mouhǽməd/, **Mohammed must go to the mountain** 《ことわざ》「山がマホメットに近づこうとしないなら、マホメットの方で山に出向くしかない」

自分が会いたいと思っている相手に来る意思がなかったり、来られなかったりしたら、こっちから会いに行くしかないということ。「相手」が物や事態でも使える。フレーズの後半はしばしば省かれる。 例 I asked my sister to come and discuss our father's birthday party, but she cannot leave the children. Ah well, if the mountain cannot come to Mohammed. (私のところで父の誕生日パーティーの打ち

合わせをしようと姉を誘ったが、向こうは子供たちを置いてこられない。仕方ない、こっちから行くしかないな。) 転じて、思い通りに行かない時は、事実を受け入れ、しかるべき行動をとるべきだという意味で使われることも多い。奇跡を起こす力を見せろと言われたマホメットが、ソファ山 (Mount Sofa) を呼び寄せようとしたエピソードから。山がいっこうに動こうとしないのを悟ったマホメットは、自分から出向かなくてはいけないことを認めたという。さまざまな状況で用いられるが、使うのは文学好きや学者肌の人に限られる。

if the worst comes to the worst《紋切型》「最悪が最悪になれば」

最も不都合な事態が起きたらという意味で、たいていの場合、きわめて抜本的な対策が講じられることになるという含み。 例 If the worst comes to the worst, we can always sell the house and buy a small flat. (いざとなったら、いつでも今の家を売って、小さなマンションを買えばいい。) 16世紀末に生まれた表現で、19世紀末からクリーシェとして広く使われるようになった。

if you can't beat 'em/them, join 'em/them《キャッチフレーズ》「勝てない相手とは手を組め」

1940年代初めにアメリカで生まれた。 例 If the students upstairs are insisting on having a party you might as well go to it. If you can't beat 'em, join 'em. (上の階にいる学生たちがどうしてもパーティーを開くって言うんなら、いっそ君も行けばいい。長いものには巻かれておけ。) 主に日常的な状況で用いられる。

if you can't stand the heat, get/keep/stay out of the kitchen《キャッチフレーズ》「暑さに耐えられないならキッチンに入るな」

ストレスや緊張にうまく対処できないなら、困難な仕事を引き受けるべきではないということ。 例 The young woman burst into tears on her first day as a teacher and was told by a colleague, 'If you can't stand the heat, stay out of the kitchen.' (その若い女性は、教壇に立った初日に泣きくずれてしまい、「このくらい我慢できないんなら、やめてしまいなさい」と他の教師に言われた。) 1950年代中頃にアメリカで生まれ、トルーマン大統領 (Harry S Truman) が好んで用いたフ

レーズ。

if you've got it flaunt it《キャッチフレーズ》「持ってるものはひけらかせ」

20世紀後半から使われているフレーズ。持っているものを最大限に活用すべきだ、ということ。肉体的魅力について言われることも多く、日常的な状況で用いられる。 例 Why shouldn't she wear a low-cut dress. She's got the figure for it. If you've got it flaunt it! (胸元のえぐれたドレスを着たっていいじゃないか。いいスタイルしてるんだから、見せびらかさなくちゃ損さ!)

ignorance is bliss《間接的引用》「無知は至福」

トマス・グレイの詩「イートン校の遠望に寄せる頌歌」(Thomas Gray, 'Ode on a Distant Prospect of Eton College', 1742)の結句から。'Where ignorance is bliss, / 'Tis folly to be wise.'（無知が至福であるところで　分別ある身でいるのは愚かだ。）心穏やかでいるためには、真実を知らない方がいい場合もあるということ。　例 She thinks her husband is faithful and don't tell her otherwise. Ignorance is bliss, as they say.（彼女は夫の貞節を信じているんだから、余計なことを言うなよ。知らぬが仏ってやつさ。）　19世紀にクリーシェとなった。

I hate to mention it but . . .《紋切型》「言いたくはないんですが・・・」

聞き手が知りたくないようなことを言う時に使う。実際には嬉々として話す導入に使われることも多い。例 I hate to mention it but you now owe me over £200.（言いづらいんだけど、君にはもう200ポンド以上の貸しがあるんだよね。）　主に日常的な状況で使われるフレーズで、19世紀末に生まれた。

I hope we will always be friends《紋切型》「ずっと友達でいたい」

ガールフレンド／ボーイフレンド／パートナー／配偶者との関係の終焉を伝える時に広く使われる。　例 I'm moving out because I don't love you anymore and I've found someone else. But I hope we will always be friends.（出ていくよ。もう君のことを愛していないから。他に好きな人ができたんだ。でも、ずっと友達でいたいと思っているよ。）20世紀後半に生まれた表現。こう言われた人は、自分を捨てようとしている相手に一転して友愛の情を感じるようになれるはずもなく、状況が和らげられることはまずない。

I'll be in touch《紋切型》「連絡するよ」

20世紀後半から使われているフレーズ。日常的な状況で、単に会話や内輪の集まりを終わらせる言葉として用いられる。真剣に連絡をとろうするつもりがないことも多く、時にはそんな気などまったくない場合も。　例 I'm sorry I can't come to the party with you but I'll be in touch. (一緒にパーティーに行けなくてごめんなさい。また連絡するわ。) 次のような言い方もある。**I'll give you a ring** (あとで電話します), **I'll give you a call** (あとで電話します), **I'll get back to you** (あとでこっちから連絡します)。

ill-gotten gains《紋切型》「不正に得た利益」

不法・悪質な手段で獲得した金銭や利潤。 例 He's in prison but his wife and family are living off his ill-gotten gains. (本人は服役中だが、妻と子供は彼が悪事をして稼いだ金で暮らしている。) 今日では、皮肉やユーモアを交えて使われることも多い。 例 Well, it's pay day. What are you going to do with your ill-gotten gains? (さあ今日は給料日だ。君、あぶく銭を何に使う?) 19世紀にクリーシェとなった。

I'm a stranger here myself《紋切型》「私もここではよそ者なので」

20世紀後半から使われているフレーズ。不案内な土地で道を訊かれた時に言う。 例 I'm sorry I don't know where the post office is. I'm a stranger here myself. (ごめんなさい、郵便局の場所は知らないんです。私もここの者じゃないんで。) 他人が使うと文句を言いたくなるが、いざそれらしい状況に自分が置かれると、つい口に出てしまう類のクリーシェ。

in a certain/interesting condition《婉曲》「ある特定の / 興味深い状況にある」

妊娠していること。例 At one time women were expected to leave work if they were in a certain condition. (かつては、妊娠した女性は仕事を辞めるものとされていた。) 19世紀中頃にクリーシェとなった。妊娠を率直に口にすることが以前ほど敬遠されない今日では、むしろ時代遅れな表現。やや改まった文脈で、主に年輩者が使うか、それ以外の人が皮肉やユーモアを意図して使ったりする。⇨ DELICATE CONDITION, A; IN THE FAMILY WAY

in all conscience《紋切型》「良心全体にかんがみて」

どんな道理に照らし合わせても、公平に言って、ということ。例 I cannot in all conscience recommend him as a good worker. (正直言って、彼のことをいい働き手とはとうてい勧められない。) 口癖になって

いる人もいて、場つなぎ的に、ほとんど意味なく使うことも多い。18世紀からクリーシェとして広く使われるようになった。

in all honesty 《場つなぎ》「とことん正直に言うなら」
　　ある物事が真実であることを強調するのに使われるように思えるが、たいていは場つなぎ的に意味もなく、ほとんど惰性で使われる。　例 In all honesty, I think we should finish work for today. (正直なところ、今日の仕事はもう終わりにすべきじゃないですかね。)

in a meeting 《紋切型》「会議中」
　　ビジネスで使われるクリーシェで、20世紀後半に生まれた。顔を合わせたくなかったり、応対したくない時などに、遠回しな断りの文句として多用される。　例 I am sorry Mr Jones cannot listen to your complaint in person.　He is in a meeting. (申し訳ございませんが、ミスター・ジョーンズ本人がお客様のご不満を直接おうかがいすることはいたしかねます。ただ今、会議中でして。)　受付嬢や秘書、助手、同僚などが、うっとうしい客や用件から上司や仲間を守ろうとして、会議中であろうとなかろうと使う。⇨ AWAY FROM ONE'S DESK

in a nutshell 《紋切型》「ナッツの殻に」
　　簡潔に言うと、の意。　例 In a nutshell they lied. (要するに、彼らは嘘をついたんです。)　大変広く用いられる表現。19世紀中頃にクリーシェとなった。ナッツ類の殻が小さくて、少ししか中身が入らないことから。古代ローマの文人プリニウスの『博物誌』(Pliny, *Natural History*, 77) によれば、キケロ (Cicero) はあるところで、ホメーロスの叙事詩『イリーアス』(Homer, *Iliad*) の羊皮紙写本がクルミの殻の中に納められていたと書いている。長ったらしい発言の前置きに使われることも少なくなく、誤った希望を聞き手に抱かせるフレーズ。

in any shape or form ⇨ SHAPE OR FORM, IN ANY

in a tick/in two ticks 《紋切型》「一つ／二つチクタク鳴る間に」
　　ごく短い時間で。しかし、実際はこう言っておきながら結構長い時間かかってしまう人もよくいて、誤った希望を聞き手に抱かせることも多い。　例 If you have a seat the doctor will be with you in a tick. (お掛けになってお待ちください。先生はすぐいらっしゃいますから。)

時計の秒針が時を刻む音から。**in a minute**（すぐに）よりもくだけた表現で、口癖のようになっている人もいる。

in cold blood ⇨ COLD BLOOD, IN

inferno, blazing ⇨ BLAZING INFERNO, A

in flagrante delicto /in frəgrǽnti dilíktou/《外来語》「現行犯で」

　元はラテン語で、英語のクリーシェとしては、まさに犯行が行なわれている最中に、の意。[例] She thought her adultery would go unsuspected but her husband came home and found her and her lover in flagrante delicto. （不倫がバレるまいと彼女は思っていたが、たまたま帰宅した夫に、愛人と一緒にいる現場を見られてしまった。）　文字通りの意味は違うが、A・P・ハーバートは『神聖ならざる結婚』(A P Herbert, *Unholy Matrimony*) の中で、この表現の言い換えとして 'in flagrant delight'（目に余る歓喜のさなか）を提案している。英語のクリーシェとしては、19 世紀から広く使われているが、今日では改まった状況で使われたり、学者肌、文学好きの人に用いられたりする場合がほとんど。

in high dudgeon《紋切型》「激昂して」

　憤慨して、苛立って。[例] She went off in high dudgeon when we refused to do what she wanted. （私たちが要望を拒絶すると、彼女はいたく立腹した。）　'dudgeon' は anger の古語。19 世紀中頃にクリーシェとなった。

in less than no time《紋切型》「ゼロ以下の時間で」

　きわめて迅速に。待ちきれずに苛々している人を落ち着かせるために日常的な状況でよく使われる。[例] Don't cry. Your mummy will be here in less than no time. （泣かないで。お母さん、すぐ帰ってくるからね。）

inner man, the《紋切型》「内なる人」

　胃のこと。[例] I'm almost ready to go but the inner man is in need of some sustenance. （出かける用意はほとんどできたんだが、腹に何か入れとかないとね。）　元々は魂のことで、現在の意味になったのは 18 世紀末。今日ではたいてい、ふざけて、もしくは大げさな口調で使われる。

in no uncertain terms/manner《紋切型》「はっきりした言葉/態度で」

　明瞭に、率直に。例 I told her in no uncertain terms exactly what I thought of her behaviour.（こっちが彼女の振る舞いをどう思っているか、はっきり言ってやった。） 20世紀に入ってクリーシェとなった。

in one ear and out the other ⇨ GO IN ONE EAR AND OUT THE OTHER

in one's pocket ⇨ POCKET, IN ONE'S

in point of fact《場つなぎ》「実は」

　同じく場つなぎのフレーズ **in fact** と同じ意味。どちらも意味なく、必要もなしに使われることが多い。 例 In point of fact I haven't seen him for weeks.（実のところ、もう何週間も彼の姿を見ていません。） 18世紀初めに生まれた表現で、今も大変よく使われる。

ins and outs, the《紋切型》「内と外」

　物事のあらゆる側面や細部のこと。 例 I'm not agreeing to the plan until I've had a chance to consider all the ins and outs.（すべて一通り検討してからでないと、企画には同意できません。） 元々は、道があちこち曲がりくねったりしているというイメージで、状況が複雑なことを示唆する。in はカーブの内側、out は外側。19世紀末にクリーシェとなり、今は主に日常的な状況で用いられる。

in seventh heaven ⇨ SEVENTH HEAVEN, IN

interesting condition ⇨ IN A CERTAIN/INTERESTING CONDITION

in the bag ⇨ BAG, IN THE

in the balance, to hang ⇨ BALANCE, HANG IN THE

in the cold light of day ⇨ COLD LIGHT OF DAY, IN THE

in the dark《イディオム》「闇の中」

　ある物事に関して、まったく、もしくはほとんど知識がないこと。 例 The workers are completely in the dark about what's happening to the firm.（会社が目下どうなっているのか、労働者たちは何も知らされていない。） 現代的な響きがする表現だが、実のところ、知識の欠如を暗闇と結びつける発想は、ローマ時代までさかのぼる。今日も日常的な状況で広く用いられる。

in the dim and distant (past)《紋切型》「はるかなる日々に」

たいていはふざけて、ごく最近のことや比較的近い過去のことをいう。[例] I used to wear shoes like that in the dim and distant when I was a teenager. (はるか昔、若かりし十代には私もよくあんな靴を履いたものよ。) 20世紀に生まれた表現。

in the family way《婉曲》「家庭的な状態で」

妊娠していること。[例] She's taking time off work because she's in the family way. (現在彼女は産休を取っています。) IN A CERTAIN/INTERESTING CONDITION (⇨) よりずっとくだけた表現で、あからさまに 'pregnant' (妊娠している) と言われるようになった今日も、依然生き延びている。

in the final analysis《紋切型》「最終分析において」

結局は。[例] You can make as many suggestions as you like but in the final analysis she will do just as she pleases. (思いついたことは何でも言えばいいが、どうせつまるところ、彼女は自分の好きなようにするだろう。) **after all is said and done** (すべてを言い尽くしたあと＝結局) のもったいぶった類似表現で、口癖になりやすいフレーズ。

in the fullness of time ⇨ FULLNESS OF TIME, IN THE

in the land of Nod《紋切型》「ノドの地にて」

眠っていること。[例] The children were all safely in the land of Nod when we left. (私たちが出かけた時は、子供たちはみんなすやすや眠りの国にいた。) Nod とは、カイン (Cain) が弟アベル (Abel) を殺害したのちに追われて流れ着いた地のことだが (創世記 (*Genesis*) 4章16節)、このフレーズの起源としては、眠気に襲われてうとうとする (nod) ことをかけたものと思われる。ジョナサン・スウィフトは『上流会話術集粋』(Jonathan Swift, *A Complete Collection of Genteel and Ingenious Conversation*, 1738) の中で、眠りにつくことを 'going to the land of Nod' (ノドの地に赴く) と表現している。今日ではおどけて使うのが常。

in the land of the living《間接的引用》「生者の地で」

生きていること、存在していること。出典は旧約聖書、エレミヤ記 (*Jeremiah*) 11章19節。'Let us cut him off from the land of the living, that his name may be no more remembered.'(かれを生(いく)る者の地より絶(た)てその名を人に忘れしむべし。)今日では、ふざけて使うか、くだけた状況で用いるのが普通。 例 I'm lucky to be still in the land of the living after that heavy branch fell on me.(あんな大きな枝に直撃されたっていうのに、まだ生きてるなんてツイてるよ。)

in the pipeline《紋切型》「パイプラインの中」

1960年代から70年代にかけて流行(はや)った表現。進行中、処理待ちということ。 例 The present figures do not take account of wage increases that are in the pipeline.(現在の数値には交渉中の賃金アップが計算に入っていない。) pipeline とは、文字通りは石油や水を運ぶ長い配管。物資がパイプラインの中にあるなら、まだ届いてはいないということ。

in this day and age《場つなぎ》「今日この時代において」

単に now(今)の意。例 Fancy having such dreadful toilet facilities in this day and age.(この御時世に、あんな不潔なトイレがあるとはね。)極端に改まった状況を除き、あらゆる場面で非常に広く用いられる。

in vino veritas ⇨ VINO VERITAS, IN

iron hand in the velvet glove, the《イディオム》「ビロードの手袋をはめた鉄の手」

優しさや寛大さの仮面の下に、厳しさや冷酷さが隠れていること。例 The children thought that they would have an easy time with the smiling young teacher, but they soon discovered that it was a case of the iron hand in the velvet glove.(ニコニコ笑っている若い先生を見て、これは楽勝、と子供たちは思ったが、どっこい、笑顔の奥は鬼だとじき思い知った。) トマス・カーライル『当世政治論パンフレット集』(Thomas Carlyle, *Latter-Day Pamphlets*, 1850)に、この句はナポレオン・ボナパルト(Napoléon Bonaparte)に由来するとある。

it beats cock-fighting ⇨ BEATS COCK-FIGHTING, IT
it beats me ⇨ BEATS ME, IT
it fell off the back of a lorry《紋切型》「トラックの荷台から落ちた」

20世紀中頃に生まれた表現で、日常的な状況で用いられる。思いがけず、安価で、時には怪しげな手段で手に入れた物のことをいう。 例 You won't get a mountain bike as cheaply as Jim's. I'm sure his fell off the back of a lorry. (ジムみたいに安くマウンテンバイクを手に入れるなんて、できっこないさ。あれって絶対怪しいよな。) 盗まれた、もしくはその可能性のある品物についていうことが多く、たまたま荷台から落ちたのではないという含みがある。

it goes without saying ⇨ GOES WITHOUT SAYING, IT/THAT

it happens《紋切型》「よくあることだ」

　何か不快な出来事を、達観して受け入れるフレーズ。 例 It's sad that they've divorced but it happens. (彼らが離婚したのは悲しいけど、仕方がないよ。) THESE THINGS HAPPEN (⇨) とも言う。どちらも、不快な出来事に襲われたばかりで、まだ悟りの境地に達していない人に向かって使っても、その人を苛立たせたり、動転させたりするだけである。

I think I can safely say《場つなぎ》「こう言っても差し支えないと思う」

　無意味でもったいぶった導入句。講演などで多用される。 例 I think I can safely say that educational standards have never been higher. (こう言っても過言ではありますまい。かつて、これほどまでに教育水準が高かったことはない、と。)

it'll be all right on the night ⇨ ALL RIGHT ON THE NIGHT, IT'LL BE

it never rains but it pours《ことわざ》「降ればいつも土砂降り」

　何か良くないことが起こる時には、それがきわめて悪いことであったり、他の不幸が次々とあとに続いたりするということ。 例 The fridge has broken down and now the car won't start. It never rains but it pours. (冷蔵庫が壊れたと思ったら、今度は車が動かない。踏んだり蹴ったりだ。)

it's a far, far, better thing that I do now《間接的引用》「今私がしていることは、ずっとずっと立派なことだ」

　ディケンズ『二都物語』(Charles Dickens, *A Tale of Two Cities*,

1859) の最後でシドニー・カートン (Sydney Carton) が行なう演説から。'It is a far, far better thing that I do, than I have ever done.' (私がしていることは、これまで私が行なってきたいかなる行為よりも、ずっとずっと立派なことなのです。) これに間違って 'now' を付け加えて使われる場合がほとんど。今日では、文学好きの人が、おどけて、もしくは皮肉に、取るに足らない行為を崇高な自己犠牲であるかのように誇張して言う時に用いる。 例 My sister couldn't get a ticket for the concert and so I gave her mine. It's a far, far, better thing that I do now. (妹がコンサートのチケットをとれなかったので、私のをあげた。生まれてこのかた、こんな善行は初めてだ。)

it's all right for some ⇨ ALL RIGHT FOR SOME, IT'S

it's always darkest before the dawn 《イディオム》「夜明け前がいつも一番暗い」

何かのトラブルに巻き込まれた人を、巻き込まれていない人が励ます時に使う。 例 I know you're feeling hurt by your wife's rejection but things will improve. It's always darkest before the dawn. (奥さんに拒絶されたことで君が傷ついてるのはわかるけど、じきにいい方向に向かうさ。夜明け前が一番暗いって言うだろ。) ある人々にとっては、他人の不幸以上にクリーシェを誘発するものはない。よせばいいのに、相手を苛立たせること間違いなしの決まり文句を口にせずにはいられないのである。 ⇨ DARKEST HOUR IS JUST BEFORE THE DAWN, THE

it's a small world 《紋切型》「小さな世界だ」

思いもよらぬ場所で知人と偶然はちあわせた時などに使われる。 例 We were climbing in the Himalayas and met our next-door neighbours. It certainly is a small world. (ヒマラヤ山脈を登っていたら、お隣の一家とばったり顔を合わせた。まったく世間は狭い。) 20世紀にクリーシェとなった。

it's for your own good 《紋切型》「君のためを思ってのこと」

しばしば何かの懲罰として、相手を何か不快な目に遭わせたり、不快なことを言ったりする時に使う。相手は若者であることが多い。 例 We did not want to cut off your allowance but it's for your own good.　You must learn the value of money. (小遣いを減らしたいわけじゃないんだが、これもお前を思ってのことなんだ。金の有難味を学ばなくちゃいかん。)

it's not for me to say《紋切型》「私などが言うべきことではないが」

　ほとんど意味のないフレーズ。言うべきことではないと断っておきながら、たいていはどうせその次に言うのだから。 例 It's not for me to say, but he is quite obviously making the biggest mistake of his life. (言いたくはないけど、彼が人生最大の過ちを犯そうとしているのは明らかだ。) 癖になりやすいクリーシェ。

it's not over till the fat lady sings ⇨ TILL THE FAT LADY SINGS

it's not the end of the world《紋切型》「この世の終わりではない」

　どれほど悪い状況に追い込まれようと、それよりさらにひどい事態もありえたという意味。些細なこと── 例 I know you have missed the bus but it's not the end of the world. (バスに乗り遅れたのはわかるけど、それで世界が終わるわけじゃないんだから。)──から、深刻なこと── 例 I've just been declared redundant but I suppose it's not the end of the world. (たった今クビを宣告されたが、まあこの世が終わったわけじゃないよな。)──に至るまで、広く用いられる。

it stands to reason《場つなぎ》「理に適っている」

　単に発言を切り出すためのフレーズ。当の発言は、さほど理に適ったものでも、明らかなものでもないことが多い。 例 It stands to reason that the staff will do anything to keep their jobs. (当然のことながら、クビにならないためなら職員は何だってやるものだ。) 16世紀から使われている表現で、クリーシェとなったのは19世紀。

it takes all sorts (to make a world)《紋切型》「(世界を作るには)あらゆる類の人々が要る」

　人類は多種多様な人々から構成されているということ。誰か他人について不平をこぼしている人に対して使うことが多い。 例 You might think he's got peculiar tastes, but it takes all sorts. (彼のことを変わった趣味だと思うかもしれないが、世の中ほんとに百人百様だからね

え。) 長い形もある。 例 She's not exactly my favourite person but it takes all sorts to make a world. (僕好みの人物とは言いがたいが、まあ人それぞれだからね。) 長い方の表現は17世紀から使われている。短い方は19世紀末に使われ出し、20世紀にクリーシェとなった。

it takes one to know one 《キャッチフレーズ》「蛇(じゃ)の道は蛇(へび)」
　日常的な状況で使う。他人が盗みを働いた形跡を泥棒がすばやく見つけられるように、ある種の悪事を働いた人をすばやく見とがめて非難する人は、えてして自分も同じ悪事を働いている場合が多いということ。 例 Mary's husband says that Jim is being unfaithful to his wife. Well, you know what they say. It takes one to know one. (ジムが浮気しているってメアリーの亭主は言ってるけど、ほら、よく言うじゃないか。二人とも同じ穴のムジナだよ。) 20世紀にクリーシェとなった。

it takes two to tango 《キャッチフレーズ》「二人いないとタンゴは踊れない」
　ある種の行動は二人揃わないと行なえないから、双方が責任を持たねばならないということ。1930年代からよく使われている表現で、性的な含みがあることも多い。 例 You can't put all the blame on your husband's girlfriend. It takes two to tango. (何もかも亭主の愛人のせいにすることはできないよ。女一人でできることじゃないんだから。) 日常的な状況で用いられる。タンゴはカップルで踊るラテンアメリカ起源のダンス。

it will all come out in the wash 《イディオム》「洗えばすべて落ちる」
　最後にはすべてうまく行くということ。 例 Try not to worry about your sister's marriage problems. It will all come out in the wash. (妹さんが夫とうまく行ってないのを気に病むのはやめた方がいい。待てば海路(かいろ)の日和(ひより)ありさ。) 19世紀に生まれた表現で、衣服を洗濯して泥やしみを落とすことから。「露顕する、ばれる」の意も。

I've got a headache 《紋切型》「頭痛がする」
　女性がセックスの誘いを断る口実に使う、と俗に思われているフレーズ。 例 Not tonight, darling. I've got a headache. (今夜はダメ

I've got a headache

よ、ダーリン。頭が痛いの。) 今日では、おどけて使ったり、皮肉っぽく使ったりする。20世紀にクリーシェとなった。

J

jack of all trades, a 《紋切型》「どんな職もこなす人」

広範囲にわたって、さまざまな種類の仕事が一通りできる人のこと。例 There is no need to get a whole team of tradesmen to do your repairs. The man who lives next door to us is a real jack of all trades. (専門の職人さんに何人も修繕に来てもらう必要はないよ。お隣さんなら一人で何から何まで器用にこなせるじゃないか。) 17世紀初めから使われている。クリーシェとしては古臭い感じになってきており、軽蔑的な調子で使われることが多い。**a jack of all trades and master of none** (多芸は無芸、器用貧乏) といった表現に見られるように、いろんな仕事に手を染めようとする人は、結局どの仕事においても大したことはないというニュアンスが伴う場合も。

jam tomorrow 《紋切型》「明日のジャム」

繁栄や幸せが将来やって来る、という意だが、バラ色の未来が訪れるまではある程度の辛苦も仕方ないという含みを伴うのが普通。マーガレット・サッチャー (Margaret Thatcher) が首相だった1980年代のイギリスで大変よく使われた。 例 There is little point in promising people jam tomorrow when they are losing their jobs because of the recession. (不景気でみんなどんどん失業しているというのに、明日の繁栄を約束したところで意味はない。) クリーシェとして今もよく使われ、たいていは経済について用いられる。ルイス・キャロル『鏡の国のアリス』(Lewis Carroll, *Through the Looking Glass*, 1871) で、赤の女王がアリス (Alice) に、侍女にならないかと持ちかけた科白から。'Two pence a week, and jam every other day . . . jam to-morrow, jam yesterday—but never jam *to-day*.' (報

[201]

酬は週給2ペンス、1日おきにジャムもつけてやろうぞ...明日はジャム、昨日もジャム、だが今日のジャムは絶対なし。)

jaundiced eye, a 《紋切型》「黄疸(おうだん)にかかった目」

　欠点や不都合ばかりをあげつらう、シニカルなものの見方のこと。　例 Our neighbours look on anything young people do with a jaundiced eye. (うちの近所の人ときたら、若い人たちのすることを何でも色眼鏡で見る。)　クリーシェになったのは19世紀で、今日も広く使われる。黄疸患者に対する古い通念から生まれた表現で、この病気にかかると皮膚や白眼が黄色くなり、見るものすべてが黄色くなってしまうと信じられていた。ジョン・ウェブスターの戯曲『白魔』(John Webster, *The White Devil*, 1612) 1幕2場にこうある。'They that have the yellow jaundice think all objects they look on to be yellow.' (黄疸に罹(かか)っている者は、目にするものすべてが黄色いと思い込む。)

je ne sais quoi /ʒənsɛkwa/ 《外来語》「いわく言いがたいもの」

　'I do not know what' (私には何なのかわからない) の意のフランス語。はっきり言葉にできない何かを指し示すのに使われる。　例 She was by no means beautiful but she had a certain je ne sais quoi. (決して美人というわけではなかったが、何かキラリと光るものがある女性だった。)　クリーシェとしては1890年頃からよく使われていたが、今は古臭くなっている。現在も使われるが、使うのはせいぜい、物々しい言い方で他人を恐れ入らせようとする人くらい(しかもたいていは恐れ入ってもらえない)。が、意識的にユーモアや皮肉を交えて使うことも。

jet set, the 《紋切型》「ジェット族」

　裕福でファッショナブルで、余暇の時間も好きなだけあって、一流のリゾート地を次から次へと飛び回る人々のこと。例 It was the time of year in Cannes when the jet set arrived. (ちょうどカンヌは、ジェット族のやって来る季節を迎えていた。)　1950年代に生まれたフレーズで、たちまちクリーシェになった。今も使われるが、海外旅行が一般市民の間でもさほど珍しくなくなり、金持ちの特権とは言えなくなりつつあることから、やや古臭くなってきた。1950年代

に実用化された当時のジェット機が非常に高価な乗り物だったことから生まれた表現だが、今日では、しじゅう旅行しているかどうかにかかわらず、非常に裕福でファッショナブルな人々を指す。

jewel in the crown, the 《イディオム/流行語》「王冠の宝玉」

あるものの、最良の部分。 例 The visitors were attracted by the Highland scenery which is the jewel in the crown of the Scottish tourist industry. (スコットランド観光の目玉であるハイランドの風景美に、旅行者たちは目を奪われた。) 例 Lack of money has forced her to sell the painting which was the jewel in the crown of her private collection. (お金に困った彼女は、コレクション中最高の逸品の絵を売らざるをえなかった。) 近年このクリーシェが多用されるのは、イングランドの小説家ポール・スコットの『インド統治4部作』(Paul Scott, *The Raj Quartet*, 1966–75) のテレビ放映によるところが大きい。第1巻のタイトルはずばり『王冠の宝玉』(*The Jewel in the Crown*) で、この「王冠」はヴィクトリア女王の冠、「宝玉」はインドを指す。この小説に、『女王の王冠の宝玉』(*The Jewel in Her Crown*) と題された、インドの王子から大きな宝石(インドの象徴)を献上される女王の姿を描いた絵が出てくる。the jewel in the crown という言い回し自体は、20世紀前半、大英帝国の植民地支配を述べる際に広く使われた。現在はもっと一般的な状況で、過度に使われがち。

Job's comforter 《間接的引用》「ヨブを慰める者」

他人の不幸や苦悩を、うわべでは慰めたり同情したりするふりをしながら、実際には苦しみをいっそう深くする人のこと。 例 His friends visited him in hospital to cheer him up but they turned out to be real Job's comforters by telling him how ill he looked and how they knew of someone with his condition who had never walked again. (友人たちが彼を元気づけようと病院へ見舞いにやって来たが、顔色が悪いだとか、同じ症状だった人が二度と歩けなかったのを知っているだとか言って、元気づけるどころかえって落ち込ませてしまった。) クリーシェになったのは18世紀中頃で、今日も広く用いられる。出典は旧約聖書、ヨブ記(*Job*) 16章2節で、ヨブが友人たちのことを 'miserable comforters'（人を慰(なぐさ)めんとして却(かえ)つて人を煩(わずら)はす者）と呼んだことから。

jobs for the boys《キャッチフレーズ》「身内用の職」

人がコネのおかげで職や地位にありついていることを匂わすフレーズ。 例 The foreman on the building site would only take on tradesmen if they knew one of his friends or family. It was an obvious case of jobs for the boys but he got away with it.（その建築現場の監督は、自分の家族か友人の知り合いしか職人を雇わなかった。どう見ても身内びいきだったが、バレもせずに済んでいた。） 1930年代に広まった表現で、今もよく使われる。当の習慣がなくならない以上、当然かもしれない。政治についても多用される。 例 The government were accused of jobs for the boys when it came to selecting members of the various committees.（種々の委員会委員に身内ばかり選んでいるといって政府は非難された。）

jockey for position《イディオム》「位置を狙う」

権力や富の得られる地位を手に入れようと、あれこれ策を弄すること。 例 Now they have heard that the managing director is retiring, all the other executives are jockeying for position.（社長退任と聞いて、その座を手にしようと全役員がしのぎを削っている。） 競馬の騎手が馬をうまく乗りこなして、有利な位置につけようとすることから。文字通りの意味では競馬界で20世紀初めから使われていたが、1950年代に入ると比喩としても用いられるようになった。今日ではビジネスについて使われるのが大半で、たいてい軽蔑的なニュアンスを伴う。

join the club!《キャッチフレーズ》「どうぞわがクラブに！」

ある不幸に見舞われている人に、すでに同じ目に遭った人たちが同情や連帯感を伝える言葉。 例 Has she stopped speaking to you? Join the club! She has completely ignored us since she met her new smart friends.（彼女があなたと口をきかないですって？ 私たちも同じよ！ お高くとまったご友人たちができてからというもの、あの人ったら私たちのこと完璧に無視してるの。） よく使われるようになったのは1940年代末で、現在も日常的な状況で広く用いられる。

jolly hockey sticks《キャッチフレーズ》「陽気なホッケースティック」

　元気潑剌・明朗活発な少女、女性、学校、同好会などを指す。[例] We have decided not to send our daughter to the local girls school. It is too jolly hockey sticks for words and she is very artistic. (地元の女子校に娘を通わせるのはやめにしました。あそこは本当に活発なお嬢さんばかりで、うちの子は根っからの芸術家肌なものですから。) 野外に出かけたり運動するのが好きな人たちに対して、そうではない人たちが軽蔑した調子で使う。1940年代末から1950年代初めにかけてBBCのラジオショーで放送された『アーチーを大人に』(*Educating Archie*) に出てくるアーチーのガールフレンド、モニカ (Monica) の科白から。モニカ役を演じたイギリスの喜劇女優ベリル・リード (Beryl Reid) の造語とされる。

jump down someone's throat《イディオム》「相手の喉に飛びかかる」

　非常にとげとげしい、あるいは激怒した調子で返答すること。日常的な状況で用いられるが、その返答を受けた者には、必要以上にとげとげしく思える場合が多い。[例] There is no need to jump down my throat just because I am a few minutes late. (何分か遅刻しただけでそんなに嚙みつくことないじゃないか。) 19世紀末から使われており、イングランドの小説家アントニー・トロロプ『いとこヘンリー』(Anthony Trollope, *Cousin Henry*, 1879) にも 'Was she to jump down your throat when you asked her?' (君に求婚されて彼女、今にも癇癪(かんしゃく)起こしそうだったかね?) とある。

jump on the bandwagon《イディオム》「楽隊車に飛び乗る」

　何かが流行っているとか、利益になりそうだとかいう理由から、自分も加わろうとすること。[例] When the property market was booming in the 1980s many people jumped on the bandwagon and set up as estate agents. (不動産市場が景気のよかった1980年代、猫も杓子も不動産業に手を出した。) クリーシェとして今もよく使われる。楽隊が荷馬車に乗って演奏しながら街道を行き、来(きた)るべき行事や政治集会などを宣伝するのが、アメリカ南部で日常的光景だったこと

から。選挙期間になると、人々は荷馬車に飛び乗り、候補者の支持を表明した。

jump the gun《イディオム》「銃声を出し抜く」

時期尚早の、もしくは衝動的な行動をとること。 例 They jumped the gun by starting to build the new house before they had planning permission.（彼らは早まって、建築許可が下りる前に家を建てはじめてしまった。） 20世紀中頃からよく使われており、今日も日常的な状況で広く用いられる。スタートのピストルが鳴る前にフライングする走者を踏まえた表現。

just deserts《紋切型》「当然の報い」

相応の褒美(ほうび)、もしくは処罰のこと。 例 Let us hope that the person who committed this horrible crime gets his just deserts.（とにかくこの忌まわしい犯罪を犯した人物が相応の報いを受けることを祈りましょう。） 今日では改まった状況で用いられる。歴史的には、こうした文脈での desert は 'what is deserved'（功罪に応じたもの）という意味であり、18世紀中頃までは普通に使われていた。しかしその後は廃れ、このクリーシェでしか使われなくなっている。

just doing my job《キャッチフレーズ》「職務をまっとうしているだけ」

20世紀に生まれたクリーシェ。比較的低い地位にあって、職務に熱心すぎるきらいのある人が、自分は決められた手続きを踏んでいるだけであって、わざと邪魔をしているわけでも、やかましく騒ぎ立てているわけでもないと言おうとして用いるのが普通。使えば相手はムッとくること間違いなしのクリーシェ。軍人が権力の名のもとにすべての行動を正当化しようとして使う、'We were just obeying orders'(我々は命令に従っていただけであります) という究極の責任逃れの言葉を連想させる。just doing my job というフレーズの背後にある気持ちはいつの世にも存在するわけで、今日も依然、官僚的な連中に多用されている。

just for the record《場つなぎ》「記録のためだけに」

これから述べる発言に対して、聞き手の注意を促そうとして使う。発言を書き留めたり、公式記録に残したりすることを要求しているわけではなく、単に話し手の立場を明らかにするのが目的。例 Just for the record, it was not my suggestion that we go to France on holiday. (言っとくけど、休みにフランスへ行こうって言い出したのは僕じゃないからね。) 1950年代からよく耳にするようになり、現在もきわめて頻繁に、たいていは日常的な状況で使われる。公式に記録を残す行為を踏まえた表現。

just one of those things, it's《キャッチフレーズ》「よくある類のこと」

なぜ起きたのか説明もつかないし、どうこうすることもできない状況や出来事もあるのだ、という諦念を語る言葉。 例 There is no point in worrying about the plant dying while you were taking care of the house. It was just one of those things. (家の手入れをしていた間に植物が枯れたことをくよくよしたってはじまらない。誰のせいでもないのさ。) 1930年中頃から、コール・ポーター (Cole Porter) 作曲の 'Just One of Those Things' (1935) のヒットを機に広まり、以後ずっとよく使われている。

just the job《キャッチフレーズ》「まさに当を得たもの」

おあつらえ向きのもの、求められているもの、きわめて快いものをいう。 例 Ah, a cold beer after a hard day's work. Just the job!

(一日よく働いたあとに飲む冷えたビール。これだよね!) 元は軍隊俗語で、軍隊では 1935 年頃から使われている。次第に軍隊の外にも広まり、1950 年代以降は一般的に用いられるようになった。現在も日常的なくだけた状況で広く用いられる。

just what the doctor ordered《キャッチフレーズ》「医者が命じた通りのもの」

　20 世紀に生まれたクリーシェ。まさに求められているもの、望ましいもの、適切なもの、きわめて快いものをいう。　例 A holiday in the sun with no work worries. Just what the doctor ordered! (さんさんと輝く太陽、煩わしい仕事もなし。こうこなくちゃ!)　医師が出す処方箋や、勧める治療法などを踏まえた表現。

Just What the Doctor Ordered

K

keep a low profile《紋切型》「体勢を低く保つ」
　できるだけ目立たぬよう、人目を引かぬよう努めること。例 After the scandal involving the politician died down he kept a low profile for the rest of his career.（自分のかかわったスキャンダルが下火になったあと、その政治家は引退するまでずっとひっそり大人しくしていた。）1970年代初めからクリーシェとして普通に使われており、今日も広く用いられる。マスコミが政治家などの公人についてよく使う。

keep a stiff upper lip《イディオム》「上唇を固く保つ」
　恐怖、悲しみ、絶望など、本当の感情を隠して冷静な外見を保つこと。　例 I know that you are miserable because your girlfriend has left you but you really must try to keep a stiff upper lip.（ガールフレンドに振られて落ち込んでるのはわかるけど、もっとしゃんとしなきゃ駄目だよ。）　イギリス人は、たとえばラテン民族とは違って感情をあまり表に出さないと言われ、このフレーズもしばしば、イギリス人の典型的性質を表わすものとして引き合いに出される。1830年代初めにアメリカで生まれたのちイギリスでも使われるようになり、1880年頃にクリーシェとなった。今日でもこのような態度を美徳と考える人々に多用されるが、そうでない人々がふざけて、あるいは皮肉まじりに使うことも多い。文字通りの意味はいささか奇妙であり、おそらく、泣き出しそうな時などに感情が唇の震えに表われることから来ているのだろうが、実際そういう場合に震えるのは、わっと泣き出す直前の子供の唇の震えを見たことのある親なら知る通り、普通は下唇である。⇨ PULL YOURSELF TOGETHER

keep a straight face《イディオム》「真顔を保つ」

keep at arm's length

声を上げて笑ったり笑みを浮かべたりせず、真面目な表情を崩さないこと。1950年代に一般的になり、現在も広く用いられる。 例 I could scarcely keep a straight face when he was taken in by the hoax. (彼がまんまといたずらにひっかかったとき、何喰わぬ顔を保つのに苦労した。) 笑わないように顔の筋肉をぎゅっと引き締めることから。

keep at arm's length《イディオム》「腕一本の距離を保つ」

誰かと親しくなりすぎたり、うちとけすぎたりするのを避けること。 例 Our neighbours are very pleasant but we try to keep them at arm's length. Otherwise they would always be popping in at all hours uninvited. (お隣はとても気持ちのいい人たちだが、親しくなりすぎないよう気をつけている。さもないと四六時中押しかけられるだろうから。) 元々は **at arm's end**（腕の先に）だったが、17世紀中頃には現在の形となり、19世紀中頃にクリーシェとなった。今日も広く使われる。人が近づきすぎぬよう腕を伸ばして押しとどめる動作から。

keep a weather eye on《イディオム》「天気を見る目を〜に注ぐ」

気をつけて見張ること。 例 Keep a weather eye on the new boy's work. He is totally inexperienced. (あの新入りの仕事ぶりに目を光らせていろよ。ずぶの素人だからな。) かなり文学的な響きを感じさせるものの、広く使われており、監視の対象とされる人物を全面的には信頼していないという含みがあることが多い。元は海員用語で、帆船の乗組員が天候の変化の兆しを注意して見張ることから。

keep body and soul together《イディオム》「体と魂を一つに保つ」

かろうじて生き延びていること。 例 It is difficult to keep body and soul together on such a low income. (これっぽっちの稼ぎでは糊口をしのぐのも一苦労だ。) 18世紀にできた表現で、19世紀にクリーシェとなった。今日でも使われるが、ふざけて、あるいは皮肉をこめて使われることが多い。死に際して魂が肉体を離れると信じられていたことから。

keeper, I am not my brother's《間接的引用》「私は弟の番人ではない」

旧約聖書、創世記 (*Genesis*) 4章9節から。カイン (Cain) は弟のアベル (Abel) を殺したのち、アベルはどこかと神に問われて答える。'I know not: Am I my brother's keeper?' (我(われ)しらず我(われ)あに我弟(わがおとうと)の守者(まもりて)ならんや。) クリーシェとしては質問より断定の形をとることが多く、「私」がもう一人の人物（必ずしも兄弟や近親とは限らない）について責任がないことを表明するのに使う。 例 I have no idea why Jack's late. I am not my brother's keeper. (何でジャックが遅れているのか、僕にはわからないよ。べつにあいつのお守(も)りじゃないからね。) 主にインテリが使う。

keep it dark《紋切型》「暗くしておく」

何かを秘密にしておくよう促す表現。 例 Keep it dark but I've heard a rumour that we are getting a pay rise. (ここだけの話だけど、給料が上がるっていう噂だぜ。) 今ではふざけて、あるいは皮肉に使うことが多い。元来は暗黒街のスラングで、1830年頃に生まれた。KEEP IT UNDER YOUR HAT (⇨) と同義。

keep it under your hat《イディオム》「帽子の下に隠しておく」

何かを秘密にしておくよう促す表現。 例 Keep it under your hat but I've applied for another job. (内密にしといて欲しいんだけど、実は別の仕事に応募したんだ。) 19世紀末に生まれた表現で、今も日常的な、くだけた状況で広く用いられる。頭にかぶるものの下に何かを隠すという発想。⇨ KEEP IT DARK

keep one's ear to the ground ⇨ EAR TO THE GROUND, AN

keep oneself to oneself《紋切型》「自分を自分の外に出さない」

他人とのかかわりをできる限り避けること。 例 We have not yet got to know our new neighbours as they keep themselves to themselves. (近所に越してきた人たちとはまだ知り合いになっていない。人づきあいをしたがる人たちじゃないらしい。) 別形は **keep to oneself**（自分を外に出さない）。 例 I have often seen her at meetings but she seems to keep to herself. (集会で彼女をよく見かけるが、あまり社交的な方ではないようだ。) 20世紀初めからクリーシェとして多用されている。

keep one's end up《イディオム》「自分の方の端を下ろさずにいる」

20世紀にクリーシェになったフレーズで、他人と対等の立場を

保つこと、割り当てられた役割をきちんと果たして他人に引けを取らないこと。 例 All the others in the quiz game were very well informed but we managed to keep our end up. (一緒にクイズ番組に出ていた人はみな博識だったが、私たちも何とか頑張った。) 主にくだけた状況で使われる。元来はクリケット用語で、打者がアウトにならずにいること。また、家具など重い荷物を二人で運んでいる状態も指す。二人ともそれぞれの端を地面につけないことが大切だという含み。

keep one's fingers crossed 《イディオム》「指を交差させておく」

20世紀に生まれた表現で、成功を望み、念じること。 例 We are keeping our fingers crossed that we get a fine day for the children's picnic. (子供たちの遠足の日が晴れるよう祈っている。) 悪運や危険を避けるために、指で十字架のしるしを作ったことから。

keep one's head above water 《イディオム》「頭を水上に出しておく」

破産状態に陥らずにいること。 例 It was difficult to keep the firm going during the recession but we were just able to keep our heads above water. (不況の間、会社の経営は苦しかったが、何とか不渡りだけは出さずに済んだ。) 18世紀初めに生まれた表現で、19世紀にクリーシェとなった。現在も非常によく使われ、金銭の話以外についても、過剰な要求や責任に応えるという意味で用いられる。 例 I have so much work on hand that it is difficult to keep my head above water. (やるべき仕事があまりにも多くて、こなすのが大変だ。) 溺れないよう頭を水上に出しておくというイメージ。

keep one's mouth shut 《イディオム》「口を閉じておく」

黙っていること。非常に日常的な、くだけた状況で用いられる。 例 If you have any sense you will keep your mouth shut about witnessing the attack. They are very dangerous people. (命が惜しかったら、暴行を目撃したことは口外しない方がいい。すごく危険な連中だから。) 19世紀にクリーシェになった。

keep one's nose clean 《イディオム》「鼻をきれいにしておく」

面倒に巻き込まれぬよう留意すること。ごく日常的な、くだけた

状況で用いられる。 例 The boy has already been in trouble with the police and so he'd better keep his nose clean if he doesn't want to end up in prison. (あの子は前にも警察沙汰を起こしているから、ごたごたに巻き込まれないよう気をつけた方がいい。さもないと刑務所行きだ。) 19世紀末にできた表現で、1940年代からクリーシェとして広く使われている。起源はおそらく、鼻を何かに突っ込まなければ汚れずに済むということで、当初は犯罪者の間で用いられていたと思われる。

keep one's nose to the grindstone 《イディオム》「鼻を砥石にくっつけておく」

身を粉(こ)にして働き続けること。 例 I shall have to keep my nose to the grindstone if I am going to finish this work by the end of the week. (週末までにこの仕事を終わらせようと思ったら、必死に頑張らないと。) 単調な仕事について使われることが多く、丸砥石を回転させてナイフを研ぐことから。クリーシェになったのは18世紀中頃。他人の鼻を砥石につけさせることも可能なように、自分以外についても使える。 例 His parents try to keep his nose to the grindstone as his exams are coming up soon. (試験が迫っているので、両親は彼にみっちり勉強させようとしている。)

keep one's powder dry 《イディオム》「火薬を濡らさずに保つ」

まだ行動を起こしはしないが、準備は整えておくこと。 例 I don't think their campaign will damage our business but we should keep our powder dry in case it does. (彼らのキャンペーンがこちらの商売に痛手を与えるとは思えないが、万一そうなった場合に備えて準備はしておいた方がいい。) 1642年、オリヴァー・クロムウェル (Oliver Cromwell) がエッジヒルの戦い (the Battle of Edgehill) を前にして部下たちに言った。'Put your trust in God, but keep your powder dry.' (神を信頼せよ、だが火薬は濡らさずに保て。) 文字通り、濡れると使えなくなる火薬を乾燥状態に保つことの大切さを説いたわけだが、19世紀以来、比喩として使われるようになった。

keep the ball rolling 《イディオム》「球を転がし続ける」

ある営みをたゆみなく続けていくこと。 例 She launched the

campaign against the closure of the hospital but she needs a lot of supporters to keep the ball rolling. (彼女はその病院の閉鎖に反対するキャンペーンを始めたが、続けるには多くの支持者が必要だ。) 19世紀にクリーシェとなった。球技において球を動かし続けることの重要さを踏まえたものか。

keep the home fires burning《イディオム》「家庭の火を絶やさない」

　家庭内の物事が滞りなく運んでいる状態を保つこと。例 Most of her friends go out to work but she prefers to stay at home with the children and keep the home fires burning. (友人の多くは勤めに出ているが、彼女は子供たちと家にいて、家事に専念する方が性に合っている。) 第一次大戦中に流行した歌から広まった表現で、今では古臭い印象を与える。使われるとしても、ユーモアや皮肉がこめられることが多い。

keep the wolf from the door《イディオム》「狼を玄関から遠ざけておく」

　食べていくだけ、破産しないだけの収入を得ること。16世紀に生まれたフレーズで、クリーシェになったのは19世紀初め。今日でも使われるが、たいていはユーモアや皮肉がこめられる。 例 The job is not particularly well paid but I just about manage to keep the wolf from the door. (給料は格別よくはないけど、どうにか食べていけるぐらいはもらえる。)　狼はいつも腹ぺこで、人間を食べたがっているという通念から。

keep to oneself ⇨ KEEP ONESELF TO ONESELF

keep up appearances《紋切型》「体面を保つ」

　実際の状況や貧しさにかかわらず、世間体を保ち、それなりにお金がありそうに見せること。例 He lost his job but he thought it was important to keep up appearances so that his neighbours would not find out and he left the house every morning at the same time as he used to leave for work. (彼は失業したが、近所の人々に気づかれぬよう体裁を繕うのが大事と思って、毎朝仕事に行っていた頃と同じ時刻に家を出た。)　KEEP UP WITH THE JONESES (⇨) とも通じる、20世紀的な感

覚を表わすフレーズ。クリーシェとなったのは20世紀後半で、たいてい軽蔑的に用いられる。

keep up with the Joneses 《紋切型》「ジョーンズ家と張り合う」

　生活スタイルや消費・所有のレベルを隣人や知人と同程度に保とうとすること。　例 They do not earn nearly as much as their friends and got into very severe debt by trying to keep up with the Joneses. (友人たちの稼ぎに遠く及ばないくせに見栄を張っていたせいで、莫大な借金を抱え込んでしまった。)　軽蔑的に用いられるのは、このような虚飾に走るのは自分以外と誰もが思っているからか。クリーシェになったのは20世紀中頃で、出所はアーサー・R・モーマンド (Arthur R Momand) が1913年に『ニューヨーク・グローブ』(*The New York Globe*) に連載を開始した漫画のタイトル。「ジョーンズ」が選ばれたのはよくある名前だからであり、ジョーンズよりさらに多い名であるスミスを使わなかったのは、モーマンド自身の隣人の名がスミスで、彼らを怒らせたくなかったからと言われる。

keep your chin up 《イディオム》「あごを上げておく」

　たいてい命令形で、元気や勇気を出せと励ますのに使われる。例 I know that the person you have to play is very good but keep your chin up and do your best. (対戦相手がすごく強いというのは聞いたが、気をしっかり持ってベストを尽くせ。)　1940年代にクリーシェとなった。これに取って代わられた古い形 **keep your pecker up** (くちばしを上げておく) は意味は同じだが、より日常的な、くだけた状況で用いられた。今日では「ペニスを立たせておく」の意味にも聞こえてしまう。

kickstart, give a 《イディオム》「キックスタートをかける」

　事態の打開に向けて積極的な方策をとること。1980年代に流行語クリーシェとなり、イギリス経済についてよく用いられた。kickstart は動詞としても使う。　例 The government is looking for ways to kickstart the economy in order to put an end to the recession. (政府は不況を終わらせるべく、経済に活を入れる方法を模索している。) オートバイなどのエンジンをキックスタートさせることから。

kick the bucket 《婉曲》「バケツを蹴る」

死ぬこと。18世紀に生まれた表現で、現代的なクリーシェとして、ごく日常的な、くだけた状況でよく使われる。起源は不明。ある説では、bucket とはイースト・アングリア地方の方言で豚を屠殺する時に使う木の枠のことであり、豚は殺されながらその枠を蹴ったという。別の説によれば、首吊り自殺する人が、ロープを首にかけるために逆さにしたバケツなどの上に立ち、それからバケツを蹴ることから。

kick upstairs《イディオム》「上階に蹴り上げる＝窓際に追いやる」

　誰かを地位としては上だが責任はずっと少ない役職に就かせること。首にするのが困難だったり、高くついたり、不都合だったりする人物を厄介払いするために行なう。19世紀初めにはすでに使われていた。今日も日常的な状況でよく用いられるが、現在の経営にあっては予算削減をめざす傾向が強く、閑職へ祭り上げるより、余剰労働者として解雇する方が多いようである。イギリスの下院議員が上院に昇格することもいう。

kill the fatted calf《間接的引用》「太らせた仔牛を殺す」

　盛大な歓迎を準備すること。新約聖書、ルカ伝 (*Luke*) 15章の放

蕩息子のたとえ話から。息子は相続した財産を浪費した末に家に戻るが、父親は息子を罰するどころか、'fatted calf'（肥(こ)えたる犢(こうし)）を殺して盛大な宴を催した。クリーシェとなったのは19世紀。今日ではふざけて、あるいは皮肉まじりに、ある種の派手な祝宴を指して用いることが多い。 例 Given the size of our salary rise I don't think we will be killing any fatted calves.（この程度の昇給じゃあ、派手にお祝いなんてできないね。）

kill the goose that lays the golden eggs《ことわざ》「金の卵を産むガチョウを殺す」

　貪欲さ、無思慮、愚かさゆえに、富やその他の利益の源を封じてしまうこと。19世紀初めから広く使われるようになり、現在もよ

く用いられる。 例 They killed the goose that lays the golden eggs when they began to steal from their old aunt. She found out and cut them out of her will. (年取った伯母さんのお金をくすねたせいで、彼らは将来の利益をふいにしてしまった。伯母さんに気づかれて、遺言からはずされてしまったのだ。) 例 She killed the goose that lays the golden eggs when she kept forgetting to return books. Her friend, who has a huge collection, refused to lend her any more. (本を返すのを何度も忘れたせいで、せっかく友人が膨大な蔵書を持っているのに、もう貸してもらえなくなってしまった。)　出典はイソップ物語 (*Aesop's Fables*)。ある男が自分のガチョウが金の卵を産みはじめたことに気づくが、たくさんの卵をいちどきに得ようとガチョウを殺してしまい、結局金の卵の源を失う。

kill two birds with one stone 《ことわざ》「一石二鳥」

　　ある一つの行為や努力で、二つの目的を達すること。 例 I killed two birds with one stone while I was at the library. I changed my books and I photocopied some documents on their copier. (図書館に行ったら用事が二つ一挙に片付いた。前の本を返して新しい本を借りた上に、図書館のコピー機でコピーもできた。)　17世紀初めに生まれた表現で、元々はラテン語。19世紀にクリーシェとなった。現実には、二羽の鳥が一発でしとめられるほど寄り添っていてくれる可能性は低い。

kill with kindness 《イディオム》「優しさで殺す」

　　過剰に寛大に扱って誰かを駄目にしたり、不利を被らせたりすること。 例 Giving children a lot of sweets as a reward is just killing them with kindness. Think of the damage to their teeth. (ご褒美(ほう)(び)として子供にお菓子をたくさんあげるなんて、ちっともあの子たちのためにならないよ。虫歯の害を考えてもごらん。)　元のことわざは **to kill with kindness as fond apes do their young** (愛情深い猿が自分の子供にするように優しさで殺す)で、猿は愛情をこめて子猿を抱きしめるが、つい力を入れすぎて殺してしまう場合があることから。kill with kindness は16世紀中頃に広く使われ、19世紀初めにクリーシェとなった。今日もよく用いられる。トマス・ヘイウッド (Thomas Heywood) は 1603 年に戯曲『優しく殺された女』(*A Woman Killed with Kindness*) を書いた。

kindred spirit 《紋切型》「同質の精神」

性質や関心などがよく似ている人。 例 When I introduced my friends to each other it was obvious that they were kindred spirits and they have been close friends ever since. (友人を別な友人に紹介したら、明らかに似た者同士だった。以来、二人は親しい友達づき合いを続けている。) 19 世紀中頃から使われ出し、末にクリーシェとなった。今日も広く用いられる。

kiss and tell 《紋切型/流行語》「キスして喋る」

プライバシーを暴露すること。表現自体は 17 世紀末からあったが、1980 年代、政治家などと不義の関係を持ったのちにその話をタブロイド紙に売るのが盛んになるとともに、再び流行語となった。 例 The politician has resigned his post in the government after the kiss-and-tell revelations by his ex-mistress. (元愛人に関係を暴露されて、その政治家は政府の役職を退いた。) 喋った人物はたいてい相当の見返りを受けるから、**kiss and sell** (キスして売る) という別形も生まれた。

kiss of death, the 《イディオム》「死の接吻」

破壊的な影響。 例 Losing his licence because of drink-driving was the kiss of death to his career. (飲酒運転で免許をなくしたことが彼のキャリアにとって命とりになった。) イスカリオテのユダ (Judas Iscariot) が最後の晩餐でイエス・キリストを裏切った接吻から。ユダはイエスの敵たちに、自分が接吻する男がイエスだと教えておいた (新約聖書、マタイ伝 (*Matthew*) 26 章 47-49 節)。クリーシェとしては、裏切りというニュアンスはない。20 世紀中頃クリーシェになり、今も使われている。

knotty question, a 《イディオム》「もつれた問題」

解決が難しい問題。19 世紀にクリーシェとなった。毛糸などにできた、なかなかほどけない結び目から。

know all the answers 《紋切型》「全部の答えを知っている」

知識が豊富で何でも知っている人、あるいは自分でそう思い込ん

でいる人のことをいうのに使う。アメリカ起源で、1930年代から広く使われている。現代ではたいてい軽蔑的に用いられる。 例 There is no point in trying to give him any advice about driving a car. He knows all the answers. (車の運転について彼にアドバイスしても無駄だよ。何でも知ってる気でいるんだから。)

know a thing or two 《紋切型》「いささかわかっている」

あることについてたくさん情報を持っている、あるいはかなりの経験を積んでいるということ。 例 The old man knows a thing or two about engines. (あの爺さん、エンジンには相当詳しい。) そこまでよく知っている人間はそうザラにいないという含みがあることが多い。 例 'I know a thing or two about women,' he leered. (「女のことなら任せとけ」と彼は意味ありげな目つきをした。) クリーシェとなったのは20世紀後半で、今日でも広く使われており、特に自分の優位を誇示したがる人々がよく用いる。

know for a fact 《紋切型》「事実として知っている」

確信を強調する時などに使う。 例 I know for a fact that she leaves those children on their own without a babysitter. (彼女は子供たちにベビーシッターもつけず放ったらかしにしている。ほんとだよ。) 単に場つなぎ的クリーシェとしてほとんど無意識に使われることも多く、実のところは 'know' だけで十分なはず。クリーシェとなったのは20世紀。

know from Adam ⇨ NOT KNOW FROM ADAM

know one's onions 《イディオム》「自分のタマネギを知っている」

KNOW THE ROPES (⇨) 同様、自分の専門に精通しているという意味だが、こちらは航海からではなく農業から生まれた表現。クリーシェとしてまだ現役だが、古臭くなってきている。 例 I enjoyed the talk on local history. The speaker certainly knew her onions. (郷土史についての講演は面白かった。講師の女性が実に詳しくてね。)

know the ropes 《イディオム》「ロープを知っている」

何かについてよく知っている、あるいは熟達していること。 例 We are not looking for a trainee computer operator. We need someone who knows the ropes. (コンピュータ・オペレーターの見習いを探し

ているんじゃない。熟練してる人間が必要なんだ。）比喩として使われるようになったのち、19世紀末にクリーシェとなった。今日も非常に改まった状況以外、さまざまな場で用いられる。帆船の時代にできた表現で、当時の船乗りは、船をうまく走らせるためにロープの扱いに通じていなければならなかったことから。⇨ KNOW ONE'S ONIONS

know what's what《紋切型》「何が何なのかわかっている」

　事態をきちんと把握していること。[例] Vague promises are not enough. We want to know exactly what's what. (曖昧な約束では不十分だ。ちゃんと現状を知りたい。) サミュエル・バトラー (Samuel Butler) が『ヒューディブラス』(*Hudibras*, 1663-78) の中で使った表現。'He knew what's what, and that's as high as metaphysic wit can fly.' (彼は事情をきちんとわきまえていた。形而上的機知がそこまで飛べれば上出来とせねばならぬ。) バトラーの造語である可能性もある。現代のクリーシェとしては、何もかもはっきりさせないと気の済まない、いささか几帳面な人々が使うことが多い。

know where one stands《紋切型》「自分が立っている場所を知る」

　自分の立場や状況を正確に理解すること。[例] There have been rumours about redundancies and the workers would like to know where they stand. (人員削減の噂があるので、社員たちは自分の置かれた状況を知りたがっている。) クリーシェとなったのは19世紀末で、今日も広く使われている。

know which side one's bread is buttered《イディオム》「パンのどちらの面にバターが塗ってあるか知っている」

　自分にとって何が一番よいか、どのような展開が最も自分の利益となるか、ちゃんと承知していること。[例] The young people know which side their bread is buttered. They would never dream of leaving home and moving into a flat. (若い連中はちゃっかりしている。家を出てアパートを借りることなど考えもしない。) かなり古い言い回しで、ジョン・ヘイウッド (John Heywood) のことわざ集 (1546) に見られる。クリーシェとなったのは19世紀で、今日もよく使われる。

How to keep: A Low Profile

- A WEATHER EYE ON
- IT UNDER YOUR HAT
- A STRAIGHT FACE
- ONE'S NOSE CLEAN
- ONE'S MOUTH SHUT
- YOUR CHIN UP
- A STIFF UPPER LIP
- AT ARM'S LENGTH
- ONE'S FINGERS CROSSED

L

labour of love, a《紋切型》「愛の労働」

　お金などの報酬のためでなく、相手への愛情や敬意ゆえに、あるいは仕事自体が楽しくて満足できるゆえに行なう仕事。　例 She hates housework and so it is a real labour of love when she cleans her grandmother's house. (家事が大嫌いな彼女がおばあさんの家を掃除してあげるのは、本当におばあさんを愛しているからだ。)　例 Turning that waste site into a rose garden is a real labour of love but they are both keen gardeners. (あの荒れ地をバラ園にするなんて、本当に好きでなければできないことだが、二人とも何しろ庭仕事となると目の色が変わる人たちだから。)　新約聖書が出所とも考えられる。テサロニケ前書(*1 Thessalonians*) 1 章 3 節の 'Remembering without ceasing your work of faith, and labour of love, and patience of hope in our Lord Jesus Christ, in the sight of God and our Father' (これ汝(なん)らが信仰のはたらき、愛の労苦(ろう)、主(しゅ)イエス・キリストに対する望(のぞ)の忍耐を、我(われ)らの父なる神の前に絶(た)えず念(おも)ふに因(よ)りてなり) と、ヘブル書(*Hebrews*) 6 章 10 節の 'For God is not unrighteous to forget your work and labour of love, which ye have shewed toward his name, in that ye have ministered to the saints, and do minister.' (神は不義に在(いま)さねば、汝(なん)らの勤労(はたらき)と、前(さき)に聖徒(せいと)につかへ、今もなほ之(これ)に事(つか)へて御名(みな)のために顕(あらは)したる愛とを忘れ給(たま)ふことなし。) どちらの箇所も、神への奉仕を「愛の労働」として行なう人々について語っている。

lady of the house, the《紋切型》「家の女主人」

　家を預かる女性のことで、たいてい家の所有者の妻を指す。現在

では二つの意味で古臭い。現代女性は 'woman' を好み 'lady' を嫌がる傾向があるし、家庭を切り盛りするかたわら外で働いていることも多いからである。**the woman of the house** 同様、今日では女性を見下した表現とみなされる。クリーシェとしては 19 世紀に広まり、フェミニズムが出現するまでよく使われた。今でもたとえば、時代の変化に乗り遅れたセールスマンが玄関口で使ったりする。 例 Is the lady of the house at home?(奥様はご在宅でしょうか?)

land of milk and honey, a《間接的引用》「乳と蜜の地」

　安楽や贅沢を与えてくれる場所。クリーシェになったのは 19 世紀で、今日でも使われているが、やや古臭くなってきており、使うのは主としてインテリ。 例 Some immigrants are disappointed when they arrive in Britain since they are expecting a land of milk and honey and the reality is very different. (移民の中には、イギリスに来てがっかりする人もいる。豊かさを期待して来たのに、現実はまったく違うから。) 旧約聖書、出エジプト記 (*Exodus*) 3 章 8 節で神がモーゼに告げた言葉から。'And I am come down to deliver them out of the hand of the Egyptians, and to bring them up out of that land unto a good land and a large, unto a land flowing with milk and honey.' (われ降(くだ)りてかれらをエジプト人(びと)の手より救(すく)ひいだし之(これ)を彼地(かのち)より導きのぼりて善(よ)き広き地(ち)と乳(ちち)と蜜(みつ)との流るゝ地…に至(いた)らしめんとす。)原典通りの別形 **a land flowing with milk and honey**(乳と蜜あふるる地)もある。 例 They expected a land flowing with milk and honey, not a land of poverty and unemployment. (彼らが期待していたのは、豊かさあふれる国であって、貧困と失業の国ではなかった。)

land of the living, in the ⇨ IN THE LAND OF THE LIVING
land on one's feet ⇨ FALL ON ONE'S FEET
lap of luxury, the《紋切型》「贅沢の膝」

　安楽な暮らしや豊かな環境のこと。例 They used to be very poor but since he won the football pools they have been able to live in the lap of luxury. (彼らはとても貧しかったが、彼がサッカー賭博でひとやま当てて贅沢三昧に浸れるようになった。) 18 世紀末に生まれたフレーズで、クリーシェとなったのは 19 世紀中頃。今日も広く用いられ

る。

large as life, as《比喩》「実物大の」
本人が、または、実際に、の意。 例 We heard that he had died but he turned up at the reunion dinner as large as life.(彼は死んだと聞いていたが、何と本人が同窓会ディナーに現われた。) 18世紀末に生まれたフレーズで、今日もよく使われる。

larger than life《紋切型》「実物以上」
スケールが大きいこと。 例 He was a very insignificant person although his father and grandfather were both larger than life figures. (彼は何ということのない人間だったが、お父さんとおじいさんは二人とも並外れた人物だった。) やたらと誇張されている、という意味で使われることも。AS LARGE AS LIFE (⇨) から派生した表現。

last but not least《紋切型》「最後だが最少ではない」
順序としては最後だが、大切でないわけではない、ということ。名前や項目を列挙する必要がある際、明らかな質的差異があるわけではない場合によく使われる。 例 We have a number of people to thank for their contribution to the organization of the reception—Jack Jones, Mary Smith, Fred Brown, Jane Green and last, but not least, John White. (歓迎会を開くにあたってご協力くださった皆さんにお礼を申し上げたいと思います。ジャック・ジョーンズ、メアリー・スミス、フレッド・ブラウン、ジェーン・グリーン、そして最後になりましたが、他の方々に勝るとも劣らず御尽力くださった、ジョン・ホワイト。) 最後に挙げられた人や物の重要性が、最少どころか最大なのではないかという印象を与えることさえある。16世紀に生まれたフレーズで、ジョン・リリーが『ユーフュイーズとイングランド』(John Lyly, *Euphues and his England*, 1580) の中で用いた。クリーシェとなったのは19世紀で、今も非常によく使われる。

last legs, be on one's《イディオム》「最後の脚で立っている」
今にも死にそう、あるいはつぶれそうな状態。 例 The firm was on its last legs when it was bought by one of its competitors. (ライバル社に買収された時点では、会社はもう倒産寸前だった。) 疲労の極致という意味にもなる。 例 She rode the poor horse until it was on its

last legs. (彼女は哀れな馬を、虫の息になるまで走らせた。) クリーシェとなったのは20世紀で、今日も広く使われる。

last of the Mohicans, the 《キャッチフレーズ》「モヒカン族最後の一人」

集団やシリーズなどで、他がすべて姿を消して最後に一つだけ残ったもの。ジェームズ・フェニモア・クーパーの小説『モヒカン族の最後の者』(James Fenimore Cooper, *The Last of the Mohicans*, 1826) から。クリーシェとなったのは、19世紀から20世紀への変わり目あたりと思われる。以前は現在よりも適用範囲が広く、たとえば、箱に最後に一本残った煙草についても言えた。今では、消滅しつつある集団の生き残りを指すことが多い。 例 All the rest of the women go into the village pub but she is the last of the Mohicans and thinks a pub is no place for a woman. (他の女性たちはみな村のパブに行くのに、彼女だけは昔の流儀を固守して、パブは女の行くところではないと言っている。)

last straw, the 《イディオム》「最後のわら」

it is the last straw that breaks the camel's back (最後に載せた一本のわらがラクダの背を折る) ということわざから。それまでに起こったもろもろの出来事や事実に加わって、ついに事態を耐えられぬものにしてしまう出来事や事実などのこと。 例 We had to work late every night that week but it was the last straw when we also had to work on Sunday. (その週は毎晩の残業続きだけでも耐えがたかったのに、日曜まで出勤しろと言われてついに皆の不満が爆発した。) 元になっていることわざからわかるように、元来のポイントは、最後のひと押しとなるのはむしろ些細な事柄であっても、大変な結果を招くのはあくまでいろいろなことの蓄積なのだという点だったが、今では特にそこに強調はない。クリーシェとなったのは19世紀で、現在も広く使われている。17世紀から18世紀には、**the last feather that breaks the horse's back** (馬の背を折る最後の羽根一枚) という別形があったが、現在は廃れた。

late in the day 《紋切型》「遅い時間に」

遅れて、あるいは期限を過ぎてという意味で、もう遅すぎるとい

う含みがあることが多い。例 It is a bit late in the day to decide to go to university but if you ring around you might just get a place. (今ごろ大学進学を決めるのはちょっと遅きに失する気もするが、手当たり次第電話してみればどこかは入れてくれるかも。) 例 It is a bit late in the day to start studying for the exam. It begins in an hour. (今から試験勉強にかかっても手遅れじゃないかなあ。あと一時間で始まるんだぜ。) 20世紀にクリーシェとなり、今も広く用いられる。

laugh all the way to the bank《紋切型》「銀行までずっと笑いながら行く」

多大な利益を得た人の喜びについていう。 例 People said that he was mad to invest in that scheme but he went ahead and he is now laughing all the way to the bank. (そんな計画に投資するなんて狂気の沙汰だとみんな言ったが、彼は構わず投資し、今じゃ笑いがとまらない。) 例 I knew him when he lived in miserable poverty but now he is laughing all the way to the bank. (あいつがみじめな貧乏暮らしをしていた頃を知っているが、今ではすっかり左うちわだ。) **cry all the way to the bank**（銀行までずっと泣きながら行く）の別形。こちらは皮肉な表現で、大意は同じだが、利益を生んだ投資が何らかの意味で正しくなかった、思慮を欠いたものだった、是認しがたいものだった等々の含みがある。 例 The environmentalists tried to stop him building a factory there but he defied their objections and is now crying all the way to the bank. (環境保護運動家たちはその場所での工場建設をやめさせようとしたが、彼はその反対に耳を貸さず、今では暴利を貪っている。) 1960年代にアメリカで生まれたのち、イギリスにも広まったが、イギリスでは laugh all the way to the bank の方が一般的。

laugh in one's sleeve ⇒ LAUGH UP ONE'S SLEEVE

laugh on the other side of one's face《イディオム》「顔の反対側で笑う」

幸福、成功、勝利などを味わったあとで、がっかりしたり、みじめになったり、落ち込んだりすること。運が下向きになったのは当然の報いであり、身から出た錆だという含みがある。 例 He was boasting about having given so little money to the old lady for the car, but he was laughing on the other side of his face when the car would not start. (老婦人相手に車をさんざん買い叩いたことを自慢していたが、エンジンがどうしてもかからなくて、得意顔が一気にしょげた。) **laugh on the wrong side of one's face** (顔の間違った側で笑う) とも言う。クリーシェになったのは18世紀だが、発想自体はもっと古い。今日もよく使われる。

laugh or cry, not to know whether to ⇨ NOT TO KNOW WHETHER TO LAUGH OR CRY

laugh out of court 《イディオム》「法廷外に笑い飛ばす」

　誰かを、または何かをあざ笑い、まじめに受け取らないこと。例 Our request for a pay rise of 15% will be laughed out of court. (我々の15％の賃上げ要求は一笑に付されてしまうだろう。) 19世紀末にクリーシェとなり、今でも一般的だが、やや改まった状況で、あるいはやや改まった話し方や書き方をする人に用いられる。元々は訴訟などについていった。訴訟が嘲笑を買うという発想は、ホラティウスの『風刺詩』(Horace, *Satires*, 35 BC) に見られる。

laugh up one's sleeve 《イディオム》「袖の上の方で笑う」

　ひそかに面白がること。誰か他人をだしにしていることが多い。例 She pretended to sympathize with his predicament but all the time she was laughing up her sleeve at him. (彼の苦境に同情するふりをしていたが、実のところ彼女は陰でずっとあざ笑っていた。) クリーシェとなったのは18世紀末で、今日も広く用いられる。元は **laugh in one's sleeve** (袖の中で笑う) という形だった。昔流行した幅広の袖で顔を覆えば笑いを隠せたことから。16世紀初めに生まれた表現で、ジョン・ヘイウッド (John Heywood) のことわざ集(1546)に収められている。

law and order 《紋切型》「法と秩序」

　二重句クリーシェと言ってもよく、この二語はこの文脈ではほぼ入れ替え可能。国家の法支配を強化することについていう。例 Both political parties are now putting law and order near the top of their agendas. (どちらの政党も、治安強化を最重要課題の一つにあげている。) 19世紀以来広まり、今日もよく使われる。たいてい政治問題

について用いられ、これまでも何度か断続的に流行してきた。歴史的に見て、厳しい法律と刑罰を唱える右翼に好まれ、過酷で非人間的な政治体制との連想を嫌う左翼には疎(うと)まれる傾向にある。

law unto oneself, a《紋切型》「自分が自分の法律」

慣習や決まりを気にせず、何でも自分のやり方で行ない、予測のつかない行動をとりがちな人のこと。 例 I have no idea whether Mary will agree to the plan or not. She is a law unto herself. (メアリーが計画に賛成してくれるかどうか見当もつかない。何でも独自の判断をする人だから。) クリーシェになったのは19世紀末。今も広く使われるが、たいていもう少しくだけた形の **a law to oneself** が用いられる。

lay it on with a trowel《イディオム》「こてで塗りつける」

たいていは自分の利益のために、お世辞や賛辞を大げさに言うこと。 例 It is one thing to compliment a girl on her appearance but he lays it on with a trowel. (女の子の容姿をほめるのは結構だが、あいつのはやりすぎだ。) 例 They wanted her to babysit and so they laid it on with a trowel about how much the children loved her. (彼女に子守をしてほしいものだから、子供たちはほんとにあなたが大好きなんですよ、とか何とか彼らは大げさに言いたてた。) ここでのこてはしっくいを塗るのに使う道具のことで、シェークスピア『お気に召すまま』(*As You Like It*, 1599) 1幕2場に使われたフレーズ. 'Well said—that was laid on with a trowel.' (うまいことを言うわね、たっぷりお世辞を利かせて。) 19世紀中頃にクリーシェとなり、今日もよく使われる。現代的な別形に **lay it on thick** (厚塗りする) がある。

lay one's cards on the table《イディオム》「テーブルに持ち札を広げる」

ある状況における自分の役割について包み隠さず話すこと、自分が何をしようとしているかを率直に述べること。 例 He should lay his cards on the table and give details of his financial interest in the project. (彼は手の内をきちんと見せて、そのプロジェクトでの自分の利害関係を詳細に明かすべきだ。) 例 They have laid their cards on the table and said that they will sell the property to the highest bidder, irrespective of who that might be. (誰であれ最高価格を付けた人に土地を売る、と彼らは公言している。) 20世紀に生まれたクリーシェで、今日も広く使われる。が、自分の行為や意図について完全には正直に明かしていない人が、他人を欺くための煙幕として用いることも多い。トランプ遊びから生まれた表現。**put one's cards on the table** (テーブルに持ち札を置く) という別形もある。

lay on, Macduff ⇨ LEAD ON, MACDUFF

leading light《イディオム》「導きの灯」

ある組織において傑出した人物。 例 She is one of the leading lights in the local operatic society. (彼女は地元オペラ界の重鎮の一人だ。) 19世紀末から広く使われるようになった。地方紙の記者が地元の出来事を報じる時によく用いる。今日では、自分が組織内で大変偉いと思い込んでいる人物に対し皮肉をこめて使ったりする。元は海員用語で、港や水路への入り口を示すために標識などと合わせて使われる明かりのこと。

lead on, Macduff《間接的引用》「行け、マクダフ」

シェークスピア『マクベス』(*Macbeth*, 1606) 5幕8場からの誤った引用。19世紀末に誤って引用され、今日でも誰かに出発を促す時によく使われる。 例 All the people taking part in the search are here now. Lead on, Macduff! (捜索に参加する者は全員揃った。さあ出発だ!) 正しい引用は 'Lay on, Macduff, / And damn'd be him that first cries, "Hold, enough!"' (かかってこい、マクダフ、先に「参った」と言った方が地獄に落ちるのだ)。これにより近いのは、**lay on, Macduff** (かかれ、マクダフ)。こちらは19世紀初めのクリーシェで、誰かを積極的行動に駆り立てるのに使われた。

lean over backwards ⇨ BEND OVER BACKWARDS

learn something to one's advantage《紋切型》「己の利となる何かを知る」

自分にとって何か得になることを知らされるという意味。たいていは何か金銭的な利益についていう。遺産の相続を伝える法律上の表現から派生した。 例 If you call at the offices of White, White, White and White, you will learn something to your advantage. (ホワイ

ト・ホワイト・ホワイト・アンド・ホワイト弁護士事務所にお越し下されば、貴殿の御利益となるお知らせがございます。）　クリーシェとなったのは19世紀末。今日、法律用語としてではなく、日常的に使われる場合には、たいていユーモアや皮肉まじり。　例 Mary left a message on my answering machine saying that if I called her back I would learn something to my advantage. (メアリーが留守番電話に、折り返し電話してくれれば耳寄りな話がある、とメッセージを残していた。)

leave in the lurch《イディオム》「窮地に捨て置く」

　誰かを見捨てて、困難な状況に置き去りにすること。　例 He promised to lend us his car for our journey but just as we were about to start out he left us in the lurch by saying that he needed it for himself after all. (私たちの旅行のために車を貸してくれると約束したのに、出発直前になってやっぱり自分で使うと言い出されて途方に暮れた。) 非常に古い、16世紀に生まれた言い回しで、クリーシェになったのは18世紀末。今日も大変よく使われるが、主に日常的な状況に限られる。元々lurchとは、クリベッジなどのトランプゲームで一人が大負けすること。

leave no stone unturned《イディオム》「すべての石を残らずひっくり返す」

　あることを徹底して行なったと言明するのに使う。マスコミの他、警察や政治家など、できる限りのことはすべてやっていると世間に思ってもらいたがる人々が多用する。　例 The local police have said that they will leave no stone unturned until the missing child is found. (行方不明の子供が見つかるまで八方手を尽くして捜索する、と地元警察は言っている。)　クリーシェとなったのは18世紀だが、起源はエウリピデス(Euripides)によって伝えられたギリシャ神話にまでさかのぼる。テーベ人ポリュクラテス(Polycrates)は、マルドニオス(Mardonius)がプラタイアイの戦い(the battle of Plateau)の前にテントに置いていった宝を探したが見つからず、デルフォイの神託(the Delphic oracle)に助けを求めたところ、すべての石を動かすようにというお告げを受けた。これがのちに'turn over every stone'(すべての石をひっくり返す)と翻訳された。

leave someone holding the baby ⇨ BABY, LEAVE SOMEONE HOLDING THE

leave well alone ⇨ LET WELL ALONE

left holding the baby ⇨ BABY, LEAVE SOMEONE HOLDING THE

left to one's own devices 《紋切型》「好きにできるよう放っておかれて」

　干渉されずに、自分の好きなようにして過ごすこと。 例 There are some organized trips during the holiday but we'll be left to our own devices most of the time. (休暇中は団体旅行のプランもいくつか組まれているが、大体の時間は自由に行動できる。) 例 The child gets home before the rest of the family and she is left to her own devices until they get back. (その子は他の家族より早く家に帰ってくるので、みんなが帰ってくるまで一人で好きなようにしている。) クリーシェになったのは19世紀末。「計画」を意味する devices という古語は、英国国教会祈禱書(*The Book of Common Prayer*)に見られる。'We have followed too much the devices and desires of our own hearts.' (我々はあまりにも自らの心のおもむくままに振る舞ってきた。)

leg to stand on, not to have a ⇨ NOT TO HAVE A LEG TO STAND ON

let bygones be bygones 《紋切型》「過去のことは過去のこととする」

　過去と、それに結びついている不幸な事柄(たとえば喧嘩)を忘れるよう促すフレーズ。例 I know your family and his haven't spoken for years, but you should try to let bygones be bygones and write to him. (君の一家と彼の一家が何年も口をきいていないのは知ってるが、ここはひとつ過去のことは水に流して、彼に手紙を書くべきだよ。) bygone という言葉は 'in a bygone age' (過ぎし日には)のように、過ぎ去った、以前の、という意の古語。この表現が生まれたのは17世紀で、今日も広く用いられる。**forgive and forget** (許して忘れる)も、おおよそ同じ心情を表わす。

let me just say 《場つなぎ》「これだけ言わせて」

　たいていの場合、話し手が言いたいことを言わせてもらえないわ

けはなく、ただ無意味に使われる。 例 Let me just say how much I admire your work.（あなたの作品をどんなに素晴らしいと思っているか、それだけ言わせてください。） 意識せずに習慣的に口にする人もいて、しじゅう聞かされる人にとっては何とも苛立たしい。話し言葉にも書き言葉にも用いられ、強調に使われることもある。

let me tell you《場つなぎ》「言わせてもらうが」
　このフレーズが口癖になった人々によって頻繁に、ほとんど無意味に使われる。強調に使われることも。 例 Let me tell you that you will live to regret it.（言っとくがな、お前、一生後悔するぞ。） LET ME JUST SAY（⇨）とは異なり、普通、話し言葉でしか使わない。

let's face it《紋切型》「それと向き合おう」
　現実を受け入れるよう促すフレーズ。例 Let's face it. He's gone and he's not coming back.（現実を見なきゃ。彼は行ってしまって、もう戻っては来ないんだよ。） 口癖になっている人たちが、場つなぎ的に、ほとんど意味なく使う。クリーシェとしては20世紀中頃から広く使われるようになった。たいていは話し言葉として、日常的な状況で用いられる。

let's get this show on the road《イディオム》「このショーを巡業に出そう」
　ぐずぐずするのはやめて仕事を始めよう、と呼びかける言い回し。 例 Well, we've had a long enough coffee break. Let's get this show on the road.（さて、コーヒーブレークはもう十分だ。とりかかろう。） クリーシェとなったのは20世紀中頃で、サーカスや定期市など、旅回りの世界から来ている。

let sleeping dogs lie《ことわざ》「眠っている犬は寝たままにしておけ」
　わざわざ厄介を招くような真似はするな、何も問題がないところに手を出すな、と忠告する言い回し。13世紀に生まれ、今日も広く使われる。 例 I wouldn't mention holidays to the boss. Let sleeping dogs lie; he seems to have forgotten the time you pretended to be off sick.（僕ならボスに休暇の話を持ち出したりしないな。寝た子を起こすなって言うだろ。せっかく君が仮病でズル休みした時のことを忘れてるみ

たいじゃないか。) 眠っている番犬のイメージから。

let the cat out of the bag 《イディオム》「猫を袋から出す」

秘密を漏らすこと。うっかり、あるいは軽率に漏らすというニュアンスがあるのが普通。[例] Please don't mention the surprise party to Jane. She is bound to let the cat out of the bag. (びっくりパーティーのこと、ジェーンには言わないでね。あの人、とにかく口が軽いんだから。) 19世紀にクリーシェとなり、今日でも非常によく、特に日常的な状況で使われる。起源は市(いち)で行なわれたペテンだと言われている。商人が間抜けな客に、猫の入った袋を豚と偽って売りつけたというもの。客は猫を袋から出すまでだまされたことに気づかず、気づいたときはもう手遅れ。⇨ BUY A PIG IN A POKE

Let the Cat Out of the Bag

let the grass grow under one's feet, not to ⇨ NOT TO LET THE GRASS GROW UNDER ONE'S FEET

let well alone 《紋切型》「良いものは放っておく」

現状に問題がないなら手を出すな、かえって状況を悪化させかねないから、と忠告するフレーズ。[例] I know the picture on her television isn't very good but you should let well alone. She won't thank you if you break it. (彼女の部屋のテレビの写りがあまり良くないのはわかってるけど、余計なことはしない方がいい。もし壊しでもしたら、いい顔されないよ。) **leave well alone** という別形もある。この表現をモットーのように多用した18世紀の首相サー・ロバート・ウォルポール (Sir Robert Walpole) によって広められたが、フレーズ自体はそれよりだいぶ古い。LET SLEEPING DOGS LIE (⇨) や、アメリ

カ起源の現代的スラング表現 **if it ain't broke don't fix it**(壊れてないなら直すな)なども発想は同じ。

lick and a promise, a《紋切型》「ひとなめと約束」
　表面的にしか洗わなかったり掃除しなかったりすること。 例 The boys would never think of washing their necks. They just give their faces a lick and a promise.(あの子たちときたら、首を洗おうなんて思いもしない。顔だけ、申し訳に水をかける程度だ。) 19世紀に生まれた表現で、今も日常的な状況でよく使われる。猫が身づくろいにさっとすばやく体をなめることからか。

lick into shape《イディオム》「なめてかたちづくる」
　誰かを、あるいは何かを、より望ましい形や状態にすること。例 The young runner has great potential but he is not very fit. Never mind, we'll soon get him licked into shape.(あの若いランナーはすごく伸びそうだが、まだ体ができていない。でも大丈夫、我々がきっちり作り上げてみせるよ。) 例 The house which they've bought is in a terrible state. It'll take a lot of money to get it licked into shape.(彼らが買った家はひどい有様だ。住めるようにするにはずいぶん金がかかるだろうね。) 17世紀に生まれた表現で、19世紀にクリーシェになった。たいていくだけた状況で用いられる。昔、熊の子は生まれた時は形がなく、母親が文字通りなめて形を作ってやらないといけないと信じられていたことから。

lie back and think of England ⇨ CLOSE YOUR EYES AND THINK OF ENGLAND

life and soul of the party, the《イディオム》「パーティーの命にして魂」
　とても活発で社交的で、パーティーなどの盛り上げ役になる人。19世紀末から広まった表現で、今もよく使われる。陽気な人々を好まない人によって批判的に用いられることも。

life in the raw《紋切型》「ありのままの人生」
　荒っぽい野蛮な生活のこと。 例 She says that she sees life in the raw being a social worker in a deprived inner city area.(町の中心部の貧しい地区でソーシャルワーカーをしているので、剥き出しの人生は年中見

ていると彼女は言っている。) 20世紀初めにクリーシェとなり、今日も一般的に使われる。

life is just a bowl of cherries《キャッチフレーズ》「人生はボウル一杯のさくらんぼ」

人生は文句なしに素晴らしいということ。今日ではたいてい皮肉に使う。 例 I'm late for work, the car won't start, I've got oil on my shirt. Isn't life just a bowl of cherries? (仕事には遅刻、車はエンスト、シャツには油の染み。人生ってほんとに素敵じゃないか?) アメリカ起源で、エセル・マーマン (Ethel Merman) がレヴュー『スキャンダルズ』(*George White's Scandals*, 1931) で歌った曲によって広まった。

life is not worth living《紋切型》「人生には生きる価値がない」

落ち込んだ気持ちを表わす。誰かに去られたことが原因の場合が多い。 例 She felt that life was not worth living after her fiancé broke their engagement. (フィアンセに婚約を破棄されて、もう生きる望みはないと彼女は思った。) 19世紀末から多用され、今日でもよく使われる。

light at the end of the tunnel《イディオム》「トンネルの向こうに見える光」

不幸が続いたあとに訪れた幸福や、長いあいだ未解決だった問題の解決などをいう。 例 She has been in a state of black depression but she has at last begun to see the light at the end of the tunnel. (どん底状態にあった彼女だが、ようやく希望の光が射してきた。) 例 The firm has been in financial difficulties but there is now light at the end of the tunnel. (その会社はずっと財政困難に苦しんでいたが、やっと春がそこまで見えてきた。) アメリカ大統領ジョン・F・ケネディ (John F Kennedy) が1962年の記者会見でベトナム戦争についてこのフレーズを使って広まった。今日もよく使われる。

light fantastic《間接的引用》「軽やかで素敵」

踊ること。今日ではユーモアをこめて用いられる。 例 Do you fancy a bit of the light fantastic? (お嬢さま、ダンスはいかが?) 同じく「踊る」の意味で、やはり冗談半分に使われる **trip the light fan-**

tastic の短い形。 例 He fell down drunk when tripping the light fantastic at the wedding reception. (披露宴で華麗に舞っている最中、酔いが回ってぶっ倒れた。) クリーシェとなったのは19世紀末。出典はジョン・ミルトンの『快活なる人』(John Milton, *L'Allegro*, 1631?) の一節。'Come, and trip it as ye go / On the light fantastic toe.' (来(き)れ、そして踊るごとくに行け、軽やかに麗しい足取りで。)

light of day, first see (the) ⇨ FIRST SEE (THE) LIGHT OF DAY

like a house on fire 《比喩》「火のついた家のように」

とてもよく、という意味。普通、大変うまが合う人同士のことをいい、会ってすぐ意気投合した時などに使う。 例 I was worried that my daughter would be a bit shy at the party but she got on like a house on fire with other children. (娘がパーティーでうちとけられないのではと少し心配だったが、たちまちほかの子供たちと仲良くなった。) 大変すばやくという意味にもなる。 例 Because he is going to a party later he is getting through his homework like a house on fire. (あとでパーティーに行くことになっているものだから、あの子ときたらものすごいスピードで宿題を片付けようとしている。) 19世紀に生まれ、今も非常によく使われる。木造やわらぶきの家があっという間に燃えてしまうことから。

like clockwork 《比喩》「時計仕掛けのように」

何かが効率よく運営されていることや、規則正しく物事が行なわれていることをいう。 例 The office runs like clockwork when she's in charge. (彼女が監督していると、オフィスじゅうがとても効率よく動く。) 例 The public transport there runs like clockwork. (その町の公共交通は時間が正確だ。) 読んで字のごとく、時計のメカニズムを踏まえた表現。

like death warmed up 《比喩》「温められた死のように」

顔色や容態がひどく悪いこと。 例 How is your hangover? You look like death warmed up. (二日酔いはどう? 見られた顔じゃないぜ。) 20世紀初めに生まれた表現で、初めは軍隊のスラングだった可能性もある。今日も日常的な状況で、しばしばふざけて使われる。

like grim death ⇨ GRIM DEATH, LIKE

like I need a hole in the head ⇨ NEED LIKE A HOLE IN THE HEAD

like it was going out of fashion《比喩/キャッチフレーズ》「それが時代遅れになってしまうかのように」

とても速く、あるいは大量に。たいていお金を使うことに関して用いる。例 Whenever she goes near a dress shop she spends money like it was going out of fashion. (ブティックに近よるたびに、彼女は湯水のように金を使う。) お金以外についていうことも。 例 He smokes cigarettes like they were going out of fashion. (彼はむやみやたらと煙草を吸う。) 1930年頃に生まれたフレーズで、今日も日常的な、くだけた状況でよく使われる。別形に **as though it was going out of fashion** がある。発想としては LIKE THERE WAS NO TOMORROW (⇨) も同じ。

like peas in a pod ⇨ LIKE TWO PEAS IN A POD

like something the cat (has) brought in《比喩》「猫が持ってきたものみたいに」

20世紀初めに生まれたクリーシェ。日常的な状況で用いられ、人の外見がだらしない、薄汚い、見苦しいことを指摘するフレーズ。 例 You can't go to the party like that. You look like something the cat's brought in. (そんな格好じゃパーティーには行けないよ。よれよれじゃないか。) 食べかけのねずみや鳥など、猫が家の中に持ち込みそうな獲物のイメージ。

like there was no tomorrow《キャッチフレーズ》「まるで明日がないように」

LIKE IT WAS GOING OUT OF FASHION (⇨) 同様、とても速く、あるいは大量にという意味で、普通お金を使うさまを表わす。 例 In the January sales everyone seemed to be spending money like there was no tomorrow. (1月のバーゲンでは、みんなここを先途とものすごい勢いで散財しているようだった。) 1970年代中頃から広まり、今日でも日常的な、くだけた状況でよく使われる。

like two peas in a pod《比喩》「さやの中の二つの豆みたいに」

外見の酷似を表わすのによく使われるクリーシェ。例 The twins

are like two peas in a pod. (その双子はほんとに瓜二つだ。) 16世紀に生まれ、今日も広く使われる。別形に **like peas in a pod** がある。

lion's share, the《イディオム》「ライオンの分け前」
　一番大きい取り分のこと。　[例] All his children were left some money by the old man but the eldest son got the lion's share. (老人は子供たち一人ひとりにお金を遺したが、長男の取り分が一番多かった。) 19世紀中頃にクリーシェとなり、今日もよく用いられる。出典はイソップ物語 (*Aesop's Fables*)。ライオンは他の動物たちから恐れられていたため、いつも獲物の一番大きな分け前を得たり、独り占めしたりした。

lips are sealed, my《イディオム》「私の唇は封印されている」
　聞かされた秘密をもらす意思のないことをいう。発想としては古いが、この形で広く用いられるようになったのは20世紀前半で、イギリス首相スタンリー・ボールドウィン (Stanley Baldwin) が1930年代後半に使って広まった。当時の国王エドワード8世 (Edward VIII) の退位問題について質問された際も、ボールドウィンはこの言い回しで逃げた。今日もよく用いられ、ユーモアをこめて使われることが多い。

lip service, pay《紋切型》「口先の奉仕をする」
　何かを是認したり支持したりするふりをするが、本心からそうしてはいないこと。　[例] The teachers pay lip service to the new education policy but they go on using the old methods. (教師たちは新教育政策に表向きは賛成しているが、実は相も変わらず従来の方法を続けている。) **lip service** という表現は17世紀に生まれたもので、今日も

よく使われる。表現は異なるが、聖書にも同様の発想が見られる。新約聖書、マタイ伝 (*Matthew*) 15章8節。'This people draweth nigh unto me with their mouth, and honoureth me with their lips; but their heart is far from me.' (この民(たみ)は口唇(くちびる)にて我を敬(うやま)ふ、然(さ)れど其(そ)の心は我に遠ざかる。)

little bird told me, a 《紋切型》「小鳥に聞いた」

何かについて聞いたことは聞いたが、誰から聞いたかは明かしたくないことを表わす。この一変形がジョン・ヘイウッド (John Heywood) のことわざ集 (1546) に見られるが、この形で普通に使われるようになったのは19世紀から。今日もよく用いられるが、真面目に使うとやや取り澄ました響きがする。　例 A little bird has told me that wedding bells are in the air. (婚礼の鐘がほどなく鳴りそうだと、さる筋からうかがいました。)　ふざけて使うことも多い。

little black book 《紋切型》「小さな黒い本」

過去から現在に至る恋人やパートナーの情報が書きとめてある、相手がいない状態の時に見る手帳のこと。　例 His girlfriend's just walked out on him and so he's going through the phone numbers in his little black book. (ガールフレンドに出ていかれたので、彼は女友達の電話番号をメモした手帳をぱらぱらめくっているところだ。)　むろん重要なのは手帳の中味であり、別に小さくなくても黒くなくてもよい。クリーシェとなったのは20世紀後半。

little grey cells 《紋切型》「小さな灰色の細胞」

20世紀後半に生まれたフレーズで、頭脳、知性のこと。日常的な状況で、ユーモアや皮肉をこめて用いられる。　例 For goodness sake use your little grey cells and think of a way to get us there on time. (頼むからない知恵を絞って、時間通り着く方法を考えてよ。)　脳の一部が、神経細胞を含んだ灰色の組織でできていることから。

little knowledge is a dangerous thing, a 《引用》「少しの知識は危険なもの」

アレグザンダー・ポープの『批評論』(Alexander Pope, *An Essay on Criticism*, 1711) の一節 'A little learning is a dangerous thing' (生半可な学問は危険なもの) の誤った引用。下手に少しばかり知識が

あったりすると、それを誤って引用してしまったり、自分はちゃんとわかってるんだと錯覚してしまったりするから、いっそまったく無知の方が安全だということ。今日ではこの誤った形の方が本来の形より広まっている。 例 I should call in an experienced tradesman to do your electrical repairs and not get your DIY friend to do them. A little knowledge is a dangerous thing. (電気系統の修理は、日曜大工好きの友達なんかにやらせないで、ベテランの専門家を呼ぶべきだと思うね。半可通の知識は危険だよ。)

little pitchers have big ears 《ことわざ》「小さい水差しには大きい耳がある」

　大人は子供がいるのをうっかり忘れがちなので、聞くべきでないことを子供たちが耳にしてしまう場合があるという意味。 例 Could we discuss this later. Little pitchers have big ears, you know. (この話、あとにしましょう。子供たちには聞かせたくありませんからね。)子供の耳の大きさが水差しの取っ手にたとえられるようになったのは16世紀のことで、この言い回しがクリーシェとなったのは19世紀末。

little woman 《紋切型》「小さい女」

　性差別主義者の男性が、他人の妻を指して使ったりする。 例 And what are you going to give the little woman for Christmas? (で、

細君にはクリスマスに何をあげるんだい?) フェミニズムが台頭し、社会における女性の地位も高まったため、今では古臭く、使うのはせいぜい、世の中の変化について来ていない年輩の男性くらい。

live and let live 《ことわざ》「生きて、生きさせる」

自分は自分なりに生き、人の生き方は生き方として許容せよと忠告するフレーズ。 例 You should learn to live and let live. It is no business of yours whether they are married or just living together. (自分は自分、人は人だってことを学ばなくちゃ。彼らが結婚していようが同棲していようが、君には関係ないだろう。)

live happily ever after ⇨ HAPPILY EVER AFTER, LIVE

lock, stock and barrel 《紋切型》「引き金、銃床、銃身」

何もかも。 例 The landlord said that he wanted the tenants to leave, lock, stock and barrel. (家主は借家人たちに、みんな荷物をまとめて出ていってくれと言った。) 18世紀初めから広く用いられるようになり、今日も強調のためによく使われる。銃の3つの部分をいったもの。

lone wolf, a 《紋切型》「一匹狼」

他人といるより、一人で過ごすのを好む人のこと。 例 We asked Jim to come on holiday with us but he refused. He's a bit of a lone wolf. (一緒に旅行に行こうってジムを誘ったが断られた。ちょっと一匹狼ふうの男だね。) アメリカ起源で、狼がたいていは群れをなして狩りをするという事実を踏まえている。20世紀に生まれた。

long arm of the law, the 《紋切型》「法の長い腕」

警察組織や法的手続き全般を指し、その影響力がきわめて広範に及ぶことを示す。19世紀末から広まり、今日も使われるが、やや古臭くなっている。たいていはユーモアや皮肉をこめて用いる。例 You can try to hide but the long arm of the law will get you! (隠れてみるのは自由だけど、いずれ権力の手がのびてくるぞ!)

long in the tooth 《イディオム》「歯が長い」

歳を取っていること、老いてきていること。例 He's getting a bit long in the tooth to be playing professional football. (プロのサッカー選手としてはもういささか歳だ。) 19世紀から広まり、今日も日常的

に、しばしばユーモアを交えて使われる。馬が歳をとると、歯茎が後退して歯が長くなったように見えることから。実際、馬の年齢を判断するには歯を見ればよい。

long shot, a 《イディオム》「遠射」

うまく行く確率は低いが、試してみる価値のある推量や試み。例 It is a bit of a long shot but you could try contacting him at his parents' old address. (だめもとで彼のご両親の昔の住所に連絡してみたら?) 小型の火器が作られはじめた頃は、正確に的に当てるには近くから撃たねばならなかったことから。遠射は距離が長い分、外れる可能性も高かった。19世紀後半から比喩的に使われるようになり、今日もよく用いられる。

long time no see 《紋切型》「長イ間見ルナイ」

しばらく会っていなかった人に対する、くだけたあいさつ。 例 Long time no see! Have you been away? (久しぶり! どっかへ行ってたの?) 故意に文法を無視した表現で、19世紀末に中国人が使っていたピジン英語が起源。中国語のあいさつを翻訳したもの。

loose end, at a 《紋切型》「端がだらんとして」

特に用事もなく、暇なこと。例 I don't mind doing your shift this afternoon. I am at a loose end anyhow. (今日の午後の仕事を代わってあげてもいいよ。どうせぶらぶらしてるんだから。) 発想そのものはジョン・ヘイウッド (John Heywood) のことわざ集 (1546) にも見られる。今日でも日常的な状況でよく用いられる。ロープの片方の端が、ほどけたままだらんと垂れ下がっているイメージ。

love is blind 《紋切型》「恋は盲目」

愛しあっている人たちは、えてしておたがいの欠点に気づかないということ。発想自体は古く、プラトン (Plato) が言及し、シェークスピアも『ロミオとジュリエット』(*Romeo and Juliet*, 1596) 2幕1場などいくつかの作品で使っている。発想、言い回しともに今日なおなじみの深いものであり、ユーモアや皮肉を交えてよく使われる。例 I cannot imagine what she sees in him. No wonder they say love is blind. (何であんな男がいいのかなあ。理解できないね。あばたもえくぼとはよく言ったものだ。)

M

make a clean breast of《イディオム》「胸から〜をさらけ出す」

何かについてすっかり白状すること。 例 When one of the other pupils was accused of the theft he decided to own up and make a clean breast of it. (別の生徒に盗みの疑いがかけられたのを知って、彼はいさぎよくすべてを白状しようと決意した。) 例 She was afraid that her husband would find out that she had had an affair and decided to make a clean breast of it to him. (不倫が夫に発覚するのではと恐れた彼女は、自分から何もかも告白することにした。) 19世紀末にクリーシェとなり、今もよく使われる。胸・心臓は人間の最も奥深い感情の居場所と考えられていたことから。

make a mountain out of a molehill《イディオム》「もぐら塚から山を作る」

何かの重要性や難しさを誇張すること。 例 He was just a few minutes late but she got very angry and refused to go out with him. She's always making mountains out of molehills. (迎えに来るのがほんの数分遅れただけだったのに、彼女ときたらものすごく腹を立てて、デートなんか行かないと言い出した。いつもそうやって事を荒立てるのだ。) 例 They're causing a scene because their neighbour told off their children. They're just making a mountain out of a molehill. (隣人がうちの子供を叱ったと彼らは大騒ぎしている。何もあんなに騒がなくてもいいのにねえ。) 表現そのものは16世紀から使われており、18世紀末にクリーシェとなった。今日、クリーシェも、それが表現する行為も依然よく見られる。たいていは他人を表現するのに使う。自分の問題はいつも冷静に見ることができるというわけか。

make an honest woman of 《紋切型》「～を貞淑な女にする」

誰かと結婚すること。 例 I'm glad you've finally decided to make an honest woman of Jane. You've been going out with her long enough. (ついにジェーンとの結婚を決意したとは嬉しいよ。ずいぶん長くつき合ったからね。) 19世紀にクリーシェとなり、今日ではユーモアや皮肉をこめて用いられる。元来はもっぱら男に誘惑された女性について使われ、そうした性的な含みは今日でも時おり残っている。 例 They've been living together for years but he's now going to make an honest woman of her. (彼女と何年も一緒に住んでいたが、やっと正式に籍を入れようとしている。) 男女平等の昨今では、**make an honest man of** という逆の形も見られる。

make an offer one cannot refuse 《紋切型》「拒絶しようのない申し出をする」

よほどの愚か者でもない限り断るはずのない、きわめて有利な申し出をすること。商業、雇用などについて使われる。 例 We hadn't really thought of selling the cottage but a young couple made us an offer we couldn't refuse. (山荘を売るなんて本気で考えてはいなかったが、ある若いカップルがあまりにも良い条件を提示してきたのだ。) 例 I was perfectly happy with my previous firm but one of their competitors made me an offer that I couldn't refuse. (以前働いていた会社には何の不満もなかったが、ライバル会社からあまりにもいい条件で誘いを受けて、断るに断れなかった。) 拒否すべき倫理的な理由はあったかもしれないが、提示された金額が良心の呵責を鎮めるに十分だったことをほのめかす場合も多い。 例 We felt bad about selling the land to the developers but they made us an offer that we couldn't refuse. (開発業者に土地を売ることをやましく思いはしたが、何しろ拒否できないような額を言われたのだ。)

make ends meet 《紋切型》「帳尻を合わせる」

収入の範囲内で生活すること。普通はそのために苦労しているという含みがある。 例 They are finding it very difficult to make ends meet since the baby was born. (赤ん坊が生まれてからというもの、やりくりがすごく大変になってきた。) クリーシェとなったのは19世紀だ

が、表現自体はそれよりずっと古い。フランス語の決まり文句 *joindre deux bouts de l'année*（年の二つの端をつなぎ合わせる＝収支を合わせる）から見ても、元々は帳簿的に見た年の始まりと終わりを指すと考えられる。単に収支明細書の第一行と最終行を指すという説もある。今日も広く用いられるし、このフレーズがたいていの場合暗示している苦労も、依然世にあまねく存在している。

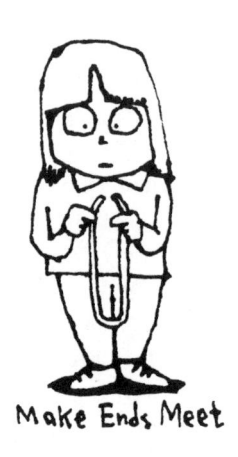

Make Ends Meet

make hay while the sun shines 《ことわざ》「日が照っているうちに干し草を作れ」

好機が訪れたら逃さず利用しろということ。 例 The skiing season there does not last very long and so the local hoteliers have to make hay while the sun shines. (あの地方のスキーシーズンはあまり長くない。だから地元のホテル経営者たちは、稼げる時に目いっぱい稼いでおかねばならない。) 16世紀初めに生まれたフレーズ。農民が雨の少ない時期にできるだけたくさん干し草を作っておく必要があったことから。**make hay** と短く縮めた形でもよく使われる。 例 We might as well make hay while there is plenty of work around. It usually tails off towards the end of the year. (仕事がたくさんある間に稼いでおいた方がいい。年が押し迫ると、往々にして仕事がなくなるから。)

make no bones about it 《イディオム》「何の骨も作らない」

あることについて、特に普通なら口ごもりそうなことについて、まったく開けっぴろげで率直であること。 例 She made no bones about it. She told us she was marrying him for his money. (はっきり言う女性だねえ。金のためにあの男と結婚するんだって言ってのけたよ。) 18世紀からよく使われるようになり、今日もきわめて頻繁に用いられる。起源は不明。最も広く認められている説は、スープやシチューに混じった、食べる妨げになる骨を指すというもの。さいころ遊びから生まれたという説もあり、さいころは元来骨から作られるから、make no bones about it は文字通りには、何の躊躇も準備もせずさっさとさいころを振るという意味だという。

make no mistake 《紋切型》「間違えなさんな」

何かを強調する時に使われる。 例 Make no mistake, he will live to regret this. (いいかい、あいつ絶対、このことを死ぬまで後悔するよ。) 例 He has a terrible life with her, make no mistake. (いやあ、あの女との暮らしはどう見ても悲惨だよ。) **make no mistake about it** という長い形で使われることも。どちらのフレーズも、単に癖になっていて、意識せず使われることが多く、聞き手を苛立たせることも少なくない。どちらも19世紀末に生まれた。

make one's day 《紋切型》「～の日にする」

誰かをひどく喜ばせること。 例 Granny's been ill. It will really make her day if you go and see her. (おばあちゃんはこないだから病気なの。あなたがお見舞いに行ってあげたらすごく喜ぶわよ。) 1940年代あたりからよく使われるようになり、今日も日常的な状況で多用される。最近は皮肉に使われることも多い。 例 The boss has just made my day. He's told me to work late and I have tickets for a show. (課長ときたらまったく幸せな気持ちにしてくれる。こっちは芝居のチケットがあるってのに、今日は残業しろってさ。)

make or break 《紋切型》「成功か失敗か」

完璧な成功かまったくの失敗か、いちかばちかの切迫した状況をいう。 例 He's taking a bit of a gamble. This new job will either make or break his career. (これは彼にとってちょっとした賭けだ。この新

しい仕事次第で、将来は安泰か、一巻の終わりかだ。) 例 This year it'll be make or break for the firm. (会社にとっては今年が正念場だ。) 現代的な響きがするが、19世紀中頃からよく使われていた。かつては **make or mar** (成功するか駄目にするか)と言った。

make short work of 《紋切型》「〜を短い仕事にする」

何かをごく迅速に処理すること。 例 The champion made short work of her competitor in the final. (決勝戦でチャンピオンは挑戦者をあっさり打ち負かした。) ユーモラスに使われることも多い。例 The children made short work of the jelly and ice cream at the party. (パーティーで子供たちはゼリーとアイスクリームをまたたく間に平らげた。) 16世紀に生まれ、今日でも日常的な状況でよく使われる。

makes you think, it 《紋切型/キャッチフレーズ》「考えさせられる」

19世紀末頃に生まれ、1930年代あたりからよく使われるようになった。今日も日常的な状況で依然よく用いられる。 例 It makes you think. Unemployment can happen to any of us. (考えさせられる話じゃないか。誰だって失業する危険はあるんだ。) **it makes you think, doesn't it?** という形になることも多い。 例 She was so young to die. It makes you think, doesn't it? (あんなに若死にするなんて。考えちゃうよねえ。) どちらのフレーズも、口癖になってしまった人が場つなぎ的に使ったりする。

make the best of a bad job 《紋切型》「悪い状態の中で最善を尽くす」

不運な状態や逆境の中で、できる限りうまくやること。 例 We don't have enough volunteers to help in the campaign but we'll just have to make the best of a bad job. (選挙運動を手伝ってくれるボランティアの数は十分とは言えないが、これで精一杯やるしかない。) 例 There was too little food for the number of people who turned up but we made the best of a bad job. (やって来た人数に見合う量の食料はなかったが、やれるだけのことはやった。) クリーシェになったのは19世紀中頃だが、発想自体は17世紀から見られる。今日もよく使われる。古い形に **make the best of a bad bargain** (悪条件にも最善を尽くす)がある。

make the supreme sacrifice《紋切型》「至上の犠牲を払う」

　元々は、国のため、あるいは誰かの命を救うために、自分の命を捨てること。 例 Having made the supreme sacrifice for his fellow officer he was buried with full military honours. (仲間の将校のために自らの命をなげうった彼は、軍人として最大限の栄誉に包まれて埋葬された。)　この意味で19世紀末から盛んに使われるようになり、第一次・第二次大戦中には特に多用された。今日も使われるが、以前ほどではなく、またそれほど大した犠牲ではない状況で、ユーモアや皮肉をこめて用いることが多い。 例 He stayed a bachelor until he was forty and then he made the supreme sacrifece. (40歳まで独身を通したのち、彼はとうとう至上の犠牲を払った。) 例 I know you want to watch the football but could you make the supreme sacrifice and help me with the supermarket shopping? (あなたがサッカーを見たいのはわかってるけど、絶大なる犠牲を払ってスーパーの買物につき合ってくださる?)　別形に **make the ultimate sacrifice** (究極の犠牲を払う)がある。

make waves《イディオム》「波風を立てる」

　問題を起こすこと。 例 The committee used to agree on most things until a new member was elected and started making waves. (委員会はほとんどの問題について意見が一致するのが常だったが、新しく選出された委員がやたらと波風を立てはじめた。)　20世紀後半にクリーシェになった。元々は海員用語で、船が進むと静かな水面に波が立つことから。

making tracks, be《紋切型》「足跡をつけている」

　出発すること。多くは、かなり急に出発すること。 例 Heavens, is that the time?　I'd better be making tracks. (おやまあ、もうこんな時間かい?　急いで出た方がよさそうだ。)　**make tracks** という形で、19世紀にアメリカで生まれた。be making tracks はイギリスのクリーシェで、日常的な状況で用いられる。去っていく人が地面に残す足跡や轍(わだち)から。

man and boy《紋切型》「男も少年も」

　ある人の人生すべて、キャリアのすべて。 例 He's worked for

that firm man and boy and he still earns a pittance. (あの会社に生涯を捧げて働いてきたのに、給料はいまだに雀の涙だ。) 今もよく使われるが、女性形はあまり目につかず、男性についての表現という印象を保っている。

man Friday 《紋切型》「下僕フライデー」

アシスタント。しばしば、非常に大切なアシスタントという含みがある。 例 The manager's always saying he doesn't know what he would do without his man Friday, but he gave his personal assistant a very poor pay rise. (社長ときたら、アシスタントがいなかったら何もできないと常々言っているくせに、個人秘書の昇給に関してはお寒い限りだ。) 現代でもクリーシェとして見受けられるが、人を見下したような響きがあるせいか、だんだん廃れてきている。20世紀中頃には、この女性形 GIRL FRIDAY (⇨) が特に事務職についてよく使われるようになった。ダニエル・デフォー『ロビンソン・クルーソー』(Daniel Defoe, *Robinson Crusoe*, 1719) から。船が座礁し、無人島と見える島に取り残されたクルーソーは、やがて島に住む若い男に出会う。出会った日が金曜日だったため、若者はクルーソーによってフライデーと命名され、彼の忠実な下僕となる。

man in the street, the 《紋切型》「街にいる人」

ごく普通の人のこと。例 The politicians are always pretending to be interested in the views of the man in the street. (政治家たちはいつも、庶民の意見に関心を抱いているような素振りを示す。) 19世紀初めに生まれ、同世紀中にクリーシェとなった。今日も広く使われており、公人やジャーナリストなど、まさにそうした庶民に自分の運命を支えてもらっている人たちによって用いられることが多い。また、自分はそういう庶民より社会的に地位が高いと思っている人たちが軽蔑的に使うことも。例 The man in the street is only interested in his beer and cigarettes. (世間の連中はビールとタバコにしか興味がないのさ。) この場合 man は今日では男女両方を指すのが普通。これに反対して **person in the street** という言い方を普及させようとするフェミニストもいるが、広い支持を得るには至っていない。**the man on the Clapham omnibus** (クラパム行きの乗り合い

に乗っている人）という別形もあるが、今日ではほとんど見かけない。Clapham はロンドン南の地区。

manna from heaven 《間接的引用》「天国から送られた糧(かて)」

　思いがけず突然援助を受けたり、有利な状況になったりしたことを指して使う。[例] The car broke down in the middle of nowhere and it was like manna from heaven when a tractor came along and gave us a tow. (人里離れた場所で車がエンストしてしまったが、トラクターが通りかかって牽引してくれた。地獄に仏とはこのことだ。)　今日では冗談まじりに使われることが多いが、ユーモラスな響きを持つようになったのは 18 世紀初め。旧約聖書、出エジプト記 (*Exodus*) 16 章 15 節が出典で、manna はエジプトから荒野へ旅を続けるイスラエル人に神が奇跡として与えた食物のこと。

man of the house, the 《紋切型》「屋敷のあるじ」

　家を取り仕切る男性のこと。夫や父という役割を指すだけでなく、家庭で一番年長の男性についても使われる。[例] Now that your father's dead, you'll have to be the man of the house and look after your mother and sisters. (お父さんが亡くなった今、君が一家の大黒柱だ。お母さんや妹たちの面倒を見てあげなければいけないよ。)　今日では多くの女性が男性のいない家庭を切り盛りしているにもかかわらず、いまだ耳にする。セールスマンなどが、そういう男性が家にいるかいないかを確認せずにこのフレーズを使ってしまいがち。[例] Could I come and demonstrate our double-glazing system when the man of the house is at home? (ご主人がご在宅の折に、わが社の複層ガラスシステムのご説明に伺ってもよろしいでしょうか?)　⇨ LADY OF THE HOUSE, THE

man of the world, a 《紋切型》「世慣れた人」

　世間で経験を積んだ男性や、洗練された男性のこと。[例] I'm sure your story won't shock John.　He's a man of the world after all. (君の話でジョンがショックを受けるとは思わんね。何しろ世間を知っている男だからね。)　この意味で使われるようになったのはおそらく 19 世紀からだが、元来は既婚男性を指した。クリーシェとして今日も広く使われ、**a woman of the world** という女性形もある。[例] I thought that she was far too much of a woman of the world to get pregnant accidentally. (経験十分なはずの彼女のことだから、まさかうっかり妊娠するとは思わなかった。)

man's gotta do what a man's gotta do, a《キャッチフレーズ》「男だったらやるっきゃない」

それをすることに関してためらいはあっても、とにかくやるしかないという意。 例 I don't really want to get rid of my assistant but I can't afford her. A man's gotta do what a man's gotta do. (好きでクビにするわけじゃないが、アシスタントを雇っておく余裕はない。背に腹は替えられないよ。) 今日ではユーモアや皮肉をこめて使うのが普通。 例 I'll have to force myself to go on holiday next week. A man's gotta do what a man's gotta do. (来週は何としても休暇を取らなくちゃ。人間、なすべき義務ってものがあるよね。) アメリカで生まれ、1940年代からよく使われるようになった。起源は不明だが、西部劇によって広まったと思われる。

man the pumps《イディオム》「ポンプを受け持つ」

緊急事態において何か手を貸すこと。 例 If we are going to get this export order finished on time everyone will have to man the pumps. (この輸出注文を時間内に処理するには、全員に手伝ってもらうしかない。) 20世紀に入ってからよく使われるようになり、やや古びてはいるが今日でもクリーシェとして用いられる。元は船員用語。

man to man《紋切型》「男対男で」

率直に、ということ。女性は繊細で敏感だから率直さを持ちえないと考えられ、さまざまな分野から排除されていた時代の感覚がうかがえるフレーズ。女性の置かれた立場や、女性に対する認識が変化したにもかかわらず今も生きている。 例 She was very embarrassed when her father said that he wanted to talk man to man with her fiancé. (父親が彼女の婚約者に向かって、君と男同士話がしたいと言うのを聞いて彼女はひどく気まずかった。) 形容詞的に使われることも多い。 例 'Well, son, now that you are fifteen it's time that you and I had a man-to-man talk.' (「息子よ、お前ももう15歳だ。男同士腹を割って話そうじゃないか。」) クリーシェとしては19世紀末から。女性形

の **woman to woman** も時おり使われるが、こちらはある種の親密さが感じられる。

man who has everything, the 《紋切型》「すべてを持っている男」

　欲しいと思うような消費財はすでに何から何まで所有している、非常に裕福な人物のこと。贅沢品の贈り物を勧める時などに使う。 例 This diamond pen-holder is the perfect gift for the man who has everything. (このダイアモンドのペンホルダーは本物を知る方にふさわしい贈り物かと存じます。)　アメリカ起源で、20世紀初めに生まれたと思われる。現代のクリーシェとしては、必ずしも裕福ではないが欲しいものはすべて持っている人について使うことも多い。中年以上の男性はほとんどこの範疇に入る、と考える女性も多いようである。 例 What do you give the man who has everything for Christmas? I always end up giving my father socks. (欲しい物はみんな持ってる男性に、どんなクリスマスプレゼントをあげたらいい？　結局いつも、父親には靴下ってことになっちゃうのよね。) **the woman who has everything** という形もあるが、こちらはあまり使われず、現実にもそういう女性はあまりいないように思える。

many are called but few are chosen 《引用》「招かれる人は多く選ばれる人は少ない」

　新約聖書、マタイ伝 (*Matthew*) 22章14節から。'For many are called, but few are chosen.' (それ招かるる者は多かれど、選ばるる者は少し。) 19世紀中頃にクリーシェとなった。今日ではユーモアや皮肉を交えて用いられる。　例 I've been turned down for promotion again.　Ah well, many are called, but few are chosen. (またも昇進できなかった。やれやれ、招かるる者は多かれど選ばるる者は少なしだな。) 主にインテリが使う。

many hands make light work 《ことわざ》「多くの人手は仕事を軽くする」

　ある仕事にかかわりたくないと思っている人をかかわる気にさせようとして用いられることが多い。　例 If you give me a hand with these dishes we'll get them done in no time.　Many hands make light work. (あなたがこの皿洗いを手伝ってくれたらすぐ終わるんだけど。手が多ければ仕事も楽でしょ。) 長く使われてきたことわざで、今も両親や祖父母が、若者に雑用を手伝わせようとして使ったりする。

marines, tell that to the ⇨ TELL THAT TO THE MARINES

marking time 《紋切型》「時間を刻んでいる」

何の進歩も遂げず、あるいは何ら確固たる行動を取らぬまま、いたずらに時が経っていくこと。19世紀末に生まれ、今日もよく使われる。 例 He is in rather a dead-end job but he is just marking time until he goes to university. (今は先のない仕事に就いているが、あれは大学に行くまでの時間をやりすごしているだけだ。) 元来は軍隊用語で、兵士があたかも行進しているかのようにその場で足踏みすることをいった。

mark my words 《紋切型》「よく聞きなさい」

発言の導入部で、強調に、もしくは場つなぎに使う。 例 Mark my words, that boy will end up in jail. (いいかい、あの子はいずれ刑務所行きだよ。) 例 Mark my words, it will rain today. (言っとくけどね、今日はきっと雨が降るよ。) 19世紀中頃にクリーシェとなった。今日では、口癖になってしまった人がまったく無意味に使うこともしばしば。you が前につくことも多い。⇨ YOU MARK MY WORDS

matter of fact, as a ⇨ AS A MATTER OF FACT

matter of life and death, a 《紋切型》「生死の問題」

命にかかわるような重大事。 例 Please could you give us a lift to the hospital. It's a matter of life and death. (病院まで乗せてもらえませんか。人の命がかかってるんです。) さして緊急でもないのに誇張して使うことも多い。 例 I've got to get this letter in the post tonight. It's a matter of life and death. (この手紙は今夜投函しなくちゃ。生きるか死ぬかがかかってるんだ。) 19世紀中頃にクリーシェとなった。**a matter of life or death** という、より理にかなった形もあるが、こちらはそれほど使われない。

may all your troubles be little ones 《紋切型》「あなたたちの苦しみがすべて小さなものでありますように」

新郎新婦に贈られるはなむけの言葉。little ones は子供たちとい

う意味でもあるから、子宝に恵まれますように、という意の婉曲表現でもある。こういう表現をやたらと面白がる人たちが使い、他の人にとっては、特に不幸にもこのはなむけを受けるカップルにとっては、よくて陳腐、たいていはげんなりさせられるクリーシェ。

May and December《イディオム》「5月と12月」

　　かなり年齢の離れた2人の関係や結婚をいう。　例　It's a real case of May and December.　Her husband is old enough to be her father. (これぞまさに、花と枯れ木のカップルだ。夫の方は彼女の父親といってもおかしくない歳だ。)　形容詞的にも使われる。　例　People say these May and December affairs never last but they've been married for ten years now. (歳の離れた関係は続かないと言われるが、あの二人は結婚してもう10年だ。)　かつてこのような関係は年上の男と若い女性というケースが多かったが、今や女性が若い男性と関係を持つことも珍しくない。関係を月にたとえる発想は古くから見られる。チョーサーの『カンタベリー物語』中の「商人の話」(Geoffrey Chaucer, 'Merchant's Tale', *Canterbury Tales*, 1387?–1400) では **May and January** という言い方が出てくるが、17世紀初めからは May and December が使われている。

meaningful relationship, a《流行語》「意味ある関係」

　1970年代から多用されるようになり、最も流行したのは1980年代。きわめて特別で深い関係を指すということになっている。　例　She thought that she had a really meaningful relationship with Jim but he suddenly went off with someone else. (ジムとの関係は本当に特別だと思っていたのに、彼は突如別の女のもとに走ってしまった。)　要するにもったいぶって meaningful と言っているだけで、実質は meaningless なことも多い。1990年代に入ってからはだんだん使われなくなり、ついに死語になったと思われたところ、再び口にする人が出てきている。

meanwhile back at the ranch《キャッチフレーズ》「さてその頃、牧場では」

　　かなり複雑な会話や物語の途中で、話が本筋や本来の場所に戻ったことを示す。古い西部劇の無声映画で、話が撃ちあいの場面など

から牧場に戻ったことを告げる字幕がしばしば現われたことから。おそらく1920年代初めから使われ出し、今日もふざけ半分で用いられる。 例 Mary and Jim were in Greece, Paul and Jane were in Spain, and meanwhile back at the ranch we were looking after all their children. (メアリーとジムはギリシャで、ポールとジェーンはスペインで休暇を過ごし、一方本国では私たちが彼らの子供たち全員の面倒を見ていたのでありました。)

meet one's match《紋切型》「好敵手に会う」

あることに自分と同じくらい秀でた人物に出くわすこと。 例 She was used to beating the other members of the tennis club easily but she met her match when she played Mary. (テニスクラブの仲間をいつもあっさり負かしていた彼女だったが、メアリーとは互角の好勝負だった。) 元来は **find one's match** と言い、14世紀に生まれた。16世紀末には meet one's match になり、今日も広く用いられる。

meet one's Waterloo /wɔ́ːtəlúː/《イディオム》「ワーテルローに直面する」

大きな敗北や災難に遭うこと。 例 He was boasting that no one could beat him at chess but he met his Waterloo when he played against the defending champion. (チェスなら誰にも負けないと豪語していたが、チャンピオンと対戦したら大敗を喫した。) ナポレオン (Napoléon Bonaparte) 率いるフランス軍が、ウェリントン (Arthur Wellesley Wellington) 率いるイギリス軍に1815年のワーテルローの戦いで敗北し、これによってナポレオンのヨーロッパ支配が終結したことから。比喩として使われ出したのはおそらく19世紀中頃で、今日もよく使われる。

message received《キャッチフレーズ》「受信完了」

言われたことやほのめかされたことを理解したという意味。 例 Message received. We shall have nothing more to do with him. (了解。あの男とは今後関わりません。) 第二次大戦中の無線交信が起源で、1940年代後半に一般化し、今日もクリーシェとして用いられる。無線交信では **message received loud and clear** (明瞭に受信完了) と言うのが普通で、このフレーズも、また **message re-**

ceived and understood（伝言受信完了かつ了解）も、今日クリーシェとして使われる。

method in one's madness 《間接的引用》「狂気の中の筋道」

ある人の行動が奇妙だったり愚かに見えたりしても、そこにはそれなりの意図があるということ。 例 The teacher lets the children do as they please for a while, but there is method in her madness. They soon tire of it. (その先生はしばらくの間子供たちの好きなようにさせておくが、この一見無謀な方法にもちゃんと狙いはある。子供たちはすぐに飽きてしまうのだ。) シェークスピア『ハムレット』(*Hamlet*, 1601) 2 幕 2 場の 'Though this be madness, yet there is method in't'（狂ってはいるものの筋は通っている）からだが、発想としてはこれ以前からあった。クリーシェになったのは 19 世紀初め。

Midas /máidəs/ **touch, the** 《間接的引用》「ミダス王の手触れ」

事業を成功させたり、収益を上げたりする能力。 例 He seems to have the Midas touch.　All his companies are doing very well even in the middle of the recession. (あの人には大した金儲けの才があるようだ。不景気のまっただ中だというのに、彼が経営する会社はどこも非常にうまくいっている。) ギリシャ神話が起源。フリギア (Phrygia) の王ミダスは、自分が触れたものをことごとく金(きん)にしてくれるよう神に頼んだ。ディオニュソス神 (Dionysus) はこの願いを叶えてくれたが、食べ物まで金に変わってしまうことを知ったミダスは後悔し、元に戻してくれるよう頼んだ。比喩として用いられるようになったのは 17 世紀で、今日もよく使われる。

mid-life crisis 《流行語》「中年期の危機」

40 歳前後の中年期に差し掛かって、自分の人生を振り返って考えてみた時、何かが欠けているような気がして、およそ自分らしくないことを——たとえば今までとまるで別の生き方をするとか——したいと考えたりすること。 例 I think he had some kind of mid-life crisis.　He suddenly left his wife and children and went to live by himself on a remote island. (何か中年の危機にでも陥ったのかなあ。突如妻子を捨てて、孤島に一人で住み出したんだからね。) 1970 年代によく使われ出し、1980 年代初めには、この年齢の人がほとんど全員(特

に男性)このような危機に見舞われるようになった。ジャーナリズムでさんざん話題にされたため、非常に広まった。今もよく使われるが、かつての勢いはないようである。

millstone round one's neck, a 《間接的引用》「首からぶら下がる石臼」

ひどい精神的重荷や責任のこと。新約聖書、マタイ伝 (*Matthew*) 18章6節から。'But whoso shall offend one of these little ones which believe in me, it were better for him that a millstone were hanged about his neck, and that he were drowned in the depth of the sea.' (然(さ)れど我を信ずる此(こ)の小(ちひ)き者の一人を躓(つまづ)かする者は、寧(むし)ろ大(おほい)なる碾臼(ひきうす)を頸(くび)に懸(か)けられ、海の深処(ふかみ)に沈められんかた益(えき)なり。) millstone とは穀物をひくための、二つ一組で使う重い円形の石。16世紀頃から比喩的に使われ出した。クリーシェとして今日もよく使われる。 例 We thought buying this old house was a good idea but it is so expensive to renovate that it's just a millstone round our necks. (この古い家はいい買い物だと思ったんだが、いざ買ってみると、修繕にものすごく金がかかって、お荷物もいいところだ。)

mind boggles, the 《紋切型》「頭が呆然となる」

極度の驚きについていう。boggle は「困惑する」の意。 例 The mind boggles at what he might do when he finds out. (それを知ったら彼がどう出るかを考えるとぞっとする。) 表現自体は1950年代からすでにあったが、1970年代から特によく使われるようになった。今日も多用される。

mind how you go! 《紋切型》「道々気をつけて!」

別れのあいさつ。 例 You'd better get off now if you want to get home tonight. Mind how you go! (今晩中に帰りたいんだったら、そろそろ出ないと。気をつけてね!) TAKE CARE (⇨)同様、用心を促す意で1940年代からよく使われるようになった。現代でも日常的な状況でよく用いられる。

mind one's p's and q's ⇨ WATCH ONE'S P'S AND Q'S
mind you 《紋切型》「心に留めなさい」

これから言おうとすることを強調するのに使う。例 He says that he's telling the truth. Mind you, I don't believe him.(本当にそうなんだってあいつは言ってるけど、はっきり言って僕は信じないね。) 口癖になっている人が無自覚に場つなぎ的に使うことも多い。

miss the boat《イディオム》「船に乗り遅れる」

出遅れて好機を逸すること。 例 We were going to put in an offer for the house on the corner but we've missed the boat. It's already been sold.(角の家を買う申し込みをしようとしていたのだが、チャンスを逃してしまった。もう売れてしまった。) 例 She heard there was a job going in the factory but she applied too late and missed the boat.(彼女は工場に職があると聞いたが、応募するのが遅すぎて、機会を逸した。) 20世紀初め頃から使われ出し、今も日常的な状況でよく使われる。**miss the bus** (バスを逃す)と同義。

moment of truth, the《紋切型》「真実の時」

成功したか否かが試される重要な瞬間。 例 Jim says that he has mended the television set but the moment of truth will be when he switches it on.(ジムはテレビを直したって言ってるけど、本当に直ったかどうかはスイッチを入れた時にわかることよね。) 例 I followed the instructions for making the cake faithfully but the moment of truth will come when I open the oven door.(レシピの通りにケーキを作ったけど、うまくできたかどうかはオーブンを開けるまでわからない。) スペイン語 *el momento de la verdad* を英訳したもので、元々は闘牛士がまさに牛を殺そうとする瞬間の意。アーネスト・ヘミングウェイ『午後の死』(Ernest Hemingway, *Death in the Afternoon*, 1932)でまさにそうした場面を描いている。その後、英語表現として一般的になり、今日もよく使われる。それほど重要でない状況に使ったり、ユーモアや皮肉をこめて用いたりすることも多い。

money is the root of all evil《引用》「金は諸悪の根源」

聖書を誤って引用したもの。新約聖書、テモテ前書(*1 Timothy*) 6章10節 'The love of money is the root of all evil'(それ金(かね)を愛するは諸般(もろもろ)の悪(あ)しき事(こと)の根(ね)なり)から。金銭や物質主義から多くの罪が生じているという意味で、今日広く使われる。 例 There was a big family quarrel over the will when their father died and they have never spoken to each other since. It's true what they say about money being the root of all evil. (父親が死んだ時、家族は遺書をめぐって大喧嘩になり、以来、一言も口をきいていない。金は諸悪の根源とはよく言ったものだ。) 風刺的に用いられることもある。

money rears its ugly head ⇨ SEX REARS ITS UGLY HEAD

month of Sundays, a《紋切型》「一か月分の日曜日」

非常に長い期間。例 I haven't seen him in a month of Sundays. (彼とはもうずいぶん会っていない。) 19世紀に生まれ、おそらく20世紀初めにクリーシェになった。日常的な状況で今日もよく使われる。日曜日が一か月分あるためには、31週間必要。

moot point, a《紋切型》「論争点」

議論の余地がある、疑わしい点。例 It is a moot point whether or not she is a more talented pianist than her sister. (彼女が妹よりピアニストとして上かどうかは微妙なところだ。) 元々は、法律専攻の学生がmoot（模擬裁判）で弁論する判例をいった。18世紀から一般的に使われるようになり、今日でも、しばしば誤用されるが、よく使われる。

more haste, less speed《ことわざ》「急げば急ぐほどスピードは落ちる」

急ぎすぎることをいさめ、周到や用心を促す言い回し。例 You'll just make mistakes if you rush at that. More haste, less speed. (そんなに急いだって失敗するだけだぞ。あわてる乞食はもらいが少ない、だぜ。) 他人に、特に急いでやる以外にない人に向かって言うと、非常に嫌がられる場合もある。自分自身の行動について言うことも。例 Damm! I've laddered my tights. More haste less speed! (あら嫌だ！ タイツを伝線させちゃった。せいては事を仕損じる！) ことわざとして長く使われ、今日も広く用いられる。

more...than you've etc. had hot dinners, I've etc. had
《キャッチフレーズ》「君が温かい食事をした回数より多くの...を私は経験している」

何かについて経験豊富なことを強調する。 例 I've been involved

in more business deals than you've had hot dinners. (商取引については、僕も相当場数を踏んでるんだよ。) 例 She's been on more trips abroad than you've had hot dinners. (彼女の海外旅行経験といったら、そりゃ大したものさ。) 20世紀に生まれ、日常的な、くだけた状況で用いられる。元来は性的な連想を伴っていたフレーズで、男性が女性遍歴を自慢するのに使った。 例 I've had more women than you've had hot dinners. (僕の女性遍歴も、自慢じゃないがちょいとしたものでね。)

more the merrier, the ((ことわざ))「多ければ多いほど楽しい」

より多くの人が参加すれば、いっそううまく行くということ。例 Why don't you and your friend come to the cinema with us? The more the merrier. (あなたのお友達も誘って、私たちと一緒に映画に行かない？ にぎやかでいいじゃない。) 例 Yes we could do with some more volunteers. The more the merrier. (うん、もっとボランティアがいてくれていい。多ければ多いほどありがたいね。) クリーシェになったのは19世紀だが、ことわざとしては16世紀頃からあった。スコットランド王ジェームズ1世 (James I) が最初に用いたとも (1423年頃)。

more to it than meets the eye ((紋切型))「目に見える以上」

話し手にとって、状況や問題などが一見したよりずっと複雑だったり重要だったりするように思えること。 例 He seemed to be the obvious thief but the police thought that there was more to it than met the eye. (盗んだのは明らかにその男だと思えたが、警察は話はそれだけでは済まないのではないかと睨んだ。) 例 It looked as though the child had fallen off the wall but the doctor thought that there was more to his bruises than met the eye. (その子供は塀から落ちたように見えたが、その打ち傷を見た医者は、何か裏がありそうだと思った。)

morning after, the ((紋切型))「その翌朝」

二日酔いを表わす伝統的なフレーズ。祝い事のあった翌日などについてよく使う。例 I wouldn't ask Jack to do too much today. He is suffering from the morning after. (今日のジャックはあまり頼りにならないと思う。二日酔いだからね。) 19世紀末に生まれ、今日でも依然、フレーズも、それが表わす状態も、きわめて頻繁に見られる。深酒

以外のものが及ぼす不快な効力に用いられることも。元は **the morning after the night before** という形で、この長い形もまだ使われている。

move heaven and earth《イディオム》「天地を動かす」

あらゆる努力をすること、大いに骨を折ること。 例 They will move heaven and earth to keep their son out of prison.(息子を刑務所に入れずに済むなら、彼らはどんな努力もいとうまい。) 例 The villagers will have to move heaven and earth to get the council to keep the local school open.(廃校決議を阻止するためには、村人たちは相当頑張らねばなるまい。) 18世紀に生まれ、19世紀末にクリーシェとなった。今もまだ使われているが、費やした労力をはなはだしく誇張する場合も多い。

move the goalposts《流行語》「ゴールポストを動かす」

計画がすでに着手されたあとで、規則や条件が変えられてしまう事態をいう。1980年代に大流行した。例 When we agreed to merge our firm with his we were quite pleased with the arrangements but he keeps moving the goalposts.(わが社と彼の会社の合併同意がなされた時には、我々としても満足していたのだが、彼ときたら自分の都合に合わせて取り決めを変更してばかりいる。) サッカーなどの球技から生まれた。

much of a muchness《紋切型》「たくさんある中のたくさん」

物事や状況が非常によく似ていること。 例 It doesn't really matter which of the candidates we choose for the job. They're all much of a muchness.(候補者の中で誰を雇うかは大して重要でない。みんな五十歩百歩だ。) 18世紀に生まれ、19世紀中頃から広く使われている。今日もよく用いられる。

multitude of sins ⇨ COVER A MULTITUDE OF SINS

mum's the word《紋切型》「無言で行こう」

あることについて、黙っていてくれるよう人に促す言葉。 例 We're organizing a surprise birthday party for Mary, so mum's the word.(メアリーの誕生日に不意打ちパーティーをやろうと思うんだ。だから黙っててね。) この形で使われるようになったのは18世紀初めだ

が、mum という語が沈黙と結びついたのはそれよりずっと古く、14世紀と思われる。mum は唇を閉じた状態で発せられる音の擬声語。日常的な状況で今も用いられるクリーシェ。

Murphy's law ⇨ ANYTHING THAT CAN GO WRONG WILL GO WRONG

mutton dressed as lamb 《紋切型》「仔羊に扮した成羊」

ある人(通常は女性)が年齢よりずっと若く装っていることを軽蔑的に言うのに使う。 例 Did you see what she was wearing to the wedding? Talk about mutton dressed as lamb!(彼女が結婚式に着てきた服を見た? 若作りとはまさにあのことよ。) 19世紀末に生まれ、今日もよく使われる。肉屋が mutton (成羊肉)を lamb (仔羊肉)に見せかけようとするという発想。

my brother's keeper, I am not ⇨ KEEPER, I AM NOT MY BROTHER'S

my heart bleeds for 《イディオム》「私の心は〜のために血を流す」

ある人にまったく同情していないことを、皮肉たっぷりに言うのに使う。 例 She says that she can only afford to buy one new dress a month. Poor soul! My heart bleeds for her. (あの人、ひと月に一着しか新しいドレスを買えないって言っていたわ。かわいそうに! 気の毒で胸がはり裂けそうよ。) かつては文字通りの誠実な意味で使われていたと思われるが、おそらく18世紀末から現在の意味になり、1940年代にクリーシェとなった。今日もよく用いられる。

my, how you've grown 《紋切型》「あらまあ、大きくなったわねえ」

久しぶりに会う子供に対してよく使われる。言われた子供にしてみれば、何と返事をしていいかわからず気まずいばかりで、何とも嫌なクリーシェである。大人はこのような庇護者ぶった物言いは慎むのが最善と知るべし。

my lips are sealed ⇨ LIPS ARE SEALED, MY

my wife doesn't understand me 《キャッチフレーズ》「妻はわかってくれない」

男がよその女性の同情を買おうと、あわよくば不倫の仲になろうという下心をもって使う。 例 You mustn't worry about the fact that

my wife doesn't understand me

I am married. My marriage is virtually over. My wife doesn't understand me. (僕が結婚していることは気にしなくていいんだよ。結婚生活は終わったも同然さ。妻は僕のことをわかってくれないんだ。) 実のところ、たいていの場合妻は夫のことをわかりすぎるくらいわかっているのであり、むしろこの女性の方こそ、気の毒にも男のことをわかっていないかもしれないのである。近頃は意図的なジョークとして使うのが普通。

N

nail in someone's coffin, a 《イディオム》「棺桶に打たれた釘」
　誰かに害を及ぼしたり、破滅させたりするもののこと。例 Having a row with the boss was another nail in his coffin.　He's in trouble already for unpunctuality.（上司と口論になったのはダメ押しだよ。時間にずぼらなことでただでさえ睨まれてるんだからね。）　18世紀末に生まれた表現で、今もよく使われる。棺に遺体を入れ、釘を打ちつけ、しかるのち墓に入れる習慣から。

Nail in Someone's Coffin

nail on the head, hit the ⇨ HIT THE NAIL ON THE HEAD
name is mud, his/her 《紋切型》「彼/彼女の名は泥だ」
　その人が何らかの形で信用を失ったということ。例 Her name is mud in the office since she reported her colleague to the boss.（同僚のことを上司に告げ口したせいで、職場での彼女の評判は地に墜ちた。）　19世紀初めにさかのぼる表現で、当時はイギリス議会で、何らかの理

由で面目を失った議員について使われた。今日ではクリーシェとして、日常的な状況で、時にユーモアをこめて用いられる。 例 My name will be mud if I forget to send my mother a birthday card. (母に誕生日のカードを送るのを忘れでもしたら、二度と家の敷居をまたげないね。) 起源は不明だが、mud が18世紀には愚か者を意味するスラングだったからという説、単に泥が汚くてぬるぬるしているからという説などがある。

name names, to 《紋切型》「名を挙げる」

何かにかかわった人物たちの名を明かすこと。 例 The teacher knows who committed the crime but she has not yet named names. (その教師は誰が犯人なのか知っているが、まだその名を明かしてはいない。) 他人が知らない事実を自分が知っているのが得意で、それを元に疑惑の種をまきたがるような人がよく用いる。例 I won't name names but one of the bosses is having an affair with his secretary. (誰とは言わないけど、上司の一人が秘書と不倫してるんだぜ。)

name of the game, the 《流行語》「ゲームの名前」

1970年代にイギリスでよく使われた。漠然と意味なく使われるクリーシェの一つだが、本来は何かにおいて重要な、もしくは中心的な事柄を指す。 例 In business the name of the game is profit. (ビジネスで肝腎なのは利益だ。) 1970年代から80年代初めに較べて頻度は落ちたが、今日もかなりよく使われる。くだけた状況で使われるのが普通。アメリカで1960年代初めに生まれた。

name to conjure with, a 《紋切型》「呪文に使う名前」

ある特定の分野で有名な人のこと。 例 That's a name to conjure with. He was one of the best cricketers of his generation. (その名前は知る人ぞ知るだよ。当時最高のクリケット選手だった男さ。) 19世紀末によく使われるようになり、クリーシェとして今もなお、やや格式張った話し方や書き方をする人々に用いられる。呪術師や魔術師が術を使う際に用いる呪文、というのが発想の元であり、奇跡を起こす力を持つ名だという含み。

name your poison ⇨ WHAT'S YOUR POISON?
napping, caught ⇨ CATCH SOMEONE NAPPING

nearest and dearest《紋切型》「最も近しく愛(いと)しい者」

親戚のこと。親しい友人を指すこともある。今日ではたいてい皮肉に使われる。 [例] Her nearest and dearest never go to see the old lady. (親類の誰一人、あのおばあさんに会いに行かない。) 16世紀に生まれた表現で、当初から、文字通りの意味で使われる場合も皮肉に使われる場合もあった。

neat as a new pin《比喩》「新品のピンのように小綺麗(こぎれい)な」

きわめてきちんと整った状態を形容する表現。 [例] The whole family lived in one room but it was always as neat as a new pin. (一家全員が一部屋に住んでいたが、いつもきちんと片付いていた。) 18世紀末に生まれ、今日もよく用いられる。

necessity is the mother of invention《ことわざ》「必要は発明の母」

せっぱ詰まった必要や困難を抱えた人間は、創意や才知を発揮してその解決法を考え出すことがよくあるという意。17世紀末に生まれた表現で、劇作家ウィリアム・ウィチャリーが『森の中の恋』(William Wycherley, *Love in a Wood*, 1671) で使っているが、発想自体は古代ギリシャにまでさかのぼる。今日では、他人の不幸について陳腐なことを言いたがる人々に多用される。 [例] If you can't afford to have the roof repaired you should have a go at it yourself. Necessity is the mother of invention. (屋根を修理してもらうお金がないんなら、自分で挑戦してみるしかないね。必要は発明の母だよ。)

neck and neck《イディオム》「首と首」

接戦ということ。 [例] The two teams at the top of the league are neck and neck at the moment. (リーグのトップ二チームは目下つばぜり合いを演じている。) [例] Just before the general election the two parties were neck and neck. (総選挙直前、二政党は接戦状態だった。) 元は競馬用語で、接戦の二頭が文字通り首を並べている状態を指し、18世紀初めに一般的な状況でも使われるようになった。クリーシェになったのは20世紀に入ってからで、今も広く用いられる。

neck of the woods《紋切型》「森の首」

地域、界隈。 [例] He's certainly the best doctor in this neck of the woods.（彼はこのあたりで間違いなく一番の医者だ。）　アメリカ起源で、元は森林を開拓した地域のことをいった。19世紀中頃に生まれ、のちイギリスに伝わり、現在も日常的なくだけた状況でよく用いられる。neckは細長く伸びた土地のこと。

needle in a haystack, a《間接的引用》「干し草の山に埋もれた針」

発見が非常に困難な物をいう。　例 Empty country cottages are like needles in haystacks round here these days.（近頃このあたりで別荘の空き家を見つけるのは至難の業だ。）　**to look for a needle in a haystack**（干し草の山に埋もれた針を探す）ということわざから。このことわざは中世ラテン語が元になっており、他の言語にも同様の表現が見られる。その的を射た比喩ゆえに、何世紀にもわたって盛んに用いられている。

needless to say《場つなぎ》「言うまでもなく」

あることがあまりにも明白なので、そんなことは言うまでもない、という意を伝えるのに用いる。しかし実際には、その言うまでもないはずの事柄が、これに続けて口にされることになる。　例 Needless to say, he never returned the money.（言うまでもなく、彼はその金を返さなかった。）　もはや癖になってしまった人によって意味なく用いられることもしばしば。16世紀に生まれた表現だが、今も広く用いられる。⇨ GOES WITHOUT SAYING, IT/THAT

need like a hole in the head《比喩》「頭の穴のごとくに必要としている」

何かがおよそ求められていない、望まれていないものであることを表わす。例 I needed another guest like I needed a hole in the head, but I really couldn't refuse to put them up.（これ以上また客だなんて迷惑千万だったが、泊められないとは言えなかった。）　1940年代にアメリカで生まれた。その後イギリスに伝わり、今もごく日常的な、くだけた状況でよく用いられる。

needs no introduction《場つなぎ》「紹介を要しない」

スピーチでむやみと使われる。これから話す人物があまりにも有名でわざわざ紹介するに及ばないということ。実はあとには必ず（しかもしばしば相当長めの）紹介が続くわけで、まったく不要な表

現。⟨例⟩ I am happy to announce the presence with us today of James White who needs no introduction to an audience of booklovers. He is...(本日お客様として、ジェームズ・ホワイト氏をお招きいたしました。読書家の方々にはご紹介不要でしょうが、氏は...) 19世紀末に生まれ、今日も全国の会場で耳にする。

neither here nor there 《紋切型》「こちらでもあちらでもない」

何かが重要性や関連性を持たないことをいう。⟨例⟩ The fact that I didn't vote is neither here nor there. He lost by a huge margin. (私が棄権したことは問題ではない。彼は大差で落選したのだから。) 16世紀に生まれ、19世紀末にクリーシェになった。今日も広く使われる。

never the twain shall meet 《間接的引用》「両者永久(とわ)に相見(まみ)えることなし」

二人の間の相違や不和を表わす。⟨例⟩ There's no point in trying to get those two together. He is a devout Tory, she is a devout Socialist and never the twain shall meet. (あの二人を一緒にさせようとしたって無駄だ。彼は筋金入りの保守派だし、彼女は筋金入りの社会主義者だ。水と油だよ。) ラドヤード・キプリング「東と西のバラッド」(Rudyard Kipling, 'The Ballad of East and West', 1890) 中の一節、'Oh, East is East, and West is West, and never the twain shall meet'(東は東、西は西、両者永久に相交わることなし)から。クリーシェになったのは20世紀に入ってからで、今日ではおおむね冗談半分に使われる。

new broom, a 《間接的引用》「新品のほうき」

着任早々に変化を、それもしばしば根本的な変化を引き起こしている人。⟨例⟩ The whole filing system has been changed. The new office manager is a bit of a new broom. (書類の分類・保存の仕方がそっくり変わった。今度の上司はなかなかの改革好きだ。) **a new broom sweeps clean** (新品のほうきはきれいに掃ける＝新任者は改革に熱心なもの) ということわざから。19世紀中頃にクリーシェとなり、今日もよく使われる。

new lease of life, a 《紋切型》「人生の新たな賃借期間」

元気ややる気を新たに得たことを指して使う。⟨例⟩ Her hip replacement has given her a new lease of life. (股関節手術のおかげで、彼女は心機一転したようだ。) 19世紀中頃にクリーシェとなった。借地・借家権 (lease) の更新に想を得た表現。**a new lease on life** とも。

nice work if you can get it 《紋切型》「うまくやれればそりゃ結構」

他人の幸運を祝福するのに用いられ、やや羨ましげな調子で口にされるのが普通。'work' とあるが、必ずしも仕事のことを意味しない。 例 I hear Frank's gone to France for three months. Nice work if you can get it! (フランクがフランスに行って3ヵ月過ごしてくるらしい。羨ましい限りだ!) クリーシェとなったのは20世紀に入ってからで、今日もよく使われる。

nick of time, in the 《紋切型》「時の刻み目の中で」

ぎりぎり間に合うこと。 例 I found my ticket in the nick of time. The train was about to leave. (土壇場で切符が見つかった。列車は発車寸前だった。) クリーシェになったのは19世紀初め。元々は **in the nick** という表現で、この場合 nick とは「決定的瞬間」の意だが現在これは廃義。

nimby ⇨ NOT IN MY BACK YARD

nine-days' wonder 《紋切型》「9日間の驚異」

多大な関心や噂を呼ぶものの、それがごく短期間しか続かないことをいう。 例 The whole village is talking about her son going to prison but it will be a nine-days' wonder. (彼女の息子が刑務所に入れられた話で村じゅう持ちきりだが、しょせんは人の噂も何とやら、だろう。) クリーシェになったのは19世紀で、今もよく使われる。発想そのものはチョーサー (Geoffrey Chaucer) の時代のことわざまでさかのぼる。

nip in the bud 《イディオム》「蕾(つぼみ)のうちに摘み取る」

有害で危険になりかねないものを、手に負えなくなる前に断ち切ること。 例 The teachers tried to nip the pupils' protest in the bud before it affected the rest of the school. (学校側はその生徒たちの抗議を、校内じゅうに広がる前に抑え込もうとした。) 16世紀に生まれた表現で、クリーシェになったのは18世紀中頃。園芸で、植物の開花を

わざと妨げたり、早霜(はやじも)によって蕾が枯れぬよう手を打ったりすることから来ているという説がある。

nitty gritty, the《紋切型》「核心、本質」

1960年代末から70年代に流行したクリーシェ。やや使用頻度は落ちたが、今もきわめて改まった状況を除いてよく使われる。ある状況における基本点、争点のこと。 例 We've discussed the theoretical advantages of the project. Now let's get down to the nitty gritty. (このプロジェクトの理論的長所の検討は終わった。さあ、核心にかかろう。) 元は黒人英語とされ、頭皮から剝がしにくい砂状のシラミの卵(grit-like nits)を指していると思われる。

no accounting for tastes, there's《紋切型》「好みは説明できない」

他人の趣味や嗜好が訳のわからないものに思える時に使う。 例 I can't believe they actually chose that wallpaper. Still, I suppose there's no accounting for tastes. (よりによってあんな壁紙を選ぶなんて信じられない。まあでも、蓼(たで)食う虫も好きずきなんだろうね。) 当初は **there is no disputing about tastes** (好みに反論はできない)という形だったが、現在の形も19世紀初めには存在していた。他人の好みに呆れ驚くことは、昔も今も変わらない。

no better than she should be《紋切型》「彼女が本来あるべきほど良くはない」

女性が道徳的規範に従っていないということ。 例 His parents are concerned about him marrying her because she's had so many other boyfriends. They think she's no better than she should be. (彼女との結婚を両親が心配しているのは、今まで他に何人も恋人がいたからだ。二人とも彼女のことを、尻の軽い女だと思っている。) 道徳的規範が男性と女性とで異なっていた時代(今もそうかもしれない)の産物なので、このクリーシェに男性形はない。

no can do《キャッチフレーズ》「デキナイアルヨ」

何かが実行不可能だということ。 例 You want me to paint your house by next week. No can do! (お宅の塗装を来週までにやってほしいですって? 無理に決まってますよ!) 元はピジン英語で、20世紀初め

に一般英語でもよく使われるようになった。今も日常的な、くだけた状況でよく用いられる。

no chicken ⇨ NO SPRING CHICKEN

no comment《紋切型》「コメントなし」

　質問に対して何も言いたくないということ。ニュースの話題にのぼっている人物に向かってマスコミが投げかける、しばしばプライベートな問いに対して使われることが多い。　例 When asked about the possibility of a divorce, the film actor said, 'No comment.' (離婚の可能性について訊かれると、その映画俳優は「ノーコメント」と答えた。) 個人だけでなく、警察などの公的機関も用いる。

no expense spared《紋切型》「出費を惜しまず」

　何かに気前良く金を使ったことをいう。　例 They had a huge society wedding, no expense spared. (二人は上流社会のお歴々を招いて盛大な結婚式を挙げた。金に糸目はつけなかった。)　今日では皮肉に使われることも多い。　例 We thought we had been invited to dinner but all we got was sherry and peanuts.　No expense spared! (晩餐に招かれたと思ったら、出たのはシェリー酒とピーナッツだけ。大した太っ腹だよ!)

no laughing matter《紋切型》「笑いごとじゃない」

　深刻・重大な問題。冗談で済ませようのない状況に使うことが多い。　例 You should report her disappearance to the police.　It is no laughing matter. (彼女がいなくなったことを警察に知らせるべきだ。これは笑いごとじゃないぞ。)　16世紀に生まれ、今日もクリーシェとしてよく使われる。

no names, no pack drill《キャッチフレーズ》「名前を出さねば懲罰行進も食わぬ」

　罪を犯した人などの名を漏らしたくない、という気持ちを伝える。　例 It wasn't Jim who stole the money.　I know who it was, but no names, no pack drill. (金を盗んだのはジムじゃない。誰なのか僕は知ってるけど、言いたくないね。)　今はやや古めかしい表現。元は軍隊用語で、おそらく19世紀末に生まれたと思われる。悪事などに関し仲間の名を口にすればその男が罰せられるだろうから言いたく

ない、というような時に兵士が使った。pack drill（懲罰軍装行進）とは懲罰の一種で、兵士に全装備を背負わせて同じ場所を行ったり来たりさせる。

no news is good news《ことわざ》「便りがないのはよい便り」

事故や災害があったら警察などから連絡があるだろうから、何も言ってこないのはうまく行っている証拠だということ。17世紀に生まれた。

no problem《紋切型》「問題なし」

慣用的な返事で、文字通りには、ある状況において何も困難が生じていないということ。かつては **don't mention it**（どういたしまして）とほぼ同じ意味に、もしくは受諾の言葉として用いられた。[例] Certainly, I will give you a lift. No problem!（もちろん乗せてさしあげますよ。喜んで！） 20世紀中頃にアメリカで生まれた。イギリスでよく使われるようになったのは1970年代に入ってからで、今では時にほとんど疫病のように蔓延する。さらにくだけた形に **no sweat**（汗なし）がある。**no worries**（心配なし）はオーストラリア英語の類似表現で、オーストラリアのメロドラマがイギリスで放映されて以来、イギリスでも多用されはじめている。

no rest/peace for the wicked《キャッチフレーズ》「悪党に安らぎなし」

単に多忙であることを、諦念をこめて表現するもの。[例] I've just got home from work and I have to go to the supermarket and cook the evening meal. Ah well, no rest for the wicked!（仕事から帰ったばかりなのに、これからスーパーに行って夕食の準備をしなきゃならない。貧乏暇なし！）「悪党」と言うのはふざけているだけ。旧約聖書、イザヤ書（*Isaiah*）48章22節から来ていると思われる。'There is no peace, saith the Lord, unto the wicked.'（悪(あ)しきものには平安(やすき)あることなし。）19世紀初めに使われ出し、同世紀末にクリーシェとなった。

nose out of joint, put someone's ⇨ PUT SOMEONE'S NOSE OUT OF JOINT

nose to the grindstone ⇨ KEEP ONE'S NOSE TO THE GRINDSTONE

no show without Punch《キャッチフレーズ》「パンチがいなくちゃ見世物にならない」

　面白い、興味深い、論議を呼んでいる等々の集まりに、なぜか必ず現われるように思える人物についていう。例 I might have known it. There's Mary over there with the protest group. No show without Punch! (さもありなん。あそこの抗議グループの中にメアリーがいる。こういう時には必ず顔を出すものな。) 19世紀末頃から広く使われるようになり、今日も日常的な状況でよく用いられる。由緒ある人形劇「パンチとジュディ」(Punch and Judy show) でパンチが常に主役であることから。

no skin off my nose, it's《キャッチフレーズ》「私の鼻から剝がれた皮膚ではない」

　自分にとっては少しも重要でない、自分には関係ない、ということ。19世紀初めによく使われるようになり、今日も日常的な、くだけた状況で使われる。例 You can move out of the flat if you like. It's no skin off my nose! (アパートを出たければどうぞご自由に。私の知ったことじゃありませんから!) 元来はボクシング、殴り合いなどを踏まえていたと思われる。

no smoke without fire, there's《ことわざ》「火のないところに煙なし」

　あらゆる噂には、何らかの根拠なり、若干の真実の要素なりがあるということ。例 He's promised her faithfully that he's not seeing another woman but she's heard about it from various people and there's no smoke without fire. (他の女性とはつき合っていないと彼は堅く誓ったが、彼女はそういう話をいろんな人から聞いている。火のないところに煙は立たずだ。) きわめてよく使われるクリーシェであり、特に、噂好きでトラブルを起こしたがる人々が多用する。別形に **where there's smoke there's fire** (煙のあるところ火あり) がある。発想そのものはジョン・ヘイウッド (John Heywood) のことわざ集 (1546) に見られるが、ヘイウッドでは **there is no fire without smoke** (煙のないところに火なし) となっている。

no spring chicken《イディオム》「春のひなどりなんかじゃない」

ある女性がもはや若くないことを蔑んでいうフレーズ。実際よりも若く見せようとしたり、若く振る舞おうとしているという含みを伴うことが多い。 例 She goes to discos every night but she's no spring chicken. She was at school with my mother's elder brother. (彼女は毎晩ディスコに通ってるけど、実は結構歳なんだ。僕の母の兄と同級だったんだから。) 別形に **no chicken** (ひなどりなんかじゃない) がある。no chicken は 18 世紀初めから使われているが、no spring chicken がクリーシェになったのは 19 世紀。今も日常的な状況でよく使われるが、性による区別をなくそうという運動はいまだ届いておらず、男性を指して使われることはまだない。

not fit to hold a candle to ⇨ FIT TO HOLD A CANDLE TO, NOT
not for all the tea in China《紋切型》「中国じゅうのお茶をもらっても」

何ものをもってしてもする気になれないということ。 例 I wouldn't live in that part of town for all the tea in China. (たとえ大金を積まれても、あんな地区に住むのはまっぴらだ。) 19 世紀末にオーストラリアで生まれ、のちイギリスに伝わった。今日も日常的な状況でよく使われる。

nothing to write home about《キャッチフレーズ》「家に書き送るまでもない」

何かがきわめて平凡でありふれていること。 例 We went to see the new play that got rave reviews but it was nothing to write home about. (絶賛の批評が出た例の新しい芝居を観に行ったが、まるっきり月並だった。) 19 世紀末に生まれた表現で、元は故郷から離れた地にいる兵士が家に手紙を書くという発想だったと思われる。今日も日常的な状況でよく用いられる。

nothing ventured, nothing gained《ことわざ》「危険を冒さねば何も手に入らない」

リスクを冒す気がなければ何も達成できないということ。 例 I hesitated about putting money into his new business but then I thought, 'nothing ventured, nothing gained.' (彼の新事業に投資するのはためらわれたが、そこでふっと「虎穴に入らずんば虎子を得ず」と思っ

たのだ。) 別形に **nothing venture, nothing gain** がある。チョーサー (Geoffrey Chaucer) の時代に使われた **nothing venture, nothing have** という古形もある。

not in my back yard《紋切型》「うちの裏庭ではお断り」

1980年代に流行し、しばしば **nimby** と略された。何かが建てられる際、それが自分の住んでいるところの近くでなく、自分に迷惑が及びさえしなければ反対しないという態度を表わすフレーズ。たとえば放射性廃棄物の集積施設など、反対があって当然のものにだけでなく、ホームレスの人々の宿泊施設のような、必要で価値あるものについても使われる。

not just a pretty face《キャッチフレーズ》「可愛い顔だけじゃない」

人の技術や知性を強調するのに使う。 例 I told you I could fix the TV set. I'm not just a pretty face! (だから言ったでしょう、テレビくらい直せるって。あたしだって可愛いだけじゃないのよ!) 元来は、女性が男性に向かって、女たちは美貌だけでなく知性も持ち合わせているのだと主張するのに使った。20世紀中頃によく使われるようになり、今日も広く用いられる。ただし今では皮肉やユーモアをこめて用いることも多く、時には男性が使うことも。これへの返答としてのおどけた決まり文句は、**you're not even a pretty face** (そもそも可愛い顔でさえないじゃないか).

not know from Adam《紋切型》「アダムと見分けがつかない」

誰かをまったく知らない、まったく面識がないのでその人に会ってもわからない、ということ。 例 This man at the party greeted me like a long lost friend but I didn't know him from Adam. (パーティーで誰かが、長いこと行方の知れなかった友人みたいに話しかけてきたんだけど、こっちはどこの誰だかまるでわからなかった。) 19世紀中頃に生まれた表現で、今日もクリーシェとしてよく使われる。男性だけでなく、女性を指しても用いられる。聖書に出てくるアダムを指していると思われるが、起源についてそれ以上は不明。

not out of the woods《イディオム》「森を出てはいない」

まだ危険や困難を脱してはいないということ。 例 The patient is very much better but she is not out of the woods yet. (その患者はずい

ぶん良くなったが、まだ峠を越したわけではない。) 例 The firm has improved a bit financially but it's not out of the woods yet. (会社の財政状態はやや好転したが、まだ危機を脱したわけではない。) **not out of the wood** という別形もある。一説によれば、古いことわざ **do not shout until you are out of the wood** (森を抜け出るまでは叫んではいけない) から来ているとも。森や林を危険と結びつける発想は古代ローマまでさかのぼる。クリーシェとして今日もよく使われ、病気についてのくだけた表現として用いられることが多い。

not to be sneezed at 《紋切型》「くしゃみを向けてはいけない」

申し出や機会などが、軽々しく無視できない、真剣に考慮すべきものだということ。例 Their offer for your house may not be as high as you wanted but it's not to be sneezed at. (あなたの家に対して向こうが言ってきた額は希望通りじゃないかもしれないけど、決して馬鹿にしたものではないと思うよ。) 19世紀初めに生まれた表現で、今日も日常的な状況でよく用いられる。

not to have a leg to stand on 《イディオム》「依(よ)って立つべき脚が一本もない」

自分の行動などに対し、まともな弁護や言い訳のしようがないこと。例 He's bound to be found guilty of murder. The defence does not have a leg to stand on. (彼は間違いなく殺人罪で有罪になるだろう。

弁護側には論拠が何一つないのだ。) 16世紀に生まれた表現で、今日も広く使われる。読んで字のごとく、支えが何もない状態から。

not to know whether to laugh or cry《紋切型》「笑うべきやら泣くべきやら」

相反する二つの感情を表わす。 例 She didn't know whether to laugh or cry when the last of her children left home. She was glad to have more time to herself but she knew that she would miss them. (最後の子供が家を出て独立したとき、彼女は複雑な心境だった。自分の時間が増えるのは嬉しかったが、子供たちが恋しくなることも目に見えていた。) 19世紀にクリーシェになったが、発想自体はもっと古い。今日も広く用いられる。

not to let the grass grow under one's feet《イディオム／ことわざ》「足の下に草が生えぬようにする」

ぐずぐず事を遅らせないよう努めること。 例 If you see a suitable job advertised you should apply for it right away. Do not let the grass grow under your feet. (これと思う仕事を求人広告で見たら、すぐ応募すべきだ。ぐずぐずしてチャンスを逃してはいけない。) 16世紀に生まれた表現で、今日もさまざまな形で多用されるが、常に否定的な含みがこめられる。 例 If you want to change jobs you might as well do it now. There is no point in letting the grass grow under your feet. (転職したいならさっさとした方がいい。のんびり構えてもいいことはないぞ。) 一か所に長いあいだ立っていると、足の下に草が生えてくるような気がすることから。

not to suffer fools gladly ⇨ SUFFER FOOLS GLADLY, NOT TO

no worries ⇨ NO PROBLEM

nudge, nudge《紋切型》「ひじ押し、ひじ押し」

何か性的な、特に不倫の関係を匂わすフレーズ。 例 He says that he needs to take his secretary to the conference. Nudge, nudge! (彼は秘書も会議に連れて行く必要があると言っている。みなまで言いませんがね!) nudgeは相手の注意を惹くために肱でそっと突くこと。同じ意味の **nudge, nudge, wink, wink** (ひじ押し、ひじ押し、目くばせ、目くばせ) の短縮形。長い形は、1970年代初めにBBCの『モン

ティ・パイソンの空飛ぶサーカス』(*Monty Python's Flying Circus*, 1969–74) で使われたのが始まりで、おそらく 1970 年代末にはクリーシェになっていた。今日もよく用いられる。

O

odds and ends《紋切型》「半端ものに余りもの」

雑多な寄せ集めのこと。例 The drawer of the kitchen table is full of odds and ends. (キッチンテーブルの引き出しはがらくたで一杯だ。) 18 世紀に生まれ、19 世紀中頃にクリーシェとなった。今日も広く使われる。巻いた布地の端切(はぎ)れを意味する 'odd ends' から来ていると思われる。

off the beaten track《紋切型》「踏み固められた道から外れて」

辺鄙(へんぴ)な場所のこと。 例 The holiday cottage is a bit off the beaten track. (その別荘はいくぶん人里離れたところにある。) 一風変わっている、奇抜だ、といった意味で比喩的に使われることも。 例 His ideas on child-rearing are rather off the beaten track. (子育てに関する彼の考え方は相当風変わりだ。) クリーシェになったのは 19 世紀末で、今日も広く使われる。

off the cuff《イディオム》「袖口から」

即席で、準備なしで。 例 The speaker hasn't turned up. We'll have to get someone to speak off the cuff. (講演者が来ない。誰かに即興で話してもらうしかないな。) アメリカで 19 世紀初めに生まれ、やがてイギリスに伝わった。食後のテーブルスピーチなどをする人が、話の中味をあらかじめ全部用意するのではなく、シャツの袖口にちょっとした覚書きを書いたことから。今日も日常的な状況で用いられ、形容詞的にも使われる。 例 He made a few off-the-cuff remarks when introducing the speaker. (講演者を紹介する際、その場で思いついたことを彼は二、三言った。)

of the first magnitude《紋切型》「第一級の」

星の明るさの等級づけから来ているフレーズ。比喩としては元来、質が最上であることを意味した。 例 The college produces students of the highest magnitude.(その大学は最良の質の学生たちを世に送り出している。) 最大級、という意味で皮肉をこめて使われることもある。 例 He is a fool of the first magnitude.(あいつはとびきりの阿呆だ。) 17世紀頃に生まれ、19世紀中頃にクリーシェとなった。

of the first water ⇨ FIRST WATER, OF THE

of which more anon 《紋切型》「続きはまた今度」

ある話題について、あとでもっと話すつもりだということ。 例 There was the most terrible disaster at the wedding, of which more anon. I must rush now.(結婚式はさんざんだったんだけど、詳しい話はまた今度。今は急いで行かなくちゃ。) クリーシェになったのは19世紀。古めかしく聞こえるが (anon は「近いうちに」を表わす古語)、今も使われる。ただしたいていは冗談めかした使い方。

oil and water 《イディオム》「油と水」

まったく相性の悪い人や物同士をいう。 例 I'm not surprised they've separated. I'm surprised they ever got together in the first place. They're oil and water.(彼らが別れたと聞いても驚かないね。そもそも一緒になったことの方が驚きだよ。まるっきり水と油じゃないか。) 19世紀にクリーシェになった。水と油が混ざらないことから。

old as the hills, as 《比喩》「丘のように古い」

非常に古いこと。19世紀初め頃に生まれ、今日も広く用いられる。 例 Some of the local traditions are as old as the hills.(その土地の伝承の中には、きわめて古いものもある。) 人について冗談ぽく使われることも。 例 Children often think that their parents are as old as the hills.(子供は自分の親のことを、神代の昔から生きていると思うことがよくある。) 地質学を踏まえた表現。

old(-)boy network 《紋切型》「同窓生のつながり」

おたがいに社交上のつながりがあったり、仕事の上で助け合ったりするような関係にある人々をいう。主に上流階級の人々について使う。 例 James was one of the few students who got a job and that was due to the old-boy network. His father was at school with the chairman of the firm. (ジェームズは就職できた数少ない学生の一人だが、それは親のコネのおかげだ。父親がその会社の会長と同級生なのだ。) 20世紀中頃にクリーシェとなり、今日でも、この表現が表わす事態同様、頻繁にお目にかかる。主に男性について使われるが、近年は女性もネットワーク化を始めている。

old enough to be her father 《紋切型》「父親と言ってもいい歳」

　自分よりずっと年上の男性とつき合ったり結婚していたりする女性について使われる。軽蔑や非難の響きがある。　例 She must be marrying him for his money.　He is old enough to be her father. (あの結婚、金目当てに違いない。相手は父親と言ってもいい歳なんだから。) 以前はもっぱら男性が年上で女性が年下という組合せだったが、今はその逆の例も多く見られるようになった。こうした場合の非難の言葉として、**old enough to be his mother** (母親と言ってもいい歳)がある。

old enough to know better 《紋切型》「もっと分別があっていい歳」

　一人前にきちんと判断ができるはずの年齢だということ。　例 You children are old enough to know better than to play in the street. (あんたたち、もう大きいんだから、道路で遊んじゃいけないことぐらいわかるでしょ。) 19世紀に生まれ、今日も広く用いられる。子供に対して使われることがほとんど。

old hat 《イディオム》「古い帽子」

　時代遅れで、陳腐で、つまらないということ。　例 I'm not going to hear his lecture on psychology.　His ideas are old hat. (あの人の心理学講義を聴くつもりはない。化石なみに古い考え方だからね。) 帽子というものが、まだかぶれるうちに流行遅れになってしまうことからか。19世紀末にクリーシェとなり、今日も広く用いられるが、非常に改まった状況では使わない。

once and for all 《紋切型》「これを最後と」

　今度限り、ということ。20世紀にクリーシェとなり、今日も広く使われる。　例 She was told once and for all that she must get to work on time or she would be sacked. (もう一度遅刻したら今度こそクビ

だ、と言い渡された。）最後通牒をつきつける際によく使う。元の形は **once for all** で、こちらは 15 世紀中頃に生まれた。

once bitten, twice shy《ことわざ》「一度噛まれると、二度用心する」

　一度ある状況で失敗したり、誰かに傷つけられたり利用されたりすると、以後はそうなるまいとして極端に用心深くなるということ。　例 He was very unhappily married once and I don't think he'll marry again.　I think it is a case of once bitten, twice shy. (一度不幸な結婚を経験している男だから、二度と結婚しないだろうね。羹(あつもの)に懲りて膾(なます)を吹くってやつさ。) 19 世紀中頃にことわざになった。

once in a blue moon《イディオム》「青い月の時に一度」

　きわめて稀であること。　例 She goes to see her parents once in a blue moon, although they're now very old. (両親はもうかなりの歳なのだが、彼女はめったに会いに行かない。)　極端な誇張表現として用いられることが多い。19 世紀に生まれた表現だが、青い月に触れた言い回しは 16 世紀初めからあった。日常的な状況で今も広く使われる。

on cloud nine ⇨ WALK ON AIR

one foot in the grave《イディオム》「墓穴に片足を突っ込んで」

　重病の人、あるいはとても歳をとっている人。発想自体は 16 世紀からある。現在ではクリーシェとして、しばしばふざけて使われる。例 Their teacher is only about 35 but the children think she's got one foot in the grave. (その先生はまだ 35 くらいだが、生徒たちはみんな、もう棺桶に片足を突っ込んでいると思っている。)

one for the road《紋切型》「帰路のための一杯」

　帰る前に、これを最後と飲む酒のこと。　例 It's nearly closing time.　Let's have one for the road. (そろそろ看板だ。最後の一杯といきましょう。)　家まで車で帰る人たちにもおそらく当てはまるが、表現も発想も、飲酒運転に関する法律ができる以前からある。クリーシェになったのは 20 世紀に入ってから。

one good turn deserves another《ことわざ》「親切は親切に値する」

もし誰かに親切なことをしてもらったら、こっちも親切をして返すべきだということ。恩を受けた人が、お返しをする際に使うことが多い。 例 You lent me your lawn mower and so please feel free to borrow my electric hedge clipper.　One good turn deserves another. (こっちは芝刈り機を貸してもらったんだから、君もうちの電気剪定(せんてい)ばさみを遠慮なく使ってくれよ。情けは人のためならずだからね。)　ジョン・ヘイウッド (John Heywood) のことわざ集 (1546) に見られるが、14 世紀からすでにあった。今日も広く使われる。

one in a million 《紋切型》「百万に一つ」

　誰かの良さをたたえる時に使う。例 Her father was one in a million.　He would have helped anyone. (彼女の父親は稀に見る人格者だった。誰にでも手を貸してやる人だった。)　統計の発想に基づく言い方であり、善人はそれだけ稀ということか。20 世紀に生まれ、今日も日常的な状況で広く用いられる。

one of those days 《紋切型》「その手の日」

　何もかも上手く行かない、ひどい一日を過ごした時に使う。 例 Oh, I'm glad to be home.　It's been one of those days! (ああ、やっと帰れて嬉しい。今日は最悪の一日だったよ!)　1920 年代によく使われるようになり、この表現が指しているような経験同様、今もいたるところでお目にかかる。

one of those things, just ⇨ JUST ONE OF THOSE THINGS, IT'S

one over the eight 《紋切型》「8 杯の次の 1 杯」

　アルコール摂取量が限界を越え、その 1 杯で酔ってしまうことをいう。普通の人間はビール 8 杯くらいまでは大丈夫、という前提。例 He always gets aggressive when he's had one over the eight. (あいつはいつも、飲み過ぎると人にからんでくる。)　20 世紀にクリーシェとなった。今日も日常的な状況で使われるが、やや古臭い。

one that got away, the 《紋切型》「逃したもの」

　元来、釣り人があと一歩のところで逃してしまった大魚をいうのに使った。例 Keep away from old Fred at the bar.　He's been fishing and he's just dying to tell someone about the one that got away. (カウンターにいるフレッドの奴には近づかない方がいい。こないだ釣りに

行ってきて、逃した大魚のことを誰かに聞いてもらいたくてうずうずしてるんだ。) この意味で使われ出したのは20世紀前半だが、1940年代中頃からは、危険を逃れた人のことも指すようになった。後者の意では冗談まじりに使われることが多い。 例 That's the one she married and that's the one that got away.(彼女と結婚したのはあいつで、何とか逃げたのはあいつだ。) 前者の意味では今もよく使われるが、後者の意味は古臭くなっている。

only time will tell《紋切型》「時のみが教えてくれるだろう」

結果がすぐにはわかりそうもない状態をいう。 例 They think they have caught her illness but only time will tell.(医師たちは彼女の病気を抑えたつもりでいるが、本当のところは時間が経たなければわからない。) 自分が言ったり書いたりしたことをうまく締めくくれない人が、長い目で見た結果がどうなるかとは関係なくやたらに使いたがるクリーシェ。

only too pleased《紋切型》「ただもう大喜び」

人の助けになるようなことをする際、きわめて積極的であること。例 I'll be only too pleased to lend you the book after I've finished it.(私が読み終わりましたら、喜んでお貸ししましょう。) 単に礼儀として使われることが多く、実は全然喜んでいないのだが儀礼上こう言わざるをえないという場合もよくある。 例 Why of course, I'll be only too pleased to look after all the animals while you're on holiday.(ええあの、もちろん、お出かけのあいだ喜んで動物たちの世話をさせていただきますよ。) クリーシェになったのは1920年代初めで、今もお

決まりの丁寧表現として広く用いられる。
on one's last legs ⇨ LAST LEGS, BE ON ONE'S
on the ball《イディオム》「ボールに注意して」

　　油断なく機敏に気を配っていること。非常に博識で、時流の最先端にいるという含みがある。　例 If you're going to take up a job in the money market you'll really have to be on the ball. (金融関係の仕事に就くんだったら、いろんなことによほど目を光らせてなくちゃいけないよ。)　球技をプレーしている人が、いつボールが飛んできてもいいようにしっかり見ていることから。20世紀にアメリカで生まれた。今日も日常的な、くだけた状況でよく用いられる。

on the dot《紋切型》「きっかりに」

　　時間について、ちょうど何時、何分ということ。例 The bus will leave at 6 o'clock on the dot. (バスは6時きっかりに発車します。)　強調に使われる。20世紀初め頃に生まれ、今日も日常的な状況で広く用いられる。

on the horns of a dilemma ⇨ HORNS OF A DILEMMA, ON THE
on the QT ⇨ QT, on the
on the side of the angels《紋切型》「天使の側にいる」

　　周りの状況から判断して、物事の正しい側、道義的な側に立っていること。　例 She thought for one minute that he was one of the planners but then she realized that he was on the side of the angels and was one of the protesters against building on the green belt. (彼女は一瞬、その男のことを計画推進者の一人かと思ったが、まもなく彼が正しい側の、緑地帯ビル建設反対派だと知った。)　誰が天使であるかは、実は見る人の考え方次第だが。ひどく改まった感じを受けるが、今日も頻繁に使われる。19世紀末にクリーシェになった。ディズレイリ (Benjamin Disraeli) が1846年にオックスフォード司教会議で行なったスピーチから。'The question is this; Is man an ape or an angel?　I, my lord, am on the side of the angels.'(問題は次の点です。人は猿か天使か？　司教様、私は天使の側におります。)元は宗教的なものの見方をする側に味方することをいった。

on the spur of the moment《紋切型》「瞬間のはずみで」

突然に、性急に。例 He was passing the travel agents when on the spur of the moment he went in and booked a holiday to Greece. (旅行代理店の前を通りかかると、彼は衝動的に中に入り、ギリシャ旅行の予約をした。) クリーシェになったのは19世紀末だが、表現自体は18世紀末からあった。今日も広く使われる。spur (拍車) は馬を駆るのに使う器具を指す。

on the tip of one's tongue《イディオム》「舌の先に」

今にも何か言おうとしていたということ。例 His name is on the tip of my tongue but I just can't think of it. (あの男の名前が喉まで出かかってるんだが、どうしても思い出せない。) 19世紀中頃にクリーシェとなり、今も広く用いられる。

ON THE TIP OF ONE'S TONGUE

on the wagon《イディオム》「荷車に乗って」

酒を断っているということ。例 He used to drink like a fish but he has been on the wagon since he was up on a drink-driving charge. (彼は大酒飲みだったが、飲酒運転で捕まってからは禁酒している。) アメリカで20世紀初めに生まれた。その後、大西洋を渡ってイギリスでクリーシェとなり、今日も日常的な、くだけた状況でよく用いられる。元の形は **on the water wagon** (撒水(さんすい)車に乗って)。撒水用

の荷車を馬に引かせて、埃が立たないよう土の道路に水を撒いてまわった。

on the warpath《イディオム》「いくさに向かう道中」

ひどく怒った状態をいう。仕返ししてやろうと思っていることも多い。 例 I should keep out of your mother's way. She's on the warpath since she discovered you'd damaged the car. (お母さんに近づかないようにした方がいいよ。君が車を壊したのを知って相当カッカしてるから。) アメリカ・インディアンについて、いくさに行くという意で使われた表現。比喩的な意味は19世紀末にアメリカで生まれ、その後イギリスに波及した。今日も日常的な状況で広く用いられる。

on the water wagon ⇨ ON THE WAGON

on this auspicious occasion《場つなぎ》「このめでたき折に」

重要ということになっている場面でスピーチをする人が用いる。例 We are delighted to welcome the mayor to the school on this most auspicious occasion. (このおめでたき折に市長をわが校にお迎えできて、大変嬉しく思っております。) auspicious は「幸運な」「有望な」といった意味で、そのめでたき「折」とは、たとえば新しい建物のオープニングといった、祝典や社交の場であることが多い。クリーシェになったのは19世紀末。最近では皮肉をこめて、あるいはわざと茶化して用いたりする。素直な意味で使うと、かなり古臭い感じになる。

on with the motley《キャッチフレーズ》「さあ、道化の衣裳をまとえ」

何があったにせよ、とにかく事をなすべき時が来たということ。ユーモラスに、あるいは皮肉に用いるのが普通。 例 I got in very late last night and I don't really feel like going to work. Still, I suppose it's on with the motley. (昨日の夜は帰りがかなり遅かったので、いまひとつ仕事に出かける気がしない。でもまあ、とにかく行くしかないな。) 20世紀にクリーシェとなり、初めは、事情はどうあれショーや見せ物を始める時間が来たことをいった。同じような発想のフレーズに、the SHOW MUST GO ON (⇨) がある。on with the motley

は元来、レオンカヴァロのオペラ『道化師』(Ruggiero Leoncavallo, *I Pagliacci*, 1892) の中の道化師の叫び声 'vesti la giubba' (衣装をつけよ) から。このオペラは、自分は悲嘆に暮れながらも人を笑わせなければならない道化師を描いた物語。motley とは道化を指す廃語で、道化の衣装のこともいう。

on your bike! 《紋切型》「自転車で行け！」

日常的に使われる、立ち去るよう人に命じる無礼な言い方。[例] No I don't want to buy any double-glazing. On your bike! (複層ガラスなんか要らないよ。とっとと失せろ！) 1960年代から広く使われている。1980年代初め、サッチャー (Margaret Thatcher) 政権が失業者たちに向けて出した、失業者は自転車に乗って自分の近所から出て仕事を探しに行きなさい、という勧告によって再び注目を集めた。当時の雇用相ノーマン・テビット (Norman Tebbit) が、1981年に保守党大会で行なったスピーチの中で、自分の父親が1930年代の不況期に自転車に乗って仕事を探し回ったことを語った。

open a can of worms ⇨ CAN OF WORMS, A

opening gambit 《紋切型》「序盤の仕掛け」

議論の口火を切ったり、活動や策略において第一の手を打つことをいう。狡猾さを匂わせることが多い。[例] Her opening gambit was that her child was not to blame, and I think that their opening gambit will be to try to discredit the opposition. (彼女の最初の言い分は、自分の子供には責任がないというものだった。対する彼らの第一手はたぶん、彼女の発言を覆そうと試みることだろう。) 今日も広く使われる。gambit は「始めること」という意味もあるため、opening という単語は不要であり、このフレーズは同語反復。元来 gambit はチェスの「序盤の一手」のことで、捨て駒をしたりして優位に立とうとするもの。

open secret 《紋切型》「公然の秘密」

これは矛盾した表現に思える。極秘あるいは内密な情報だったはずなのに、多くの人に漏らされたために、非常によく知られた事実となってしまっているということ。[例] It is an open secret that they are planning to marry. (彼らが結婚する気でいることは公然の秘密だ。)

例 They are trying to suppress rumours about the merger but it is already an open secret.（合併の噂を抑えようとする動きはあるものの、すでに公然の秘密になっている。）　19世紀によく使われるようになり、ゴシップ好きは世の常であるゆえ、今日も広く使われる。スペインの劇作家カルデロン作の『にぎやかな秘密』(Pedro Calderón de la Barca, *El Secreto a Voces*) を、1769年にイタリアのカルロ・ゴッツィ (Carlo Gozzi) が『公然の秘密』(*Il Pubblico Secreto*) というタイトルで翻訳したことから来ていると言われる。

open sesame 《紋切型》「開けゴマ」

　何かを成功へ導く出来事や状況のこと。　例 That first audition in the town hall was the open sesame for a glittering career in the theatre.（公会堂で行なわれたその初めてのオーディションは、演劇界における輝かしいキャリアの幕開けとなった。）『アラビアン・ナイト』(*The Arabian Nights' Entertainments*, c. 1375) 中の「アリババと40人の盗賊」('Ali Baba and the Forty Thieves') から。この物語の中で 'open sesame' は、盗賊が財宝を隠した洞穴の扉を開く、秘密の合い言葉。これが19世紀には「合い言葉」と同義になり、特に成功への合い言葉の意で使われた。今日も広く用いられる。

open the floodgates 《紋切型》「水門を開く」

　制限や抑制を取り除き、その結果相当量の、時に圧倒的な量の何かがあふれ出ること。例 When the restraints on wage increases were lifted it opened the floodgates to claims from all the other unions.（賃金引き上げに関する諸制限が取り除かれると、せきを切ったように、他の全組合からどっと要求が出された。）　大量の水をとどめておくための水門や貯水池扉などを開けることから。クリーシェになったのは20世紀で、今日も広く用いられる。この手のクリーシェにはよくあることだが、大げさに誇張して使われる場合が多い。また、何かの制限を解かない言い訳として用いられることもよくある。　例 If we give permission for one of the pupils to go on holiday during term time it will open the floodgates and we'll get a rush of demands from other parents.（もし一人の生徒に学期中に休んで旅行に出かけることを許可したら、とたんに歯止めがきかなくなって、他の親たちからの要求が殺

到するだろう。)

or words to that effect《紋切型/場つなぎ》「とかいったようなこと」
　実際に口にされたこととだいたい同じ内容という意味。　*例* Her employer said that he was sorry to lose her but that he had no choice, or words to that effect. (雇い主は、彼女を失うのは大変つらいが自分としても選択の余地はないのだ、とか何とかそんようなことを言った。)　誰かが言った言葉にかなり近いことを意味するわけだが、単なる口癖のようになっている人が意味なく使ったりもする。20世紀にクリーシェとなり、今も広く用いられる。

OTT《略語》「やり過ぎ」
　OVER THE TOP (⇨) の省略形。日常的なくだけた状況で使われる。*例* He deserved to be punished but it was a bit OTT to expel him. (彼が罰を受けるのは当然だが、退学処分はちょっと行き過ぎだ。)

out of the blue《イディオム》「晴れた空から」
　突然に、思いがけず。　*例* I wasn't thinking of changing jobs but this offer came out of the blue. (仕事を変えようなんて思ってもいなかったけど、降って湧いたように誘いを受けたんだ。) 空から思いがけなく何かが降ってくるという発想。20世紀にクリーシェとなり、今日も広く用いられる。

out of the mouths of babes and sucklings《間接的引用》「幼子や乳飲み子の口から」
　若くて経験の浅い人間が、思いがけない聡明さや判断力を示す場合がしばしばあるということ。　*例* Our young daughter asked us why they were digging up nice trees to build a new road. Out of the mouths of babes and sucklings. (うちの娘がね、新しい道を作るのにどうしてきれいな木を根こそぎ倒すのかって訊くんだ。負うた子に教えられる、だね。)　**out of the mouths of babes** (幼子の口から) という短縮形で使われることも。19世紀にクリーシェとなり、今日では主にインテリが使う。新約聖書、マタイ伝 (*Matthew*) 21章16節、および旧約の詩篇 (*Psalms*) 第8篇2節から。'Out of the mouth of babes and sucklings thou hast perfected praise.' (嬰児(みどりご)・乳児(ちのみご)の口に讃美(さんび)を備へ給へり。) 'Out of the mouth of babes and sucklings

hast thou ordained strength.'（なんぢは嬰児（をさな）ちのみごの口により力の基（もと）をおきて。）

out on a limb《イディオム》「枝先にいる」

あるグループなどで、他の人たちとまったく違う意見を持つこと。例 She's out on a limb by wanting to diversify their range. The rest of the company want to stick to what they know.（彼女は販路を多角化しようと試みて孤立無援になっている。他の社員は、自分たちの知っている土俵に安住したがっているのだ。） 危険な状況や不利な立場にあるという意にもなる。動物が幹から離れ木の枝の先の方にいて、危うい状況にあるというイメージ。

over a barrel, have someone ⇨ BARREL, HAVE SOMEONE OVER A

over and done with《二重句》「すっかり終わって」

何かが終わりに達したことを強調する。 例 There was a feud between the families for many years but that is over and done with now.（両家の間には長年にわたる確執があったが、今はそれもすっかり解消された。） 20世紀にクリーシェとなり、今日も広く用いられる。

over my dead body《紋切型》「私の死骸を乗り越えて」

何かに対して強硬に反対を表明する言い方。 例 They'll pull down that tree over my dead body.（僕の目の黒いうちは、あの木を切り倒させたりするものか。） 例 She'll be invited to the party over my dead body.（彼女をパーティーに招待するなら、まず私を殺してからにしてよね。） アメリカで19世紀初めに生まれた表現。反対する気持ちを強調するクリーシェとして今日もよく使われるが、ごく改まった場では使わない。

over the hill《イディオム》「峠を越えて」

人が全盛期を過ぎたということ。また、何かをするには歳を取りすぎたということ。例 He was a magnificent singer in his youth but he is a bit over the hill now.（若い頃は素晴らしい歌手だったが、今はもう盛りを過ぎたようだ。） 山登りをする人が丘や山の頂上に達して向こう側に下っていくイメージ。20世紀後半にクリーシェとなり、今日も日常的な状況で広く用いられるが、軽蔑的な響きを伴うことが多い。人が有能に働けると思える年齢がますます下がってきている

今日、このクリーシェに当てはまる人の数もその分増えていることになる。

over the moon 《イディオム》「月を越えて」

非常に喜んでいること。例 She was over the moon when she discovered she was pregnant. (妊娠が判明して、彼女は飛び上がって喜んだ。) クリーシェになったのは20世紀に入ってからで、1970年代になると特に、試合後に勝利者インタビューを受けるサッカーチームの監督や選手が多用するようになった。一説によれば、古い伝承童謡の'the cow jumped over the moon'(牛が月を飛び越えた)という歌詞から来ているとも。

over the top 《紋切型》「盛り土を越えて」

何かが多すぎたり、大きすぎたり、誇張されたり、芝居がかりすぎたりしていること。例 The leading man was good in the play but the leading lady was over the top. (主演男優は上手かったが、主演女優は大げさすぎた。) 例 It was a bit over the top to sack him just for saying what he thought. (自分の考えを述べただけでクビにしたのは少しやり過ぎだ。) 1980年代にクリーシェとなり、今日もきわめて頻繁に用いられる。第一次大戦中、**go over the top** とは、安全な塹壕から

出て、その前の盛り土 (top) を踏み越えて突撃することをいった。 ⇨ OTT

own goal, an《イディオム》「オウンゴール」

　自分の行ないが不運を招いたことをいう。例 The politician tried to start a smear campaign against one of the other election candidates but it turned out to be an own goal when she got a huge sympathy vote. (その政治家はある女性候補に中傷攻撃を仕掛けようとしたが、それが裏目に出て、相手に膨大な同情票がまわる結果になった。) サッカーから出てきたフレーズで、20世紀後半から広く使われるようになった。

own worst enemy, to be one's《紋切型》「自分自身の最大の敵である」

　自分に最大の害や不運をもたらしているのが自分自身だということ。例 He's his own worst enemy. Every time he gets a job he loses his temper and walks out. (彼の一番の敵は自分だ。仕事に就くたびに癇癪(かんしゃく)を起こして辞めてしまうんだ。) クリーシェになったのは20世紀に入ってからで、今も広く使われる。発想自体はギリシャ・ローマ時代からあった。

One Foot in the Grave

P

paddle one's own canoe《イディオム》「自分のカヌーは自分で漕ぐ」

独立独歩であること、自立していること。 例 Now that both her parents are dead she has no choice but to paddle her own canoe. (両親が二人とも死んでしまった今、彼女としても自力でやっていくしかない。) 19世紀初めにアメリカで生まれた表現。1866年には 'Paddle Your Own Canoe' という流行歌も作られた。その後、大西洋を渡りイギリスでもよく使われるようになった。今日も日常的な状況で広く用いられる。

paint the town red《イディオム》「町を赤く塗る」

特にバーやクラブなどを飲み歩き、陽気に浮かれ騒ぐこと。 例 As soon as we heard that we had all passed the exams we started painting the town red. (全員試験に合格と聞くやいなや、僕らはどんちゃん騒ぎを始めた。) アメリカで19世紀末に使われ出したフレーズで、20世紀に入ってイギリスでも広く用いられるようになった。今も日常的な状況でよく使われる。アメリカ起源であること以外、由来は定かでない。単に、赤という色が陽気で派手で情熱的な色だからか。

pale into insignificance《紋切型》「色あせて見える」

他と較べて、些細で取るに足らないように思えるということ。例 She was feeling very sorry for herself at being on her own with a child, but her troubles paled into insignificance when she met a woman who was a widow with four children under five. (子供を抱えて自活しなくてはいけないわが身を憐れんでいた彼女だが、5歳以下の子を4人も抱えた未

亡人に会って、自分の苦労など物の数に入らないことを知った。）クリーシェになったのは19世紀末。かなり改まった響きを持つが、現在もきわめて広く用いられる。

panic stations!《キャッチフレーズ》「大変だ！」

緊急事態の発生を意味する。今ではクリーシェとして、ユーモラスに用いられる。 例 Panic stations! My mother's coming round. We'd better do some clearing up fast.（やばい！ 母さんが来るって！ 早く片付けなきゃ。） 海軍で使われていたフレーズ **be at panic stations**（最悪の事態に備える）から。冗談めかして使われるようになったのは1940年代頃からで、現在もその傾向が続いている。

paper over the cracks《イディオム》「ひび割れを壁紙で覆う」

万事オーケーというふりをして、間違い、意見の食い違いなどを隠すこと。 例 Although they quarrelled all the time, they decided to try to paper over the cracks in their marriage for the sake of the children.（いつも喧嘩ばかりしていた二人だが、子供たちのことを考えて、幸せな結婚生活を演じようと決めた。） 例 I know that you have major disagreements on the board but you will have to paper over the cracks if you want to sell the company.（重役会で激しく意見が対立しているのは知っていますが、会社を売りたいのなら体裁だけでもつくろわないと。） 壁紙を張って壁などの亀裂を隠す慣習から。1865年、デンマーク公国領だったホルシュタイン（Holstein）をオーストリアが、デンマーク王国をプロイセンがそれぞれ管轄することを決定したガスタイン協定（the Convention of Gastein）の成果を発表する際、プロイセン首相ビスマルク（Otto von Bismarck）が用いたとされる。1910年にドイツ語から訳されて、英語の表現として広まったものと思われる。クリーシェも概念も、今なお頻繁に使われている。

par for the course《イディオム》「コースから見て妥当な打数」

予想しうる事態のこと。たいていは悪い事態を指す。 例 I don't know why you were surprised that he let you down. It's par for the course as far as he's concerned.（彼が期待外れだったからといって、君がなぜそんなに驚くのかわからない。しょせんあの程度の人間だよ。） parとはゴルフで一ホールを回る際の標準打数。1920年代初めから、

日常会話で比喩として用いられるようになった。現在も日常的な状況で広く使われる。軽蔑的なニュアンスを伴うことも多い。

part and parcel《二重句》「部分にして要素」

ある事柄の、本質的で不可欠な部分のこと。 例 Taking the children to school is part and parcel of her job.（子供たちを学校に送り届けることが、彼女の大事な仕事の一つだ。） 法律用語として16世紀からあった。19世紀初めから、より一般的に使われるようになり、今日ではクリーシェとして広く用いられる。

parting shot, a《紋切型》「最後の一矢(や)」

別れ際に発する、的確な決めの一言。 例 As he packed his clothes to leave her, her parting shot was that she had never loved him anyway.（衣服をまとめて去ろうとした男に、彼女が放った捨て台詞は、どうせあなたのことなんて最初から愛してなかったのよ、だった。） クリーシェになったのは19世紀末で、今日も広く用いられる。元は'Parthian shot'（パルティア人の一矢）と言い、紀元前1世紀に弓の名手として名を馳せた騎馬民族パルティア人が、退却しながらうしろ向きに矢を射たという故事に由来する。

party line, the《紋切型》「公式路線」

政党、政府、組織などが打ち出す基本方針。 例 If he follows his conscience he will have to go against the party line and vote against the proposal.（良心に従うなら、組織の方針に逆らってでもその動議に反対票を投じざるを得ないだろう。） 政党に関連して、19世紀にアメリカで使われていたが、20世紀中頃になると、より一般的な文脈で使われるようになった。今日も広く用いられ、**toe the party line**（規制や命令に服する）という形で使われることも多い。 ⇨ TOE THE LINE

party's over, the《イディオム》「パーティーはおしまい」

何かが終わってしまったということ。楽しいこと、良いことが終わった時に使うのが普通。 例 We're used to long summer holidays from school. Now we're starting work and the party's over. From now on we'll get only two weeks.（学生の間は、夏休みといえば長いものと決まっていた。だけどもう就職したんだし、遊びの日々はおしまいだ。

これからは夏休みだって2週間しかとれないよ。）20世紀中頃からよく使われるようになり、今日も日常的な状況で広く用いられる。

pass muster《イディオム》「検閲を通る」

求められた基準を満たすこと。[例] This essay would just about pass muster in the exam but it is not up to your usual standard. (このレポートでもぎりぎりパスするだろうが、君の普段の水準には達していない。) 元は軍隊用語で、欠陥も露呈せず検査に通ることをいう。おそらく19世紀中頃にクリーシェとなり、今日も日常的な状況でよく用いられる。

pass the buck《イディオム》「鹿弾(とかだま)を押しつける」

他人に転嫁して自分の責任を免れようとすること。[例] It was the school bully who broke the school window but he tried to pass the buck by blaming the younger boys. (校舎の窓ガラスを割ったのは学校一の暴れん坊だったが、彼はそれを年下の子たちのせいにして、自分は逃げようとした。) 元は19世紀にアメリカで使われ出したポーカー用語で、次の親が誰かを示すために順に回す鹿弾などの小さな物を意味した。比喩としてイギリスにも広まり、20世紀に入ってクリーシェになった。現在も日常的な、くだけた状況で広く用いられる。これの発展した形が **the buck stops here** (鹿弾はここで止まる)というフレーズで、その人物が最終責任を負うという意味。[例] The teacher in charge at the time will not be asked to take responsibility for the behaviour of the pupils. I am the headmaster and the buck stops here. (生徒たちの行状に関して、引率していた先生が責任を問われることはありません。私が校長であり、最終責任は私にあります。) こちらは1949年頃、アメリカ大統領ハリー・S・トルーマン (Harry S Truman) が好んで用いた表現で、大統領の机の上に立てた札にもこう書いてあった。その後英米両国でクリーシェとなり、日常的な、くだけた状況で用いられる。

past one's sell-by date, to be《イディオム》「品質保証期限を過ぎている」

人や物が、もはや役に立たない、有効ではない、と見られていること。[例] They're declaring people of my age redundant in the firm and taking on younger people. They think we're past our sell-by date.(会社は私の年代の人間を余剰人員としてばっさり切り捨て、代わりに若い労働者を雇い入れようとしている。もはや私たちはお払い箱だと考えているのだ。) クリーシェになったのは1980年代で、日常的に、時にユーモアや皮肉をこめて用いられる。食料品など、寿命の短い品にスタンプされた日付から。

patience of Job《イディオム》「ヨブの忍耐」

類まれな忍耐強さ、寛容さ。 例 She must have the patience of Job to look after all those young children and never lose her temper. (あれだけ大勢幼い子供たちの面倒を見ていながら、絶対に癇癪を起こさないなんて、よほど我慢強い女性に違いない。) クリーシェになったのは19世紀だが、ヨブの忍耐強さについての記述自体はそれよりずっと前から見られる。ヨブは旧約聖書、ヨブ記 (*Job*) 中の人物で、神から与えられたすべての試練を、非常な我慢強さをもって耐え忍んだ。ただしヨブ記自体には、patience of Job というフレーズは出てこない。

patter of tiny feet《紋切型》「小さな足のパタパタいう音」

子供についていう。特に、おめでたの人や、近々おめでたになりそうな人に対して使われる。 例 Jim and Mary have just got married and I wouldn't be surprised if we hear the patter of tiny feet before long. (ジムとメアリーは結婚したばかりで、じきにおめでたの知らせも届くんじゃないかしら。) 19世紀末から使われている。今日ではクリーシェとして、ユーモアや皮肉をこめて用いられることが多い。素直な意味で使うと、取り澄まして聞こえたり、無理に可愛らしく喋ろうとしているように受け取られたりする。

pave the way《イディオム》「道を舗装する」

物事への道を拓(ひら)いたり、その下地を作ったりすること。 例 His early research paved the way for the discovery of the new drug. (早いうちから進めていた彼の研究が、新薬発見の基礎を築いた。) 例 It is hoped the informal discussions will pave the way for formal peace talks. (今回の非公式会談が、公式の和平交渉開催への第一歩となることが望まれる。) 16世紀から使われている表現で、よく使われるように

なったのは 19 世紀から。今日でもさまざまな状況で用いられる。道路を舗装して通行を容易にすることから。

pay lip service ⇨ LIP SERVICE, PAY

pays your money and you takes your choice, you《紋切型》「払うのはあなたで選ぶのもあなた」

どの選択肢も似たり寄ったりだから、運に任せるしかないということ。文法の誤りは意図的。 例 All of the essay questions seem equally difficult. It is a case of you pays your money and you takes your choice. (記述式の問題はどれも同じくらい難しそうだ。これはもう、運を天に任せるしかない。) 例 I haven't heard of any of these films that are on at the cinema. It will be a case of you pays your money and you takes your choice. (今上映中の映画は、名前も聞いたことないものばかりだ。目をつぶって選ぶしかないね。) 19 世紀から使われている表現で、童謡に 'Whatever you please my little dears, / You pays your money and you takes your choice' (可愛い子供たち、何でもお望み通りに。あなた任せの運任せ) という一節がある。クリーシェになったのはおそらく 19 世紀末。今日も日常的な状況で、ユーモラスに用いられる。

pay through the nose《イディオム》「鼻で支払う」

法外な値段を払うこと。 例 They really paid through the nose for that house and now property prices have slumped and they can't sell it. (彼らはあの家をべらぼうな高値で買ったが、地価が暴落した今、売りに出すこともできない。) 17 世紀あたりから使われていた。今日も日常的な状況で広く用いられる。起源は不明だが、9 世紀アイルランドでデーン人 (the Danes) によって課されていた nose tax (鼻税) から来ているとも考えられる。滞納者が鼻を切り裂かれたのでこの名がついた。

pearls before swine《間接的引用》「豚に真珠」

あるものの真価を解しない人にそれを与えることをいう。 例 You should never have suggested taking her to the opera. That's a case of pearls before swine if ever I heard one. (彼女をオペラになんか誘っちゃ駄目だって。まるっきり猫に小判じゃないか。) 新約聖書、マ

タイ伝 (*Matthew*) 7章6節から。'Neither cast ye your pearls before swine.'(また真珠を豚の前に投(な)ぐな。) クリーシェになったのは19世紀。自分の嗜好を共有しない相手を見下したがる人間がよく使う。

pecking order《イディオム》「つつきの順位」

あるグループ内における、重要度や地位の序列。 例 We can't just sit at any table at the dinner. There is a very strict pecking order. All the senior executives sit at the tables near the top.(晩餐会では、どこのテーブルに座ってもいいってわけじゃない。ものすごく厳密な序列があるんだ。トップクラスの重役たちはみんな上座近くのテーブルに座る。) よく使われるようになったのは20世紀に入ってから。めんどりの集団に見られる社会システムの観察から生まれたフレーズで、一つのグループ内のめんどりたちはそれぞれ自分より下位のめんどりを嘴(はし)でつつくことができるが、最も順位の低いめんどりだけは、皆から一方的につつかれるばかりで、自分はつつける相手が一羽もいない。こうした上下関係が、人間界における厳格な序列を反映しているというわけ。

penny dropped, the《イディオム》「ペニー貨が落ちた」

誰かの発言や行動、あるいは状況などの意味が、たった今わかった、ということ。たいていは、わかるのが少し遅れた、という含みがある。例 I couldn't understand why Mary kept shaking her head at me while I was telling Frank about Jim's affair with Jenny. The penny dropped when I realized that Frank is now going out with Jenny. (ジムとジェニーの恋愛沙汰をフランクに喋っている間ずっと、メ

アリーが私を見て首を振るので、変だなと思っていた。フランクが今つき合っている相手がジェニーだと思い至って、やっと合点が行った。) 例 I didn't get the point of John's joke until I was going home in the bus and then the penny suddenly dropped. (ジョンが言ったジョークのオチがなかなかわからなかったが、帰りのバスの中ではっと納得した。) スロットマシンに硬貨を投入して、機械を作動させることから。20世紀初めにクリーシェとして使われるようになり、今日もよく用いられる。

penny for them, a 《紋切型》「一ペニーあげるから教えて」

何を考え込んでいるのかと、相手に訊ねるフレーズ。 例 You haven't heard a word I've said. A penny for them. (さっきから私の話、ちっとも聞いていないじゃない。何を考え込んでるの?) **a penny for your thoughts** (何を考えてるのか、一ペニーあげるから教えて＝何ぼんやりしてるの)を縮めたもので、この長い形は16世紀から使われている。ジョン・ヘイウッド (John Heywood) のことわざ集 (1546) にも見られる。現在はどちらの言い方もクリーシェとして使われるが、短い方が頻繁に用いられる。

pick up the threads 《イディオム》「元の糸を拾い上げる」

中断したところから再開すること。例 She took time off from her career to look after her children and she's now trying to pick up the threads again. (子育てのためにいったん仕事をやめていたが、また復帰を図っている。) 例 He lost touch with his old school friends when he went away to university but he picked up the threads during the summer holidays. (大学に進学して高校の同級生たちとは疎遠になっていたが、夏休み中に旧交を温めた。) 縫い物で、前回と同じ糸で再び縫いはじめることから。20世紀に広まった表現で、今日も広く用いられる。

picture of health, the 《イディオム》「絵に描いたように元気」

きわめて健康に見えること。18世紀末から使われるようになり、19世紀末にクリーシェとなった。今日も、相手の元気そうな様子をほめる時などに使う。 例 She has been ill but she's just returned from holiday and she is looking the picture of health. (彼女はずっと体

調がすぐれなかったが、休暇から戻ってきたばかりの今は健康そのものに見える。)

pièce de résistance /pjɛs də rezistɑ̄s/《外来語》「主菜」

　　最良の模範、最高の部分。 例 He has painted many fine portraits but the one of his sister is the pièce de résistance. (見事な肖像画をたくさん描いてきた彼だが、中でも妹の肖像画は絶品だ。) 元は18世紀末のフランスで、メインディッシュ、もしくは最上の一皿を言い表わすのに使われた。外来語として英語にも借用され、より一般的な状況で用いられるようになった。同じくらいぴったりしたフレーズが英語にないため、今日もよく使われる。

piece of cake, a《イディオム》「ケーキ一切れ」

　　きわめて容易な、もしくは単純な事柄。 例 He said he thought the exam was a piece of cake but he failed it. (あんな試験、朝飯前だって言ってたのに、あいつ何と落第したぜ。) 第二次大戦中に用いられていた軍隊用語で、容易な任務のことをいった。語源は不明だが、cakewalk(ケーキウォーク)から来ているという説も。cakewalk は19世紀中頃にアメリカの黒人たちの間で流行ったコンテストのことで、カップルで練り歩きながら、斬新で複雑なステップを編み出して競い合う。優勝者には賞品としてケーキが与えられた。クリーシェになったのは20世紀に入ってからで、今日も日常的な状況でよく用いられる。

pie in the sky《間接的引用》「空に描いたパイ」

　　絶対に実現しそうにない成功・利益の展望。 例 He says that he is planning to get a job abroad but it's all pie in the sky. (海外で職を見つけると彼は言っているが、そんなのは絵に描いた餅だ。) 20世紀初めに結成された世界産業労働者組合 (the Industrial Workers of the World) が歌っていた歌詞から。'You will eat, bye and bye, / In the glorious land above the sky! / Work and pray, live on hay, / You'll get pie in the sky when you die.' (そのうちね、死んだらね、天の極楽でおまんま食えるさ! 働いて祈れ、ワラ食って生きろ、死んだら天国のパイがもらえるさ。) その後アメリカでクリーシェとなり、さらに大西洋を渡ってイギリスに広がった。現在も日常的な、くだけた状

pig in a poke, buy a ⇨ BUY A PIG IN A POKE

pin one's hopes on 《紋切型》「ピンで希望を〜につなぎとめる」

　自分の夢や希望が実現するよう、誰かや何かを当てにすること。[例] They can't afford the price of the house but they're pinning their hopes on his aunt lending them some money. (その家が買えるほどのお金は彼らにはないが、彼の叔母が貸してくれることに一縷(いちる)の望みを賭けている。) [例] Their team are lying second at the moment and they're pinning all their hopes on their relay team winning the competition for them. (チームは目下二位につけており、後続チームが一位を負かしてくれることに優勝の最後の望みを託している。) 19世紀から使われている表現で、元は **pin one's faith on** (ピンで信頼を〜につなぎとめる＝〜を固く信じる) と言った。その昔、兵士たちが、隊の上官の名前が印されたバッジをそれぞれ身につけたことから来ていると思われる。

plain sailing 《イディオム》「順調な航路」

　物事が問題なくとんとん拍子に進むこと。[例] We had expected to have trouble getting planning permission for our new house but in fact it was all plain sailing. (新築許可を取るのに色々問題が出てくるかと思っていたら、すべて杞憂だった。) 19世紀から使われている表現で、'plane sailing' (平面航法) という航海用語から派生した。plane sailing とは、地球儀上ではなく平面図に座標を記入して航路を計算すること。今日ではクリーシェとして広く用いられる。

platform on which to build 《紋切型》「築くための基盤」

　発展の土台となるようなもののこと。[例] These are not our final plans for nursery education but they are a platform on which to build. (これらの幼児教育プランは、最終案ではなく叩き台だ。) 20世紀後半にクリーシェとなり、今日も政治家や公人が多用する。

play ball 《イディオム》「球技をする」

　協力し合うこと。[例] I thought we could form a car pool to take the kids to school but the other parents wouldn't play ball. (各家庭が車を出しあって交代で子供たちの送り迎えをしたらいいと思ったんだけど、協

力してもらえなかったわ。）クリーシェになったのは20世紀に入ってからで、今日も日常的な、くだけた状況で広く用いられる。球技をするにはたがいの協力が必要であることから。

play one's cards right《イディオム》「手持ちの札を正しく使う」

自分にとって最も有利な結果を得るよう、巡ってきたチャンスを巧みに活かすこと。 例 They are obviously interested in the project. If you play your cards right I think they might invest some money in it.（彼らは明らかにプロジェクトに興味を持っている。うまく立ち回れば投資してもらえるかもしれないよ。） 文字通りの意味で使われるのは、言うまでもなくトランプ遊びをする場合。比喩として使われるようになったのは18世紀からで、クリーシェになったのはおそらく19世紀。かつては **play one's cards well**（手持ちの札を巧く使う）と言った。

play with fire《イディオム》「火遊びをする」

大きな危険やリスクが伴う行動を取ること。 例 He knew that he was playing with fire having an affair with his best friend's wife.（親友の妻と関係することで危ない橋を渡っているのは彼としても十分承知していた。） 例 Someone should warn Jim that he's playing with fire by teasing Jack.（ジャックをからかったりするとただじゃ済まないってこと、誰かジムに忠告してやった方がいい。） 比喩としてはきわめて古くから使われている。19世紀末からよく聞かれるようになり、今日も広く用いられる。

pleased as Punch《比喩》「パンチのようにご満悦」

ご機嫌であること。 例 She is as pleased as Punch at winning the competition, although the prize is a small one.（賞は大したものじゃないが、優勝できて彼女は大喜びだ。） 昔ながらのあやつり人形劇「パンチとジュディ」(Punch and Judy show) の、とことん自己満足している人物パンチから。19世紀中頃によく使われるようになり、現在も広く用いられる。

plot thickens, the《キャッチフレーズ》「筋が込み入ってくる」

状況が複雑かつ劇的になってきているということ。芝居の筋が入り組んできたというイメージ。ジョージ・ヴィリャーズの喜劇『リ

ハーサル』(George Villiers, *The Rehearsal*, 1672) から。'Ay, now the plot thickens very much upon us.'(さてさて、何とも話が込み入ってきたことよ。)ヴィクトリア朝、エドワード朝時代に上演されたメロドラマ(音楽を交えた通俗劇)やミステリー小説の中では、大真面目に文字通りの意味で使われていた。今日ではユーモア、もしくは嫌味まじりで使われることがほとんどで、多くの場合、状況は複雑でも劇的でもない。 例 Mary received some flowers at work and we all thought Jim had sent them, but Jim said he hadn't. The plot thickens.(職場でメアリーに届いた花を見て、てっきりジムが贈ったんだとみんな思ったのに、ジムは自分じゃないって言うの。真相やいかに。)

pocket, in one's《イディオム》「〜のポケットの中にいる」

誰かの影響下にある、コントロールされている、ということ。例 Many people think that some of the council members are in the pocket of the local builder.(市議会議員の何人かは地元の建築業者の言いなりだ、と考える人は多い。) その影響力や支配力は往々にして不正の上に成り立っていて、そこに賄賂がからんでいることも少なくない。20世紀に入ってからクリーシェとして使われるようになった。お金をポケットに入れて保管しておくというイメージ。

point of no return《紋切型》「帰還不能点」

そこを過ぎるともはやあとに退(ひ)いたり中止したりできなくなる、重大な地点のこと。例 Setting up the new business was so expensive that we thought of giving up but we had reached the point of no return. If we had given up we would have lost all our money.(新しい会社を興(おこ)すのにあまりにも金がかかるので、一度はやめようかとも思ったが、もはや引き返せない段階まで来てしまっていた。その時点で諦めていたら、つぎ込んだ金はすべて無駄になっただろう。) 元々は、飛行機を操縦する際、そこを過ぎるともはや出発地に戻るには燃料が足りなくなる地点を意味した。第二次大戦中に空軍兵士が使ったフレーズで、クリーシェになったのは20世紀後半。

poor are always with us, the《引用》「貧者は常に私たちと共に在る」

いつの世にも貧困は存在するということ。新約聖書の数か所に見

られるフレーズの、若干形を変えた引用。新約聖書、マタイ伝 (*Matthew*) 26章11節 'For ye have the poor always with you; but me ye have not always' (貧しき者は常に汝(なんじ)らと偕(とも)にをれど、我は常に偕(とも)に居(を)らず) など。クリーシェになったのは20世紀に入ってから。今日ではたいてい、ユーモアや皮肉を交えて使われる。 例 She says her parents-in-law are like the poor, always with them. They are constantly popping in uninvited. (彼女が言うには、夫の両親はまるっきり貧しき者は何とやら、らしい。招きもしないのにしょっちゅう遊びに来るそうだ。)

poor thing but mine own, a 《引用》「粗末ではあれ私のもの」

シェークスピア『お気に召すまま』(*As You Like It*, 1599) 5幕4場からの誤った引用。道化のタッチストーン (Touchstone) が娘オードリー (Audrey) のことを指して言う科白 'an ill-favour'd thing, sir, but mine own' (だんな、無器量な娘にござりますが、出来の悪い子ほど可愛いと申しまして) から。自分のものについてへりくだって言う時に使うが、実はかなり誇りに思っている場合も多い。 例 Do you like my new car? It's a poor thing but mine own. (私の新車、どう? 安物だけど、自分のクルマだものね。) 19世紀中頃にクリーシェになった。今日も使われるが、使うのはおおむねインテリ。

pop the question 《紋切型》「質問を切り出す」

結婚を申し込むこと。 例 Did he go down on bended knee when he popped the question? (プロポーズの時、彼は片膝をついてお願いしたの?) 18世紀から使われている。今日も日常的に、時にユーモアや嫌味をこめて用いる。相手によっては、取り澄ました感じに受け取られることもある。結婚を申し込もうとしている人が、緊張や照れ臭さのあまり、出し抜けにポンとプロポーズの言葉を口にしてしまうというイメージ。今のご時世では、ポンと口にする側が女性ということも当然ありうる。

pound of flesh 《間接的引用》「肉一ポンド」

履行すべき義務、返済すべき借りのこと。 例 I'm sure that our landlord will charge us for the broken chair. He is always one to exact his pound of flesh. (大家さんにきっと壊れた椅子の代金を請求され

るわね。骨の髄まで厳しく取り立てる人だもの。) シェークスピア『ベニスの商人』(*The Merchant of Venice*, 1596) 4幕1場から。高利貸シャイロック (Shylock) から借りた金をアントニオ (Antonio) が返せなくなると、貸し付けた時の約束通り、シャイロックがアントニオの胸の肉一ポンドを要求するエピソードから。19世紀後半にクリーシェになり、今日も広く用いられる。

pour cold water on ⇨ COLD WATER ON, POUR

pour oil on troubled waters《イディオム》「波立つ水面に油を投じる」

険悪・厄介な状況を鎮めること。 例 Her brother and sister are always quarrelling and it is left to her to pour oil on troubled waters and restore family peace. (彼女の兄と姉は年じゅう喧嘩ばかりしている。二人の間をとりなして、家庭に平和を回復させるのはいつも彼女の役目だ。) 19世紀中頃にクリーシェになり、今日も広く用いられる。昔、荒海に油を投じて波を鎮めようとした慣習から。

powder one's nose《婉曲》「鼻におしろいをはたく」

女性が手洗いに立つ時に使う。 例 I must just powder my nose before dinner. (ディナーの前にちょっとお化粧を直してこなくちゃ。) かつてはタブー視されていたり下品だと思われていたことも平気で口にされる時世だが、なぜかこの婉曲表現は依然廃れない。ふざけて使うことも。女性にとって洗面所が、基本的な用を足すと同時に化粧直しの場でもあることから。⇨ SEE A MAN ABOUT A DOG

powers that be, the《間接的引用》「時の権力者」

新約聖書、ロマ書 (*Romans*) 13章1節から。'The powers that be are ordained of God.' (あらゆる権威は神によりて立てらる。) クリーシェになったのは19世紀末。今日も使われており、時にユーモアや嫌味がこめられることも。 例 The powers that be have decided that our school summer holiday will be shorter this year. (今年の夏休みを例年より短縮することを学校当局は決定した。) 例 The powers that be have sent a memo round saying we can work flexitime from now on. (フレックスタイム導入を告げる回覧が上の方からまわって来た。)

practice makes perfect《ことわざ》「練習に勝る上達法はなし」

やればやるほど上達する、ということ。15世紀に生まれたが、同じような表現は他の言語にも見られる。クリーシェとして今日もよく用いられ、親が子供に学業や習い事に打ち込むよう促す時などに使うが、子供の方はあまり気乗りしていないことが多い。 例 You should spend more time at the piano. Practice makes perfect and you might get to play at the school concert. (もっとピアノに時間を割いたらどうなの。雨垂れ石を穿(うが)つって言うのよ、ひょっとすると学校の発表会で弾けるかもしれないわよ。) ユーモアや皮肉まじりのこともある。 例 Why don't you try getting to work on time? You may find that practice makes perfect. (遅刻せずに出勤するよう練習してみたら? 習うより慣れろ、よ。)

prey on one's mind《イディオム》「心を蝕む」

苦痛や悩みの種であること。 例 Memories of the accident preyed on her mind for years. (事故の記憶に彼女は何年も苦しめられた。) 例 It preyed on his mind that he might have been able to save the child's life if he had acted more promptly. (もっとてきぱき行動していたらその子の命を救えたかもしれない、という思いが何年も彼の心を苛んだ。) 他の動物を捕らえて食べる動物のイメージ。クリーシェになったのは19世紀後半だが、表現自体はもっと古くからあった。

prick up one's ears《イディオム》「聞き耳を立てる」

注意して耳を傾けること。 例 The child pricked up his ears when he heard his mother mention the word picnic. (母親がピクニックという言葉を口にするのを聞くと、少年はにわかに耳をそばだてた。) 19世紀にクリーシェとなり、今日も主として日常的な状況でよく使われる。表現自体は16世紀から存在していた。馬などの動物が、突然の物音に反応して耳をぴんと立てることから。

pride and joy《紋切型》「誇りであり喜び」

非常に自慢や誇りに思っている人や物のこと。 例 Their grandson is their pride and joy. (孫息子は二人にとってかけがえのない宝だ。) 例 Those roses were your father's pride and joy and the dog has just dug them up. (父さんご自慢のバラを、あの犬が掘り返してしまった。) スコットランドの詩人・作家ウォルター・スコットが、詩篇『ロー

クビー』(Walter Scott, *Rokeby*, 1813) の中で子供を描写したフレーズが元になっている。今日も広く用いられる。

pride of place 《紋切型》「場の誇り」

　最も目立つ、中心的な位置のこと。 例 Pride of place on their mantelpiece goes to the graduation photograph of their grandson. (炉棚の特等席には、孫息子の卒業写真が飾ってある。) 19世紀中頃にクリーシェとなり、現在も広く用いられる。

prime mover 《紋切型》「原動者」

　何かの原因となった、もしくは何かを始める上で最も力のあった人や物。例 The local headmistress was the prime mover in the campaign to keep the school open. (地元の学校の女性校長が、廃校反対運動の大黒柱だった。) 例 The murder of the child was the prime mover in the reform of the law. (その子が殺された事件が、法改正の引き金となった。) 20世紀にクリーシェとなり、今日もさまざまな状況で用いられる。

prime of life 《紋切型》「人生の盛り」

　一生のうちで最も精力的な時期、才能の絶頂期のこと。 例 Her father died recently although he was in the prime of life. (先日、彼女のお父さんが亡くなった。まだ働き盛りだったのに。) 例 Many people thought that the actress was in the prime of life when she decided to retire. (女優として絶頂にあると多くの人に思われていたさなかに、彼女は引退を決意した。) クリーシェになったのは19世紀中頃だが、人生の中でとりわけ活力に満ちた時期があるという発想自体は古代までさかのぼり、プラトンは『国家』(Plato, *Republic*) において、男の一生のうちおよそ30年と定義している。女の場合はわずか20年。同様のフレーズに **in one's prime** (盛りにあって) があり、こちらはスコットランドの女流作家ミュリエル・スパークの小説『ミス・ジーン・ブローディの青春』(Muriel Spark, *The Prime of Miss Jean Brodie*, 1961) に出てくる女主人公ジーン・ブローディを通して広まった。この小説は映画にもなった (1969、邦題『ミス・ブロディの青春』)。どちらのフレーズも今日広く使われ、時にユーモアや皮肉を交えて用いる。

proof of the pudding《間接的引用》「プディングのあかし」

　　the proof of the pudding is in the eating(プディングの味は食べてみなければわからない＝論より証拠)ということわざを短くしたもの。今日では、長短どちらのバージョンも広く用いられる。何かがうまく行ったかどうかは、それを実際に試し、当初の目的を果たせるかどうか確かめてみなければわからないということ。　例 John is confident that he can mend the car himself but the proof of the pudding will be in the eating.(車の修理なんて自分でできるさ、とジョンは自信満々だけど、まあお手並み拝見ってところだね。)　例 The education authorities think that the new exam system will be more effective but some of the teachers have doubts. The proof of the pudding will be in the eating.(教育の専門家たちは、新しい試験制度は従来のものより効果的だと考えているが、現場教師の中には効果を疑問視する声もある。こればっかりはやってみなければわからない。)　ことわざとしては17世紀初めに生まれ、本来の意味は、プディングがちゃんとできたかどうかは、焼いて食べてみるまでわからない、ということ。

proud parents《紋切型》「鼻高々の両親」

　　新聞や雑誌の写真のキャプションなどでよく使うフレーズ。　例 The proud parents congratulate the champion.(誇らしげな両親に祝福されるチャンピオン。)　例 The proud parents leave the hospital with their baby son.(幸せ一杯、男の赤ちゃんを抱えて病院を出る夫妻。)　19世紀にクリーシェになり、今日も広く用いられる。

public enemy number one《キャッチフレーズ》「社会の敵ナンバーワン」

　　あるグループや個人にとって望ましくない人物のこと。1930年代初め、アメリカ中西部の悪名高き無法者ジョン・ディリンジャー(John Dillinger)を指名手配する際、当時の司法長官ホーマー・カミングズ(Homer Cummings)が使った。その後イギリスにも普及し、第二次大戦後によく使われるようになった。今日も、ユーモアや皮肉をこめて広く用いられる。　例 He has been public enemy number one with Mary since he bought the car she had her eye on.(彼女が目をつけていた車を買ってしまって以来、彼はメアリーにとって不倶

載天(さくたい)の敵だ。) 例 I'm public enemy number one since I told the children they would have to finish their homework instead of going to the cinema. (映画に行かないで宿題を終わらせなさい、と言ったせいで、私は子供たちの目の敵(かたき)にされている。) なお、アメリカのFBI(連邦捜査局)は10人の最重要指名手配犯リストを作成しているが、順位をつけてはいない。

pull one's finger out 《紋切型》「指を引き出す」

もっとてきぱき働け、もっときちんと仕事しろ、とどやす時に使う。 例 For goodness' sake pull your finger out or we won't get these orders out today. (頼むからもっとちゃんと働いてくれ。でないと、今日この注文を処理できないじゃないか。) 命令形以外の形でも使う。 例 If you don't pull your finger out we'll all have to work overtime tonight. (君が本気で取りかかってくれないと、俺たち全員、今夜は残業になっちゃう。) クリーシェになったのは20世紀に入ってから。元々は1930年代に英国空軍で使われていたスラングだが、今日では、さほど上品ではない場で多用される。**get one's finger out** という形も。

pull one's socks up 《イディオム》「靴下を引っぱり上げる」

よりよい成果をあげるよう努力すること。子供に向かって使われることが多い。 例 If you don't pull your socks up you will find yourself repeating the year. (ちゃんと勉強しないと、留年してしまうぞ。)が、特に子供に限られるわけではない。半ズボンの小学生がよくやるように、ずり落ちて足首のあたりに丸まってしまったソックスを引っぱり上げて身なりを整えることから。クリーシェになったのは20世紀に入ってからで、権威的な地位にある人が愛してやまないお説教の文句として、今日も広く使われている。

pull out all the stops 《イディオム》「全音栓を引き出す」

最大限の努力をすること。 例 If we pull out all the stops we may just get this work finished tonight. (必死で頑張れば、ひょっとすると今夜中にこの仕事を終わらせられるかも。) 例 They pulled out all the stops to find a hospital bed for the sick child. (病気の子を入院させてくれる病院はないかと、彼らは懸命に駆けずり回った。) オルガン演奏か

ら来ている表現。音色を変えるために用いられるストップノブ(音栓)をすべて引き出し、すべてのパイプを使って演奏することによって、オルガンの音量を最大にすることができる。比喩的に使われ出したのは19世紀後半で、今日もクリーシェとして広く用いられるが、非常に改まった状況では使わない。

pull someone's leg 《イディオム》「足を引く」

誰かをからかったり、だましたりすること。 例 I don't believe we're getting another week's holiday. You're pulling my leg! (休みがもう一週間もらえるなんて信じられない。からかってるんだろう?) 19世紀にできた表現で、クリーシェになったのは20世紀後半と思われる。不信の念を表わし、日常的な状況で広く用いられる。誰かの足を棒などにつまずかせて転ばせることから。 ⇨ PULL THE OTHER ONE

pull strings 《イディオム》「糸を引く」

何かを実現させるために、しばしば陰で、影響力を行使したり権力に物を言わせたりすること。 例 At first he was turned down for the job but his father's an executive with the firm and he pulled a few strings. (彼は最初不採用になったが、父親がその会社の重役なので、若干口をきいてもらった。) 20世紀にクリーシェとなり、今も日常的な状況で広く使われる。類似のフレーズに **pull the strings** がある。こちらは、裏で状況を操ったり、他人の行動をコントロールすること。 例 Mr Brown is the managing director but it's his deputy who pulls the strings. (社長はブラウン氏だが、実権を握っているのは副社長だ。) 19世紀末頃に生まれた表現で、元は政治について用いられたが、その後もっと一般的に使われるようになった。pull strings も pull the strings も、人形師が糸を引いて人形を操ることから。

pull the other one 《キャッチフレーズ》「もう片方(の足)を引く」

相手の話がとても信じられない、という気持ちを表わす時に使う。 例 You say the car is worth £12,000. Pull the other one! (あの車が12,000ポンドだって? 冗談も休み休みに言えよな。) **pull the other one, it's got bells on** (もう片方の足を引っぱってみろよ、鈴がついてるから=見え透いた嘘はよせ)を短くしたもので、宮仕えの道化

pull the strings

には鈴がつきものだったことからか。1920年代初めに生まれた表現と思われ、今日もごく日常的な、くだけた状況でよく用いられる。短い方が一般的。⇨ PULL SOMEONE'S LEG

pull the strings ⇨ PULL STRINGS

pull the wool over someone's eyes 《イディオム》「毛糸が目にかかるよう引っぱる」

誰かをだましたり、ごまかしたりすること。例 She was out with her boyfriend but she tried to pull the wool over her parents' eyes by saying that she was at the library studying. (実はボーイフレンドとデートしていたのに、両親には図書館で勉強していたと言ってごまかそうとした。) 昔、毛糸などのかつらが一般的に着用されていたが、それを引き下ろして目にかかるようにし、物がよく見えなくさせるというイメージ。19世紀初めに生まれた。今日でもまだ日常的に用いられるのは、この表現が表わす行ないが日常茶飯事である以上、当然か。

pull yourself together 《紋切型》「しっかりしなさい」

非常に動転していたり、興奮している相手に向かって使われる。いかにもイギリス的な忠告の言葉で、人間は感情を表に出さずにいる (⇨ KEEP A STIFF UPPER LIP) べきだと信じて疑わない人がよく用いる。だが、たとえば最愛の人を喪(な)って悲嘆に暮れている時などには感情を吐露することも大切であり、忠告としてはしばしば不適切だと言わねばならない。20世紀に生まれた表現で、今日も広く使われる。動揺のあまり粉々に砕けた心をつなぎ合わせる、という発想。

put one's best foot forward 《イディオム》「最良の足を前に出す」

成功めざして精一杯努力すること。 例 The first year of the business is going to be difficult but we'll just have to put our best foot forward. (商売の一年目は大変だろうけど、とにかく最善を尽くすしかないね。) 16世紀に生まれ、19世紀中頃にクリーシェとなった。今日も広く用いられる。フレーズの起源は不明。

put one's cards on the table ⇨ LAY ONE'S CARDS ON THE TABLE

put one's foot in it 《イディオム》「足を踏み入れる」

機転のきかない言動をすること。 [例] You certainly put your foot in it when you criticized Jane in front of John. She is his fiancée. (ジョンの目の前でジェーンをなじるなんて、大ポカだよ。ジョンの婚約者なんだぜ。) 18世紀から使われており、今日も、ごく改まった状況を除き、広く用いられる。

put one's shoulder to the wheel ⇨ SHOULDER TO THE WHEEL, PUT ONE'S

put on one's thinking cap 《イディオム》「思索用の帽子をかぶる」

じっくり時間をかけて考えること。 [例] We have to find ways of raising money for the youth club. We'd better all put on our thinking caps. (ユースクラブの資金をどうにかして調達しないと。みんなで腰を据えて考えなきゃね。) 19世紀末に生まれ、20世紀に入ってクリーシェとなった。起源は不明。罪人を罰するに適切な刑を考える時に裁判官がかぶった帽子から来ている、という説がある。元の形は **put on one's considering cap** だったが、こちらはもはや使われない。

put someone in the picture 《イディオム》「〜を状況に入れてやる」

ある事柄に関する最新の情報を伝えること。 [例] Could you put me in the picture about what's been going on while I've been away? (僕のいない間に何があったか、教えてくれない?) 20世紀に生まれ、今日も日常的な、くだけた状況でよく用いられる。

put someone's nose out of joint 《イディオム》「〜の鼻の関節を外す」

自分の居場所を奪われた、と相手に感じさせるような行動を取って、傷つけたり嫉妬させたりすること。 [例] His nose has been put out of joint since his parents brought home the new baby, although everyone is treating him very affectionately. (両親が赤ん坊を連れて帰ってきてからというもの、お兄ちゃんは自分の座を奪われてしまった気がしている。みんな彼に優しくしているのに。) 16世紀に生まれた表現で、今日でもきわめて広い範囲で用いられる。顔面を強打されて鼻をへし折られることから来ていると思われる(実は鼻に関節はないが)。

put the cart before the horse ⇨ CART BEFORE THE HORSE, PUT THE

put two and two together 《イディオム》「2 と 2 を足す」

　手持ちの情報を基に、正しい結論を引き出すこと。 例 I don't know why she didn't put two and two together when he said he was working late at the office so much.　Everyone else knew he was having an affair. (残業で遅くなるっていう言い訳がずっと続いてるのに、どうして彼女はピンと来なかったのかしら。彼が浮気してることはみんな知ってたのに。)　話題になっている状況が、どこか怪しいという含みを伴うことが多い。19 世紀に生まれ、今日も広く用いられる。簡単な足し算から生まれた表現で、ここから発展した同義のフレーズに **put two and two together and make four** (2 と 2 を足して 4 という答えを出す＝既知の事実から正しい結論を引き出す) がある。さらに **put two and two together and make five** というのもあるが、こちらは、事実から推論して間違った結論に至る、という意味。

Q

QT, on the《略語》「内密に」
　内々に、人目につかないように。　例 He has just got engaged to Mary but he is still going out with another girl on the QT. (メアリーと婚約したっていうのに、まだ他の女の子とこっそりつき合ってるんだ。) **on the quiet** を短くした表現で、まだ使う人もいるが、今ではやや時代遅れ。

quality of life《流行語》「生活の質」
　生活の非物質的な側面のこと。例 If we move right into the country we shall take a huge cut in income and facilities but the quality of life for the children will be greatly enhanced.　They will have lots of fresh air and plenty of room to play. (田舎に引っ越せば収入は大幅に減るし、かなり不便にもなるけれど、子供たちの生活環境はずっとよくなるはずだ。空気はおいしいし、遊ぶ場所もたっぷりある。)　クリーシェとして1970年代によく使われるようになり、余暇と環境は大切だという認識の高まりとともに、その後もずっと多用されている。

quality time《流行語》「上等の時間」
　仕事が忙しく、なかなか時間を割けない人が、子供やパートナーと水入らずで過ごす時間。例 We pick our daughter up from nursery at 6 o'clock and then we have an hour's quality time before she goes to bed. (6時に娘を保育園に迎えに行って、あの子が寝るまでの一時間は、親子で過ごせる至福の時間だ。)　アメリカ起源で、1980年代中頃にイギリスでクリーシェとなった。家族とあまり一緒に過ごさないことへの罪悪感の表われであることも少なくない。

quantum leap《流行語》「量子飛躍」

めざましい発展、突然の躍進。 例 The patient's recovery took a quantum leap when they treated her with the new drug. (その新薬を投与すると、患者は見る見る快方に向かった。) 元は核物理学の用語で、極微小の原子内で、あるエネルギー状態から別のエネルギー状態へ急激に移行することをいう。物理学において 1950 年頃に生まれ、数年後には比喩として使われるようになり、1970 年代に入ってイギリスで流行した。科学用語・専門用語から生まれたクリーシェの一つ。別形に **quantum jump** がある。

queer the pitch 《イディオム》「店張り場を駄目にする」

物事を台無しにしてしまうこと、誰かが何かをうまくできないようにしてしまうこと。 例 He had just persuaded her to go out with him when his sister told her that he was married and queered the pitch. (せっかく彼女とデートの約束を取りつけたのに、妹が余計な口を出し、兄は結婚しているのだとバラしてぶち壊しにした。) pitch とは元来、露店を建てる場所の意で、それをぶち壊せば店主は商売ができなくなる。19 世紀末からクリーシェとして広く使われている。

quick as a flash 《比喩》「電光石火」

スピードを強調するのに使う。 例 The police were just about to arrest the burglar when, quick as a flash, he leaped over a fence and disappeared. (警察がまさに捕まえようとしたその瞬間、泥棒はさっと柵を飛び越え姿を消した。) 例 I told her to keep my news a secret but, quick as a flash, it was all around the village. (秘密にしておいてくれと彼女には言っておいたのに、またたく間に村じゅうに知れわたってしまった。) 稲妻の閃光を踏まえた表現。**quick as lightning** (稲妻のようにすばやい) という形もよく使われるが、quick as a flash ほどではない。おそらく 18 世紀に生まれた。

quick one, a 《紋切型》「クイッと一杯」

酒をすばやく一杯、という意の、20 世紀に生まれたフレーズ。たいてい日常的な状況で用いられる。 例 Have you time for a quick one after work? (帰りにちょっと一杯引っかけてかないか?)

quid pro quo 《外来語》「あれに対するこれ」

ラテン語で「しっぺ返し」の意。英語の 'tit for tat' (軽打に軽打)

と同義。すでにシェークスピアの頃から英語に入っていて、『ヘンリー6世』第1部 (*Henry VI*, Part 1, 1590) 5幕3場に 'I cry you mercy, 'tis but *quid* for *quo*'(まあごめんなさい、単に目には目を、のつもりで)とある。今日もクリーシェとして用いられるが、日常的な状況では使わない。 例 It was a case of quid pro quo; they withdrew their ambassador and we withdrew ours.(まさに目には目をだ。向こうが大使を撤退させたので、わが国もそうしたのだ。) インテリ、学者肌の人が好んで口にするが、それ以外にも、他人に感銘を与えたいと思う人や、どうもよく意味がわかっていないらしい人が、ちょっと気取って使ったりする。法律用語でもある。

quiet as a mouse《比喩》「ネズミのように大人しい」

誰かや何かが静かであることを強調する。例 The child was told to be quiet as a mouse while she watched the robin feeding her young.(コマドリが雛(ﾋﾅ)に餌をやるのを見る時はすごく静かにするのよ、とその子は言われた。) 例 The whole house was quiet as a mouse when the burglar crept in.(しんと静まりかえった家に泥棒が忍び込んだ。) 16世紀に生まれ、今もきわめて広く用いられる。ネズミは天井裏などを動き回っている時は非常に騒がしいが、ネコなどの敵がいると物音を立てるわけには行かないことから。

quite frankly《場つなぎ》「率直に言って」

ほとんど意味のないフレーズ。例 Quite frankly, I am strongly opposed to the scheme.(正直言って、この計画には大反対だ。) うっと

うしい癖であることを自覚せず、やたらと多用する人がいる。

quite the reverse《紋切型》「まったく逆で」

今言われたことの正反対だということ。例 She is not as naive as she appears; quite the reverse.（彼女は見た目ほどうぶではないですよ。むしろ正反対です。） 20世紀に入ってからクリーシェになった。現在も広く使われるが、改まった話し方をする人が用いることが多い。

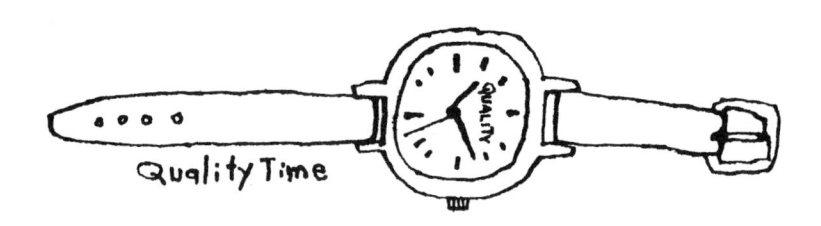

R

race against time, a《紋切型》「時間との競争」
　非常に緊急の状況をいう。　例 I wish the ambulance would come. It's going to be a race against time to get her to hospital on time before the baby is born. (救急車が早く来てくれないかなあ。赤ん坊が生まれる前に何とか彼女を病院に運ばないと。)　クリーシェになったのは20世紀に入ってからで、今日でも、緊急であることを表わす定番表現。この手のフレーズの常として、緊急の度合が誇張されることも多い。HOW TIME FLIES (⇨) に見られるように、時間は動きの速いものとして言い表わされることが多く、このフレーズもそうした発想に基づいている。

rags to riches《紋切型》「ぼろ着から富へ」
　究極の貧困から裕福な暮らしへ、の意で、本人の努力の結果だという含みがあるのが普通。例 His story is one of rags to riches. He was a labourer's son who became a wealthy factory-owner. (彼の人生は典型的な成功物語だ。一介の労働者の息子だったのが、いつしか裕福な工場経営者になっていた。)　ビジネス関連で使われることが多い。20世紀後半からよく使われるようになり、今日も広く用いられる。貧乏人から金持ちになるという筋立ては、『シンデレラ』(*Cinderella*) をはじめ多くの夢や小説の素材となってきた。この発想を展開させたフレーズが **rags to rags** で、これは人・家族・企業が貧困から富へ、そしてふたたび貧困へ戻るさまを皮肉っぽく示す。たとえば、進取の気性ある才能豊かな人が始めた同族会社が、能力的に著しく劣った家族に引き継がれて衰えてしまった時などに使う。

rain cats and dogs《紋切型》「ネコやイヌが降る」

雨が非常に激しく降ること。 例 We had to cancel the picnic because it was raining cats and dogs. (雨があまりにひどかったので、ピクニックは中止せざるをえなかった。) 例 It looks as though it's going to rain cats and dogs. (どうやら土砂降りになりそうだ。) おそらく18世紀に生まれ、19世紀中頃にクリーシェになった。そのような大雨がよく降る気候の国にふさわしく、今日のイギリスでも、日常的な状況で広く用いられる。起源は不明だが、一説によると、街路に効率的な排水設備が設けられる以前は、土砂降りになるとネコやイヌが道端の溝に溺れることがあったからだとも。

rain or shine《紋切型》「降ろうと照ろうと」

どんなことが起ころうとも。 例 Don't worry I'll be there, rain or shine. (ご心配なく、雨が降ろうが槍が降ろうが私は行きますから。) 20世紀に入ってからクリーシェになり、今日もよく使われる。行事の開催や、その参加状況に影響を及ぼしかねない不確かな天候をイメージした表現。

rainy day, a《イディオム》「雨の日」

経済的困難にある時のこと。たいていは **keep/save something for a rainy day** の形で、困った時に備えて貯めておく、という意味で使う。 例 He's getting a lot of overtime just now but he's spending the money as he earns it. He should be saving some of it for a rainy day. (目下彼は時間外手当をたくさんもらっているが、稼いだはしから使ってしまっている。まさかの時のために少しは貯金しておくべきだよ。) 発想としては16世紀からあったが、クリーシェになったのは19世紀末。雨が降ると農作業ができず、金を稼げないことから。

rarin' to go《紋切型》「行きたくてたまらない」

何かをしきりに始めたがっているということ。例 The child didn't want to start school at first but now she's rarin' to go. (あの子も初めは学校へ上がるのを嫌がっていたが、今は行きたくて仕方ない様子だ。) 馬が出発したがって「後ろ足で立っている」(rearing) 様子から。クリーシェになったのは20世紀に入ってからで、今も日常的な状況でよく使われる。皮肉に使うことも。 例 Monday morning and everybody's rarin' to go to work. (月曜の朝だ、みんな早く仕事に行きた

くてうずうずしてるぜ。)
rat race, the 《イディオム》「ネズミの競争」

　仕事や商売などで相手に先んずるための、生き馬の目を抜くような戦い。労働状況一般や、現代社会全体を表わすことも多い。 例 He was a senior executive in the company but he got tired of the rat race and went to run a croft on a remote island. (彼は会社の上級管理職だったが、競争社会に愛想を尽かし、小さな農場を経営しようと遠くの島に移住した。)　アメリカ起源で、イギリスでは1970年代後半頃クリーシェになった。出世競争がますます激しくなってくるにつれて、いっそうよく使われるようになってきた。

rats deserting a sinking ship ⇨ DESERT A SINKING SHIP
read my lips 《紋切型》「私の唇を読め」

　今言った言葉が真実であることを強調する。アメリカ大統領ジョージ・ブッシュ(George Bush)が、1988年大統領選の共和党候補任命受諾スピーチで使って広めた。ブッシュは税金の値上げをしないことを公約し、どんなに議会に迫られても 'I'll say no, and they'll push, and I'll say no, and they'll push again, and I'll say to them "Read my lips, no new taxes"' (私はノーと言い、彼らは私に迫るでしょうが、私はなおノーと言い、それでも迫る彼らに、「今言った通りだ、新しい税金はない」と言うでしょう) と誓った。実際にはこのスピーチより前から使われていて、1970年代のロック・ミュージックから生まれたと考えられている。今日では否定的な意味を強調するのに使うことが多い。 例 Read my lips! I will not give you money to go to the cinema. (言った通りだ! 映画に行く金はやらん。)

ready for the fray ⇨ EAGER FOR THE FRAY
red-carpet treatment 《紋切型》「赤絨毯(じゅうたん)の待遇」

特別な扱い。重要な賓客についていうのが普通。 例 Of course the mayor didn't realize how bad the hospital food is. She got the red-carpet treatment and had a gourmet menu. (病院の食事がどんなにひどいか、市長にわかるはずがない。特別待遇のグルメメニューだったんだから。) 王族など要人の公式訪問に際して敷く、細長い赤いカーペットから。20世紀初めにクリーシェになった。今日でもよく使われるが、こうした慣例に対する批判的な意味合いをこめて用いることも多い。

red-letter day《イディオム》「赤文字の日」

特別な日、何かの記念日。 例 Tuesday is a red-letter day for the children because they are appearing in the school play. (火曜日は子供たちにとって特別の日だ。学校の劇に出る日なんだ。) 何かを祝う日であることが多いが、常にそうとは限らない。例 It was a red-letter day for the whole family when the youngest daughter left home. (末娘が家を去った日は、家族全員忘れがたい日となった。) 少なくとも18世紀には使われていたフレーズだが、クリーシェになって広まったのは19世紀。カレンダーなどに聖人記念日や祝祭日を赤で記す、15世紀以来の習慣から。

red rag to a bull, like a《比喩》「雄牛にとっての赤い布のような」

人や物が、誰かにとって怒りや憤慨の種となるということ。 例 Don't mention his name to my mother. It's like a red rag to a bull. He once did her out of a lot of money. (あいつの名前を僕の母の前で出しちゃいけないよ。牛に赤い布を見せるようなものさ。昔、あいつに大金をだまし取られたんだ。) クリーシェになったのは19世紀末で、今日も広く用いられる。闘牛士のケープの裏地が赤いのは、雄牛は赤い布きれを目の前で振られると激昂(げきこう)するからだという誤解から生まれたフレーズ。実際は、牛は色盲であり、牛を激怒させるのはケープの色ではなく動きである。

red tape《イディオム》「赤いテープ」

不必要な官僚主義と、それによってしばしば発生する遅れを指す。例 She thought she would get permission to do her research work here fairly rapidly but she had reckoned without the red tape. (ここで

の調査許可を得るのにさして時間はかかるまいと高をくくっていたが、お役所仕事のことを計算に入れていなかった。）19世紀によく使われるようになったと考えられる。このような現象は現代においても依然蔓延しているため、今日でも広く、常に軽蔑的な意味合いをこめて用いられる。弁護士や官僚が書類を束ねるのに使う、赤みがかったリボンから。

reinvent the wheel 《イディオム》「車輪を再発明する」
　これまでの発展や経験があるのにそれを利用せず、必要もないのにわざわざ最初から始めること。例 The new managing director has no knowledge of the business and refuses to ask other people for advice.　He keeps trying to reinvent the wheel. (今度の社長はビジネスの知識がまったくないうえに、人のアドバイスも求めようとしない。せっかくあるノウハウを無視して、一から始めようとしてばかりいる。) 20世紀後半に生まれ、今日も、特にビジネスについてよく使われる。

reliable source, a 《紋切型》「信頼できる筋」
　噂などについて、その出所が確かで信用できることを請けあう言い方。例 I have it from a most reliable source that he is planning to leave her. (きわめて確かな筋からの情報では、あの男は彼女と別れようとしているらしい。) ジャーナリストが話の情報源を明かしたくない時に使うことが多い。出所がまったく信用できないことも多く、特に内容がゴシップの場合、情報源は信頼筋というより単なる口コミであるのが普通。クリーシェになったのは20世紀に入ってからで、今日も依然よく使われ、依然として出所は信頼できない。

resting ⇨ BETWEEN JOBS

rest is history, the 《紋切型》「あとは歴史になっている」
　すでによく知られていることなので、それ以上言う必要がないという意。例 She married him when she was very young, she went off with someone else, he killed her lover and the rest is history. (彼女は非常に若くして彼と結婚し、別の男と駆け落ちし、彼はその男を殺した。あとはご承知の通りだ。) 例 He was born of very poor parents, got a scholarship to university, graduated in science and the rest is history. (彼は大変貧しい家に生まれ、奨学金で大学に行き、科学の学位を得て卒業

した。あとのことは言うまでもなかろう。）　クリーシェになったのは 20 世紀後半。シェークスピア『ハムレット』(*Hamlet*, 1601) 5 幕 2 場から生まれた、今では古臭くなっているクリーシェ **the rest is silence**（もはや何も言うまい）から来ているとも考えられる。

ride off into the sunset《紋切型》「馬に乗って夕陽に去っていく」

　　おおむね好ましい状態で、ある人が立ち去ったり、何かが終わったりすること。　例 I didn't think those two would ever get together but they did and they've ridden off into the sunset. (あの二人が一緒になるとは思わなかったが、めでたく結ばれ、幸せに旅立っていった。) 1930 年代以降に人気を博した西部劇の典型的な終わり方から生まれた、言葉よりも視覚に基づくフレーズ。目的を果たし、勝利を収めたヒーローが、まさに馬に乗って夕陽の中へ消えていくイメージ。

right as rain《比喩》「雨のようにすこやか」

　　健康なこと、元気なこと。　例 She's been ill but she's as right as rain now. (彼女は病気だったが、もうすっかりよくなった。)　19 世紀末に生まれた表現で、今日もよく使われる。語源は不明だが、right の元来の意味「まっすぐな」に由来か。

ring a bell《イディオム》「ベルを鳴らす」

　　ある人に誰かや何かを思い出させること。　例 His name rings a bell but I cannot quite place him. (名前に覚えはあるのだが、誰なのかはっきりは思い出せない。)　20 世紀初めに生まれ、今日も、ひどく改まった状況を除き、さまざまな状況で使われる。起源には二説ある。一つは、玄関の呼び鈴や電話のベルが人の反応を誘うのと同じように、何かによって記憶が呼び起こされるというもの。もう一つは、祭の会場などにある力試しのゲーム・マシーンで、力が水準に達すると鐘が鳴ることに由来するという説。

ring of truth ⇨ RING TRUE

ring the changes《イディオム》「色々な順番で鐘を鳴らす」

　　可能な、しばしばかなり制限された範囲内で、物事や行動の選択をあれこれ変えること。　例 She doesn't have many clothes but she manages to ring the changes by wearing different skirts with different sweaters each day.(彼女は洋服をあまりたくさん持っていないが、セーターとスカートの組み合わせを変えたりして、取っ替え引っ替え何とかしのいでいる。) 昔、教会で、限られた数の鐘をできるだけ違った順序で鳴らすよう努めたことから。比喩的な意味を帯びたのは17世紀初め頃。クリーシェとして今日もよく使われ、洋服に関して用いられることが多い。

ring true《イディオム》「本物の音がする」

真実だと思えるということ。 例 Everyone else seemed to find her story convincing but it didn't ring true to me.(みんなは彼女の話に納得したようだったが、私にはうさん臭く思えた。) 20世紀初め頃に生まれ、今日もよく使われる。別形に **have the ring of truth**(真実の響きがする)がある。硬貨を貴金属で作っていた時代、贋金でないことを確かめるために、勘定台などに叩きつけて「本物」の音がするかどうか聞いたことから。

rising tide《イディオム》「上げ潮」

総量が増したり、傾向が強まったりすること。 例 There has been a rising tide of opposition to the scheme.(計画反対の声は高まる一方だ。) 19世紀によく使われるようになり、今日も特に新聞や雑誌でよく用いられる。文字通り、海の上げ潮から。

risk life and limb《紋切型》「生命と手足を危険にさらす」

大怪我や死の危険を冒すこと。頭韻の調子よさも、このフレーズが定着した一因か。発想としては17世紀から見られ、19世紀中頃にクリーシェとなった。 例 Volunteers risk life and limb to rescue climbers who get into difficulties on the mountain.(ボランティアたちは、生命の危険も顧みず、山で遭難した登山者たちの救出に努める。) 現在は、やや改まった状況か、あるいはユーモアまじりで用いられ、後者の場合、危険の度合が故意に誇張されたりする。 例 Do you expect me to risk life and limb to get your kite down from that tree?(あの木から君の凧を命がけで下ろせって言うのかい?) 新聞や雑誌の、救助関連の記事などで、危険を強調したい時に使う。

rock the boat《イディオム》「ボートを揺する」

平穏を乱すこと、問題を起こすこと。 例 The firm is just about

financially stable again so don't rock the boat by asking for a huge salary increase. (やっと会社の経営状態が安定しかけたところなんだから、大幅な昇給を求めて波風を立てたりしないでくれ。) 例 We had all just agreed to forget about our difference of opinion when along came Jack who started rocking the boat. (せっかくみんなでおたがい意見の相違に目をつぶろうと決めたのに、ジャックがのこのこやって来てぶち壊しにした。) 1920年代に生まれ、ミュージカル『野郎どもと女たち』(*Guys and Dolls*, 1950) の挿入歌 'Sit Down, You're Rockin' the Boat' (座れよ、ボートが揺れる) で広まった。今日もよく使われる。小さなボートの上を呑気にのそのそ動き回り、転覆の危険を招くというイメージ。

Roger 《キャッチフレーズ》「ロジャー」

了解、という意味で、元は英国空軍が使ったコードネーム。のちに第二次大戦で軍隊全般で使われるようになった。1941年に導入されたフォネチックアルファベット (文字確認のために簡単な単語を使うシステム) で、R を「Roger の R」と言うようになったことから。それ以前は「Robert の R」と言い、received (and understood) (受信 [および了解]) の意だった。戦後、一般社会にも広まった。今日も「了解」の意で使われるが、使うのはおおむね、年輩の軍隊経験者か、故意にユーモアや皮肉を交える人たちのどちらか。

rolling stone 《間接的引用》「転がる石」

あちこち動き回ってばかりいて、お金や所有物が少しも増えない人のこと。例 She hopes that he's going to get a job in the local factory and marry her but he's always been a rolling stone and doesn't want to settle down. (彼が地元の工場で職を得て結婚してくれることを彼女としては願っているが、あちこち転々とするばかりでいっこうに落ち着こうとしない。) ことわざ **a rolling stone gathers no moss** (転石苔を生ぜず) から。16世紀に生まれたことわざで、現在では職を転々とした方がむしろ出世も早いと考えられることも多いにもかかわらず、依然広く用いられる。

roll on! 《紋切型》「転がれ！」

何かが到着するのをやきもきしながら待っている気持ちを表わ

す。[例] Roll on pay day! I'm absolutely broke! (早く来い来い給料日！まるっきりのすっからかんなんだよ。) [例] Roll on summer! This weather is getting me down! (夏よ、来い！ この天気には気が滅入る。) 20世紀に生まれたクリーシェ。第一次大戦で兵士たちがよく使った言葉で、戦争が終わって国に帰る船が早く来るように願う **roll on the big ship** (来たれ、大船！) や、同じく戦いの終結を願う **roll on duration** (戦争よ、早く終われ！) などの形をとった。duration とは、1914年の志願兵たちが、戦争期間中だけ (for the duration of the war) 兵士になる条件で入隊したことを指す。今日もクリーシェとして、さまざまな状況で用いられる。

Rome was not built in a day《ことわざ》「ローマは一日にして成らず」

目的というものは時として達成に長い時間がかかるものだと諭し、辛抱を促すのに使う。 [例] I know your leg seems to be taking a long time to heal, but try to be patient. Rome wasn't built in a day, you know. (君の脚がなかなか治らない気がしているのはわかるけど、まあここは我慢しなくちゃ。ローマは一日にして成らず、だよ。) ことわざとしては12世紀からあり、ジョン・ヘイウッド (John Heywood) のことわざ集 (1546) にも載っている。クリーシェとして今日もよく使われる。他人の生活について陳腐なコメントをするのが好きな人に好まれ、忍耐を美徳と思っていない意気軒昂(けんこう)たる人には嫌われる。

rose between two thorns, a《イディオム》「棘と棘にはさまれたバラの花」

非常に魅力的な人や物が、魅力的でない二人や二つの物にはさまれていること。 [例] It's a beautiful house but you should see the buildings on either side of it. Talk about a rose between two thorns! (とても素敵な家なんだけど、両隣の家を見せてやりたいね。ぶち壊しもいいところさ！) 19世紀にクリーシェとなり、今はたいてい冗談や皮肉に使われる。[例] Old Fred insisted on sitting between the twins at their eighteenth birthday party. He called himself the rose between two thorns. (18歳の双子の誕生パーティーで、フレッド爺さんは二人の間

に座ると言い張った。我こそは棘と棘の間のバラなり、だとさ。)

rose by any other name, a《間接的引用》「他の名前でもバラはバラ」

　人や物の値打ちは名によってではなく、基本的な資質で決まるということ。クリーシェになったのはおそらく19世紀。今日もよく使われ、特にインテリが、しばしば皮肉をこめて使う。　例 I used to be called his secretary. I'm now his personal assistant but I don't get any more money. A rose by any other name. (前は秘書という肩書で、今はパーソナル・アシスタント。だけど給料は少しも増えてない。看板が変わっても中味は同じよ。)　例 The ad is for cleansing operatives but they're looking for street cleaners. A rose by any other name. (広告では清浄作業熟練者とか言ってるけど、要するに道路掃除夫じゃないか。何と呼ぼうと仕事は同じさ。)　シェークスピア『ロミオとジュリエット』(*Romeo and Juliet*, 1596) 2幕2場から。シェークスピアを忠実に引用した **a rose by any other name would smell as sweet** (どんな名前で呼ばれても、バラのかぐわしさが消えはせぬ) もクリーシェとして使われる。

roses, roses all the way《間接的引用》「あたり一面バラ、バラ」

　気楽で快適な人生のこと。現代のクリーシェとしては否定的に使われ、皮肉に用いられる場合も多い。　例 He's been in and out of prison all his life. If she marries him it's not exactly going to be roses, roses all the way. (あの男は刑務所を出たり入ったりの人生を送ってきた。奴と結婚しても、彼女にとってバラ色の日々とはいくまい。) **roses all the way** と短い形で使われることも。　例 We now have a successful business but I can tell you that it has been far from roses all the way. (今でこそ我々の仕事も軌道に乗っているけど、これまでは苦労や心配の連続だったんだよ。)　ロバート・ブラウニング『愛国者』(Robert Browning, *The Patriot*, 1845) から。クリーシェになったのは20世紀で、今日も主に文学好きの人に用いられる。

rough diamond, a《イディオム》「荒削りのダイアモンド」

　外観や態度は無骨で垢抜けないが、実は大変立派な、あるいは思いやりのある人物のこと。　例 He's a bit of a rough diamond but he's a very good worker. (少しばかり田舎臭い奴だが、非常によく働く。) 例 She's a rough diamond but she was the only neighbour who offered to look after the children when their mother was in hospital. (洗練された人とは言いがたいが、子供たちの母親が入院中、彼らの面倒を見てあげようと申し出た隣人は彼女一人だったのだ。) まだ切削も研磨もされていないダイアモンドは魅力も値打ちもないように見えるが、削って磨けば一気に魅力や価値が増す可能性があるということ。

rule the roost《イディオム》「とまり木を支配する」

場を仕切ること、権勢をふるうこと。 例 There's no question of any discussions about anything in their house. Their father rules the roost and what he says goes. (彼らの家では何についてもいっさい議論はありえない。父親がすべてを牛耳っていて、父の言葉が絶対なのだ。) 例 The deputy manager loves ruling the roost when the boss is away. (あの副支配人、支配人がいないとやたらに仕切りたがる。) クリーシェになったのは20世紀に入ってからで、今日もよく使われる。きわめて改まった状況以外、どんな状況でも用いられるが、軽蔑的な意味がこめられるのが普通。元来は、おんどりがめんどりたちを支配し、どのめんどりを自分の近くにとまらせるかを決めたりすることを指したと思われるが、別説として、rule the roost と同様の意味を持つ、15世紀に生まれたクリーシェ **rule the roast** (肉を支配する) が変化したという説も。こちらはおそらく、roast (この場合 meat の意) を支配した者が家の主人だったことから来ている。

rule with a rod of iron《イディオム》「鉄の杖で支配する」

責任者が非常に厳格で専制的なこと。 例 No one misbehaves in that class. The teacher rules them with a rod of iron. (そのクラスでは誰も悪さをしたりしない。教師が厳しく管理しているのだ。) 新約聖書、ヨハネ黙示録 (*Revelations*) 2章27節から。'And he shall rule them with a rod of iron.' (彼は鉄の杖をもて之(これ)を治め。) おそらく19世紀末にクリーシェとなり、今日も広く用いられる。

rumour hath it《紋切型》「噂によれば」

何かについて噂が流れていることを示す。 例 Rumour hath it that there is a new woman in his life. (風の便りによれば、彼の人生に新

しい女性が現われたという話だ。）19世紀末にクリーシェになった。古めかしく聞こえるが、今日もよくインテリが、しばしばユーモアをこめて使う。

run around like headless chickens《比喩》「首のない鶏のように走り回る」

すっかり混乱して、パニック状態で行動すること。例 The managing director knew everything about the firm. Since he's resigned, the board are running around like headless chickens trying to find a suitable replacement. (社長は社のすべてを知りつくしていた。彼が辞職してからというもの、重役たちは代わりになれる人物を探してあたふた駆け回っている。) 例 The opposition accused the government of running around like headless chickens in the face of their economic difficulties. (政府は財政困難になすすべもなくただ右往左往している、と野党は非難した。) 鶏が、首を切られたあともしばらくはばたばた動き回ることから。クリーシェになったのは20世紀末。

run it up the flagpole《イディオム》「旗ざおに掲げる」

何かに対する反応を見るために、試験的に使ってみるという意のビジネス・クリーシェ。例 We can't decide on a cover for this book. Let's get a trial one done and give it to the salesmen to run it up the flagpole. (この本につけるカバーが決まらない。試しに一つ作って、営業の連中に読者の反応を調べてもらおう。) 例 They have some doubts about the new product. They're going to run it up the flagpole and do a limited production run. (新製品に確信が持てないので、まず限定生産を行なって消費者の反応を見るという計画だ。) アメリカで20世紀中頃に生まれた。**run it up the flagpole and see** who salutes（旗を掲げて、誰が敬礼するか見てみる）の短縮形で、元来の意味は長い方の形に明らか。イギリスでクリーシェとなったのはもっと最近で、1970年代末からよく使われるようになった。今日も、特にビジネス界で多用される。

run rings round《イディオム》「～のまわりをぐるぐる走る」

ある人を徹底的に負かしたり、はるかにしのいだりすること。例 When it comes to marketing our firm can run rings round theirs.（マーケティングに関しては、わが社の方がはるかに上だ。） 例 You shouldn't worry about the tennis final. You will run rings round your opponent.（テニスの決勝戦のことなら心配は要らない。君の圧勝だよ。） 19世紀末に生まれ、日常的な状況で今日もよく使われる。たとえばスポーツで誰かが大敗した時、ニュースなどでよく使われる。レースで一人ずば抜けて速いランナーがいて、ただまっすぐに走るのではなくぐるぐる円を描きながらコースを進んでもなお負けない、というイメージ。

run round in circles ⇨ GO ROUND IN CIRCLES

Russian roulette, play《イディオム》「ロシアン・ルーレットをする」

破滅をもたらすかもしれない、非常に危険な企てに加わること。例 Jim's playing Russian roulette going out with Frank's wife while he's abroad. He'll kill him if he finds out.（ジムの奴、フランクが外国に行っている間に彼の妻と浮気するなんて、命知らずもいいところだ。バレたら殺されるぞ。） 例 Despite all the warnings about unsafe sex she still goes in for one-night stands. She certainly believes in playing Russian roulette.（不用心なセックスは危ないとあれほど言われても、彼女は相変わらず一夜限りの情事を続けている。破滅の賭けを信仰しているとしか言いようがない。） 第一次大戦中、ロシア皇帝の宮殿で将校たちが行なったゲームから。弾を一発だけ込めた拳銃を使い、各プレーヤーはその弾倉を回転させて、自分の頭に銃口を向けて引き金を引く。弾倉には6つの薬室があるため、みずからの命を奪う確率は6分の1。20世紀前半にクリーシェとなり、今日も広く用いられる。

S

safe and sound《二重句》「無事元気で」

　誰かが危険のない安全な状態にあることを強調する。おそらく頭韻の調子良さもあって、14世紀初め頃に生まれて以来、現在までずっと廃れず使われてきた。今日も広く使われ、特にニュースなどで多用される。例 The missing child has been found safe and sound. (行方不明になっていた子供は無事保護された。)

sail close to the wind《イディオム》「目一杯風上に進む」

　法律や規則に違反すれすれの行ないをすること。例 The police have their eye on the market trader. He has never been prosecuted for receiving stolen goods but he sails very close to the wind. (警察はその業者の動向に目をつけている。盗品を買い入れた罪で起訴されたことはないが、きわどい真似をしているのは間違いない。)　船やボートを、危険なほど風上に向けて進めるというイメージ。比喩として使われ出したのは19世紀で、同世紀末にはクリーシェとなった。違反すれすれの行為が跡を絶たないのと同様、このクリーシェも今なおよくお目にかかる。極端に改まった場合を除いて、あらゆる状況で使われる。古い形は **sail near to the wind**.

salt of the earth, the《間接的引用》「地の塩」

　親切心や忠誠心など、人として望ましい性質をすべて備えた人々を指す。新約聖書、マタイ伝 (*Matthew*) 5章13節から。イエスに従い、その教えに倣(なら)ったために迫害された人々に向かって、イエスは 'Ye are the salt of the earth' (汝(なんじ)らは地の塩なり) と言う。塩は味つけだけでなく保存にも使われる、だから非常に価値があるのだという比喩。クリーシェになったのは19世紀中頃。例 We really miss our next door neighbour. She was the salt of the earth. (お隣さんがいなくなって残念だな。本当に立派な人だったからねえ。)

sauce for the goose is sauce for the gander, what is 《ことわざ》「雌ガチョウのソースは雄ガチョウにもソース」

　性別にかかわらず、人は公平に扱われるべきだというのが基本的な意味。ジョン・レイ (John Ray) のことわざ集 (1670) に収められている。現実が追いつくにはだいぶ時間がかかったわけだが、男女平等をめざした先駆的なことわざと言える。クリーシェとして今日も広く使われる。　例 Why shouldn't she have an affair? Her husband's had a mistress for years. What is sauce for the goose is sauce for the gander. (どうして彼女が浮気しちゃいけないのよ？　夫には何年も前から愛人がいるじゃない。男に許されることが女に許されないって法はないでしょう。)　現在では **what is sauce for the goose** とだけ言って通じさせることも多い。　例 If he thinks that he can go out on Saturday afternoons without the children, why shouldn't she? After all, what's sauce for the goose. (彼が土曜の午後に子供を置いて遊びに行けると思ってるんだったら、彼女だってそう思っていい理屈だろう？　一方だけ通るなんておかしいよ。)

saved by the bell 《イディオム》「鐘に救われて」

　誰かや何かが偶然現われたことで、困難・危険から救われたということ。　例 My mother had just asked me how I had done in my college exams when the first of her guests arrived for the party. Saved by the bell! (大学の試験どうだった、と母に訊かれたところで、パーティーの最初の客がやって来た。天の助けだよ！)　ボクシングのラウンドの終わりに鳴らされるゴングから。20 世紀後半にクリーシェとなり、現在も広く用いられる。

save something for a rainy day ⇨ RAINY DAY, A

saving grace, one's 《紋切型》「救いとなる美質」

　欠点の埋め合わせとなるような要素。　例 She was an absolutely dreadful boss. Her saving grace was her sense of humour. (上司としては最悪だったけど、冗談がわかるのは救いだったな。)　クリーシェになったのは 19 世紀末で、現在でも広く用いられる。元来は神学上

の概念で、人々を地獄の永遠の責め苦から救う神の恩寵 (grace) のこと。

say the least, to《紋切型》「最も控えめに言って」

ある事例について、できる限り穏やかに述べていることを表わす。 [例] It will be, to say the least, a difficult journey. (控えめに言っても、困難な旅となるだろう。) [例] The repairs, to say the least, will be rather expensive. (修理にはどう考えてもかなりの費用がかかるだろう。) 口癖になっている人が大して意味なく用いることも。クリーシェになったのは 19 世紀中頃で、今日も広く使われる。

school of hard knocks, the《紋切型》「苦労の学校」

実人生の体験ということ。しばしば、これと高等教育とを対比させ、後者に悪意をこめて使う。 [例] They've started employing young graduates at management level. That doesn't give much of a chance to those of us who were educated at the school of hard knocks. (会社は若い大卒を管理職に雇いはじめた。現場で苦労して学んできた俺たちはどうなるんだ。) 19 世紀に生まれ、今日も状況によってはよく使われる。特に、学歴に頼らず財をなした人々が好んで使う。⇨ UNIVERSITY OF LIFE, THE

sea change, suffer a ⇨ SUFFER A SEA CHANGE

seamy side of life, the《イディオム》「人生の縫い目が見える側」

人生の不快な、汚れた、おそらくは現実と言うべき側面のこと。 [例] She wants to be a social worker but she'll never cope with the seamy side of life. She has very wealthy parents and has led a very sheltered life. (彼女はソーシャルワーカーになりたがっているが、人生の薄汚れた面はとてもじゃないが手に負えまい。何しろ大金持ちの両親の箱入り娘として育ったんだから。) 衣服の縫い目が見える側、というイメージはシェークスピアが『オセロー』(*Othello*, 1604) 4 幕 2 場で使っている。'He . . . turn'd your wit the seamy side without.' (そいつがあんたの理性をひっくり返してしまったんだ。) 以来、広く使われる概念になった。クリーシェになったのは 19 世紀後半。

search me《キャッチフレーズ》「訊問でも何でもしてくれ」

今話題になっていることについて、何の知識も情報も持ち合わせ

ていないことを表わす。 例 Search me! I've no idea where he gets his money from. (知らないよ！ あいつの金がどこから出てるかなんて。) アメリカで20世紀初めに生まれた。今日も日常的な状況で、間投句的に用いられる。何か情報を持っているかどうか人を調べ上げる、という発想。

second to none 《紋切型》「誰にも劣らない」

誰かや何かが傑出していること。例 He is second to none in English cricket at the present time. (今イギリスではクリケットで彼の右に出る者はいない。) はなはだしい誇張に使われることも多い。 例 I am not surprised the village fête was a success. As an organizer she is second to none. (バザーが成功したのも当然じゃないかな。あの手のことを企画させたら、彼女は最高に有能だからね。) 発想そのものはチョーサー (Geoffrey Chaucer, 1343?-1400) の時代までさかのぼると思われるが、表現として現われるのはシェークスピア『間違いの喜劇』(*The Comedy of Errors*, 1592) 5幕1場が最初。'Of credit infinite, highly belov'd, / Second to none that lives here in the city.' (無限の信用があり、大いに愛されている方です。この町の住人であの方に並ぶ者はおりません。) 19世紀中頃にクリーシェとなり、今日も広く使われる。

see a man about a dog 《キャッチフレーズ》「犬のことで人に会う」

部屋を出る際、行き先を明かしたくないことを冗談めかして言うのに使う。例 Well it's time I went. I have to see a man about a dog. (さあ、もう行かなきゃ。ちょっと野暮用があるんでね。) 時にトイレに行くことの婉曲語法として (⇨ POWDER ONE'S NOSE)、主に男性が用いる。19世紀末から広く使われるようになり、現在も用いられる。

see eye to eye 《間接的引用》「目と目を見交わす」

合意することを表わすが、否定形で使うのが普通。例 I wouldn't ask them both to be on the committee. They do not see eye to eye on anything. (二人同時に委員を依頼するのはまずいと思うね。とにかく意見が合ったためしがないんだから。) 例 There is no point in continuing the discussion. We will never see eye to eye. (これ以上議論を続けても仕方がない。いくら話したって、私たちの意見は決して一致しないだろ

う。） 旧約聖書、イザヤ書 (*Isaiah*) 52 章 8 節から。'Thy watchman shall lift up the voice; with the voice together shall they sing: for they shall see eye to eye, when the Lord shall bring again Zion.' (なんぢが斥候(ものみ)の声きこゆ　かれらはエホバのシオンに帰り給(たま)ふを目と目とあひあはせて視(み)るが故(ゆゑ)にみな声をあげてもろともにうたへり。) 19 世紀後半にクリーシェとなり、現在も広く用いられる。

See Eye to Eye

see how the land lies《イディオム》「陸の様子を見る」

　何か行動を起こす前に、状況を調べてよく考えること。　例 I am not sure how long we will stay with our friends. It depends how many of their family are at home. We shall just have to see how the land lies. (友人宅に何日くらい泊めてもらうことになるのか、まだよくわかりません。あちらの家族が何人いるかによるし、まずは様子を見てみないと。)　19 世紀中頃にクリーシェとなり、今日も広く用いられる。元来は、方向を見定めるという意味の海事用語。

see (the) light of day, first ⇨ FIRST SEE (THE) LIGHT OF DAY

see the wood for the trees, cannot《イディオム》「木を見て森を見ず」

　細部に注意を払いすぎて、状況を全体的・包括的に見られないこと。　例 There is no point in asking Mary to review our staffing levels. We'll get such a detailed report that we won't have time to read it.

She just can't see the wood for the trees.(職員配置状況を調べてくれなんてメアリーに頼んでも無駄だよ。とても全部読めないような分厚い報告書を渡されるだけさ。木を見て森を見ない人だからね。) 常に否定文で用いられるが、否定の形はさまざま。例 Peter is taking weeks to work out population trends in the area. He never could see the wood for the trees.(この地区の人口動向を算出するのに、ピーターは数週間もかかっている。まったくいつもながら、ほどほどということを知らない奴だ。) 16世紀に生まれ、おそらく20世紀初め頃にクリーシェとなった。細部に気を配りすぎる人を指す表現として、今日でも定番的フレーズ。文字通り、一本一本の木を見ることに没頭しすぎて、森全体を見られないという発想。

see with one's own eyes《紋切型》「自分自身の目で見る」

自分で何かを目撃すること、何かの証拠をみずから得ること。例 I would not have believed that she would hit a child if I had not seen her do it with my own eyes.(彼女が子供を叩くところをこの目で見なかったら、そんなことをする人とはとうてい思わなかったでしょう。) 18世紀初め頃に生まれ、同世紀中にクリーシェとなり、現在も用いられる。

see you later!《紋切型》「じゃまた!」

誰かと別れる時、goodbye や cheerio(それじゃ)と同じように使う。また会う可能性があってもなくても使える。たとえば、美容師が面識のない客に言ってもよい。1980年代に広まり、現在も非常によく使われる。⇨ BE SEEING YOU!

sell like hot cakes《比喩》「ホットケーキのように売れる」

どんどん売れること、商業的に大成功すること。 例 His new novel is selling like hot cakes.(彼の新作は飛ぶように売れている。) アメリカ起源で、パンケーキなどのホットケーキが縁日などで飛ぶように売れるという発想。アメリカでは19世紀中頃からさまざまな状況で使われるようになった。イギリスでクリーシェになったのは20世紀に入ってからで、極端に改まった状況を除き、今日も広く用いられる。

sell someone down the river《イディオム》「〜を川下に売る」

誰かを裏切ること。 例 They thought he was a trusted employee but he sold the company down the river by telling their competitors their trade secrets. (信用できる従業員と思われていた男だったが、あろうことかライバル社に企業秘密を漏らして会社を裏切った。) ミシシッピ河上流の奴隷所有者が、上流に較べてはるかに暮らしが苛酷な川下のルイジアナの綿花・砂糖プランテーションに奴隷を売ったことから。19世紀末に比喩として使われ出し、今日も広く用いられる。

separate the sheep from the goats《間接的引用》「羊と山羊を分ける」

　新約聖書、マタイ伝 (*Matthew*) 25章32-33節から。'And before him shall be gathered all nations: and he shall separate them one from another, as a shepherd divideth his sheep from the goats: And he shall set the sheep on his right hand, but the goats on the left.' (斯(か)てその前にもろもろの国人(くにびと)あつめられん、之(これ)を別(わか)つこと牧羊者(ぼくようじゃ)が羊と山羊とを別(わか)つ如(ごと)くして、羊をその右に、山羊をその左におかん。) 善人と悪人を、賢者と愚者を、有能な者と無能な者を分けることなどをいう。 例 I think this exam will separate the sheep from the goats. (この試験は、できる人とできない人の差がはっきりすると思うね。) クリーシェとなったのはおそらく19世紀で、現在でも広く用いられる。同じような意味のクリーシェは他に二つあり、一つは **separate the grain** (or **wheat**) **from the chaff** (穀粒[小麦]ともみがらを分ける)で、19世紀にクリーシェになった。もう一つは **separate the men from the boys** (男と少年を分ける)で、こちらは20世紀にクリーシェとなった。

serious money《流行語》「本気の金」

　金がいつもに増して重要だと思われた1980年代の流行語。クリーシェとして現在も生き残り、多額の金を意味する。 例 You would get a stake in that company only if you had serious money to invest. (まとまった金を投資できないと、その会社の利益には与(あずか)れない。) 例 There is serious money to be made in the antiques trade. (骨董商売では結構いい金になる。)

set the Thames on fire《イディオム》「テムズ河に火をつける」

非常に有名になる、成功する。否定的な、もしくは暗に否定的な文脈で使われるのが常。 例 He was a hard-working pupil but we knew he would never set the Thames on fire. (彼はよく勉強する生徒だったが、どう見ても将来有名になりそうなタイプではなかった。) 例 Mark will make her a good enough husband but he's not the kind you can imagine setting the Thames on fire, is he? (マークはよき夫にはなるだろうけど、まあ、華々しく成功しそうなタイプじゃないよな。) 18世紀に生まれ、19世紀中頃にクリーシェとなった。他の言語でも別の川に置き換えて使われてきた。

seventh heaven, in 《イディオム》「第七天にいる」

非常に幸せであること。 例 She was in seventh heaven when she discovered that she was going to have a baby. (赤ちゃんができたと知って、彼女は天にも昇る思いだった。) イスラム教と古代ユダヤ教で、7つの惑星に対応する7つの天があると信じられたことから。第7の至高天は、神と天使のすみか。19世紀に入ると宗教的な含みなしに用いられるようになり、同世紀中頃にクリーシェになった。今日もなお、幸福を表わすごく一般的な表現。⇨ WALK ON AIR

sex rears its ugly head 《キャッチフレーズ》「性が醜い頭をもたげる」

状況にセックスが絡んできたということ。 例 We thought that Frank and Jenny were just friends but sex seems to have reared its ugly head. (フランクとジェニーはただの友達だと思ってたけど、なんか深い仲になってきたみたいね。) 例 You never get very far in a modern novel before sex rears its ugly head. (現代小説っていくらも読まないうちに必ずセックスの話が出てくるんだよな。) 1930年代に広く使われるようになった。現在も冗談まじりに、あるいは皮肉をこめて用いられる。起源は不明だが、亀頭が起き上がる様子か、あるいは蛇が鎌首をもたげる姿から来ているとも考えられる。エデンの園の蛇への言及だという説も。'sex' は **money rears its ugly head** (金が醜い頭をもたげる) のように他の言葉と交換可能。

shadow of one's former self 《イディオム》「以前の彼(女)の影」

ある人が以前よりずっとやせ細り、弱々しくなったことをいう。

例 This was the first time I had seen him since he had been ill. I was shocked to see that he is a shadow of his former self.（病気になってから初めて会ったんだけど、まるっきり別人みたいで驚いたよ。） 権力や名声が衰えたという意味にも使う。 例 It is amazing to think he was one of the world's major political leaders. He is now a shadow of his former self and living in obscurity.（あれがかつては世界で最も重要な政治指導者の一人だったと思うと愕然としてしまう。今では見る影もなく、人知れずひっそり暮らしている。） 衰弱の比喩として、16世紀から使われている。クリーシェになったのは19世紀中頃で、今も広く用いられる。

A Shadow of One's Former Self

shape of things to come, the《引用》「来(き)るべきものの姿」.
H・G・ウェルズ (H G Wells) の1933年刊の小説のタイトルに使われて広まったが、発想自体はシェークスピア『トロイラスとクレシダ』(*Troilus and Cressida*, 1602) 1幕3場にすでに 'giant mass/Of things to come'（来るべきものの巨大な姿）という表現が見られる。ウェルズが用いてまもなくクリーシェとなり、現在も広く用いられる。 例 We should have known when the first few people lost their jobs because of computerization that this was the shape of things to

come.(コンピュータ化によって一握りの人が職を失った時点で、これこそ来るべき未来の姿だと気づくべきだったのだ。)

shape or form, in any《二重句》「どんな姿形でも」

どんな種類でも。19世紀後半にクリーシェとなり、現在も強調表現としてよく使われる。 例 She will not eat meat in any shape or form. (どんな種類であれ、肉はいっさい食べない。)

share and share alike《紋切型》「同じ取り分で」

何かを均等に分け合うこと。16世紀に生まれ、19世紀後半にクリーシェとなった。現在は、友達や兄弟と何かを分け合うよう子供に言い聞かせる時によく使う。例 It is selfish to keep all your chocolate to yourself. You should offer some to your friends. Share and share alike. (自分のチョコレートを一人占めにするなんてよくないわよ。お友達にもあげなくちゃ。仲よく分けるのよ。)

shed light on《イディオム》「～に光明を投ずる」

何かを説明したり、明らかにしたりすること。 例 No one can shed any light on the mystery of how the burglar got into the house. (泥棒がどうやって家に入ったのか、誰もその謎を解明できずにいる。) 文字通りの意味では14世紀から使われ、比喩的な意味がクリーシェとなったのは19世紀後半で、現在も広く用いられる。

shipshape and Bristol fashion《イディオム》「船上のごとくブリストル風に」

きちんと整理された、ということ。例 We'd better leave the place shipshape and Bristol fashion for the next tenant coming in. (次に借りる人に悪いから、きちんときれいにして出た方がいい。) 元々は海員用語で(ブリストルはイングランドの有名な港)、19世紀中頃に一般的なクリーシェとなった。現在もまだ聞かれるが、かなり古臭い感じがするし、使うのも主に年輩の人。

ships that pass in the night《間接的引用》「夜に通り過ぎる船」

つかのま出会って、また別れていく人たちのこと。 例 People who meet at conferences are often ships that pass in the night. Very few of them keep in touch with each other. (学会で会う人とのつき合いはたいていその場限りだ。その後も連絡を取り合う人々はほとんどいな

い。) ヘンリー・ワッズワス・ロングフェロー『路傍の宿物語』(Henry Wadsworth Longfellow, *Tales of a Wayside Inn*, 1873) に収められた詩「神学者の物語　エリザベス」('The Theologian's Tale: Elizabeth') から。'Ships that pass in the night, and speak each other in passing.' (夜にすれ違い、すれ違いざまに言葉を交わしあう船同士。) クリーシェとなったのは 19 世紀後半。今日も短い関係を表わすのによく使う。時に性的な関係を指す。　例 He didn't know that she had had a child by him.　He thought he and she were just ships that passed in the night. (男は彼女が自分の子供を産んだとは知らなかった。ただの行きずりの仲と思っていたのだ。)

shoot one's bolt《イディオム》「矢を射つくす」

　できることはすべてやり、もう手元に何も残らなくなるということ。例 They came up with a series of threats to try to make us do as they asked, but we went on refusing and it became obvious that they had shot their bolt. (思い通りにさせようと向こうはあれこれ脅しをかけてきたが、我々は拒絶しつづけた。やがて、向こうにはもはや打つ手がないことが露呈した。)　例 The champion started the marathon race at a very fast pace but halfway through it was obvious that he had shot his bolt and had to retire from the race. (前回優勝者は序盤から非常に速いペースで飛び出したが、どうやらそれで見るからにスタミナを使い果たしてしまったようで、結局棄権に追い込まれた。) おそらく、13 世紀からある古いことわざ **a fool's bolt is soon shot** (愚か者はすぐ矢を射つくす) から。bolt とは中世の、石弓から放たれる、先が丸くて短く重い矢のこと。すべての矢を射つくしてしまった射手は、当然危険な立場に追い込まれることになる。shoot one's bolt は 19 世紀中頃にクリーシェとなり、今も広く使われる。

shoot oneself in the foot《イディオム》「自分の足を撃つ」

　自分を傷つけること、自分の害になることをしてしまうという意。他人を傷つけようとした結果そうなった、という含みのある場合が多い。　例 The politician was trying to cause embarrassment to the government but he ended up by shooting himself in the foot. (その政治家は政府の足を引っぱろうと企てたが、結局自分の首を締める破目

になった｡) アメリカ起源で、読んで字のごとく、誰かを撃とうとして誤って自分を撃ってしまうことから。ただし時に、その「事故」が兵役を逃れるため故意に起こされたものであることをほのめかす場合もあった。イギリスでクリーシェになったのは20世紀後半。このフレーズが表わす行為も依然おなじみであり、今日もよく使われ、日常的な、くだけた状況で用いられる。

short and sweet《紋切型》「短く素晴らしい」

短くはあるが愉快だ、華やかだ、見事だ等々の意。 例 If you are asked to write a report on a meeting it is best to keep it short and sweet. (会議について報告を書けと言われたら、簡潔に要点だけ書くのが一番だ｡) 16世紀に生まれ、19世紀末にクリーシェとなった。現在では皮肉に使われることもしばしば。 例 He didn't spend much time telling us we were redundant. It was short and sweet. (お前らはクビだ、とあっさり言われてしまった。まさに簡にして要を得るというやつだ｡)

shoulder to the wheel, put one's《イディオム》「肩を車輪に当てる」

熱心に努力を始めたり、必死に働き出したりすること。 例 The workforce is really going to have to put its shoulder to the wheel if this order is going to be ready in time. (期限通りこの注文を処理するには、みんなでよほど頑張らないと｡) 18世紀から広く使われており、現在もクリーシェとして、たいていは全力で頑張るよう人を叱咤する時に用いる。ふざけて使うことも多い。 例 As usual the headmaster will be telling us to put our shoulders to the wheel and our noses to the grindstone if we want to get through the exams. (あの校長きっとまた、試験に合格するには刻苦勉励(こっくべんれい)、全身全霊を打ち込めとか何とか言うだろうな｡) 元来は、泥にはまった荷馬車を押そうとしている人のイメージ。

show must go on, the《キャッチフレーズ》「ショーは続けなくては」

何が起ころうとも、すべてを通常通り続けねばならないということ。例 Half the sales assistants are off with flu but the show must go on. The customers are queueing to get in. (店員の半数はインフルエン

ザで休んでいるけど、営業はいつも通りやらなきゃならん。お客さんが店の前に並んでるんだから。) 元は劇場関係の表現で、文字通り、何が起ころうがショーは続けねばならない、ということ。その意味で使われ出したのは19世紀で、20世紀に入ると一般的なクリーシェとなり、現在も広く用いられる。⇨ ON WITH THE MOTLEY

sick and tired《紋切型》「飽き飽きして」

何かにすっかりうんざりした、愛想が尽きた、嫌気がさした等々の意。 例 I am sick and tired of listening to her complaining. (彼女の愚痴を聞くのはいい加減うんざりだ。) 例 We are sick and tired of having to ask our neighbour's son to turn his CD player down. (隣の息子にCDの音を下げてくれって頼むのはもう真っ平御免だ。) クリーシェになったのは20世紀初めで、現在でも広く用いられる。

sick as a dog《比喩》「犬のように吐き気がする」

強い吐き気を覚える、激しく吐く。例 We were both sick as a dog after we ate the mussels. They must have been off. (我々はムール貝を食べたあとさんざん吐いた。悪くなっていたに違いない。) 16世紀に生まれ、今も日常的な状況でよく使われる。実のところ、犬が他の動物より吐きやすいという根拠はどこにもない。

sick as a parrot《比喩》「オウムのように病んでいる」

とても不幸だ、落ち込んでいる、の意。多くの場合、自分の失敗や他人の成功が原因。 例 She was sick as a parrot when her friend bought the house that she had wanted. (欲しかった家を友達に買われてしまって、彼女はひどく落ち込んだ。) クリーシェとなったのは20世紀後半で、今も日常的な状況で広く用いられる。1970年代末には、サッカーで負けたチームの関係者の気持ちを表わす言葉として多用された。 例 When asked by the commentator how he felt at the end of the match, the manager said that he was sick as a parrot. (試合の終わりにアナウンサーから今の気持ちはと訊ねられ、ひどく落ち込んでいると監督は答えた。) 起源は不明だが、オウム病 (psittacosis) と関係があるという説も。オウム病はオウムやその他の鳥がかかる、人間にも伝染する病気。また、古い表現 **melancholy as a parrot** (オウムのように憂鬱) から来ているという説も。

sight for sore eyes, a《イディオム》「痛む目を癒す眺め」

目にして嬉しい人や物をいう。 例 How nice to see you! You're a sight for sore eyes. (いやあ、久しぶり! 会えて本当に嬉しいよ。) 例 The little country cottage was a sight for sore eyes. It was so pretty. (その小さな別荘は見ていて本当に気持ちがよかった。実に可愛いらしいんだよ。) 19世紀末にクリーシェとなり、今日も日常的な状況でよく使われる。その人や物を目にしてとても嬉しいので、痛む目も喜んで痛みが和らぐ、というニュアンス。

signed, sealed and delivered《紋切型》「署名捺印のうえ交付済み」

何かがきちんと処理されたということ。元は財産証書など法的文書について用いられた表現だが、やがて一般的な状況で使われるようになり、20世紀に入ってクリーシェとなった。例 Here are our holiday tickets. Signed, sealed and delivered. (これが僕らの休暇のチケットだ。さあ、これで準備はすべて完了。)

sign of the times, a《間接的引用》「時代のしるし」

何かがこの時代の典型だということ。例 It's terrible seeing all these people sleeping rough. Still, I suppose it's a sign of the times. There is so much poverty around. (こんなに大勢の人たちが外で寝ているのを見るのはつらい。でもまあ、これが今の時代なのだろう。貧乏がそこらじゅうに蔓延している。) 新約聖書、マタイ伝 (*Matthew*) 16章3節でイエスは、パリサイ人(びと)に天からのしるしを見せてみろと言われてこう答える。'O ye hypocrites, ye can discern the face of the sky; but can ye not discern the signs of the times?' (なんぢら空(そら)の気色(けしき)を見分(わ)くることを知りて、時の徴(しるし)を見分(わ)くること能(あた)はぬか。)クリーシェとなったのは20世紀で、今も広く用いられる。

silent majority, the《紋切型》「声なき多数派」

やかましく騒ぎ立てる人々とは対照的な、さほど人目を引かない大多数の人々ということ。大多数は現状に満足しているというニュアンス。 例 The politician says that the silent majority are in favour of more roads, and that there are just a few protestors who go from site to site. (声なき大衆は道路増設を支持していて、ごく少数があちこちの建

設用地で抗議しているだけだ、とその政治家は言った。）政治に関して用いられることが多く、政治家などの公人やジャーナリストに愛用される。おそらく 1920 年代に生まれ、合衆国大統領リチャード・ニクソン (Richard M Nixon) が 1969 年にベトナム戦争について行なった演説によって一般に広まった。

sixes and sevens, at《紋切型》「6 と 7 で」

混乱状態にあることを表わす。 例 There are so many people sick that we have been at sixes and sevens all morning. (あまりに病人が多いので、午前中ずっとてんやわんやだった。) さいころを使ったゲームに由来するが、どんなゲームかは不明。クリーシェとなったのはおそらく 20 世紀で、今も日常的な状況でよく使われる。

six of one and half-a-dozen of the other《紋切型》「これが 6 つ、あれが半ダース」

ほとんど、あるいはまったく変わりがないということ。 例 It doesn't matter which of the trains you take. It's six of one and half-a-dozen of the other. They go by different routes but get in at about the same time. (どっちの列車に乗っても同じようなものだ。ルートは違うけど、着く時間はほとんど一緒だよ。) 例 Either of the candidates would be suitable for the job. It's six of one and half-a-dozen of the other. (どちらの候補者もこの仕事には適任だ。大同小異だよ。) 19 世紀末にクリーシェとなり、今日も日常的な状況でよく使われる。

sixty four thousand dollar question, the《紋切型》「6 万 4 千ドルの問題」

非常に難しい、あるいは解答不可能な問題のこと。 例 When do we expect to finish painting the house? That's the sixty four thousand dollar question. (いつ家を塗り終わるかだって？ 見当もつかないね。) アメリカで 1950 年代に生まれ、60 年代末にイギリスでクリーシェとなった。賞金が最高 6 万 4 千ドルという触れ込みのクイズ番組名 (*The $64,000 Question*, 1955-58) から。以前は **the sixty-four dollar question** (64 ドルの問題) という表現があって、これは 1940 年代に放送された、最高賞金 64 ドルの CBS ラジオのクイズ番組 *Take It or Leave It* (行くか降りるか) から。

skeleton in the cupboard, a《イディオム》「戸棚の骸骨」

恥ずべき秘密のこと。例 Every family has the odd skeleton in the cupboard. (どんな家族にも隠しておきたい恥はあるものだ。)　例 The press are snooping around to see what skeletons in the cupboard they can find in the politician's family. (その政治家の家庭に何かスキャンダルがあるのではとマスコミが嗅ぎ回っている。)　殺された人の遺体が戸棚に隠されて、もう白骨化しているという発想。19世紀中頃にクリーシェとなった。今日でも広く使われており、恥ずべき秘密もいっこうに減っていない。別形に **a skeleton in the closet** や **a family skeleton** がある。

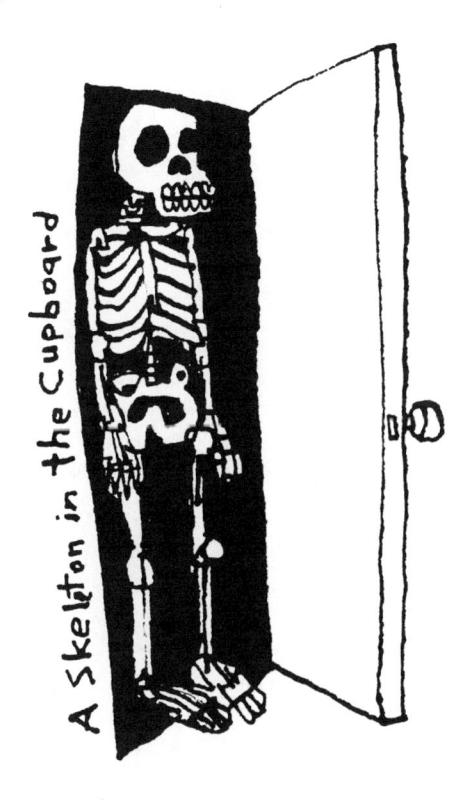

slave over a hot stove《紋切型》「熱いこんろ相手にあくせく働く」
　料理、もしくは家事一般を表わす。クリーシェとなったのは20世紀で、今日も広く使われ、ユーモアや嫌味をこめて用いられることが多い。 例 I've been slaving away all day over a hot stove and now they've phoned to say they can't come to dinner. (まる一日頑張って料理してたのに、あの人たちと来たら今しがた電話してきて、今日は行けなくなりましたですって。) 例 She says that she rushes home from work to slave over a hot stove but in fact she has a housekeeper. (あの人、家事があるから飛んで帰るなんて言ってるけど、実はお手伝いさんを雇ってるのよ。)

slight technical hitch, a《紋切型》「若干の機械的トラブル」
　機械の故障、サービスの遅れ・停止の言い訳に用いられる。ごく最近まで、交通機関のお決まりの言い訳だった。 例 We apologize for the delay to the 15.30 Edinburgh train. This is due to a slight technical hitch. (15時30分発エディンバラ行き電車の遅れについてお詫びいたします。これは若干の機械的トラブルによるものでございます。) 例 We apologize to passengers travelling on the 16.00 flight to Milan. The plane has been delayed owing to a slight technical hitch. (16時発ミラノ行きフライトをご利用のお客様にお詫び申し上げます。若干の機械的トラブルにより、当機は出発が遅れております。) 近年に至り、予定通り運行できない交通機関も、一見もう少し具体的な、しかし相変わらず判然としない理由を挙げるようになった。 例 We apologize for the delay to the 17.00 service to Aberdeen. This is due to trouble with the overhead lines at Berwick. (17時発アバディーン行き列車の遅れについてお詫びいたします。ベリックにおきまして高架線の故障が発生いたしましたことが原因でございます。) 「若干の機械的トラブル」ではなかなか納得してもらえなくなってきたということか。⇨ UNAVOIDABLE DELAYS

slip on a banana skin ⇨ BANANA SKIN, A
slowly but surely《紋切型》「ゆっくり、だが確実に」
　着実に、ということ。 例 At first the favourite was away out in front. Then slowly but surely the other horse gained on him. (最初本

命が飛び出した。だがやがて、もう一頭がじわじわ追いついてきた。) 19世紀中頃にクリーシェになった。イソップ物語 (*Aesop's Fables*) の、着実な歩みのカメが足の速いウサギに勝つ話から。

smell a rat 《イディオム》「ネズミを嗅ぎつける」

何か変だと思うこと。 例 We smelled a rat when the supposed council workman couldn't find his identification card. (公共事業の作業員だというのに、今ちょっと身分証明書が見当たりませんと言い出すので、おかしいぞとみんな思った。) 例 The neighbours smelled a rat when they saw the open window. They phoned the police who caught the burglar. (開いた窓を見て、近所の人たちは不審に思った。彼らが通報して、警察は泥棒を捕まえた。) 16世紀から使われ出し、18世紀中頃にクリーシェとなった。犬や猫がネズミを嗅ぎつけることから。

smoke without fire, there's no ⇨ NO SMOKE WITHOUT FIRE, THERE'S

social whirl, the 《紋切型》「社会生活の渦巻」

忙しい社会生活、あるいは社会生活一般を表わす。クリーシェとなったのは19世紀末。今も使われるが、ユーモアや皮肉まじりに使われることも多い。例 I left work, picked up the children, went to the supermarket then cooked the evening meal. Just the usual social whirl. (仕事が終わって、子供たちを車で迎えに行き、スーパーに寄って、夕食を作る。いつもながらの、しがない人生の慌ただしさよ。)

Sod's law ⇨ ANYTHING THAT CAN GO WRONG WILL GO WRONG

so far so good 《紋切型》「これまでは大変良し」

現在までの進展は良い、ということ。これからも順調な状況が続くという当てはない、という含みがある。 例 It's very tricky driving along this narrow track but so far so good. (この細道を運転するのはすごく厄介だが、今のところは順調だ。) クリーシェとなったのは19世紀中頃で、今もよく使われる。

some of my best friends are... 《キャッチフレーズ》「私の親友にも...がいますし」

しばしば、偏見や偏狭さの口実に使われる。 例 I have absolutely

nothing against homosexuals. Some of my best friends are gay. (私は同性愛者に何の偏見もありません。私の親友にもゲイの人がいますし。) 1940年代か、それ以前に生まれた表現で、元はユダヤ系の人々について使った。 [例] I am not anti-semitic. Why some of my best friends are Jewish. (私は反ユダヤ主義者じゃありませんよ。親友にもユダヤ人がいますし。) 現在でも広く使われるが、ユーモアや嫌味をこめることが多い。 [例] I don't think we should get rid of the male sex. Some of my best friends are men. (男性を撲滅するのはまずいと思うわ。あたしの親友にも男性がいるし。) [例] I support animal rights but I care about human rights too. After all, some of my best friends are humans. (動物の権利は支持しますが、やっぱり人間の権利も大事じゃないでしょうか。私の親友にも人間がいますし。)

some other time《紋切型》「いつか他の時に」

引き延ばしを図る時や、何かを無期限に先送りしようとする時などに使う。 [例] I would love to have lunch with you some time, but I am busy just now. Some other time, perhaps. (いずれ昼食をご一緒したいですが、今はちょっと忙しくて。いつかまた、ね。) 事実上、'never'を遠回しに言っているだけのことも多い。子供たちは幼い頃からこれを聞いて育つ。 [例] No, I'm sorry we can't go to the beach today, but some other time when mummy and daddy are not so busy. (ごめんなさいね、今日は海に行けないのよ。またいつか、ママとパパが忙しくない時にね。) 20世紀に入ってクリーシェとなった。

son and heir《紋切型》「跡取り息子」

最年長の息子のこと。多くの場合長男を意味し、時に一人息子の意にも。跡を継ぐべきものがあるかどうかにかかわらず使われる。最初に生まれた男の子を優遇する相続法を反映した表現。クリーシェとなったのはおそらく19世紀末だが、表現としてはすでにシェークスピアの時代からあった。今日では新聞や雑誌で多用される。 [例] Pictured right are Mr and Mrs Brown with their son and heir leaving his christening ceremony. (写真右は跡取り息子を連れ、息子の洗礼式から帰るブラウン夫妻。) 冗談めかして用いられることも。

so near and yet so far《紋切型》「近いけれどもなお遠い」

何かがもうちょっとのところまで来ているのだが、それでもまだ手が届かないということ。決して届かないだろうという含みが時にある。 例 He very nearly broke the record for the course, but he fell just before the finishing line. So near and yet so far. (コース新記録達成かというところで、ゴール直前で転んでしまった。あと一歩で取り逃がすとはまさにこのことだ。) クリーシェとなったのは19世紀後半だが、発想自体はローマ時代からある。今は冗談で使うことが多い。 例 Although he had drunk so much, he almost made it home before he was sick. So near and yet so far! (彼はすごく飲んでいたが、家にたどり着く直前まで持ちこたえた。が、結局最後は吐いてしまった。あと一歩が遠いんだよな!)

sour grapes《イディオム》「すっぱいブドウ」

欲しくても何らかの理由で手に入れられないものをけなす態度について使う。 例 Don't worry about what Mary says about your new car. It's just sour grapes. She can't afford one. (君の新しい車についてメアリーが言ったことなんか気にするなよ。すっぱいブドウは何とやらで、彼女も欲しいけど買えないのさ。) イソップ物語 (*Aesop's Fables*) の、ブドウに手が届かないキツネが、あのブドウはすっぱいんだと負け惜しみを言う話から。クリーシェになったのは19世紀。

speak the same language《イディオム》「同じ言語を話す」

非常によく理解し合い、しばしば感じ方や考え方も同じである人たちのことをいう。 例 They don't mix socially but when it comes to business they speak the same language. (二人に社交的なつき合いはないが、こと商売となると実にウマが合う。) 比喩として19世紀から使われており、20世紀にクリーシェとなった。今もよく用いられる。

spend a penny《婉曲》「一ペニー使う」

トイレに行くという意。当今の進んだ世の中でも、人間の基本的生理機能の処理については遠回しの表現が必要だと思われている。'toilet' は許されるのか、'lavatory' と言うべきなのか、それとも無難かつくだけた 'loo' で行くべきか。このあたり、ルールがすぐには思い浮かばず、なかなか厄介である。この spend a penny は、公衆便所に入る時に小箱の硬貨投入口に一ペニー入れる必要があっ

たことから生まれた表現。⇨ POWDER ONE'S NOSE; SEE A MAN ABOUT A DOG

spend more time with one's family《婉曲》「家族ともっと多くの時間を過ごす」

　クビになったか、あるいは何か個人的な、もしくは複雑な理由で仕事を辞めねばならなかった時に使う。1980年代、大臣をしていた政治家たちが辞職した際に使って広まった。今では冗談か嫌味として使うことが多い。

spick and span《紋切型》「釘と木切れ」

　きちんときれいに掃除されていること。　例 My mother says we can do some baking as long as we leave the kitchen spick and span.（うちのお母さんがね、台所をきちんとあと片付けするならクッキー焼いてもいいって。）　二つの廃語から成る表現で、spick は大釘、span は木っ端(ぽう)。いまだ帆船の時代だった当時、船が spick and span だと言えば、大釘も木っ端もすべて新しい、ということを意味した。比喩として19世紀後半から広く使われており、今もよく用いられる。

spilled milk ⇨ CRY OVER SPILLED MILK

spill the beans《イディオム》「豆をこぼす」

　秘密にしておくべき事柄を暴露すること。　例 We wanted to know what had happened at the confidential meeting, so we persuaded Jim who was taking the notes to spill the beans.（秘密の会合で何があったか知りたかったので、メモを取っていたジムを口説いて聞き出した。）　アメリカ起源で、20世紀前半にクリーシェとなった。

spirit is willing, the《間接的引用》「心は燃えても」

　新約聖書、マタイ伝(*Matthew*) 26章41節から。最後の晩餐で、イエスが弟子たちに諭す。'Watch and pray, that ye enter not into temptation: the spirit indeed is willing, but the flesh is weak.'（誘惑(まどひ)に陥(おち)らぬやう目を覚(さま)しかつ祈れ。実(げ)に心は熱すれども肉体(にくたい)よわきなり。）クリーシェとなったのは19世紀末。今日ではごく単純に、何かをしたい気持ちは大いにあるのだが、そうするだけの元気がないという意味になることが多い。　例 I'd love to come to the cinema but I've just got home from working late and I'm exhausted. The spirit is willing but the flesh is weak. (僕も映画に行きたいんだけど、仕事ですっかり遅くなってしまって、帰ってきたばかりでくたくたなんだ。心は燃えても肉体は弱いよ。) 冗談めかして用いられることが多い。

square peg in a round hole, a 《イディオム》「丸い穴に四角い釘」
現在の境遇にまったく合わない人、なじめない人のこと。 例 His father was a doctor and persuaded him to study medicine, but he is a square peg in a round hole and hates it. (お父さんは医者で、息子を説き伏せて医学を勉強させたが、本人はまるでなじめず、心底嫌っている。) クリーシェとなったのは19世紀後半で、今も広く用いられる。

stalking horse 《イディオム》「隠れ馬」
何らかの口実のこと。または、何らかの隠蔽工作に加わる人のこと。猟師が鹿などの獲物に近づく時、馬から下りて、馬の陰に隠れながら射程距離まで寄っていくことから。1980年代、90年代には、特に政界に関して、たとえば党首などの地位に、実は争う気のない人物が立候補して他の誰かを通りやすくする戦術を指した。16世紀から比喩として使われており、シェークスピアは『お気に召すまま』(*As You Like It*, 1599) 5幕4場にこう書いている。'He uses his folly like a stalking-horse, and under the presentation of that he shoots his wit.' (狂気を隠れ蓑に使い、陰で機知の矢を放つ男だ。)

stand up and be counted 《イディオム》「立ち上がって数に入れてもらう」
考えや意見、忠誠などを公にすること。特に、少数派の意見や、反対の多そうな意見についていう。 例 We feel that there is a great deal of opposition to the new motorway but sometimes those who are opposed to it are reluctant to stand up and be counted. (新しい高速道路には多くの人々が反対していると思うのだが、反対の人々は時として自分の意見をはっきり言いたがらない。) アメリカ起源で、起立することで一票と見なされる投票形式から。20世紀に入ってからクリーシェになり、今もよく使われる。

stem the tide 《イディオム》「潮をせき止める」

何かの進行をくい止めること。 例 The government is trying to stem the tide of opposition to their economic policies.（政府は経済政策に対する反対を抑え込もうとしている。） クリーシェとなったのは19世紀末。海の潮流を押しとどめるという発想。

storm in a teacup, a《イディオム》「ティーカップの中の嵐」

つまらないことで大騒ぎすることをいう。 例 The two families won't speak to each other but it was all a storm in a teacup over two children fighting.（家族同士、口をきこうともしないが、元はと言えばつまらぬ話、おたがいの子供の喧嘩が原因だ。） クリーシェとなったのは19世紀後半。何でもないことで騒ぎ立てる人が跡を絶たない現実を反映して、今も広く用いられる。

straight and narrow, the《紋切型》「まっすぐで狭い」

美徳や善良さを表わす表現。おそらく新約聖書、マタイ伝 (*Matthew*) 7章14節から。'Strait is the gate, and narrow is the way, which leadeth unto life.'（生命（いのち）にいたる門は狭く、その路（みち）は細く。）19世紀に広まり、同世紀中頃にクリーシェとなった。今日ではユーモアや皮肉をこめて使うことが多い。 例 I'll have to stick to the straight and narrow for a few weeks. I'm studying for my final exams.（何週間かは真面目にやらないと。最終試験に向けて勉強だよ。）

straight from the shoulder《イディオム》「肩からもろに」

率直であること、遠慮なくものを言うこと。 例 I hate it when doctors try to hide things. I wish they would just give it to me straight from the shoulder.（医者に隠し事をされるのは嫌だ。奥歯に物のはさまったような言い方はやめてほしいよな。） ボクシングで力のこもった一撃を食うというイメージ。比喩として使われるようになったのは19世紀末からで、20世紀に入ってクリーシェとなった。歯に衣（きぬ）着せずものを言うことを自慢に思っている人がよく用いるが、実は単に無礼であるだけのことも少なくない。

straw in the wind, a《イディオム》「風の中のわら」

物事が今後どう進みそうかを示す兆候となるもの。 例 The reaction of the health unions to their small pay increase is a straw in the wind. There will be general industrial unrest.（小幅の賃上げに対する

医療関係者組合の反応は、今後の予兆と言える。これからは産業界全体が揺れることだろう。）クリーシェとなったのは20世紀だが、発想自体はもっとずっと古い。今も広く用いられる。風がどちらに吹いているか見るのに、わらを飛ばしたことから。

strike while the iron is hot《ことわざ》「鉄は熱いうちに打て」
　チャンスを捉えよ、好都合な状況を利用せよということ。 例 If you want to borrow some money from your father now would be a good time to ask. He has just won some money on the lottery, so you can strike while the iron is hot. (お父さんに借金を申し込むんなら今がいいよ。ちょうど宝くじにあたったところだから。好機逸すべからずさ。) 14世紀から使われ、19世紀にクリーシェとなり、今も広く用いられる。鍛冶屋が金槌で鉄を打って形を整えるために、鉄を非常に熱くしておくことから。

suffer a sea change《間接的引用》「海による変化をこうむる」
　著しく変貌すること。良い方へ変化する場合に使うことが多い。例 This area's certainly suffered a sea change since I last visited it. It used to be a derelict site. (このあたりは、私がこのあいだ来た頃とは格段に変わった。以前は荒れはてた場所だったのだ)。シェークスピア『テンペスト』(*Tempest*, 1611) 1幕2場から。'Nothing of him that doth fade, / But doth suffer a sea-change / Into something rich and strange.' (彼の身は何一つ朽ちず、海によってすべて豊かで珍しきものへと変わる。) クリーシェとなったのは19世紀中頃。今日では特にインテリが、ユーモアや皮肉をこめて用いる。**sea change**と縮められることも。

suffer fools gladly, not to《間接的引用》「愚か者に寛大でない」
　愚か者に限らず誰に対しても寛容でない人間についてよく使う。新約聖書、コリント後書 (*2 Corinthians*) 11章19節から。'For ye suffer fools gladly, seeing ye yourselves are wise.' (汝(なんじ)らは智(さと)き者なれば喜びて愚(おろ)なる者を忍ぶなり。) パウロ (Paul) がコリント人たちに、愚か者に寛容である者は自分も愚か者だと指摘している一節。聖書では肯定形だが、通例は否定形で使われる。19世紀にクリーシェとなり、現在も広く用いられる。

survival of the fittest, the 《紋切型》「適者生存」
　長い目で見れば、最強の者が勝つという意味。 例 There is no point in going in for the marathon race if you are unfit.　It'll certainly be a case of the survival of the fittest. (体調が悪いならマラソンに参加しても無駄だ。力が出せない奴は落伍するしかないからね。) 例 This firm is so full of office politics that people come and go very quickly.　It's a case of the survival of the fittest. (この会社は社内での足の引っぱり合いがすごくて、新入社員が入ってきたと思ったらすぐに辞めていく。弱肉強食の好例だね。) ハーバート・スペンサーが『生物学原理』(Herbert Spencer, *Principles of Biology*, 1864) で、チャールズ・ダーウィン (Charles Darwin) の自然淘汰説を説明するのに使った表現。20世紀に入ってからクリーシェとなり、現在も広く用いられ、ユーモアや皮肉を交えて使われることも。

sweetness and light 《間接的引用》「優美と明知」
　うわべのにこやかさ、のどかさをいう。ジョナサン・スウィフト『書物合戦』(Jonathan Swift, *The Battle of the Books*, 1704) から。マシュー・アーノルド『文化と無秩序』(Matthew Arnold, *Culture and Anarchy*, 1869) で使われて広まった。19世紀末にクリーシェとなり、現在もよく用いられるが、皮肉に使う場合が大半。 例 He treats his wife and children appallingly badly, but to the rest of the world he is all sweetness and light. (妻子にはひどい仕打ちをするくせに、外面(そとづら)はやたらいい奴だ。) 例 Mary has a hangover this morning and so she is not exactly sweetness and light. (今朝のメアリーは二日酔いで、ご機嫌うるわしいとは言いがたい。)

swings and roundabouts (ことわざ)「ブランコと回転木馬」
　あることで得しても、他で損をするから、結局差し引きゼロになるということ。ことわざ **what you win/gain on the swings you lose on the roundabouts** (ブランコで得たものを回転木馬で失う) の短縮形。 例 His venture into the stock market was a case of swings and roundabouts. (彼の株式投機は、儲けも大きければ損も大きく、結局とんとんで終わった。) 例 I just got a salary increase when I had to pay a huge car repair bill.　What you win on the swings you lose on the

roundabouts.（給料が上がったと思ったら、車の修理代でごっそり持っていかれた。まさに差し引きゼロだよ。）　長い形の方の、より楽観的な変形として **what you lose on the swings you win/gain on the roundabouts**（ブランコで失ったものを回転木馬で取り戻す＝江戸の敵(かたき)を長崎で討つ）がある。どの表現も、クリーシェとなったのは20世紀に入ってから。今日でも、諦念とともに運命を甘受する態度を言い表わすのに用いられる。

See a Man About a Dog

T

take a leaf out of someone's book《イディオム》「誰かの本から一葉抜き取る」

　ある人の例にならうこと。普通は良い例にならう場合を指す。例 I wish you would take a leaf out of your sister's book and keep your room tidy. (あなたもお姉さんを見習って、部屋くらいきれいにしたらどうなの。)　悪い例に使うこともある。　例 I think I'll take a leaf out of Fred's book and start doing as little as possible. (僕もフレッドを見習って、できるだけさぼることにするよ。)　19世紀末に生まれ、今もよく使われる。他人のノートからページを破りとって写すという発想。

take care《紋切型》「気をつけて」

　別れを告げる時に使う。日常的な状況で、ある程度知っている人に対して使う。文字通りには、体を大事にしろと説いているわけだが、SEE YOU LATER! (⇨) と同じく単に「さよなら」の意味で使われることが多い。20世紀後半にクリーシェになった。⇨ MIND HOW YOU GO!

take it from me《紋切型》「私が請け合います」

　場つなぎ的に使われ、言わんとすることの真実味を強調する。例 Take it from me. He is up to no good. (誓ってもいい、あいつロクでもないことをたくらんでるぞ。)　口癖になっている人が意味なく用いることも。いかにも口語的で現代風の響きだが、17世紀にはすでに使われていた。クリーシェとして今もよく使われ、**you can take it from me** という形もある。

take one's life in one's hands《紋切型》「自らの命を手の中に抱える」

非常に危険な真似をすること。 例 You take your life in your hands when you cross this road. The traffic goes very fast. (この道を渡るのは命がけだぜ。どの車もビュンビュン飛ばしてるからね。) 元は身体的な危険を指す表現だったが、今日ではそれ以外の危険も表わし、ユーモアや皮肉をこめて使ったりする。 例 You'll be taking your life in your hands if you disagree with our next-door neighbour about animal rights. (動物愛護についてうちのお隣さんとぶつかったりしたら、そりゃもう大変さ。) 19世紀中頃に生まれ、今もよく使われる。

take pot luck《紋切型》「鍋の運に任せる」
　　客用にわざわざ用意した料理ではなく、その家の人たちがどのみち食べようとしていた食事の誘いに応じること。 例 You are welcome to have dinner with us as long as you don't mind taking pot luck. (ありあわせの料理でよかったら、どうぞ夕食を召し上がっていってくださいな。) 18世紀末から多用されている。今も、きわめて改まった場を除いて、広くあらゆる状況で使われる。文字通り、料理鍋にたまたま入っている料理を食べるという発想。比喩的な使い方として、「運を天に任せる」の意味にもなる。

take someone to the cleaners《イディオム》「～を洗濯屋に連れていく」
　　誰かから大金を奪うこと。離婚時の取り決めなどについて使う。 例 He says that his ex wife took him to the cleaners but in fact she got very little. (元の妻に大金を持っていかれたとあいつは言っているが、実ははした金しか渡していない。) アメリカで20世紀後半に生まれた。今もクリーシェとして、日常的な、くだけた状況でよく用いられる。clean → clean out (一掃する、巻き上げる) という連想。

take the bull by the horns《イディオム》「牛の角をつかむ」
　　危険や困難に大胆・勇敢に立ち向かうこと。 例 I don't like upsetting her but I'm going to have to take the bull by the horns and ask her to leave. There's just not enough room here. (彼女を傷つけたくはないが、ここはひとつ覚悟を決めて、出ていってくれと言おうと思う。とにかくこれじゃ狭すぎる。) 19世紀末からよく使われており、今も広

く用いられる。

take the law into one's own hands《紋切型》「法を自らの手に引き受ける」

自分から見て正義と思えることを実践する役を買って出るという意味。[例] When the man who attacked his daughter got off with just a fine, he took the law into his own hands and went out and beat him up.（娘を襲った男が罰金刑のみで済んでしまうと、父親は自ら制裁を加えるべく行動に出て、その男を叩きのめした。）17世紀初めに生まれ、今日もよく使われる。

take the rough with the smooth《イディオム》「滑らかなものと一緒に粗いものも受ける」

物事の良い面や有利な点だけでなく、悪い面や不利な点も受け入れる覚悟をすること。[例] If you go and live in the country you'll have to take the rough with the smooth. It's lovely in the summer but the roads are often blocked in the winter and supplies can't get through.（田舎に行って暮らすなら、いいところも不便なところも受け入れる覚悟が必要だ。たしかに夏は素晴らしいけれども、冬になると道路がよく通行止めになって、生活物資も届かなくなる。）ことわざとして15世紀に生まれ、20世紀にクリーシェとなって、今もよく使われる。

take the words out of someone's mouth《イディオム》「誰かの口から言葉を取り上げる」

他人が言おうとしていたことを、先に言ってしまうという意。[例] I was just about to suggest going to the cinema. You took the words out of my mouth.（僕も映画に行かないかって言おうとしてたんだ。君に

Take the Words Out of Someone's Mouth

先を越されてしまったよ。) 16世紀に生まれ、19世紀にクリーシェとなった。今日もおおむね日常的な状況で用いられる。

talk of the devil 《紋切型》「悪魔の話をすれば」

たった今話題にしていた人物がその場に現われた時に使う。[例] Well, talk of the devil! Here's Frank and we were just saying that we hadn't seen him for ages. (おお、噂をすればフランクだ！ 長いこと会ってないってみんなで話してたところだ。) ことわざ **speak of the devil and he's sure to appear** (悪魔の話をすればきっと現われる＝噂をすれば影) から。おそらく19世紀に生まれ、今日も日常的な状況でよく用いられる。

tall, dark and handsome 《紋切型》「背が高くて浅黒くてハンサム」

理想の男性の外観。アメリカで1920年代初めに生まれた。シーザー・ロメロ (Cesar Romero) 主演の映画 (*Tall, Dark and Handsome*, 1941) の題名に使われて広まったと思われる。何をもって理想の男性像とするかは、理想の女性像と同じで頻繁に変わるものの、この表現は相変わらずよく使われ、冗談や皮肉をこめて用いることも多い。[例] I wouldn't exactly call him tall, dark and handsome, more small, fat and balding. (彼のこと、背が高くて浅黒くてハンサムって呼ぶのはちょっと無理かもね。どっちかって言うとチビデブ半分ハゲって感じね。)

tarred with the same brush 《イディオム》「同じ刷毛(はけ)でタールを塗ってある」

二人の人物が同じ欠陥や悪徳を持っていること。[例] He is tarred with the same brush as his cousin. They are both conmen. (あいつはいとこと同じ穴のムジナさ。二人ともペテン師だよ。) 19世紀中頃からよく用いられるようになり、今もおおむね日常的な状況で使われる。昔、羊飼いが羊の肌にできたはれものを治すのに刷毛でタールを塗ったことから。

teach one's grandmother to suck eggs 《ことわざ》「祖母に卵の吸い方を教える」

自分より経験豊富な人物に、その人が完璧に、たぶん自分よりう

まくできることをわざわざ教えようとするという意。 例 I know perfectly well how to operate the stove. Don't teach your grandmother to suck eggs. (レンジの使い方ならちゃんとわかってます。釈迦に説法はやめてちょうだい。) クリーシェとなったのは20世紀中頃で、やや古臭い感じはあるものの、今日もよく用いられる。特に、若い世代から見くびられている気がしている老人たちがよく使う。

teething troubles 《紋切型》「乳歯のトラブル」

何かを始めたばかりで、色々困難がある段階についていう。 例 We've had a few teething troubles with our new catering business but everything's going smoothly now. (新しく始めた仕出し屋商売は、最初のうちこそ多少苦労しましたが、今はすべて順調です。) クリーシェになったのは20世紀で、今もよく使われるが、非常に改まった状況では用いられない。乳歯の生えてくる時に赤ちゃんが経験する痛みから。

tell me about it 《紋切型》「それについて話してよ」

すぐ前の発言に対する同意を強調する。 例 'What a pity you didn't get the job,' said Mike. 'Tell me about it!' said Jane. (「不採用になったとは残念だね」とマイクが言うと、ジェーンは「ほんとよ、ったく!」と言った。) 20世紀後半にクリーシェになった。やや古い別形に **you're telling me** がある。

tell that to the marines 《キャッチフレーズ》「それを海兵隊員に話せ」

そんな話は信じられない、そんな寝言を信じるのは阿呆だけだ、ということ。 例 You expect me to believe that he would take a cut in salary. Tell that to the marines! (彼が賃金カットに応じるだって? 冗談も休み休み言え!) 19世紀初めに生まれた表現で、一般の船乗りたちが、海兵隊員を単なる海の兵士に過ぎないとして自分たちより格下にみなしていたことから。今ではやや古臭い。

tender loving care 《紋切型》「優しくて愛情のこもった世話」

読んで字のごとし。 例 The child comes from a very unhappy home and is desperately in need of some tender loving care. (その子はとても不幸な家の出です。優しさと愛情をもって接してあげることが絶対

に必要なんです。) 例 After her operation she'll need lots of tender loving care. (手術後は心のこもった手厚い看護がぜひとも必要でしょうね。) 20世紀後半によく使われるようになったが、シェークスピアが『ヘンリー6世』第二部 (*Henry VI*, Part II, 1590) 3幕2場で使っている。'Go, Salisbury, and tell them all from me, / I thank them for their tender loving care.' (行け、ソールズベリーよ、私の気持ちを彼らに伝えてくれ、皆の忠愛の念、いたく感謝していると。) クリーシェとして定着したのは1980年代。今ではしばしば **TLC** (または **tlc**) と縮められ、主に日常的な状況でよく用いられる。

tender mercies, leave to someone's 《紋切型》「～の優しい慈悲に任せる」

ある人や物の世話を、無能、不適、無理解等々の人物に任せてしまうこと。 例 I'm a bit worried. I've had to leave the dog to Jane's tender mercies. She's so vague she'll probably lose him. (ちょっと心配だな。やむをえずジェーンに犬を預けてきたんだが、何しろぼんやり屋だから、逃がしちゃうんじゃないかな。) 例 We're going on holiday and leaving the house to the tender mercies of our son. Do you think you could keep an eye on things? (休みに出かけるつもりで、家は息子に任せたの。お目付役をお願いできないかしら?) 旧約聖書、箴言(しんげん) (*Proverbs*) 12章10節から来ている。皮肉に使われる表現として、20世紀中頃にクリーシェになった。今もよく用いられ、常に皮肉な意味になる。

terra firma /térə fə́:mə/ 《外来語》「固い地面」

'firm ground' の意のラテン語。海に対する陸地ということ。英語のクリーシェとなったのは19世紀中頃。今もよく用いられる。 例 The sea was so rough that I was glad to get off the ferry and back onto terra firma. (海は大荒れだったので、フェリーを降りて陸地に戻れてほっとした。) やや古臭い言い回し。

thankful for small mercies 《紋切型》「小さな慈悲に感謝して」

ささやかなことであろうと、与えられた恩恵や好条件はありがたく思うべきだという意。 例 We've waited ages for a bus and it's so cold. Still, we should be thankful for small mercies. At least it isn't raining.(バスはなかなか来ないし、ものすごく寒い。でもまあ、贅沢は言っていられない。少なくとも雨は降ってないんだから。) クリーシェとなったのは19世紀末。今日もよく使われ、ユーモアや皮肉を交えて用いられることも。

thanks but no thanks《紋切型》「ありがとう、でも結構」
きっぱりと拒絶する時に使う。 例 'We're reducing the budget and we've had to make you redundant but we can re-employ you on a short-term contract.' 'Thanks but no thanks.'(「予算削減のために、君を余剰人員として解雇せざるをえないが、短期契約で再雇用してあげることも可能だよ」「せっかくですがお断りします」) 語調によっては、かなりきつい拒絶表現。20世紀後半からよく使われるようになった。

that goes without saying ⇨ GOES WITHOUT SAYING, IT/THAT

that'll be the day《キャッチフレーズ》「そんなことになった日には」
そんな事態は起こりえないという気持ちを表わす。 例 You seriously think he would lend us some money? That'll be the day!(あいつが僕たちに金を貸してくれるなんて、本気で思ってるのか? 絶対無理だって!) 20世紀初めに生まれ、今も広く使われる。

that's a good question《キャッチフレーズ》「それはいい質問だ」
質問に対する答えを考えている間、時間稼ぎに使われることが多い。例 How would we solve the present economic problems? That's a good question.(当面の財政問題をどう乗り切るかですって? いい質問ですね。) 20世紀中頃に生まれ、今日も多用される、聞くだけ時間の無駄なフレーズ。

that's all I need《紋切型》「それだけあれば十分」
the LAST STRAW(⇨)と同意で、これでさすがの私もキレる、という気持ちを表わす。 例 That's all I need. My husband has asked his boss to dinner and I've already got a mountain of things to do.(もううんざりだわ。こっちはやることが山ほどあるっていうのに、うちの主人ときたら上司を夕食に招いたのよ。) 20世紀中頃に生まれ、苛立ちの種は尽きぬ今日、依然よく使われる。別形に **that's all I needed** がある。

that's for me to know and for you to find out《キャッチフレー

ズ)」「それは私が知っているべきことで、あなたが調べるべきこと」

質問の逃げ口上に使う。20世紀に入ってからクリーシェとなった。元来、子供の質問に対して、大人がやや高飛車に答える時に使った。 例 What age am I? That's for me to know and for you to find out.(私が何歳かだって? さあ、何歳でしょうかねえ。) 今日ではやや古臭く、冗談めかして使われる場合がほとんど。

that's life 《紋切型》「それが人生だ」

不運に対する諦めの気持ちを示す。 例 Our team were beaten in the closing minutes of the game. Still, I suppose that's life! (わがチームは試合終了間際に敗れてしまった。だがまあ、人生こんなものさ!) クリーシェになったのは20世紀後半で、今日でも、いまひとつ楽観的になれない人がよく用いる。

that's the way the cookie crumbles 《紋切型》「クッキーはそうやってぼろぼろこぼれる」

物事とはそういうもので、どうしようもないのだという諦念を表わす。 例 I wish that I hadn't lost my job just before my holiday but I suppose that's the way the cookie crumbles. (休みの直前に職をなくすなんてつらい話だけど、世の中そういうものだよな。) イギリス英語なら 'biscuit' と言うところを 'cookie' と言っていることからもわかるように、アメリカ起源。20世紀中頃からよく使われるようになった。いかにもアメリカ英語らしい響きだが、今日のイギリスでも依然よく使われる。

that would be telling 《紋切型》「それは暴露になってしまう」

訊かれたことの答えを知っているが、それを明かす気はないという意。 例 What did we do last night? That would be telling. (昨日の晩は何したかって? それはちょっとね。) この形で広まったのは20世紀に入ってからだが、古い形の **that's telling** は18世紀初めに生まれた。

there are thousands worse off than you 《紋切型》「あなたよりつらい人は何千といる」

何らかの不幸に見舞われて、嘆いたり愚痴をこぼしたりしている人を慰めるのに使う。世界全体から見れば大したことはない、と諭

して励ますわけだが、普通はそれによって事態はいっそう悪化する。不幸に見舞われた人間は世界のことなど考える余裕はないし、同じ不幸に見舞われてもいない者が説教したところで、偉そうにしか聞こえない。20世紀に生まれたクリーシェで、今日もよく用いられる。

there are ways and means《紋切型》「方法も手段も色々ある」

絶対しなければならないとなったら、何か必ず方法は見つかるということ。その方法が必ずしも正当でない、下手をすれば合法的でさえない、という含みがある。例 The bank has refused to lend him money for his new business but I'm sure he will get it from somewhere. There are ways and means. (新しく始めたビジネスへの融資を銀行には断られたが、彼ならきっとどこかから金を工面するだろう。手はいろいろあるから。) クリーシェになったのは20世紀に入ってから。

there but for the grace of God go I《キャッチフレーズ》「神のご加護がなかったら私もあそこに行く」

他人が今いる不幸な状況に、同じく自分もいたかもしれないという気持ちを表わす。例 Jim was booked for speeding on the road into town last night. There but for the grace of God go I——and most of the other drivers on that road! (昨日の夜、町へ向かう途中でジムがスピード違反で捕まった。運が悪けりゃ僕も同じ目に遭っていた——その時間に走っていた他のほとんどのドライバーにしたってそうだ!) ユーモアや皮肉を交えて使われることも多い。例 I hear Jane is getting married to Frank today. There but for the grace of God go I! I went out with her for a while until I realized what she was like. (今日はジェーンとフランクの結婚式だってね。ああ、僕とじゃなくて助かった! 彼女としばらくつき合ってみて、本性がわかったからね。) 19世紀にクリーシェになり、今もよく用いられる。1553年頃、ピューリタンのジョン・ブラッドフォード(John Bradford)が、処刑場へ連行されていく罪人たちを見てこう口にしたことに端を発していると言われる。もし彼が本当にそう言ったとすれば、それはまさに予言となった。1555年に至り、ブラッドフォード本人も信仰上の理由によって火あぶりの刑に処せられたのである。神学者ジョン・ウェズ

リー (John Wesley, 1703-91)、もしくは『天路歴程』(*The Pilgrim's Progress*, 1678-84) の著者ジョン・バニヤン (John Bunyan, 1628-88) の言葉という説もある。

thereby hangs a tale 《紋切型》「そこから物語が一つぶら下がっている」

たった今話したことや書いたことに、ちょっと付け加えたい話や、愉快な裏話があるという意。 例 I hear that he has decided to take early retirement and thereby hangs a tale. (あの人、早期退職することに決めたらしいけど、それについてはちょっと面白い話があってさ。) 今からそれを語ろうと思う、という響きがある。おそらく19世紀にクリーシェになった。シェークスピアも『お気に召すまま』(*As You Like It*, 1599) 2幕7場など、何度か用いているが、彼が作った言い回しではない。元は動物のしっぽ (tail) にひっかけた駄洒落。

there'll be dancing in the streets tonight 《キャッチフレーズ》「今夜は街なかでみんなが踊るだろう」

大勢で祝うような出来事が起きたということ。スポーツのアナウンサーが、地元チームの勝利を祝うお祭り騒ぎを指して使うことが多い。 例 There'll be dancing in the streets of Glasgow tonight. (今夜グラスゴーの街は、お祝い気分一色でしょう。) 勝利が意外なものだったことを示す場合もある。20世紀にクリーシェとなり、別形に **they'll be dancing in the streets tonight** もある。

there's a lot of it about 《紋切型》「そこらじゅうにある」

病気に関して使われることが多い。 例 If you have a sore throat you should go home and take an aspirin and go to bed. There's a lot of it about. (のどが痛いなら、家に帰ってアスピリンを飲んで寝なさい。だいぶ流行ってるみたいだから。) 病気以外の事柄に、ユーモアや皮肉をこめて使うことも多い。 例 Mark's wife has just gone off with Jane's husband. There's a lot of it about. (マークの奥さんがジェーンの亭主と駆け落ちした。まあ、よくあることさ。) 20世紀にクリーシェとなった。

there's many a slip 《間接的引用》「つまずきはたくさんある」

当初の計画段階から計画を実行に移すまでの間に生じうるトラブルはいくらでもある、と諭すフレーズ。 例 I know you're excited that the bank is going to discuss your business plan with you, but don't forget there's many a slip.(銀行が君の計画を聞いてくれることに喜んでるのはわかるけど、ハードルもたくさんあることは肝に銘じておけよ。) 20世紀にクリーシェとなった。ことわざ **there's many a slip between cup and lip** (カップと唇(ｸﾁ)の間にもしくじりの種はたくさんある)から来ていて、このことわざ自体もクリーシェとして使われることがある。カップを持ち上げてから実際に唇をつけるまでの間にもトラブルは生じうる、ということ。

there's no accounting for tastes ⇨ NO ACCOUNTING FOR TASTES, THERE'S

there's no fool like an old fool《ことわざ》「年寄りの馬鹿ほどの馬鹿はいない」

年齢的にも経験を積んでいて、ものをよく知っているべきなのに、若い人と同じか、それ以上に愚かな言動をしてしまいがちな人についていう。 例 He's nearly sixty and he seriously believes that his eighteen-year old girlfriend loves him for himself alone and not for his money. There's no fool like an old fool. (もう60近いっていうのに、18歳のガールフレンドが、金目当てじゃなく人間として愛してくれてるって本気で信じてるんだからね。年寄りの馬鹿は始末に負えないよ。) ことわざとしては古く、ジョン・ヘイウッド (John Heywood) のことわざ集(1546)にも見られる。クリーシェとして今日でも広く使われており、後半部分は見当がつくということで **there's no fool** と縮めて用いる場合も。

there's no smoke without fire ⇨ NO SMOKE WITHOUT FIRE, THERE'S

there's no such thing as a free lunch《キャッチフレーズ》「無料の昼飯なんてものはない」

代償なしに手に入るものなどほとんどないということ。クリーシェになったのは20世紀後半で、元は宣伝・ビジネス関連の言葉。たとえば、製品の売込みとか何か魂胆でもない限り、ろくに知りも

しない人間をビジネスランチに誘ったりはしないということ。

there's one born every minute《キャッチフレーズ》「カモは毎分生まれる」

だまされたりペテンにかけられたりした時に使う。'one' は sucker (カモ) の意。 例 Jane lent her camera to a child on the beach and he ran off with it. There's one born every minute. (ジェーンがビーチで子供にカメラを貸してあげたら、持ち逃げされてしまった。いいカモにされたね。) 例 They gave the workman the money in advance to pay for materials and they never saw him again. There's one born every minute. (材料費を前もって職人に渡しておいたら、それっきり逃げられちゃったんだって。あの人たちもお人好しだねえ。) 愚かな行動が世にあふれていることを表わす言い回しで、20世紀に入ってから生まれ、今日も日常的な状況でよく用いる。

these things happen《紋切型》「よくあることさ」

通常、何らかの不幸に遭った人に対して口にされる。建前としては一応、世の中に不幸はいくらでもあるのであって、べつにあなただけが不幸なのではありませんよ、と諭しているわけだが、この手のフレーズの常として、中味のない空虚な言い草でしかない。唯一効用があるとすれば、こう言われてひどく腹を立てた相手が、一時的にせよ不幸の原因を忘れてしまえることか。20世紀にクリーシェとなった。

they'll be dancing in the streets tonight ⇨ THERE'LL BE DANCING IN THE STREETS TONIGHT

thorn in one's side, a《間接的引用》「横腹の棘」

たえまない苛立ちの種、ということ。聖書にたびたび登場する言い回しで、旧約聖書、士師記 (*Judges*) 2章3節など。'They shall be as thorns in your sides.' (かれら反(かへ)て汝等(なんぢら)の肋(わき)を刺す荊棘(いばら)とならん。) 例 That customer is a real thorn in the manager's side. She is always complaining about the service. (店長にとって、あの女性は本当にうっとうしい客だ。いつもサービスにけちをつけてくる。) 19世紀中頃にクリーシェとなり、今も使われる。別形に **a thorn in one's flesh** (体に刺さった棘) があり、こちらはコリント後書 (*2*

Corinthians) 12章7節から。

through thick and thin《イディオム》「濃きも薄きも通して」

どんな困難や危険があろうとも、ということ。 例 The politician has received a great deal of adverse publicity but his constituency party members have stood by him through thick and thin. (あの政治家はずいぶん悪い評判を流されたが、選挙区の党員たちは終始変わらず彼を支持している。) 19世紀にクリーシェとなり、今日もよく用いられる。元来は、緑の豊かな部分と乏しい部分とがまだらになっている土地を指した。発想としてはチョーサー(Geoffrey Chaucer, 1343?-1400)の時代から見られる。

throw in the towel《イディオム》「タオルを投げ入れる」

あきらめること、負けを認めること。 例 The protesters have spent months trying to prevent the authorities closing the village school but they've decided to throw in the towel. (村の学校の廃校を阻止しようと反対者たちは何か月も奮闘してきたが、ここに至ってとうとう白旗を揚げた。) クリーシェになったのは19世紀で、今日も日常的な、くだけた状況でよく用いられる。別形に **throw in the sponge** がある。どちらもボクシングから来た言葉で、ボクサーが使用していたスポンジ(のちにタオル)をリング内に投げ込み、負けを認めるしるしとしたことから。

throw the baby out with the bathwater《イディオム》「風呂の水と一緒に赤ん坊を捨てる」

無用なものを始末するつもりで、大事なものまで一緒に捨ててしまうこと。 例 The committee threw out the whole proposal for change although there were some good points in it. They simply threw the baby out with the bathwater. (委員会は改革案をまるまる不採用にしてしまったが、案には良い点もいくつかあったのだ。あれじゃあ味噌も糞も一緒に捨ててしまうようなものだ。) ドイツ語のことわざ *Das Kind mit dem Bade ausschütten* (風呂の水と一緒に赤ちゃんまで流し去る)から来ていると思われる。19世紀後半から英語でも一般的になった。**empty the baby out with the bath** (風呂を空にする時に赤子まで捨てる)という古い言い方もあり、ジョージ・バーナード・

ショーが「チェスタトンのショー評」(George Bernard Shaw, 'Chesterton on Shaw', 1909) で使っている。きわめて改まった場合を除き、今もよく用いられる。

throw the book at《イディオム》「～に本を投げる」

人を激しく非難したり、罰したりすること。 例 The headmaster will throw the book at you if you're caught playing truant again. (またさぼっているのを見つかったら、校長先生に大目玉を食うぞ。) 元は法律関係で使われた表現で、その罪に対して課しうる最も厳しい刑罰を課すという意。のちにニュースなどで広く使われるようになった。今でも法律についても依然使われる。 例 If the police stop you in that car they'll throw the book at you. It's got no brake lights, the front number plate is missing and the tyres are bald. (その車に乗っていて警察に止められたら、相当しぼられるぞ。何せブレーキライトはないし、前のナンバープレートはなくなってるし、タイヤは擦りきれてるときてる。)

tickled pink《紋切型》「ピンク色にくすぐられて」

非常に喜んでいる様子をいう。 例 She was tickled pink by the birthday card which her grandchildren made for her. (孫たちに誕生日カードを作ってもらって、彼女はすこぶるご機嫌だった。) くすぐられた人が笑って顔がピンク色に染まることから。やや古い別形 **tickled to death** (死ぬほどくすぐられて) も依然よく使われる。tickled pink がクリーシェになったのは 20 世紀で、今日も日常的な状況でよく用いられる。

tie the knot《イディオム》「結び目を作る」

結婚すること。例 I hear that Frank and Jill have at last decided to tie the knot. (フランクとジルがとうとう連れ合うことにしたんだってね。) 16 世紀に生まれた言い回し **to tie a knot with one's tongue that one cannot untie with one's teeth** (歯でほどけない結び目を舌で作る) に由来するとも考えられる。19 世紀末頃にクリーシェとなり、今日も日常的に、しばしば冗談めかして使われる。

tighten one's belt《イディオム》「ベルトを締める」

支出を抑え、倹約に努めること。クリーシェになったのは 20 世

紀に入ってからで、特に1980〜90年代の不況期によく使われた。ジャーナリストや、経済問題の解説者の間で多用される。[例] Small firms stand a good chance of surviving the recession if they are willing to tighten their belts. (経費削減に励む意志があれば、中小企業にも景気後退を生き残るチャンスは十分ある。) 食費を切り詰め食べる量を減らして減量した人が、ベルトを前よりきつく締めるというイメージ。

till death do us part ⇨ UNTIL DEATH DO US PART

till the fat lady sings, it's not over《イディオム》「太った女性が歌うまでは終わらない」

物事がきちんと終わるのを待ってから、自分の反応や決断などを示すべきだということ。1990年代に流行した。スポーツのアナウンサーが、最後の最後でゴールが決まることもあるから終了のホイッスルが鳴るまで油断は禁物だという意味で使う。元来はオペラに言及した表現で、オペラの歌姫は概していくぶん大柄であることから。

time flies ⇨ HOW TIME FLIES

time heals everything《紋切型》「時がすべてを癒す」

悲しみや大変な不幸に見舞われたばかりの人を慰めようとして、善意ある人が使う表現だが、実際にはあまり意味をなさない。たしかに時はたいていの心の痛みを減じてくれるが、慰められる当人は、そのことの有難味がわかるような心境ではない。20世紀にクリーシェとなった。

tip of the iceberg, the《イディオム》「氷山の先端」

ある災難や好ましからざる事態が、実はもっと深刻な状況の兆候にすぎないということ。[例] The school admits that about ten percent of pupils regularly play truant but we think that's just the tip of the iceberg. (無断欠席の常習者は生徒のおよそ一割と学校側は言うが、その数字は単に氷山の一角だと思う。) 20世紀後半にクリーシェとなった。氷山の大部分は水面下にあって、目には見えないことから。

tired and emotional《婉曲》「疲れていて感情的」

酔っぱらっていること。[例] I think you should call a taxi for your sister. She's been at the party for hours and has got a bit tired and emotional.(お姉さんにタクシーを呼んであげた方がいいと思うよ。パーティーに何時間もいたせいで、だいぶメートルが上がってるから。) 20世紀末にクリーシェとなり、冗談めかして使うのが普通。酒を飲むと疲れたり、涙もろくなったりしがちなことから。

TLC ⇨ TENDER LOVING CARE

to all intents and purposes ⇨ ALL INTENTS AND PURPOSES, TO

to coin a phrase《紋切型》「表現を鋳造すれば」

自分で新しく考えた言い回しを使えば、の意になりそうなものだが、実は、使い古されたクリーシェを口にする時に使う。例 To coin a phrase, the police will throw the book at him.(斬新な言い方をすればだね、警察はあいつを「厳罰に処する」だろうよ。) アメリカ起源で、イギリスでも20世紀中頃に広く使われるようになった。今日もさまざまな場面で用いられ、時にユーモアや皮肉をこめて使われる。

toe the line《イディオム》「つま先で線上に立つ」

規則や基準にきっちり従って行動すること。例 He'll hate staying with his grandmother. He always complains about having to help with the chores but she'll make him toe the line.(お祖母さんの家で過ごすのは愉快とは行くまいね。雑用を手伝わされてばかりだといつもこぼしているが、相手が相手だから従うしかあるまい。) 例 Their previous teacher was a bit lax about homework being handed in on time, but this one will make them toe the line.(前の先生は宿題の提出期限についてはやや甘かったが、今度の人はそうは行くまい。) クリーシェとなったのは19世紀末で、今日も広く使われる。特に、他人が規律に従わされるのを見て喜ぶ人が用いる。古い形に **toe the mark** (つま先でしるしの上に立つ) がある。レースに臨む走者がスタートラインに立つことから。⇨ PARTY LINE, THE

tomorrow is another day《紋切型》「明日はまた別の日」

今日のうちに終えられなかったことは明日またやればいい、という意。例 It's well after midnight. Could you not finish that essay another time? Tomorrow is another day.(もう夜もかなり遅いよ。そのレポート、書き上げるのはまたにしたら? 明日という日がないじゃな

し。) とはいえ、明日があることは百も承知でも、何としても今日中にやり終えねばならない——それどころか、本来なら昨日終えていなければいけなかった——ことも承知している人にとっては、ひたすら苛立たしいばかりの言い回し。また、何か失敗をしでかした人を慰めるのにも使う。 [例] I know you failed your driving test but you'll get it next time. Tomorrow is another day. (運転免許の試験に落ちたことは知ってるけど、次はきっと合格するよ。明日は明日の風が吹くさ。) 20世紀初めにクリーシェとなった。今日もよく使われており、特に、楽観的な人間が多用する。映画『風と共に去りぬ』(*Gone with the Wind*, 1939) の最後の科白として使われたことで、いっそう広まった感がある。

too good to be true 《紋切型》「本当であるには良すぎる」

何かがあまりにも素晴らしいため、思わぬ落とし穴がある気がしてしまうということ。[例] I can't believe that holiday is so cheap. It seems too good to be true. (そんなに安いツアーがあるなんて信じられない。話がうますぎるよ。) 16世紀に生まれ、1932年にジョージ・バーナード・ショー (George Bernard Shaw) が戯曲 *Too True To Be Good* (本当すぎて良いはずはない) を発表した頃にはすでにクリーシェになっていた。

too little too late 《紋切型》「少なすぎるし、遅すぎる」

問題点を改善し、状況を緩和させるための行動が、不十分だったり時機を逸していたりするせいで役に立たないということ。[例] The refugees are dying in their thousands. Foreign governments are now sending aid but it is too little too late. (難民が千人単位で次々に死んでいる。外国政府が援助を送りはじめたものの、もはや焼け石に水だ。) アメリカの歴史家アラン・ネヴィンズ (Allan Nevins) が雑誌『現代史』(*Current History*) 1935年5月号掲載の論文で使った表現。'The former Allies have blundered in the past by offering Germany too little, and offering even that too late, until finally Nazi Germany has become a menace to all mankind.' (前大戦の連合国がドイツに与えたものはあまりに少なく、しかもあまりにも遅きに失したため、結局ナチスの台頭を許し、全人類の脅威にしてしまった。) 20世紀後半に

クリーシェとなり、今も非常によく使われる。特にジャーナリストが好んで用い、政治や国際関係の分野で多用される。

too many chiefs and not enough Indians ⇨ ALL CHIEFS AND NO INDIANS

too many cooks spoil the broth《ことわざ》「コックが多すぎるとスープが駄目になる」

　参加者が多すぎると全体の質が落ちてしまうということ。 例 I think the organizing committee for the charity ball is too large. Too many cooks spoil the broth. (慈善ダンスパーティーの組織委員会、人数が多すぎると思うんだ。船頭多くして船(ふね)山に上るっていうからね。) ことわざとしては16世紀からあったが、クリーシェになったのはおそらく19世紀。現在でもよく用いられる。 ⇨ TWO HEADS ARE BETTER THAN ONE

too numerous to mention《紋切型》「多すぎて言及できない」

　あることに関わっている人や物の数が多すぎて、いちいち名前が挙げられないということ。しかし、多すぎて名を挙げられないはずの名前をまさに挙げてしまう時に使われることも多い。 例 The volunteers who helped with the fête are too numerous to mention. They include... (バザーの運営をお手伝いくださったボランティアの方々はたくさんいらっしゃって、とても皆さんの名前は挙げられませんが、まず...) 19世紀末にクリーシェとなり、今もスピーチなどでよく耳にする。

touch and go《紋切型》「かすりで済むか」

　きわめて危険で不安定な状況。 例 It'll be touch and go whether the plane lands in time for us to catch our connecting flight. (この飛行機が乗り継ぎ便に間に合うように着くか、かなりきわどいところだ。) 例 He's had the operation but it'll be touch and go whether he recovers. (手術はしたけれど、回復するかどうかはまだ予断を許さない。) クリーシェになったのは19世紀中頃で、今もよく用いられる。元来は、乗り物が何かとの衝突を危うく免れるという発想。

tough act to follow, a ⇨ HARD ACT TO FOLLOW, A

tower of strength《イディオム》「力の塔」

信頼できて、協力的で、有能で、非常の際はぜひそばにいてほしい人のこと。 例 Their neighbour was a tower of strength to the children when both their parents had to go to hospital. (両親とも入院する破目になった時、子供たちにとってそのお隣さんはまさに頼みの綱だった。) 1852年にテニソンが「ウェリントン公の死を悼む歌」(Alfred Tennyson, 'Ode on the Death of the Duke of Wellington') で、'O fall'n at length that tower of strength'(おお、あの力の塔も遂に墜ちたるか) と書いたことから広まった。この詩が書かれてまもなくクリーシェとなり、今なおよく使われる。

trials and tribulations《二重句》「試練と苦難」

trial も tribulation もここではほぼ同義で、厄介事や困難の意。例 The trials and tribulations of being a widow with young children had prematurely aged her. (幼い子供たちを抱えて未亡人となった苦労の数々に、彼女は若くして老け込んでしまった。) 19世紀末にクリーシェになった。今もよく使われるが、ユーモアや皮肉をこめて用いることが多い。例 He's just gone out to another business lunch. Oh, the trials and tribulations of being a top executive. (ボスったらまたビジネスがらみのランチに行ったわ。ほんと、トップに立つのも楽じゃないわよね。)

tried and true《紋切型》「試験済みで本物の」

すでに何らかの方法で試されて、効果や信頼性が立証されていること。 例 She dislikes doctors and prefers some of the old tried and true herbal remedies. (彼女は医者嫌いで、昔ながらの薬草療法を好んでいる。) 例 It was suggested that we overhaul our book-keeping procedures but we decided to stick to our old method that was tried and true. (簿記のつけ方を見直すべきだとの声も上がったが、結局は定評ある従来の方法で通すことにした。) 20世紀にクリーシェとなり、今もよく使われる。

trip the light fantastic ⇨ LIGHT FANTASTIC

true blue《紋切型》「誠の青」

きわめて忠誠で、揺るがぬ信念を持っていること。**true blue will never stain** (誠の青は決して汚れぬ) という、16世紀に生まれ

て今は廃れたことわざが元。青の染料は色がしっかり定着し、にじんだりもしないことから。18世紀に生まれ、19世紀末には政治に関して使われるようになった。現在は、青をシンボルカラーとするイギリス保守党（the Conservative Party）の党員を指す場合が大半。 例 His wife votes Labour but he is a true blue Tory.（妻は労働党支持だが、彼自身は根っからの保守派だ。）

truth will out《紋切型》「真実は世に出るもの」

遅かれ早かれ真相は明るみに出るはずだということ。 例 Mary has just found out that Harry's married and she's been going out with him for a year. Truth will out.（一年間つき合った末に、ハリーに妻がいることをメアリーはつい先日知った。天網(てんもう)恢恢(かいかい)疎(そ)にして漏らさずだ。） 18世紀にクリーシェになった。今もよく使われるが、特にスキャンダルに関して言われることが多い。

tug-of-love《紋切型》「愛の引っぱり合い」

マスコミが多用する表現で、特に新聞の見出しでよく目にする。離婚した、または別居中の夫婦が、子供の養育権を争っている状況をいう。 例 Tug-of-love child abducted to Spain.（夫婦で子を奪い合い、スペインに連れ去る。） 例 The child at the heart of the tug-of-love row is currently staying with her grandparents.（両親が養育権を争うなか、子供は目下祖父母が世話をしている。） クリーシェになったのは20世紀後半。子供を綱に見立てて、両親が綱引きをしているという発想。

turn a blind eye to《イディオム》「～に見えない眼を向ける」

何かを故意に見過ごしたり、無視したりすること。特に、規則に反することや、普通なら許されないことから目をそむけるという意味で使う。 例 Some of the teachers knew that the senior pupils smoked in the playground but they turned a blind eye to it.（教師の何人かは、上級生たちが運動場で喫煙していることを承知していたが、見て見ぬふりをした。） 19世紀によく使われるようになった。コペンハーゲンの海戦（the Battle of Copenhagen, 1801）におけるイギリス海軍提督ネルソン卿（Horatio Nelson）の行動を指したものと言われる。副司令官だった彼は、見えない方の眼に望遠鏡をあてて艦

隊への退却命令を無視し、やがて攻撃に転じて、デンマーク軍を破って降伏に追い込んだ。クリーシェになったのは19世紀。今も極端に改まった場を除き、よく使われる。

turn a deaf ear《イディオム》「聞こえない耳を向ける」

　何かをわざと無視したり、顧みなかったりすること。　例 The children pleaded for mercy for their father but the tyrant turned a deaf ear to their pleas. (父親を助けてくれと子供たちは嘆願したが、暴君はまったく耳を貸さなかった。)　発想そのものは15世紀までさかのぼり、ジョン・ヘイウッド (John Heywood) のことわざ集(1546)にも見られる。クリーシェになったのは19世紀で、今もよく使われるが、極端に改まった場では用いられない。

turn over a new leaf《イディオム》「新しい一葉をめくる」

　新しい、より良い振る舞い方、仕事の進め方、考え方などを始めること。　例 He has been in and out of prison but when his son was born he said that he was going to turn over a new leaf. (これまで刑務所から出たり入ったりをくり返してきた彼だが、息子が生まれて心を入れ替えると言っている。)　16世紀に生まれたフレーズで、今日も広く使われ、しばしば余計な説教として口にされる。　例 If you want to pass your exams you'll have to turn over a new leaf and start studying. (試験に合格したいなら、心機一転、勉強にかからなくちゃ駄目だ。)　本のページをめくるという発想。

turn the clock back《イディオム》「時計を戻す」

　以前の状態や暮らしぶりに戻ること。　例 We are afraid that the present prison legislation will turn the clock back fifty years. (刑務所に関する現行の法律では、50年前に逆戻りしてしまうのではないだろうか。)　郷愁や後悔の念をこめて使うことも多い。　例 She wished she could turn the clock back to the happier times of her youth. (幸せだった若い頃に戻れたら、彼女はつくづくそう思った。)　例 Old people often wish they could turn the clock back but they forget how bad social conditions were in the past. (年寄りはよく昔に戻りたいなどと言うが、以前の社会状況がどんなにひどかったかを忘れているんだ。)　19世紀に生まれ、今もよく使われる。文字通り、時計の針を戻すことから。

turn the corner《イディオム》「角を曲がる」

回復しはじめること。財政・経済状況について使うことが多い。例 The government is trying to convince the electorate that the economy has turned the corner. (政府は国民に、経済は上向きになりつつあると訴えている。) ディケンズ (Charles Dickens) もこの意味で使っている。現在マスコミで多用され、また、日常的な医療表現としても使われる。例 The patient is not completely out of danger yet but I think she has turned the corner. (患者はまだ完全に危険状態を脱したわけではないが、それでも峠は一応越えたと思う。) クリーシェになったのは19世紀で、今も広く使われる。角を曲がって新しい方向に進むというイメージ。

turn the other cheek《間接的引用》「もう一方の頬を向ける」

新約聖書、ルカ伝 (*Luke*) 6章29節で、イエスが弟子たちに言う言葉。'Unto him that smiteth thee on the one cheek offer also the other.' (なんぢの頬(ﾎｵ)を打つ者には、他(ﾎｶ)の頬をも向けよ。) 侮辱、挑発、攻撃などを大人しく受け入れること。例 It is difficult to ignore their taunts but if you turn the other cheek they'll tire of it and start on somebody else. (連中の意地悪な言葉を無視するのは難しいけど、黙ってやり過ごしていれば、向こうも面白くなくなって、誰か別の人間を標的にするさ。) 19世紀にクリーシェになった。今もよく使われるが、何かと攻撃的な世にあって、この言葉が使われる割には、その教えを実践できる人は少ない。

'twas ever thus《紋切型》「いつもこうだった」

物事が変わっていないということ。例 The men earn more than the women in the office. 'Twas ever thus! (給料は男の方が女より上。いつだってそうなのよね!) 例 The last bus goes before the end of the concert. 'Twas ever thus. (最終バスはコンサートの終わる前に出てしまう。いつもこれだからなあ。) 不便なことや不快な事態をしぶしぶ受け入れる時などに使う。クリーシェになったのはおそらく20世紀初め。

twist my arm!《キャッチフレーズ》「私の手をねじって!」

他人からの申し出への返答に使う。例 I shouldn't really stay and

have another drink but twist my arm. (本当はもう一杯飲んでいったりしちゃいけないんだけど、そこまでおっしゃるなら...。) 例 Twist my arm! I'd love to stop studying for a while and go to the cinema. (その誘い、乗りたい！ 私もちょっと勉強をやめて映画に行きたいわ。) **twist someone's arm**（無理強いする）という慣用句から生まれた。クリーシェとしては、無理強いなんかする必要はない、喜んでそうします、という意味。クリーシェになったのは20世紀に入ってからで、今も日常的な状況でよく使われる。

two a penny《紋切型》「二つ一ペニー」

非常にありふれていること。 例 Employment conditions are very bad because prospective workers are two a penny. (職を探している人は掃いて捨てるほどいて、雇用状況はきわめて深刻だ。) 例 Houses in that area used to be impossible to come by but since the collapse of the property boom they're two a penny. (あのへんの物件は以前なら手が届かないものばかりでしたが、地価暴落のおかげで今は二束三文です。) きわめて安価なもの、というのが元の意味。クリーシェになったのは20世紀に入ってからで、今もよく使われ、軽蔑的なニュアンスを伴うことが多い。

two heads are better than one《ことわざ》「一つの頭より二つの方が」

知恵を結集した方が、一人で考えるより効果的に問題を解決できるということ。 例 Would you like to help me map out our route for tomorrow? Two heads are better than one. (明日のルートを練るのを手伝ってくれない？ 文殊の知恵にはまだ一人足りないけどさ。) 例 I've asked Frank to help me draw up a business plan for the new business. Two heads are better than one and he has a lot of experience of that kind of thing. (新規事業の計画書作成をフランクに手伝ってもらおうと思って、頼んでみたんだ。どうせなら知恵を持ち寄った方がいいし、フランクはその手の経験が豊富だからね。) ジョン・ヘイウッド (John Heywood) のことわざ集 (1546) にも見られる古いことわざだが、クリーシェになったのは20世紀に入ってから。今も広く使われているが、誰もがその教えに賛同しているわけではない。⇨ TOO

MANY COOKS SPOIL THE BROTH

two of a kind《紋切型》「似たもの同士」

　二人がよく似ていることを、軽蔑まじりにいう。　例 I wouldn't waste sympathy on Jenny for marrying Jim.　I know he's violent but in fact they're two of a kind. (ジムと結婚したジェニーに同情する気にはなれないね。ジムもたしかに乱暴者だけど、彼女だって似たりよったりさ。)　19世紀にクリーシェとなった。以前は **two of a trade**（同業の二人）と言ったが、この形はもう使われない。

two's company, three's a crowd《ことわざ》「二人は仲間、三人は人込み」

　恋人たちはとかく二人きりになりたがるということ。　例 I wouldn't accept their invitation to the cinema.　They're just being polite.　Two's company, three's a crowd. (僕だったら彼らから映画に誘われても断るね。礼儀上ああ言ってくれてるだけさ。二人きりが一番、三人目はお邪魔なだけだぜ。)　ジョン・ヘイウッド (John Heywood) のことわざ集 (1546) に出てくる古いことわざ。今日でも、恋がおなじみなのと同様、このクリーシェも盛んに使われる。

Too Many Cooks Spoil the Broth

U

ugly duckling, an《イディオム》「みにくいアヒルの子」
　器量が悪かったり、才能に恵まれていなかったりした子供が、やがて魅力的な、あるいは才能あふれる人物に成長するさまをいう。[例] Their youngest daughter is now a famous model but she was a real ugly duckling as a teenager. (あそこの一番下の娘は今じゃ有名モデルだけど、10代の頃は本当に見られたものじゃなかった。) アンデルセンの童話「みにくいアヒルの子」(Hans Christian Andersen, 'The Ugly Duckling', 1843) から。アヒルの母親に育てられた白鳥のひなが、みにくく不格好なせいで母親や子供たちに蔑まれるが、やがて美しく気品あふれる白鳥に成長する。

unacceptable face of, the《紋切型》「～の受け入れがたい面」
　その他の点では問題ない何かの、好ましくない、不評の、都合が悪い等々の側面。[例] Bomb attacks involving innocent people were the unacceptable face of the protest movement. (無実の人を巻き込む爆弾テロは、抗議運動の中の許しがたい要素だった。) 1973年、イギリスの首相エドワード・ヒース (Edward Heath) が、下院で保守党の前閣僚ダンカン・サンズ (Duncan Sandys) の金銭スキャンダルについて述べた言葉 **the unacceptable face of capitalism** (資本主義の受け入れがたい側面) から生まれた表現。これは政府が対インフレ政策を推進している時期に起きた事件で、サンズはロンロー (Lonrho) 社の顧問役を退く見返りとして同社から巨額の金を受け取り、これがジャマイカ北西のケイマン諸島 (the Cayman Islands) にある非課税口座に合法的に振り込まれた。

unaccustomed as I am to public speaking《紋切型》「人前で

話すのは不慣れな私ですが」

たとえばディナーのあとなどにスピーチをする人が使う。経験豊富な人でも使う。20世紀中頃以降は、たいていユーモアや皮肉を交えて、あるいは弁解を装った調子で用いられるようになった。 例 This is the third fête that I have opened this week and so, unaccustomed as I am to public speaking, I shall tell you the advantages of this one.(今週、私がバザーの開会の辞を述べるのはこれで3度目でありまして、したがいまして大勢の方の前でお話しするのは不慣れな私でございますが、今回のバザーの素晴らしい点について一言申し上げたいと思います。) 1897年、ウィンストン・チャーチル (Winston Churchill) がバース (Bath) で政治家として初めて行なったスピーチでこの表現を使っているが、その時点ではすでに、ユーモラスでない使い方がクリーシェとして意識されていたと思われる。今日では、次に何が来るかは明白なので **unaccustomed as I am . . .** とだけしか言わなかったりする。

unavoidable delays (紋切型)「不可避の遅延」
　予定の時間に間に合わないこと、あるいはスケジュール通りに物事が動かないことに対する漠然とした言い訳として、ビジネス関係者や交通機関がよく使う。 例 We are sorry that you have not yet received the goods which you ordered but owing to unavoidable delays in production we have been unable to process the orders. (ご注文いただいた商品がまだお手元に届きませんことをお詫びいたします。やむをえぬ事情で生産に遅れが生じており、お客様方のご注文にお応えできずにおります。) 例 Owing to unavoidable delays the train is running half an hour late. (不可抗力の遅延のため、電車は30分遅れで運行しております。) 19世紀末から広く使われるようになった。これよりは明瞭に思えるものの、それでもやはり曖昧な言い訳に、a SLIGHT TECHNICAL HITCH (⇨) などがある。

uncrowned king of, the (紋切型)「無冠の帝王」
　20世紀初め頃に生まれ、本来は、公式な支配者ではないが実質的にそうである人を指した。やがて比喩として使われるようになり、公式には認められていないものの、その分野で右に出る者のない存

在として一般に知られる人を指すようになった。[例] At that time he was the uncrowned king of rock 'n' roll. (当時、彼こそロックンロールの真の王者だった。)

under a cloud 《イディオム》「雲の下で」

　面目を失っている、あるいは疑惑をかけられていること。他はどこも青空なのに、一人の上にだけ雲がかかっているというイメージ。比喩として15世紀から使われており、18世紀中頃にクリーシェとなった。今日も広く用いられる。[例] The teacher had had a fine academic career but left the school under a cloud after a relationship with a pupil. (それまでは立派なキャリアを積み上げてきた教師だったが、生徒と醜聞を起こして追われるように学校を去った。) [例] Money has gone missing from the classroom and the whole of the class feel that they are all under a cloud until the culprit owns up to the theft. (教室でお金が盗まれた。犯人が白状するまでは、自分たち全員に疑惑がかけられているとクラス中が感じている。)

Under a Cloud

under that rough exterior 《紋切型》「あの粗野な外見の下に」

　19世紀末からよく使われており、たいてい結びには **there beats a heart of gold** (黄金の心が脈打っている) が来る。今日も使われるが、たいていはユーモアや皮肉をこめて使う。元来の結び文句

に代えて、皮肉な文句が続けられることもよくある。 例 Under that rough exterior of his there beats a heart of stone. (あの飾らぬがさつさの下には、石のように冷たい心が脈打っている。)

under the sun 《紋切型》「陽の下に」

空間に関連したフレーズなどで使われる。 例 There is nowhere under the sun that one can be absolutely safe from terrorism. (テロリズムから絶対に安全なところなんてどこにもない。) 例 The island has the most pleasant climate under the sun. (この島の気候はこの世のどこよりも快適だ。) 14世紀から使われ、クリーシェとなったのは17世紀から。今日も広く用いられる。

under the weather 《紋切型》「荒れ模様の下に」

あまり気分が優れない、少し具合が悪いこと。 例 She left work early as she was feeling a bit under the weather. (ちょっと体調が悪かったので、彼女は仕事を早引けした。) 起源は不明だが、蒸し暑い気候などから来る疲れや無気力感を指したものか。

university of life, the 《紋切型》「人生の大学」

正規の大学と、実人生の経験とを対比していう。大学に行かなかった、特に年輩の人が、目下のうのうと高等教育を受けているように見える若者たちに向かってよく使う。 例 It was different in my day. I couldn't afford to spend time reading books. I was educated in the university of life. (わしの若い頃は違っておった。本を読む時間なんてなかった。わしは人生の大学で学んだんじゃよ。) 同様の発想から成る表現に the SCHOOL OF HARD KNOCKS (⇨) がある。どちらも20世紀前半に広く使われるようになった。

unkindest cut of all, the 《引用》「最も薄情な一撃」

その人がなしうる最も薄情・背信的な行ないということ。シェークスピア『ジュリアス・シーザー』(*Julius Caesar*, 1599) 3幕2場の一節の少し誤った引用。正確には 'This was the most unkindest cut of all.' (これこそあらゆる中で最も薄情な一撃だったのだ。) これだと現代英語としては文法的に誤っているように思えるため、most が落とされたと思われる。シーザーの暗殺後アントニー (Antony) が口にした言葉で、暗殺者たちがシーザーの体を刺した傷を指し示し

ながら、ブルータス (Brutus) の一刺しが生んだ傷を強調して言ったもの。19世紀後半からクリーシェとなり、今も特にインテリに用いられる。

unsung heroes 《紋切型》「歌われぬ英雄たち」

非常に勇敢な、もしくは見事な行為を成し遂げたのに、公に認められたり評価されたりしていない人たちをいう。ホメーロス (Homer) のような叙事詩でその偉業を歌われることのない英雄、というイメージ。ウォルター・スコットは『最後の吟遊詩人の歌』(Sir Walter Scott, *The Lay of the Last Minstrel*, 1805) で 'unwept, unhonour'd and unsung' (涙を流されず、たたえられず、歌われず) と書いた。今日も広く使われる。 例 They were the unsung heroes of the war effort. (彼らは戦争で貢献したにもかかわらず、誰にもその功をたたえられなかった。)

until death do us part 《間接的引用》「死が二人を分かつまで」

何らかの関係の深さを強調するフレーズ。英国国教会祈禱書 (*The Book of Common Prayer*, 1662) からで、祈禱書では **till death us do part** となっており、この形でもクリーシェとして使われる。19世紀末にクリーシェになった。祈禱書では結婚について言っているが、クリーシェとしては他の事柄にも使える。例 As schoolgirls we promised to be friends until death did us part. (女学生の頃、私たちは、死が二人を分かつまで友達でいようと誓いあった。) 別形に **till death do us part** と **until death us do part** もある。

until one is blue in the face 《紋切型》「顔が真っ青になるまで」

懸命の、しかし無駄に終わる努力について使う。例 You can tell him until you are blue in the face that the system does not work but he will not listen. (そんなやり方じゃうまく行かないよ、と彼にいくら言ったところで、どうせ馬の耳に念仏だよ。) 肉体的に激しい努力をすると、時に顔が青くなることから。

untimely end, an 《紋切型》「時期尚早の終末」

早すぎる死や終わりのこと。例 She worried in case her sons came to an untimely end when climbing in bad weather conditions. (悪天候の山に登ったりして、息子たちが若くして命を落としやしないかと母親は

心配した。) 例 They had high opportunities of making a success of the new business venture but it came to an untimely end at the start of the recession. (相当の期待をかけた新事業だったが、不況が始まるとあっけなく崩壊した。) 19世紀中頃にクリーシェとなった。現在も使われるが、インテリがやや改まった状況で使うことが多い。

untold wealth《紋切型》「数えられざる富」

莫大な資産。例 Some merchants amassed untold wealth by importing goods from the East. (東洋からの輸入で莫大な富を蓄えた商人もいた。) 19世紀末からクリーシェとして広く用いられている。

up and doing《紋切型》「ぴんぴんしている」

特に病後や、停滞していたあと、元気に忙しくしていること。例 She has been confined to bed since she was injured in the accident and she can't wait to be up and doing. (彼女は事故で怪我をしてベッドから出られずにいる。早く動き回れるようになりたくて仕方ない様子だ。) 日常的な状況で用いられる。19世紀末からクリーシェとして広く使われ、今日でも多用される。

up for grabs 《紋切型》「つかめる状態で」

何かが手に入ること、買えること。 例 I've heard that there's a job up for grabs in the local computing firm. (地元のコンピュータ会社に早い者勝ちで仕事があると聞いた。) 例 She is selling the contents of the house and there might be one or two nice antique pieces up for grabs. (彼女は屋敷の家具を売りに出している。掘り出し物のアンティークが一つ二つあるかもしれない。) 日常的な、くだけた状況でのみ用いられる。アメリカ起源で、1970年代初めにイギリスにも広まった。

up in arms 《イディオム》「武器を手に立ち上がって」

何かに非常に怒っていたり、反対していたりすること。 例 The villagers were up in arms when the local school was threatened with closure. (地元の学校が閉鎖されるという話が持ち上がると、村人たちは立ち上がって断固反対した。) 表現としては18世紀から使われていて、19世紀にクリーシェになった。文字通り、武器を取って立ち向かうという発想。

up one's sleeve, have something 《イディオム》「〜を袖に隠し持っている」

あとで使えるよう、何かをこっそりとっておくこと。 例 I thought that management agreed to our request for money too easily. I think that they have something up their sleeve. (こちらの金銭上の要求に対して、経営側があまりにもあっさり同意した気がしてならない。何か企んでいるんじゃないかな。) 19世紀のトランプ詐欺師たちが、勝負どころで使う手札(たいていはエース)を袖に隠していたことから。

upset the applecart 《イディオム》「リンゴ売りの手押し車をひっくり返す」

計画や取り決めを台なしにすること。 例 We spent ages planning the family holiday and then our daughter upset the applecart by getting mumps. (前々からたっぷり時間をかけて、家族で過ごす休日を計画したのに、娘がおたふくにかかって何もかもおじゃんになった。) 元は市場の果物売りの荷車をひっくり返すことをいったが、グロースの『民衆の話し言葉大辞典』第三版 (Francis Grose, *A Classical Dic-*

tionary of the Vulgar Tongue, 3rd ed., 1796) の用例では、applecart は人間の体を表わす比喩と思われる。18世紀末から現在の形で使われており、19世紀中頃にクリーシェとなった。以前は **upset the cart**(手押し車をひっくり返す)とも言った。

up the creek《イディオム》「入江にはまって」
　深刻なトラブルや困難を抱えていること。例 If he insists on taking his money out of the firm we'll really be up the creek. (もし彼がどうしても会社から資金を引き上げると言うなら、我々としては本当にお手上げだ。) 日常的な、くだけた状況で用いられる。**up the creek without a paddle** (櫂(かい)を持たずに入江にはまって)という長い形もある。アメリカ起源で、第二次大戦の頃から広く使われるようになった。根本的な由来は不明。

up to one's ears《イディオム》「耳まで浸(つ)かって」
　何かに没頭していて、ものすごく忙しいこと。例 I would love to come and have lunch but I am up to my ears in work. (ぜひお伺いして、昼食をご一緒したいのですが、目下仕事に忙殺されておりまして。) クリーシェとして19世紀末から広く使われているが、表現自体は

もっとずっと古い。同じ発想の表現に **up to one's eyes**（目まで浸って）や **up to one's eyebrows**（眉毛まで浸って）がある。

up to scratch《イディオム》「スタートラインまで来て」

　求められている水準を満たしていること。　例 If your work does not come up to scratch soon we cannot enter you for the exam. （君の成績がじき水準に達しないようなら、受験させるわけには行かないよ。）19世紀中頃からクリーシェになり、今も広く使われる。かつてボクシングのリング中央に線が引かれていて、ダウンしたボクサーはその線まで行って、まだ戦えることを示さねばならなかったことから。

up to the hilt《イディオム》「柄（つか）までずぶりと」

　完全に、最大限に。剣や短刀の柄・握り手をイメージした表現。ぐさっと深く突き刺せば、柄しか見えなくなる。19世紀中頃からクリーシェになり、今もしばしば借金や犯罪についてよく使われる。例 He has a title but no money.　His estate is mortgaged up to the hilt. （あの男は爵位はあるが、お金はない。地所もすっかり抵当に入っているのだ。）　例 I am sure that he was involved in the robbery up to the hilt. （あいつは絶対、強盗事件にもろに関わっていたと思う。）

up with the lark《紋切型》「ヒバリとともに起きて」

　朝、非常に早く起きること。　例 I don't know how she does it. She never goes to bed before midnight but she is always up with the lark. （いったいどうやってるんだ。彼女ときたら、12時前に寝ることはまずないのに、朝はいつも早いんだ。）　19世紀にクリーシェとなり、今も広く用いられる。鳥はたいていそうだが、ヒバリが朝とても早くから鳴きはじめることから。

U-turn, do a《イディオム》「Uターンする」

　行動や意見などを全面的にくつがえすこと。　例 He used to be in favour of closer ties with Europe but he has now done a U-turn and keeps talking of the importance of sovereignty. （かつては欧州とより密接に結びつくことを支持していた彼だが、今は180度転換して、一国独立の重要さを説いている。）　1980年代にクリーシェとして広く使われるようになった。文字通り、自動車がUターンするイメージ。

V

vanish into thin air 《紋切型》「薄い空気の中に消える」
　完全に、多くの場合突然、消え去ること。　例 One minute the child was playing in the garden; the next minute she had disappeared into thin air. (女の子は庭で遊んでいたと思ったら、次の瞬間には跡形もなく消えていた。)　高いところに上がれば上がるほどたしかに酸素が減って空気は薄くなるが、そういうことではなく、幽霊がふっと突然消えるのをイメージした表現と思われる。19世紀中頃から広まり、今もよく使われる。どんな人でも物でも、消える時には、空気の中に消えたように思えるもの。

variety is the spice of life 《引用》「多様さは人生のスパイス」
　バラエティがある方が人生は断然楽しいということ。　例 I did not really want to have to change jobs just yet, but I suppose variety is the spice of life. (実はまだ転職する気はなかったんだけど、まあ、変化は人生のスパイスだからね。)　ウィリアム・クーパーの詩「課題」(William Cowper, 'The Task', 1785) から。'Variety's the very spice of life, / That gives it all its flavour.' (変化はまさに人生のスパイス。種々さまざまな風味を添えてくれる。) スパイスが食物の味を豊かにするように、多様さが人生に妙味を添えてくれるということ。今日もよく使われる。

ve haf vays of making you talk 《キャッチフレーズ》「オ前ニ喋ラセル手ハ色々アルノダゾ」
　20世紀中頃からよく使われている。こっちがその気になれば、必要な情報をあなたからたやすく引き出せるのだ、とユーモラスに言っている。偽のドイツ訛りを添えて、イギリスの戦争映画に出て

くるゲシュタポを真似て言う。今日でもまだ使われるが、主として戦争映画を記憶している上の世代が用いる。

vested interest 《紋切型》「個人的利害」

元は法律用語で、誰かが何かと私的な利害関係でつながっていることをいう。 [例] I am not surprised that she is organizing a petition against the new supermarket. She has a vested interest in getting planning permission for it turned down. She owns several of the small shops in the area.（彼女が新スーパー建設への反対署名を集めていると聞いても驚きませんね。建設申請を却下させることに、本人の利益が絡んでいるんですから。その地区に何軒か小さな店を持ってるんですよ。）ジョン・スチュアート・ミルは『自由論』(John Stuart Mill, *On Liberty*, 1859) でこう書いている。'The doctrine ascribes to all mankind a vested interest in each other's moral, intellectual, and even physical perfection.'（この学説によるなら、すべての人間が、たがいに倫理的、知的、さらには身体的に完璧な存在であることから利益を得ることになる。）今もよく使われる。金銭に関して言うこともあれば、そうでないこともある。

vexed question, a 《紋切型》「厄介な問題」

何度話し合ってもなかなか解決のつかない難問。 [例] The whole community is in favour of a new sports centre but how we are going to fund it is a vexed question.（地域住民はみな新しいスポーツセンター建設に賛成だが、資金をどうするかが頭の痛いところだ。）ラテン語の *vexata quaestio*（議論されている問題）の英訳。クリーシェとなったのは19世紀中頃で、今も広く使われる。

vicious circle, a 《紋切型》「悪循環」

ある問題の解決策が別の問題を引き起こしたり、元の問題をいっそう悪化させたりするような連鎖のこと。 [例] Employment among the young seems to be a vicious circle. They cannot find a job unless they have the relevant experience and they cannot get the relevant experience unless they are already in a job.（若者の雇用問題は悪循環に陥っているように思える。経験がなければ職は得られないのに、経験を得るためには職に就いていなければならないのだ。） 19世紀中頃からよく

使われていて、今も広く用いられる。元は論理学の用語で、ある陳述を、それに基づく別の陳述によって証明すること。

vino veritas /víːnou véritæs/, **in** 《外来語》「ワインの中の真実」
'truth in wine' の意のラテン語。飲み過ぎると人は往々にして口が軽くなり、ふだんなら漏らすはずのない秘密を漏らしてしまうものだということ。[例] Well, we were all surprised when he said that he was having an affair with his secretary but you know what they say——in vino veritas.（秘書と不倫してるんだ、と彼が言ってのけた時にはさすがにみんな驚きましたけどね、でもまあ、酒の中に真実ありってやつですよ。）　現代ではおおむね、古典語や文学の素養のある人々の間でのみ使われる。そうでない人々が聞くと、時にやや尊大に聞こえる。

W

wages of sin, the 《引用》「罪の報い」

　新約聖書、ロマ書 (*Romans*) 6 章 23 節、パウロ (Paul) がロマ人(ﾋﾞﾄ)に宛てた手紙の一節から。'The wages of sin is death.' (それ罪の払(ﾊﾗ)ふ価(ｱﾀﾋ)は死なり。) 邪悪な行為が招く結果をいう。19 世紀からクリーシェと考えられてきたが、今日使うのはおおむね文学好きの年輩者に限られ、それもたいてい皮肉に用いる。　例 You should think twice about pretending to be ill when you take a day off to go to the football match.　The boss might find out and the wages of sin is death. (仮病を使って仕事を休んでサッカーの試合を見に行くのは、ちょっと考え直した方がいいんじゃないかなあ。社長にバレたら、ソレ罪ノ払ウ価ハ死ナリ、だぜ。)

wait and see 《紋切型》「様子を見る」

　20 世紀初め、ヘンリー・アスキス (Henry Asquith) がイギリスの首相だった時によく使った表現。きわめて広く使われるクリーシェで、相手のあせりを抑えようとする時や、話し合いや決定を先送りにする時に用いる。特に親が子供に、ノーを言わねばならないのを先延ばしにする目的で多用する。　例 I don't know whether we'll be going on holiday this year.　We'll just have to wait and see. (今年は休みに旅行に行くかどうかわからないなあ。とにかくもう少し様子を見ないとね。) 　子供はこの言い方を、ありきたりの言い古された返答として受け止め、たいていの場合、その否定的なニュアンスをすぐに嗅ぎ取るものである。WE'LL SEE (⇨) もほぼ同義。

wait on somebody hand and foot 《紋切型》「手も足も〜に仕える」

誰かの望み一つひとつに気を配り、熱心に世話すること。 例 Her husband expects her to wait on him hand and foot. (彼女の夫は、妻が何から何まで世話してくれて当然だと思っている。) 通常は軽蔑的に使われ、話し手から見て、世話している側が自ら好んで自分を犠牲にしているという含みがある。非常に古い表現だが、広く用いられるようになったのは19世紀末から。

walk on air 《イディオム》「宙を歩く」

ひどく喜んでいたり、高揚したりしていること。19世紀末から広く使われ、今日も多用される。 例 She has been walking on air since she discovered that she is pregnant. (赤ちゃんができたことを知ってからというもの、彼女は有頂天だ。) 歓喜と空中をつなげる発想は **on cloud nine** (九層目の雲の上＝天にも昇る心地) や in SEVENTH HEAVEN (⇨) にも見られる。

walls have ears 《イディオム》「壁に耳あり」

誰かが会話を盗み聞きしているかもしれない、と警告する際に使う。シュラクサイ (Syracuse) の暴君ディオニュシオス (Dionysius, 430-367 BC) が、捕虜たちの会話を聞きたいあまり、宮殿の部屋同士を仕切る岩に耳型のくぼみを彫って盗み聞きしたという逸話から。古くにクリーシェとなり、今日もよく使われる。 例 Watch what you're saying until we're out of the restaurant. I know it's not busy but walls have ears. (レストランを出るまでは言葉に気をつけてくれよ。店はすいてるけど、壁に耳ありだからね。)

want to know the reason why 《紋切型》「その理由を知りたい」

脅し文句として、通常は親、教師など、権力を持つ側の人物が用いる。一種の最後通牒であり、独裁的な響きがある。 例 You will clean your room this morning or I shall want to know the reason why. (今朝は部屋を掃除しなさい、さもないとただじゃ済みませんからね。) クリーシェになったのは20世紀。

warts and all 《間接的引用》「いぼも何もかも」

ピューリタン革命の指導者クロムウェル (Oliver Cromwell, 1599-1658) が画家サー・ピーター・リーリー (Sir Peter Lely) に肖像画を描かせた時に与えた指示から。すべて見える通り、いぼなど

の悪いところもそっくりそのまま描くようクロムウェルは画家に命じた。'I desire you would use all your skill to paint my picture truly like me, and not flatter me at all; but remark all these roughnesses, pimples, warts, and everything as you see me; otherwise I will never pay a farthing for it.'(あなたの持てる技をすべて用い、真に私を写す画を描いてほしい。実物より少しでも良く描いてはなりません。肌のあらゆる荒れ、にきび、いぼなど、見た通りすべてを描いていただきたい。さもないとびた一文払いませんぞ。)今日も広く使われ、いかなる欠点や短所があろうとも、の意。 例 I hope she is going to marry him warts and all and not try to change him. (彼女があの男の欠点もすべて納得ずくで結婚してくれて、彼を変えようなどとしないでくれるといいが。)

wash one's dirty linen in public 《イディオム》「汚れた下着を人前で洗う」

フランスのことわざから。自分の私事、特にスキャンダラスで外聞の悪いことを公にするという意。 例 We all know that she was involved in a messy divorce case but we wish she'd stop washing her dirty linen in public. (彼女が泥沼の離婚劇にはまり込んだのはみんな知ってるけど、醜い内幕をさらけ出すようなことはやめてほしいね。) 19世紀中頃から広く使われている。

wash one's hands of 《イディオム》「～から手を洗う」

それ以上関わりあいを持ったり、責任を負ったりするのを拒むこと。 例 A local businessman was going to contribute some of the funding for the new club but there has been so much quarrelling among the organizers that he has decided to wash his hands of the whole project. (地元の実業家が、新しいクラブに資金をいくばくか寄付しようと考えていたが、組織者たちの間でごたごたが絶えないのに愛想を尽かし、きれいさっぱり手を引くことにした。) 19世紀中頃から広く使われている。出所は聖書で、イエス・キリストの裁判の際にローマ帝国領ユダヤの総督だったポンティウス・ピラト(Pontius Pilate)の振る舞いを指す。新約聖書、マタイ伝(Matthew) 27章24節に 'He took water, and washed his hands before the multitude, saying, I am innocent of the blood of this just person'（水をとり群衆(ぐんじゅう)のまへに手を洗ひて言ふ「この正しき人の血につきて我は罪なし」）とある。

was it something I said?《キャッチフレーズ》「私が何か言ったせいだろうか」

　誰かが自分を避けているように思える、あるいは、いつもと違ってよそよそしく振る舞っているよう思える時に用いる、現代のキャッチフレーズ。　例 Everyone seemed to leave as I arrived at the party. Was it something I said? (僕がパーティーに顔を出したとたん、みんな揃って帰ってしまった気がする。何かまずいことでも言ったかな。) たいていはふざけて使う。クリーシェになったのは20世紀末。

waste not, want not《ことわざ》「浪費せざれば不足もなし」

　無駄遣いの害を説くのに使う。19世紀に入って広く用いられるようになり、今日も特に、物を最大限に活用することの重要性を第二次大戦中に痛感させられた年輩の人間が使う。　例 Don't throw out those leftovers——you can make a pie with them. Waste not, want not. (その残り物、捨てちゃいけませんよ。それでパイが一枚作れるでしょ。浪費は不足の元よ。)　使い捨てが好まれる今日の社会にあって、徐々に廃れつつある。

watched pot never boils, the《ことわざ》「見つめられている鍋は決して沸かない」

　いらいらしたり、やたら心配したりしても、物事の進み具合が早

まるわけではない、と諭す言葉。水の入った鍋を火にかけたら、その場を離れて鍋のことは忘れた方が、そこに立ってじっと鍋を見つめているより早くお湯が沸くように感じられる、ということ。19世紀中頃に生まれ、今日も広く用いられる。 例 The jelly won't set any faster if you keep looking at it.　The watched pot never boils. (眺めてたってゼリーが早く固まるわけじゃないわよ。見つめる鍋は沸かないって言うじゃない。)

watch one's p's and q's 《紋切型》「pやqにこだわる」

　自分の行ないや言葉の細かい点に注意すること。例 You'd better watch your p's and q's when you visit my grandparents.　They're very strict and old-fashioned. (僕の祖父母に会いに行くんだったら、くれぐれも言動に注意した方がいい。おそろしく古風で厳格な人たちだからね。) 17世紀に生まれ、19世紀にクリーシェになった。今日でも日常的な状況で、時にユーモラスに用いられる。起源は不明だが、いくつかの説がある。一つは、文字の書き方を習う子供にはpとqが同じように見えてしまうことから来ているという説。もう一つは、居酒屋の主人が勘定書に pint (パイント＝約0.57リットル) を p, quart (クォート＝2パイント) を q, とそれぞれ略して書いたことからという説。**mind one's p's and q's** とも言う。

water under the bridge 《イディオム》「橋の下を流れる水」

　何かが終わってしまって、もうあれこれ考えても仕方ないということ。20世紀に入ってから生まれ、今も広く用いられる。 例 She used to go out with the boy next door but that's all water under the bridge.　She married someone else long ago. (あの娘も昔はお隣の男の子とデートしていたものだが、それも今では昔話。もうずいぶん前に別の男と結婚した。)

water, water everywhere 《引用》「どこもかしこも水」

　洪水があった時や、大雨が降っている時などに使う。 例 When we were on holiday it was a case of water, water everywhere although the local people said it was usually very dry there at that time of year. (せっかくの休暇だというのに、まったく水を見て帰ってきたようなものだよ。この時期はめったに雨なんて降らないんですがねえ、とか地元の人は

言うんだけどね。) コールリッジの詩「老水夫の唄」(Samuel Taylor Coleridge, 'The Rime of the Ancient Mariner', 1798) から。時に **water, water, everywhere, and not a drop to drink**（どちらを向いても水だらけ、しかも一滴たりとも飲めはせぬ）と長い形で使われるが、これは「老水夫の唄」の 'Water, water, everywhere, / Nor any drop to drink' の不正確な引用。

ways and means, there are ⇨ THERE ARE WAYS AND MEANS

wear a hat《イディオム》「帽子をかぶる」

自分が抱えている複数の地位や役割のうち、目下そのどれかに従事していることをいう。 例 He is a teacher at the school but he was wearing his parent's hat when he complained about the education cuts.（学校では教師だが、教育予算削減への不満を述べる時は親の顔になっていた。） 制服が変われば帽子も変わるという発想。19世紀中頃に生まれた。

we are not amused《引用》「朕(ちん)は面白うない」

ヴィクトリア女王 (Queen Victoria, 1819-1901) が口にしたとされる科白。we は王が自分を指す際に用いる代名詞。 例 He is bound to come up with an inventive excuse for being late but we shall make it clear that we are not amused.（あいつのことだから、きっと手の込んだ遅刻の言い訳を用意してくるだろう。だがここはひとつ、笑い事じゃないってことをはっきりさせてやろうじゃないか。） 今日では冗談ぽく使うのが普通。

wear the trousers《イディオム》「ズボンをはく」

夫婦などのカップルで、女性の方が支配的な状況を指す。 例 He owns his own business and makes all the decisions at work but at home his wife wears the trousers.（彼は自分の会社を持っていて、仕事上の決定はすべて自分で下すが、家では妻に頭が上がらない。） 18世紀から広く使われ、今も用いられるが、女性が文字通りズボンをはき、自ら責任ある地位につくことが珍しくなくなった今日、この表現が依拠していた社会状況はいささか現実にそぐわないものになってきている。別形に **wear the pants** や **wear the breeches** がある。

weather the storm《イディオム》「嵐に耐え抜く」

困難や危機を切り抜けること。 例 During the recession the firm had some financial difficulties but they succeeded in weathering the storm and are now very profitable. (不況の間、会社は財政難に見舞われたが、どうにか切り抜けて、今は大きな利益を上げている。) 広まったのは19世紀中頃だが、17世紀から使われている。今日も大変広く用いられ、特にニュースなどで多用される。船が激しい嵐をしのぐという発想。

wedded bliss 《紋切型》「結婚の至福」

夫婦生活がもたらす幸福のこと。 例 The old couple have been living in wedded bliss for fifty years. (二人は50年もの間、幸せな夫婦生活を送ってきた。) 19世紀末に多用されるようになったが、結婚率が減少する一方で離婚率は増加し、結婚の至福という現象そのものが以前ほど一般的ではなくなってきた今日、この表現にしてもユーモアや皮肉を交えて使う方が多くなっている。 例 Mary and Jim had a real row in the pub last night. That's wedded bliss for you! (メアリーとジムは昨日の夜パブですごい喧嘩をしていた。結婚の至福ってやつだね。)

weighed in the balance and found wanting 《引用》「秤(はかり)にかけられ不足が発覚する」

試された結果、何かが足りないことが露呈するという意。旧約聖書、ダニエル書 (*Daniel*) 5章27節で、ダニエルがバビロン王ベルシャザル (King Belshazzar) に問われて、壁に書かれた手書きの文字に解釈を下すが、その解釈を少し誤って引用したもの。'Thou art weighed in the balances, and art found wanting.' (汝(なん)が権衡(はかり)にて秤(はか)られて汝(なん)の重(め)の足(た)らざることの顕(あらは)れたるを謂(い)ふなり。) 19世紀から多用され、今日でも、特にやや改まった状況で用いられる。 例 Several young men have asked for her hand in marriage but they have all been weighed in the balance and found wanting. (何人かの若者が求婚したが、一人として彼女のお眼鏡にかなった者はいない。)

welcome aboard 《紋切型》「ようこそ当船に」

誰かが新しく会社、クラブ、地域などに加わった時に使う。 例

'Welcome aboard!' said the manager. 'I hope you will enjoy working here.'(「わが店にようこそ!」と店長が言った。「楽しく働いてくださいね。」) クリーシェになったのは20世紀前半で、今日も使われるが、主に年輩の人間が、やや物々しく用いることが多い。元はおそらく海軍で使われたが、一般に広まる上では、飛行機で搭乗客を歓迎する際の決まり文句として使われたことが大きいと思われる。

welcome with open arms《紋切型》「両腕を広げて歓迎する」
　誰かや何かを、大喜びで暖かく迎え入れること。 例 The couple welcomed their new daughter-in-law with open arms.(その夫婦は新しい嫁を大歓迎した。) 例 The improvements to the shop have been welcomed by the customers with open arms.(店舗の改装は客に大好評を博した。) 18世紀末にクリーシェになり、今日も広く用いられる。たしかに、歓迎する時は腕くらい広げないと、歓迎しているようには見えまい。

well and truly《二重句》「たしかに、本当に」
　強調に使う。 例 Our team was well and truly beaten in the first round.(うちのチームは一回戦でコテンパンに負けた。) きわめて広く使われ、特に新しい店や展覧会がオープンする時によく用いる。例 I declare this new supermarket well and truly open.(今ここに、この新しいスーパーマーケットの開店を宣言いたします。) クリーシェになったのは19世紀末。

well-earned rest, a《紋切型》「正当に得た休息」
　それなりの期間働いたあとの、当然得てしかるべき余暇や休養のこと。 例 Just as she thought she was going to have a well-earned rest from child-rearing she was given her granddaughter to look after.(子育ても終わり、これで大手を振って休めると思っていた矢先に、今度は孫娘の面倒を見させられる破目になった。) 19世紀末から広く使われており、退職後の悠々自適の生活を指すことが多い。近年では無理に退職・辞任させたことを遠回しにいう際にも用いる。 例 We are glad that several of our employees are taking advantage of our early retirement scheme and are going off to enjoy a well-earned rest.(一部の社員が早期退職制度を利用して悠々自適の生活に入ることを選んだのは

喜ばしい。)

we'll let you know《キャッチフレーズ》「こちらからお知らせします」

話し手が相手をあまり高く評価していないことを示す。特に、歌唱など、ある程度の芸術的才能が要求される事柄についていう。[例] Whenever Mary plays the piano her brother annoys her by saying, 'We'll let you know.'(メアリーがピアノを弾くたびに、弟は「はい、次の方」と言ってからかう。) DON'T CALL US, WE'LL CALL YOU (⇨) と同じくショービジネスの世界で生まれた表現で、オーディションで評価されなかった人への社交辞令。多少は気を持たせているように聞こえるが、たいていは不合格を婉曲に告げているだけ。今日はビジネス界においても、やはり求人への志願者を断る言葉としてよく使われる。

we'll see《紋切型》「いずれわかる」

WAIT AND SEE (⇨) とほとんど同義で、使い方もほぼ同じ。

we must have lunch sometime《紋切型》「近いうち一緒にお昼でも」

友人や知人と会ったり電話で話したりした時に、別れの挨拶として使う現代用語。たいていは単なる社交辞令で、長ったらしい会話を早く切り上げる方便に使うこともあり、近日中に会おうという本気の約束であることはまずない。 [例] Well I'm running late and I'll really have to go. We must have lunch some time. (さあ、遅れちゃうからもう行かないと。今度お昼でもご一緒しましょう。)

wend one's way《紋切型》「自分の道を向ける」

行くこと、進むこと。wend は元来この文脈では「向ける」ことを意味した。14 世紀に生まれたが、16 世紀頃に廃れたフレーズ。19 世紀初めに復活して多用されるようになり、今日では改まった状況や文学的な文章で使ったり、あるいはふざけて用いたりする。[例] If we are going to catch that train it is time we were wending our way to the station. (その列車に乗るんだったら、そろそろ腰を上げねばなるまいな。)

we're just good friends《紋切型》「ただの良い友達です」

二人の間にロマンスやセックスの要素がまったくないことを示す。通常は公の場でそうした要素を否定するのに使うが、それが真実でないことはきわめて多い。　例 'We're just good friends,' the politician told the reporter but he left his wife for his secretary the following week.(「我々はただの友人だよ」と政治家は記者に語ったが、次の週には夫人を捨てて秘書の元に走った。)　マスメディアの発展とともに有名人の私生活への関心が高まった20世紀の産物。

we shall keep your name on file 《紋切型》「お名前はファイルに保存させていただきます」

　たいていは婉曲表現であり、求人の応募者などを体(てい)よく断る際の言い方。　例 We are sorry that you have not been successful in your application for the present post but we shall keep your name on file in the event of future vacancies.(残念ながら今回のご応募に際しては採用に至りませんでしたが、新たな欠員が生じた場合に備えお名前はこちらで控えさせていただきます。)　毎回の応募者数を考えると、一人ひとりの名前を将来のためにいちいち控えているとはまず考えられない。不況で失業者が巷(ちまた)にあふれた1980年代、90年代にクリーシェとして定着した。

we wiz/wuz robbed 《キャッチフレーズ》「だまされた」

　'we were robbed'の非文法的・方言的な形。20世紀に入ってから生まれた。元来はスポーツ界のクリーシェで、話し手が何らかの形で、通常はレフェリーや審判によって、不当に扱われたと考えていることを示す。まずボクサーが、次いでサッカーのサポーターたちが用いた。近年では、ふだんは非文法的・方言的な話し方をしない人が、スポーツ・クリーシェを意図的にふざけて真似はじめていて、ますます広まってきた。　例 After the latest round of redundancies we all have to work so late that we asked management to pay us overtime but they refused.　We wiz robbed!(この間またも余剰人員削減があって、みんな夜遅くまで働かねばならなくなったので、残業手当を経営側に要求したが拒否された。やってられないぜ!)

what are you going to do when you grow up? 《紋切型》「大きくなったら何になるの?」

幼い子供に対して大人が使う。たいていは子供だと思って馬鹿にしているような響きがあるが、実は当の大人も、他に何と言っていいかわからないから口にしているだけという場合も多い。 例 What are you going to do when you grow up? I hope that you are going to study hard and get a good job.（大きくなったら何になりたい？ 一生懸命勉強していい会社に就職しようね。） 子供によっては、生まれて初めて出会うクリーシェがこれ。職の数が減少した今日の社会にあって、きわめて不適当な言い回しになっているにもかかわらず、相も変わらず一部の年輩の人間が口にする。

what did your last slave die of?《キャッチフレーズ》「あなたの最後の奴隷は何が元で死んだか？」

他人の力を借りなくても容易にできることなのに、やってくれと頼んできた相手に対して、皮肉をこめて使う。 例 No, I'm not going upstairs to get your handbag. What did your last slave die of?（何であたしがあんたのハンドバッグを取りに二階に行かなくちゃいけないのよ。自分で行けば。） 20世紀初めによく使われるようになり、今日も広く用いられる。

whatever turns you on《キャッチフレーズ》「あなたがそそられると言うなら」

自分自身は賛成できない、もしくは参加する気がしないことを他人がやるつもりだと言った時の返答に使う。 例 No, I don't fancy camping in the rain but whatever turns you on.（うーん、雨の中でキャンプってのは僕は気乗りしないけど、まあ好きにしたら。） turn on は1960年代にさかのぼる麻薬関係の俗語で、「興奮させる、刺激する」の意。

what is sauce for the goose is sauce for the gander ⇨ SAUCE FOR THE GOOSE IS SAUCE FOR THE GANDER, WHAT IS

what's the damage?《紋切型》「損害はどれくらい？」

何かの費用を訊ねる時に使う。 例 That's all I need just now. What's the damage?（とりあえずそれだけでいいです。いくらですか？）アメリカ起源で、19世紀から広く使われている。日常的な状況で用いられるが、やや古臭くなりかけている。

what's your poison?《紋切型》「君の毒は何?」

何が飲みたいか訊ねる言い回し。例 It's my turn to buy a round. What's your poison? (今度は僕がおごる番だ。どの毒で行く?) 1920年代に生まれ、今日ではやや古臭い感じで、主に年輩の人々が用いる。「毒」と言うのは、禁酒運動のスローガン 'Alcohol is poison'(アルコールは毒です) からか。別形に **name your poison** (君の毒の名を挙げろ) がある。

what with one thing and another《紋切型》「何やかにやで」

きわめて忙しかったり、いろいろ厄介な事情が発生してしまったりしたことを理由に、弁解めいたことを言う時に使う。例 What with one thing and another I just haven't had time to think about holidays. (あれやこれやで、休暇のことを考える暇がなかった。) 19世紀中頃に生まれ、今日も広く用いられる。

what you lose on the swings you win on the roundabouts ⇨ SWINGS AND ROUNDABOUTS

what you see is what you get《キャッチフレーズ》「いま見えているものが得るもの」

全面的に率直で、裏がないことを伝える現代のキャッチフレーズ。例 Some of the members of the committee may well try to deceive you but he is completely honest. With him what you see is what you get. (あなたをだまそうとするような委員も何人かいそうですが、あの人は掛け値なしに誠実です。彼に関しては額面通り受け取って大丈夫です。) コンピュータの世界ではしばしば **wysiwyg** /wíziwìg/ と縮められる。

wheel has come full circle, the ⇨ COME FULL CIRCLE

wheels within wheels《イディオム》「車輪の中の車輪」

何かがきわめて込みいっていて複雑であることをいう。不正があるという含みがあることも。例 We tried to find out the cause of the firm's failure but there were wheels within wheels. (その企業の破綻の原因を探ろうとしたが、どうも結構ややこしい話のようで。) 19世紀にクリーシェとなり、今日も広く使われる。おそらく旧約聖書、エゼキエル書 (*Ezekiel*) 1章16節から。'Their appearance and their work was as it were a wheel in the middle of a wheel.'(その形(かた)と作(つく)りは輪の中(うち)に輪のあるがごとくなり。)

when all is said and done《場つなぎ》「何だかんだ言ってみても」
結局は、ということ。ほとんど何も意味しないことも多い。 例 When all is said and done, we all have to die some time.(何のかんの言っても、人はみないつか死ななきゃならんのです。) 16世紀に生まれ、19世紀末にクリーシェになった。今も広く使われる。

when in Rome...《紋切型》「ローマにいる時は...」
今いる場の習慣やしきたりには従った方がいいと勧めるフレーズ。 例 Women do not go out alone there. When in Rome...(あそこの国では女性は一人では外出しません。郷に入(い)りては、です。) **when in Rome do as the Romans do**(ローマにいる時はローマ人がするようにせよ)の短縮形で、この長い形も広く使われる。元来は、聖アンブロシウス(St Ambrose, 340?–397)がミラノで、聖アウグスティヌス(St Augustine)とその母の聖モニカ(St Monica)から、ローマの慣習に従って土曜日に断食すべきか、それとも当地ミラノの慣習に従って断食すべきでないかと訊ねられた際、二人に与えた返答の英訳とされる。自分はローマにいる時は土曜日に断食するがミラノにいる時はしない、と聖アンブロシウスは答えたという。

when I was your age《紋切型》「わしが君の歳だった頃は」
年輩の人間が年下の世代に対して用いる。自分が若かった頃はいかに今よりも良い、道徳的な、困難な云々の時代だったか、さらには、自分たちが相手の若者とは較べものにならぬほどすぐれていて、道徳的で、思慮深く、勤勉で、貧しく云々だったかと説教を垂れる際に使われる。

when one door closes another opens《紋切型》「一つの扉が閉まると別の扉が開く」
不幸な目に遭った人の心に楽天を吹き込もうとして用いる。しばしば **when one door closes** と縮められる。 例 I know you've lost your job but you'll probably find a better one. When one door closes...(失業したんだってね。でもたぶんもっといい仕事が見つかるよ。捨て

る神あれば拾う神あり、だよ。）　悲観的な、ユーモラスな変形として **when one door closes another one slams in your face**（一つの扉が閉まると別の扉も鼻先でばたんと閉まる＝泣きっ面に蜂）がある。

when one's ship comes in《イディオム》「船が入ってくる時」

　一財産できたら、もっと裕福な時代になったら、の意。　例　They plan to buy a house of their own when their ship comes in.（彼らは一山あてたら家を買うつもりでいる。）　富をもたらす品々を満載した帆船が異国の地から帰ってくるのを、商人が首を長くして待っていた時代に生まれた表現。当然ながら、本当に帰ってくるかどうか確かではなかったわけであり、そのニュアンスが今でも含まれる。19世紀中頃からよく使われ出し、今日も広く用いられる。

when the cat's away the mice will play《イディオム》「猫がいない間にネズミは遊ぶ」

　権力者や管理者が不在の時、その下にいる連中はこれ幸いと規則を破ったり仕事をサボったりするということ。普通は **when the cat's away . . .** とだけ言えば、あとは言わなくても通じる。　例　We cannot leave the children in the room without a teacher. When the cat's away . . .（子供たちを教師なしで教室に置いておくわけには行かない。鬼のいぬ間(ま)の何とやらでは困る。）　17世紀から英語のことわざになっているが、発想そのものは他の言語にも見られる。

when the going gets tough《キャッチフレーズ》「道行きがきつくなったら」

　状況が非常に困難になったら。　例　There was no shortage of volunteers at the beginning of the protest campaign, but when the going got tough there was only a handful of us left.（抗議運動は当初こそボランティアには困らなかったが、事態が大変になってくると一握りしか残らなかった。）　**when the going gets tough, the tough get going**（道行きがタフになった時こそ、タフな人々が道を行く）を短くしたもの。おそらくアメリカの政界で生まれた言葉で、ケネディ（John F Kennedy）大統領の父ジョゼフ・ケネディ（Joseph Kennedy, 1888–1969）が言ったとされる。これを冗談にした **when the going gets tough, the tough go shopping**（道行きがタフになると、タフな人々

はお買い物に行く)という言い方が1980年代に多用され、以来、各人が好きなようにオチをつけて楽しんでいる。

when you gotta go, you gotta go《キャッチフレーズ》「行くっきゃない時には行くっきゃない」

20世紀に生まれたフレーズで、トイレに行きたい時に使われる。日常的な状況で使う。　例 I was sorry to have to leave the hall and disturb the speaker but you know how it is.　When you gotta go, you gotta go!(席を立って講演者の邪魔をしたのは悪かったけど、しょうがないよね。生理的欲求だもの。)　第二次大戦のロンドン大空襲の時には、「死ぬかもしれないが仕方ない」という悟りの気持ちを指した。トイレと結びつけられたのはそのあと。

where have you been all my life?《キャッチフレーズ》「僕が生まれてこのかた、君はいったいどこにいたの?」

異性をおだて、大げさに関心を表わす際に用いられる。男性が女性に対して使うのが普通。　例 I have never met such a beautiful woman.　Where have you been all my life?(君みたいにきれいな女性は初めてだよ。いったい今までどこにいたの?)　アメリカで1920年代初めに生まれ、イギリスでは1940年代初めに定着した。今も使われるが、ユーモアや皮肉をこめて用いる場合がほとんど。

where there's smoke there's fire ⇨ NO SMOKE WITHOUT FIRE, THERE'S

whisper it not《紋切型》「それをささやくな」

やや文学風の表現。**whisper it not in Gath**(ガテの地にてささやくなかれ)を短くした形で、現在ではもうあまり使われない。旧約聖書、サムエル後書(*2 Samuel*) 1章19-20節から。'How are the mighty fallen!　Tell it not in Gath, publish it not in the streets of Askelon.'(嗚呼勇士は仆れたるかな 此事をガテに告ぐるなかれアシケロンの邑に伝ふるなかれ。)クリーシェとして19世紀に広まった。今日、短い形の方はまだ使われるが、インテリが、たいていの場合ユーモアや皮肉をこめて使う程度。　例 Whisper it not, but he is thinking of taking a bath.(ここだけの話でありますが、彼は目下、入浴を検討しております。)

whiter than white《紋切型》「白より白く」
　20世紀に生まれた。きわめて、またしばしば信じがたいほどに純粋であること。　例 She is always criticizing the morals of others but from what I hear she is not exactly whiter than white herself.(年じゅう他人のモラルを批判しているが、聞いたところでは、彼女自身まったくの清廉潔白というわけでもなさそうだ。)　洗浄力を誇る洗剤の宣伝文句から。

who/which shall remain nameless《紋切型》「名なしのままにしておくが」
　話題にしている人や物の名前を出したくないことを示す。　例 Someone who shall remain nameless has been stealing money from the till.(誰がとは言いませんが、店のレジからお金を盗み続けている人がいます。)　19世紀末から多用されている。今日では改まった状況で用いるか、ユーモアや皮肉を交えて使うかのどちらかだ。　例 Someone who shall remain nameless has forgotten my birthday.(名は明かせませんけど、私の誕生日を忘れてる方(か̇た̇)が約一名いらっしゃるみたいね。)

whys and wherefores《紋切型》「原因と理由」
　何かについてのさまざまな原因や、ある状況の背景に関する詳細のこと。　例 I just know that they have divorced. I don't know the whys and wherefores.(二人が離婚したことしか私は知りません。詳しい経緯はわかりません。)　19世紀中頃にクリーシェになり、今日も広く用いられる。二重句のように思えるが、元来この二語は同義ではなく、why は理由を、wherefore は経緯を意味した。

wild horses would not drag me《紋切型》「荒馬に引きずられても行かない」
　何と言われようと、そんなことをする気は絶対ないという意。例 Wild horses would not drag me to a film with so much violence in it.(そんな暴力場面ばかりの映画、殺されても行きませんよ。)　19世紀中頃からよく使われるようになった。類似表現に **wild horses would not drag it from me**(荒馬でも私からそれを引きずり出せはしない)があり、何をされようと明かす気はないという意味で、その古い形が **wild horses would not draw it from me**(荒馬でも私からそれを引

き出せはしない)。荒馬を使って人々に白状を強いた中世の拷問から来ている。

win hands down《紋切型》「両手を下ろしたままで勝つ」

楽勝、もしくは大勝すること。 例 We thought that it was going to be a close match, but our team won hands down. (接戦になるかと思いきや、わがチームが大差で勝った。) 20世紀初め頃から多用され、今も広く用いられる。競馬から生まれた表現で、騎手は勝てそうだと思うと手綱をゆるめて両手を下ろすことから。

wish you were here《キャッチフレーズ》「あなたもここにいたらいいのに」

20世紀に入って生まれたキャッチフレーズで、旅先からの絵葉書に書かれるお決まりの文句。たしかに、旅先からの絵葉書で創造的なことを書くのは容易でない。今日ではユーモアや皮肉をこめて使われることが多い。例 The weather is very wet and the food terrible. Wish you were here! (天気は雨続き、食事は最低。あなたもここにいたらいいのに!)

witching hour, the《紋切型》「魔法の時間」

魔女たちが出現する時間とされた真夜中を指す。19世紀中頃にクリーシェになり、今も用いられるが、やや気取った文学的表現と受け取られる。例 Come, it is time for us to go home. It will soon be the witching hour. (さあ、帰る時間よ。もうすぐ魔女がお出ましよ。) おそらくシェークスピア『ハムレット』(*Hamlet*, 1601) 3幕2場から。''Tis now the very witching time of night, / When churchyards yawn.' (墓場が口を開ける、まさに夜の魔の刻だ。)

with bated breath《紋切型》「抑えた息で」

期待や興奮、恐怖などで息を殺していること。 例 We waited with bated breath as they announced the results of the competition. (コンテストの結果が発表されるのを、私たちはかたずを呑んで待った。) bate は古い動詞で「抑える」の意。クリーシェになったのは19世紀末だが、表現としてはそれよりはるか昔からあった。シェークスピア『ベニスの商人』(*The Merchant of Venice*, 1596) 1幕3場にも見られる。'Shall I bend low and in a bondman's key, / With bated breath and whisp'ring humbleness...?'(腰をかがめ、奴隷のように声をひそめて、うやうやしくささやきましょうか?)今日ではよくユーモアや皮肉をこめて使う。 例 I'm sure the villagers are all waiting with bated breath for the result of the elections. Only about thirty percent of them bothered to vote.(村人たちはさぞわくわくして選挙結果を待っているに違いない。何せ投票率はたったの30%だからね。)

with flying colours ⇨ FLYING COLOURS, WITH
with heart in mouth ⇨ HEART IN MOUTH, WITH
without more ado 《紋切型》「これ以上騒ぎ立てずに」

今すぐに。例 I think that everything is ready, and so without more ado I shall declare the exhibition open.(準備はすべて整ったようですから、これ以上余計なことは申し上げずに展覧会の開会を宣言いたしましょう。) この意味のクリーシェとなったのは20世紀初めで、今も使われるが、かなり改まった状況で用いられるのが普通。ado とは fuss(騒ぎ立て)のこと。別形に **without further ado** がある。

wolf in sheep's clothing, a 《イディオム》「羊の衣をかぶった狼」

強暴な人物が、本性とは裏腹に優しく穏やかな様子をしていること。例 He was so charming to everyone outside his home that no one realized that he was a wolf in sheep's clothing and beat his wife and children.(家の外では誰に対しても愛想が良かったから、あれが実は猫をかぶっていて、妻や子供を虐待しているなんて誰一人見抜けなかった。) イソップ物語 (*Aesop's Fables*)の、羊(版によっては羊飼い)に化け

て群れにまぎれ込み、羊を捕まえて食べてしまおうとする狼の逸話から。新約聖書、マタイ伝 (*Matthew*) 7章15節にもこの表現が見られる。イエスいわく、'Beware of false prophets, which come to you in sheep's clothing, but inwardly they are ravening wolves.' (偽預言者(にせよげんしゃ)に心(こゝろ)せよ、羊の扮装(ほうさう)して来(きた)れども、内(うち)は奪ひ掠(かす)むる豺狼(おほかみ)なり。) a wolf in sheep's clothing という形も15世紀にまでさかのぼり、18世紀中頃にクリーシェとなった。今も広く用いられる。

woman of the house ⇨ LADY OF THE HOUSE, THE
woman of the world ⇨ MAN OF THE WORLD, A
woman to woman ⇨ MAN TO MAN
woman who has everything ⇨ MAN WHO HAS EVERYTHING, THE
wonders will never cease!《紋切型》「奇跡は永遠に止まぬ!」

何かについて話し手がひどく驚いたことを示す。18世紀末から使われ、今ではしばしばユーモアや皮肉をこめて用いられる。 例 Wonders will never cease! Jim has arrived for work on time. (神の奇跡! ジムが仕事に遅刻しなかったよ。)

word in your ear, a《紋切型》「一言お耳に」

人の注意を引きたい時、通常何か内密な事柄を知らせたい時に使われる。 例 A word in your ear. The boss has been complaining about people spending too long on their coffee breaks. (一言伝えとくけど、みんながコーヒーブレークに時間を取りすぎだって、社長はおかんむりだよ。) 19世紀末に生まれ、今もよく使われる。

words fail me!《紋切型》「言葉が私を見捨てる!」

感嘆句として用いられる。何かがあまりに驚異的である、あまりに恐ろしい、等々の理由から、どう言葉で表わしていいかわからないということ。19世紀中頃から広く使われ出し、今日も用いられる。言葉の響きはやや堅苦しいが、日常的な場で広く使われる。 例 When I think of the noise our neighbours make, words fail me! (うちの隣近所のやかましさと来たら、言語に絶するよ!)

word to the wise, a《紋切型》「賢者への一言」

相手に何か良い忠告を与えようとしている人が、あなたは賢明だから私の言葉を心に留めてくれるはずですよねと匂わせる表現。[例] A word to the wise, now would be a good time to buy property in that area of the city. (あなたにはお教えしますが、あの地域の土地を買うなら今ですよ。) 発想そのものは古く、古代ローマの文人たちも何人か使っている。英語の表現としては、ベン・ジョンソンの戯曲『事情一変』(Ben Jonson, *The Case is Altered*, 1597-98?)の中で使われている。'Go to, a word to the wise.' (行け、悪いことは言わぬ。) 今日も、特に文学好きの人たちが、しばしばユーモアや皮肉をこめて使う。

working late at the office 《紋切型》「遅くまで会社で仕事する」

20世紀に生まれた典型的な口実。ただの残業だと偽って、実は何か良からぬ行ない(特に不倫)をしていることをいう。今日ではユーモアや皮肉をこめて使われる場合が多い。[例] Jim never joins his colleagues for a drink after work. He is too busy working late at the office with his secretary. (ジムは夜絶対に仲間と飲みに行かない。秘書と毎晩遅くまで「仕事」していてそれどころじゃないのだ。)

work one's fingers to the bone 《イディオム》「骨が出るまで指を使う」

ものすごく一生懸命働くこと。指から皮膚や肉が剝げ落ちてしまうくらい長時間肉体的労働をしている、というイメージ。[例] She was left a widow at an early age and had to work her fingers to the bone to look after her seven children. (若くして夫に死なれた彼女は、7人の子供を養うため身を粉(こ)にして働かねばならなかった。) 19世紀に生まれ、今も広く用いられる。元来はお針子が縫い物をしすぎて手から肉がなくなってしまうさまを指していたと思われる。

world's your oyster, the 《イディオム》「世界はあなたのアコヤガイ」

チャンスはこれからいくらでも現われる、と人に楽天を吹き込もうとして用いる。応募した職に就けなかった若者など、何らかの不運を経験した人を慰めるのに使うのが普通。しかし、そうした楽観的な慰め方は、今日のようにチャンスがそう多くなく、しかも確実に減っていると思える時代にあっては、いささか的外れと言わざる

をえない。 例 If you stay on at school and take your exams the world will be your oyster. (学校にとどまってきちんと試験を受けていけば、何だってできるよ。) 少しは慰めとなり元気づけてやれそうだからではなく、単にそれが真っ先に頭に浮かんだからという理由で使われる類のクリーシェ。19世紀から多用されるようになり、今も広く用いられる。シェークスピア『ウィンザーの陽気な女房たち』(*The Merry Wives of Windsor*, 1597) 2幕2場が元になっているとも考えられる。'Why then the world's mine oyster, / Which I with sword will open.' (ならばこの世はわがアコヤガイ、剣をもって開(あ)けてやろう。) アコヤガイから真珠が取り出せるように、この世は成功や利益がたやすく取り出せる場だということ。

wouldn't be seen dead ⇨ DEAD, WOULDN'T BE SEEN

would you believe it? 《紋切型》「信じられます?」

感嘆句として用いられ、驚きや不信よりもむしろ憤りを表わす。 例 Would you believe it? The paper boy has delivered the wrong paper yet again. (信じられる? あの新聞配達の子ったら、またまた違う新聞を持ってきたのよ。)

writing is on the wall, the 《間接的引用》「書き付けが壁に記されている」

差し迫った災害や災難の予言。ある出来事が災いにつながるだろうという暗示。 例 The writing was on the wall for the small shops when the hypermarket opened in the area. (大型スーパーがその地域に参入した時点で、一連の小店舗にとってはもう先が見えたようなものだった。) 旧約聖書、ダニエル書 (*Daniel*) 5章5-31節から。王ベルシャザル (King Belshazzar) が催した宴で、一つの手が出てきて壁に何かを書き記す。ベルシャザルがダニエルにこれを読み解かせたところ、この書き物は王の来(きた)るべき没落を示しているとダニエルは告げる。そしてベルシャザルはその夜に殺される。問題の言葉は MENE, MENE, TEKEL, UPHARSIN (メネ、メネ、テケル、ウパルシン＝数(かぞ)へたり、数へたり、秤(はか)れり、分(わ)たれたり). 19世紀から広くクリーシェとして用いられ、今日もよく使われる。**the handwriting is on the wall** という形もある。

wrong end of the stick, the 《イディオム》「杖(つえ)の間違った側」
誤った印象のことをいう。例 Although we explained the situation in great detail he still managed to get the wrong end of the stick. (あの人には事情を懇切丁寧に説明したのだが、それでもしっかり誤解されてしまった。) 19世紀から多用され、今もよく使われる。杖の反対側を間違って握ってしまうというイメージ。

wysiwyg ⇨ WHAT YOU SEE IS WHAT YOU GET

X

X marks the spot《キャッチフレーズ》「X はその地点を示す」
　何かが起きた場所、何かがある場所をバツ印で示しているということ。　例 On the sketch of the area X marks the spot where the corpse was found.（略図で X は死体が発見された場所を示す。）1920 年代によく使われるようになり、今も使われるが、軽い状況でユーモラスに用いられることが多い。　例 This is a postcard of our holiday hotel. X marks the spot where our room is.（これは我々が休暇を過ごしているホテルの絵葉書です。X 印は私たちが宿泊中の部屋を示す。）また、新聞のクイズ 'spot the ball'（ボールの位置を当てろ）で、サッカーの試合の一場面からボールを消した写真を載せ、読者がボールの位置を推理して X 印を書き込んだりする。海賊物語に出てくる宝物の地図で、宝があるはずの場所に X 印を記したことから。

X marks the Spot

Y

year in, year out《紋切型》「年に入り、年を出て」
　物事が絶え間なく続く様子を強調するのに使い、通常は単調さを暗に示す。 例 Year in, year out, she had to endure the pain which arose from the injuries she sustained in the accident.(事故で受けた傷の痛みに彼女は来る日も来る日も耐えねばならなかった。) 19世紀の中頃からよく使われ出し、今も広く用いられる。

you can lead/take a horse to water but you can't make it/him drink《イディオム》「馬を水辺まで連れていくことはできても、飲ませることはできない」
　誰かが何かをやりやすいようお膳立てすることはできても、本人にやる気がなければ無理にやらせることまではできない、という意。例 You can certainly try to persuade all the villagers that moving to the new housing estate is a good idea, but just remember that you can lead a horse to water but you can't make it drink.(新築の団地に移

るのが得策ですよと村人全員を説得して回ることはできるけど、無理強いしても無駄だってことは忘れるなよ。) ジョン・ヘイウッド (John Heywood) のことわざ集 (1546) にも見られる比喩で、使われ出したのはそれよりずっと前と思われる。今もよく使われる。

you can take it from me ⇨ TAKE IT FROM ME

you can't make a silk purse out of a sow's ear《イディオム》
「雌豚の耳から絹の財布は作れない」

　ろくでもないものを価値あるものに変えるのは不可能だということ。 例 You cannot expect all your piano pupils to become professional musicians. After all, you cannot make a silk purse out of a sow's ear. (ピアノの生徒がみんなプロになれると思っちゃ駄目だよ。しょせん素質なんてそんなに変えようがないからね。) ことわざになったのは 16 世紀で、今もクリーシェとして広く用いられる。

you can't take it with you《キャッチフレーズ》「それを一緒に持っていくわけには行かない」

　死んでしまっては、お金も物もあの世に持ってはいけないということ。生きているうちに十分に楽しんでおきなさい、という含みがある。19 世紀中頃に生まれた表現だが、広く使われるようになったのは、ジョージ・コーフマン (George Kaufman) とモス・ハート (Moss Hart) 作の同名コメディが 1936 年にブロードウェイでヒットしてから。今も広く用いられる。例 Why don't you use some of your savings to visit your daughter in Australia? You can't take it with you, you know. (貯金を少し下ろして、オーストラリアにいる娘さんに会いに行ったら? お金はあの世に持っていけないのよ。) 新約聖書、テモテ前書 (*1 Timothy*) 6 章 7 節が起源とも考えられる。'For we brought nothing into this world, and it is certain we can carry nothing out.' (我らは何をも携(たず)へて世(よ)に来(きた)らず、また何をも携へて世を去ること能(あた)はざればなり。)

you can't teach an old dog new tricks《ことわざ》「老いた犬に新しい芸は教えられない」

　年老いた人間や、経験豊富な人物に、新たな方法や態度を取り入れるよう説得するのは至難の業だということ。16 世紀に生まれ、

ジョン・ヘイウッド (John Heywood) のことわざ集 (1546) にも載っている。クリーシェとして、今日も広く用いられる。 例 It is difficult for the older office workers to get used to the new technology. You can't teach an old dog new tricks. (古参の社員に新しいテクノロジーを覚えさせるのは容易じゃない。今さら新たに芸を仕込むといってもねえ。)

you can't win 'em all 《キャッチフレーズ》「全部勝つわけには行かない」

失敗や敗北を、悟りの境地で受けとめるよう勧めるフレーズ。例 It's a pity that my application for the course was rejected but never mind—you can't win 'em all. (入学が許可されなかったのは残念だけど、まあ仕方ない。全部がうまく行くなんてことはありえないから。) アメリカで1940年頃に生まれた表現で、イギリスでは1960年代初めによく使われるようになった。今も広く用いられる。

you could have knocked me down with a feather 《イディオム》「羽毛で打たれたって倒れたかも」

とてつもなく驚いたということ。例 You could have knocked me down with a feather when I walked into the room and saw all my friends. The children had arranged a surprise party for my birthday. (部屋に入って友達がみんな揃っているのを見た時は、まさにわが目を疑ったね。子供たちが僕の誕生日に、内緒でパーティーを準備してくれたんだ。) クリーシェになったのは19世紀末。

you know what I mean 《場つなぎ》「わかるでしょう」

口癖になっている人が、ほとんど意味なく使う。例 I am really in need of a holiday. You know what I mean. (だからね、僕にはね、ほんとに休みが必要なんだよ。言ってる意味わかる?) 本人はこの口癖を自覚していないことが多いが、その人とよく話す相手にとっては実にうっとうしい。もちろん、ほんの時たまだが、文字通り、こちらが言わんとすることを相手が理解したかどうか確かめる目的でも使われる。19世紀末にクリーシェになり、今も広く用いられる。

you know what I think? 《場つなぎ》「僕の考えてることわかる?」

YOU KNOW WHAT I MEAN (⇨) とほぼ同じように使われる。質問

の形こそ取っているものの、話し手は相手の返事を待たずに言わんとすることをすぐに語りはじめるわけで、聞き手が口をはさむ余地はない。19世紀末にクリーシェになり、今でも広く用いられる。

you'll look back on this and laugh《紋切型》「いつかはあなたもこれを振り返って笑うだろう」

20世紀後半に生まれたフレーズで、何らかの不幸に見舞われた人を励まそうとして、善意はあるが思慮に欠ける人物が使いがちな表現。これに似た一連の陳腐な決まり文句と同様、期待した効果はまず上がらない。言われた方は、将来笑えるようになるなどと思える気分ではないし、そもそもその不幸自体、楽しい思い出として振り返れる類のものではないことも多いのである。 例 It does seem hard that your husband has walked out on you and the children and cleaned out your joint bank account. Never mind, one day you'll look back on this and laugh. (ご主人があなたと子供たちを置いて出ていったことも、夫婦名義の銀行預金を全部下ろしてしまったことも、つらいことだと思うわ。でも大丈夫、いつかきっと、そんなこともあったわねえって笑える日が来るわよ。)

you'll thank me one day《紋切型》「いつの日かあなたは私に感謝するだろう」

ある行動を、相手にとって、よりましなものに思わせようとして用いる。権力のある年輩の人間が若者に向かって使うことが多い。例 I know you don't like being made to stay in on a sunny evening to do your homework but you'll thank me one day. (気持ちのいい夕方に家で宿題をやらされるのはそりゃ嬉しくなかろう。だけどね、いずれはそれを感謝する日が来るんだよ。) 現実には、何とも独善的な響きがするため、状況を好転させるどころか、若者をさらに苛立たせたり、反抗的な気持ちにさせたりするのが関の山。20世紀にクリーシェになった。

you mark my words《紋切型》「私の言葉をちゃんと聞け」

場つなぎ的に使われることも。これから言うことや、今言ったことの重要性・正当性を相手に訴えるフレーズで、私の正しさがいずれわかるはずだという含み。 例 You mark my words. He has no intention of marrying her. (いいか、あいつは彼女と結婚する気なんかさらさらないんだ。) 19世紀中頃にクリーシェになった。⇨ MARK MY WORDS

you must be joking 《キャッチフレーズ》「冗談だろう」

　相手がおよそ本心から言っているとは思えない時に用いる。しかし、実は相手は大まじめであって茶化す気などまったくない場合も多い。相手の言ったことに賛同しかねていたり、不快を感じていたりしている響きがある。20世紀中頃にクリーシェとして定着したが、文学的な文章の中では19世紀から用いられてきた。きわめて改まった状況を除き、今も非常によく使われる。　例 You are advertising for an experienced chef at £3 an hour?　You must be joking! (シェフ経験者を時給3ポンドで募集するって？　おいおい、冗談だろ!) これより強い言い方に **you're joking, of course** があり、もっと日常的な形としては **you must be kidding** がある。

young of all ages, the 《紋切型》「あらゆる年代の若人たち」

　20世紀初めからよく用いられてきた。実際の年齢以外のすべての点で若々しい人々についていう。博覧会や展覧会のオープニングスピーチなど、ちょっとした公式の場で使われたりする。　例 The fête includes a funfair and we are sure that the young of all ages will enjoy it. (バザーにはちょっとした遊園地も用意されています。年齢にかかわらず、気持ちの若い方々にお楽しみ頂けることと存じます。) 現在は、やや尊大で見下している感じに聞こえてしまいがち。

you pays your money and you takes your choice ⇨ PAYS YOUR MONEY AND YOU TAKES YOUR CHOICE, YOU

your chariot awaits 《紋切型》「あなたの馬車が待っている」

　　ある人物のために交通手段が用意されていること。 例 My son is going to drive you home and your chariot awaits. (息子がお宅までお送りします。車はもう準備できております。)　今では年輩の人間が冗談めかして使うことが多く、やや古臭い感じを与える。

you're joking, of course ⇨ YOU MUST BE JOKING

you're not even a pretty face ⇨ NOT JUST A PRETTY FACE

you're only young once 《キャッチフレーズ》「若い時は一度だけ」

　　20世紀に生まれたキャッチフレーズ。人間は若いうちに存分に人生を楽しんだ方がいい、と勧めるもの。自由気ままな時期はほんのわずかだという含みがある。 例 You should go out a bit more instead of spending all your spare time studying. After all, you're only young once. (年じゅう勉強ばかりしてないで、少しは外に出た方がいいよ。何と言っても、若いのは今のうちだけだからね。)　この言葉の正しさをしみじみ思い知った年輩の人間がよく使う。

you're telling me ⇨ TELL ME ABOUT IT

your guess is as good as mine 《キャッチフレーズ》「あなたの推測は私のと同じくらい良い」

　　ある状況について、情報や知識を持っていないことを強調する。 例 They may or may not attend the meeting. Your guess is as good as mine. (彼らは会合に出てくるかもしれないし、出てこないかもしれない。私にもわからないんです。)　20世紀初めにアメリカで生まれた。きわめて改まった場を除き、今も広く用いられる。

yours truly 《紋切型》「本当にあなたのもの」

　　冗談めかした日常的な状況で、「私」を意味する。 例 Whenever the dog needs a walk it always seems to be yours truly who has to take it. (犬を散歩させるお役目は、つねにこの私めが務めている気がいたしますが。)　この意味では19世紀中頃からよく用いられるようになったが、手紙の結びの定型表現(「草々」「敬具」の意)としてはもっと古くから使われていた。

Z

zero hour《紋切型》「零時」

何かを始めるべき正確な予定時間。例 Are all the children ready for the prize-giving ceremony? Zero hour is 2 o'clock. (子供たち、みんな授賞式の用意はできた？ 2時が開始時間よ。) 第一次大戦中、軍隊で使われ出した。次第に軍隊以外の状況でも用いられるようになり、今もさまざまな状況で盛んに使われる。

訳者紹介

石井節子(いしい・せつこ)　お茶の水女子大学文教育学部卒。編集・翻訳業。

岡真千子(おか・まちこ)　東京大学法学部卒。翻訳業。

久保尚美(くぼ・なおみ)　中央大学准教授。東京大学大学院総合文化研究科博士課程満期退学。アメリカ文学専攻。著書に『英和翻訳表現辞典 [基本表現・文法編]』(共著)、訳書にジュノ・ディアス『オスカー・ワオの短く凄まじい人生』(共訳)。

坂梨健史郎(さかなし・けんしろう)　埼玉工業大学准教授。東京大学大学院総合文化研究科博士課程単位取得退学。イギリス史専攻。

佐々木一彦(ささき・かずひこ)　編集者。東京大学大学院総合文化研究科博士課程単位取得退学。アメリカ文学・アメリカ美術専攻。

高野吾朗(たかの・ごろう)　佐賀大学准教授。東京大学大学院総合文化研究科博士課程単位取得退学。アメリカ文学専攻。

田村理香(たむら・りか)　法政大学教授。東京大学大学院人文社会系研究科博士課程単位取得退学。アメリカ文学専攻。訳書にデビッド・ヴァイスほか『Google 誕生』。

都甲幸治(とこう・こうじ)　早稲田大学教授。東京大学大学院総合文化研究科博士課程単位取得退学。アメリカ文学専攻。訳書にマイケル・ヴェンチュラ『動物園 世界が終る場所』、チャールズ・ブコウスキー『勝手に生きろ!』ほか。

中川千帆(なかがわ・ちほ)　奈良女子大学准教授。東京大学大学院総合文化研究科博士課程単位取得退学。アリゾナ州立大学博士号取得。アメリカ文学専攻。訳書にデイヴィッド・ミッチェル『クラウド・アトラス』。

前山佳朱彦(まえやま・かずひこ)　東京大学大学院人文社会系研究科博士課程単位取得退学。アメリカ文学専攻。訳書にアストロ・テラー『エドガー@サイプラス』、リチャード・パワーズ『囚人のジレンマ』(共訳)。

宮本文(みやもと・あや)　群馬大学准教授。東京大学大学院人文社会系研究科博士課程退学。アメリカ文学専攻。著書に『英和翻訳表現辞典 [基本表現・文法編]』(共著)。

山崎暁子(やまざき・あきこ)　法政大学准教授。東京大学大学院総合文化研究科博士課程単位取得退学。イギリス児童文学専攻。訳書にジャネット・フレイム『潟湖(ラグーン)』。

＊

柴田元幸(しばた・もとゆき) 翻訳家、東京大学名誉教授。ポール・オースター、レベッカ・ブラウン、スティーヴン・ミルハウザー、スチュアート・ダイベック、スティーヴ・エリクソンなど、現代アメリカ文学を数多く翻訳。最近の翻訳に、ジャック・ロンドン『犬物語』(スイッチ・パブリッシング)、レアード・ハント『ネバーホーム』(朝日新聞出版)、マーク・トウェイン『ハックルベリー・フィンの冒けん』(研究社)、編訳書に、レアード・ハント『英文創作教室』(研究社)など。文芸誌『MONKEY』責任編集。2017年、早稲田大学坪内逍遙大賞を受賞。日本翻訳大賞選考委員。

イラスト・装丁

きたむらさとし(喜多村惠) 絵本作家、イラストレーター。1980年初頭より2009年までロンドンに在住。現在は日本に住む。主な著書に、*Me and My Cat?, Igor, The Bird Who Couldn't Sing* (Andersen Press)、『ミリーのすてきなぼうし』(BL出版)。また「外套」などのグラフィック・ストーリーを柴田元幸編集の文芸誌『MONKEY』(スイッチ・パブリッシング)および *Monkey Business: New Writings from Japan* に掲載。また柴田の編集・翻訳による詩画集『アイスクリームの皇帝』(河出書房新社)の絵を担当。

Dictionary of Clichés by Betty Kirkpatrick
© 1996 by Betty Kirkpatrick
Japanese translation rights arranged
with Bloomsbury Publishing Plc, London
through Tuttle-Mori Agency, Inc., Tokyo

英語クリーシェ辞典　もんきりがた表現集

著　者　ベティ・カークパトリック
監訳者　柴田元幸

© Motoyuki Shibata 2000

2000 年 6 月 5 日　初版発行
2018 年 6 月 29 日　9 刷発行

発行者　関戸雅男

発行所　株式会社　研　究　社
〒102-8152　東京都千代田区富士見 2-11-3
電話番号　編集 03 (3288) 7711 (代)
　　　　　営業 03 (3288) 7777 (代)
振替　00150-9-26710
http://www.kenkyusha.co.jp

KENKYUSHA
〈検印省略〉

印刷所　研究社印刷株式会社

装丁・イラスト　きたむらさとし

ISBN 978-4-327-46145-4　C3582　Printed in Japan

本書の無断複写(コピー)は著作権法上での例外を除き、禁じられています。
落丁本・乱丁本はお取り替え致します。
価格はカバーに表示してあります。

生半可版
英米小説演習

柴田君、キミのレポート、
ちょっとうつさせてくれない？

現代アメリカ文学をよく訳している柴田君が、今度は英米小説についてレポートを書いたみたいだ。彼はどうやら現代ばかりじゃなくて古典なんかもよく読んでいるみたいだ。そして翻訳がうまい彼のことだから、大事なところは英文を抜き出してそこに訳をつけたみたいだ。すごいなあ、ちょっとぼくにうつさせてもらえないかなあ。

●柴田君が本書で取り上げた英米の作家とその作品
ポール・オースター『最後の物たちの国で』、J・ベルンレフ『心が壊れる』、イーサン・ケイニン『ブルー・リバー』、ドン・デリーロ『マオⅡ』、スチュアート・ダイベック『少年の日々、少年の街』、スティーヴ・エリクソン『アメリカン・ノマド』、ウィリアム・フォークナー『八月の光』、レベッカ・ゴールドスタイン『ダーク・シスター』、ジョン・ホークス『ヴィルジニー』、ナサニエル・ホーソーン「ムッシュー・デュ・ミロワール」、ラッセル・ホーバン『リドリー・ウォーカー』、カズオ・イシグロ『充たされざる者』、ジャメイカ・キンケイド『小さな場所』、パトリック・マグラー『スパイダー』、オーイン・マクナミー『リサレクション・マン』、ハーマン・メルヴィル『白鯨』、スティーヴン・ミルハウザー「J・フランクリン・ペインの小さな王国」、フラン・オブライエン『スウィム＝トゥー＝バーズにて』、ミロラド・パヴィチ『ハザール事典』、エドガー・アラン・ポー「タール博士とフェザー教授の療法」、リチャード・パワーズ『囚人のジレンマ』、トマス・ピンチョン『メイソン＆ディクソン』、ヘンリー・ロス『コール・イット・スリープ』、フィリップ・ロス『父の遺産』、J・D・サリンジャー『ライ麦畑でつかまえて』、デレク・ウォルコット『オメロス』、ナサニエル・ウエスト『クール・ミリオン』、スティーヴン・ライト『緑色の瞑想』

☆きたむらさとしの作家イラストも満載！

四六判　上製　212頁　定価（本体1900円＋税）
好評発売中！